# हरि

—: स्वामी चैतन्य वीतराग :—

भाग—6

संपादक
संतोष कुमार खंडेलवाल
अरुण कुमार अरोड़ा

डायमंड बुक्स
www.diamondbook.in

**प्रकाशन संबंधी जानकारी**

प्रकाशकः–
संतोष कुमार खंडेलवाल, गिरिडीह, झारखण्ड।
अरूण कुमार अरोड़ा, कलकत्ता, पश्चिम बंगाल।

***

प्रथम संस्करण–2022

***

लेखकः–
**स्वामी चैतन्य वीतराग**
प्रत्यभिज्ञा प्रकाशन, गिरिडीह, झारखण्ड।
मुद्रण खर्च देय : मा योगमाया द्वारा प्रेमास्वरूप।

***

**पुस्तक प्राप्ति स्थानः–**

1. नालंदा साहित्य सदन 163, महात्मा गांधी रोड़, कलकता–7, मो.–8697359311
2. कोटक बुक स्टॉल, शहीद चौक, रायपुर (छत्तीसगढ़)
3. श्री कमल शर्मा, होटल गंगा डेसिन, हरिद्वार (उत्तराखण्ड), मो.–9719046573
4. आलोक अग्रवाल, बालाजी ऑयल मिल्स, गिरिडीह (झारखण्ड)
5. सोहन सोनी, जवाहर चौक, दुर्ग (छत्तीसगढ़), मो.–9425568342
6. श्री संजय वर्मा जी, भोपाल (मध्य प्रदेश), मो.–8516898682
7. सत्यार्थ पुस्तक सदन, नीलम टॉकीज के बगल में, मधुबनी (बिहार), मो.–7631294555
8. स्वामी जीवन देवेश भारती, डॉलटनगंज (झारखण्ड), मो.–9162970247
9. श्री करण राजवंशी, विराट नगर, नेपाल, मो.–9779827315386
10. सतीश सिंह, B 21/92, कमच्छा, वाराणसी (उत्तर प्रदेश), मो.–9956290907



**प्रकाशक : डायमंड पॉकेट बुक्स ( प्रा. ) लि.**
X-30, ओखला इंडस्ट्रियल एरिया, फेज-II
नई दिल्ली-110 020
फोन : 011-40712200
ई-मेल : sales@dpb.in
वेबसाइट : www.diamondbook.in
संस्करण : 2022

**Hari Anant-Hari Katha Ananta Bhag-6**

Edited by : *Santosh Kumar Khandelwal, Arun Kumar Arora*

ॐ

**यस्संसारः तन्निर्वाणम – वीतराग**

❖❖❖

# समर्पणः

जिनकी कृपा के फलस्वरूप
घटनाएँ घटीं, कथाएँ जन्मी,
उन्हीं श्री सद्गुरु चरणों के प्रीत्यर्थ

❖❖❖

मैं और मेरे बाबाजी का परिवार 'स्वामी देवेश' के अत्यन्त आभारी हैं जिन्होंने अपने अमूल्य समय और कठिन परिश्रम से इस पुस्तक की प्रूफ रीडिंग का कार्य पूरा किया।

–**संतोष कुमार खंडेलवाल**

❖❖❖

# भगवत्ता प्रकाशकीय

यह सन् 1985 ईस्वी के अंतिम काल की बात है। बाबाजी के हृदय में यह प्रबल भाव उठा कि बहुत सारी बातें हैं जिन्हें कहते–कहते समय बीत रहा है और इनमें से किसी ने कुछ सुनी हैं तो किसी ने कुछ। समग्र रूप से किसी ने नहीं सुना और जिन्होंने जितना सुना भी उसमें से अत्यल्प ही स्मरण रह गया। इसीलिए उन्होंने तय किया कि इन्हें एक साथ कह दिया जाये। उन्होंने यद्यपि जीवन के पूर्वार्द्ध में तय कर रखा था कि कुछ भी नहीं लिखना है। इतना लिखा जा चुका है– फिर ऊपर से जो कमी थी उसे भगवान की किताबों ने पूरा कर दिया है। अब गुंजाइश ही नहीं है और जरूरत भी नहीं है। पर्याप्त कहा जा चुका है। अनेक–अनेक ढंगों से कहा जा चुका है। इसलिये नहीं लिखने का व्रत ले रखा था लेकिन करूणावश उन्होंने अपनी स्मृति के पन्ने खोलने शुरू कर दिये।

यह पुस्तक उन्हीं स्मृति खंडों का प्रवाह है। बाबाजी कहते हैं कि भगवान श्री रजनीश के एक प्रवचन का पहला वाक्य ही था–जीवन ही है परमात्मा। इसी वाक्य ने उनको उद्‌बुद्ध कर दिया। वे इसी को बीजमंत्र बनाकर एक महत् एवं गुह्य प्रयोग में उतर गये। वे कहते हैं कि उसी प्रयोग की सफलता का परिणाम वे स्वयं हो गये हैं। वे अब प्रायः कहते हैं कि जीवन ही परमात्मा है और वह रहस्य है।

बाबाजी उसी रहस्य का एक जीवंत प्रमाण बन गये हैं। उनको किसी एक धारणा, एक सिद्धांत, एक दृष्टिकोण से पकड़ा नहीं जा सकता। वे जीवन की समग्रता को उसके रहस्य के साथ जीते–जीते स्वयं ही समग्रता एवं रहस्य की मूर्ति बन गये हैं।

ऐसे ही बाबाजी की जीवन गंगा में आयें, हम भी एक डुबकी लगायें। सागर का स्वाद हर जगह एक जैसा ही नमकीन होता है। ऐसे ही गंगा हर स्थान पर गंगा ही होती है। ठीक उसी तरह बाबा जी का जीवन आद्योपांत समग्रता एवं रहस्य के रस से ओतप्रोत है।

जो पाठक इस पुस्तक को शुरू से लेकर अंत तक पढ़ेंगे वे पायेंगे कि गागर में सागर को भरने का प्रयास है। कोई–कोई इसे भानुमती का पिटारा भी समझ सकते हैं। कोई–कोई इसमें असंगति दोष भी ढूँढ सकते हैं। यही तो इसकी विशेषता है कि अधिकारी (Authority) होने का दावा कहीं नहीं है। यह एक अति सरल ह्रदय से निकला विनम्र निवेदन है। इसे वे कथा कहते हैं। जो मार्च 86 तक चली। इस ग्रंथ के प्रकाशन के बाद कुछ अन्य प्रकाशन् शीघ्र ही आपके सम्मुख होंगे–जो सबके सब जीवन को जीवंतता प्रदान करने में सहयोगी होंगे। यह निश्चित ही है क्योंकि ये बातें महाकरुणा से निःसृत हुई हैं। बाबाजी स्वयं को हम लोगों का कल्याण मित्र ही कहते हैं।

आयें हमारे कल्याण मित्र श्रद्धेय बाबाजी की वाणी सीधे पढ़ें।

**–संतोष कुमार खंडेलवाल**

# विषय सूची

# प्रस्तावना

प्रेम प्रेम प्रेम प्रेम प्रेम प्रेम प्रेम प्रेम प्रेम प्रेम प्रेम प्रेम
प्रेम प्रेम प्रेम प्रेम प्रेम प्रेम प्रेम प्रेम प्रेम प्रेम प्रेम प्रेम
प्रेम प्रेम प्रेम प्रेम प्रेम प्रेम प्रेम प्रेम प्रेम प्रेम प्रेम प्रेम
प्रेम प्रेम प्रेम प्रेम प्रेम प्रेम प्रेम प्रेम प्रेम प्रेम प्रेम प्रेम
प्रेम प्रेम प्रेम प्रेम प्रेम प्रेम प्रेम प्रेम प्रेम प्रेम प्रेम प्रेम
प्रेम प्रेम प्रेम प्रेम प्रेम प्रेम प्रेम प्रेम प्रेम प्रेम प्रेम प्रेम
प्रेम प्रेम प्रेम प्रेम प्रेम प्रेम प्रेम प्रेम प्रेम प्रेम प्रेम प्रेम
प्रेम प्रेम प्रेम प्रेम प्रेम प्रेम प्रेम प्रेम प्रेम प्रेम प्रेम प्रेम
प्रेम प्रेम प्रेम प्रेम प्रेम प्रेम प्रेम प्रेम प्रेम प्रेम प्रेम प्रेम
प्रेम प्रेम प्रेम प्रेम प्रेम प्रेम प्रेम प्रेम प्रेम प्रेम प्रेम प्रेम
प्रेम प्रेम प्रेम प्रेम प्रेम प्रेम प्रेम प्रेम प्रेम प्रेम प्रेम प्रेम
प्रेम प्रेम प्रेम प्रेम प्रेम प्रेम प्रेम प्रेम प्रेम प्रेम प्रेम प्रेम
प्रेम प्रेम प्रेम प्रेम प्रेम प्रेम प्रेम प्रेम प्रेम प्रेम प्रेम प्रेम
प्रेम प्रेम प्रेम प्रेम प्रेम प्रेम प्रेम प्रेम प्रेम प्रेम प्रेम प्रेम
प्रेम प्रेम प्रेम प्रेम प्रेम प्रेम प्रेम प्रेम प्रेम प्रेम प्रेम प्रेम
प्रेम प्रेम प्रेम प्रेम प्रेम प्रेम प्रेम प्रेम प्रेम प्रेम प्रेम प्रेम
प्रेम प्रेम प्रेम प्रेम प्रेम प्रेम प्रेम प्रेम प्रेम प्रेम प्रेम प्रेम
प्रेम प्रेम प्रेम प्रेम प्रेम प्रेम प्रेम प्रेम प्रेम प्रेम प्रेम प्रेम
प्रेम प्रेम प्रेम प्रेम प्रेम प्रेम प्रेम प्रेम प्रेम प्रेम प्रेम प्रेम

-ओशो एवं समस्त भक्तवत्सल संत

संवाद 1991

स्वामी चैतन्य वीतराग
(कमलेश शर्मा)
295, समता कालोनी (ओशो स्मृति)
रायपुर, (म.प्र.)

ॐ पूर्णमदः पूर्णमिदं पूर्णात् पूर्णमुदच्यते।
पूर्णस्य पूर्णमादाय पूर्णमेवावषिष्यते।।
ॐ शांतिः शांतिः...
(ईषावास्योपनिषद्)

आदि सचु जुगादि सचु।।
है भी सचु—नानक होसी भी सचु।।

फिरत फिरत प्रभ आइआ
परिआ त्त सरनाइ।
नानक की प्रेम बेनती
अपनी भगती लाइ।।
(—सुखमनी साहब)

# डायरी संख्या-१७

## 01 अप्रैल,1996

प्रथम संवत्सर स्नान पर्व पर उठा भाव–

बोध की स्वच्छता ही स्वच्छता है, शेष स्वच्छताएँ तो छाया हैं। और बोधयुक्त अस्वच्छता भी तो स्वच्छता ही है– गुण से, रूप से नहीं। और जिसके पास आँखें हैं उनके लिये रूप तो कहीं है ही नहीं– अतः बोध का प्रकाश ही व्यवहार्य है– जीवन है, विशुद्ध स्वच्छता है।

## 09 अप्रैल,1996

प्रथम कुंभ स्थान पर उठा भाव–

वह संत–संत ही नहीं, जिसके दर्शन सूरदासों को नहीं। यदि कोई सच्चा धार्मिक है तो– सिद्ध है तो इन दृष्टिहीनों को भी दर्शन होने ही चाहिये अन्यथा इस कुंभ का क्या महत्त्व, इस अमृत पर्व का क्या लाभ संत का होना अमृत घट है। उसका पास से गुजरना और प्रतीति न होना यह असंभव है। दृष्टिहीनों को भी दृष्टि लाभ हो तभी कोई कल्याण मित्र हुआ अन्यथा रूप–स्वांग के साधुओं की तो भीड़ है। भागवत् चैतन्य से पूर्व योगी तो प्रकाश स्वरूप होता है– वह छुपा कैसे रह सकता है– और जो दृष्टिहीनों को दर्शन दे सकते हों– तो आँख वालों का कहना क्या। शायद वे आँख के कारण ही चूक जाते हैं।

## 09 अप्रैल

जगद्गुरु शंकराचार्य श्री स्वरूपानंद जी सरस्वती का दर्शन।

कबीर पंथी आये थें।

## सप्रेजीः—

श्रीनगर से सेठी जी आये थे। सन् 1984 दिसम्बर में बीमार पड़े। शरीर जर्जर हो गया। इसी बीच घर से अपनी मर्जी से बालू के द्वारा निकाल दिये गये। जिसकी भविष्यवाणी उनके ही एक मित्र ने ज्योतिष से पहले ही कर दी थी कि गृहत्याग का योग बनता है। उस पर प्रतिक्रिया स्वरूप सप्रेजी चौंक कर हँस दिये थे। लेकिन यह बात बाद में जाकर सत्य साबित हुई। वे अस्पताल में थे तब मेरा रायपुर जाना हुआ था। तभी मैं देखकर घबरा गया कि अब ये बचने वाले नहीं हैं। मैं सोचता था कि ये अब हम सबको विस्मृत कर राम में रम जाएंगे। लेकिन ऐसा नहीं हुआ। वे श्री तैलंग के द्वारा अपने घर से जाकर सेवा पाकर धीरे–धीरे स्वस्थ हो गये और पूर्ववत् बात करने लगे। वे अपने पुनः अच्छे स्वास्थ्य को पाकर प्रसन्न थे।

जब वे बीमार हो गये थे तब मेरा सोचना था कि वे राम जपते होंगे कि यही स्वाभाविक निष्पत्ति है। लेकिन उनके स्वस्थ हो जाने एवं इस पर प्रसन्न होने से खबर मिलती है वे राम–राम नहीं जीवन–जीवन का जाप कर रहे थें। वे मानो कह रहे हों कि राम क्यों कहूँ, जीवन क्यों नहीं कहूँ। जीवन में ही श्रीराम हैं। जीवन ही राम है। आगे ज्यादा प्रकृत एवं मुखर रूप में। वे हमें सदैव जीवन का पाठ पढ़ाते रहें और जीवन को जीने की बातें कहते थे– वे स्वास्थ्य पाकर प्रसन्न होकर अपनी दृष्टि को एक यथार्थता देने में पूर्ण सफल रहें। जीवन जीने के लिये है तो वहाँ राम का राग अलापना व्यर्थ है बल्कि उसकी जगह राम होना ही प्रामाणिक यात्रा है। वे राम हुए। वे जीवन को समग्रता से जिये। स्वास्थ्य को भी जिये। अस्वास्थ्य को भी जिये और उन दोनों के बीच सेतु को भी। वे सच्चे शैव हैं। वे अभिनवगुप्त का जीवंत टीका हैं।

## 10 अप्रैल

कन्नौज और उन्नाव के मित्र आये। उस वृद्ध साधु की दाढ़ी पैरों के नीचे तक आ गई थी जिसे उसने जगह–जगह गढ़ान देकर दो रस्सियों का रूप दे दिया था और हाथ में वे उसे लेकर चलते थे।

और उस युवा संन्यासी का तो रूप ही निराला था। जैसा कपड़ों का रंग वैसा ही बालों की लटों का रूप–रंग। आँखें तेजस्वी, बाल काले घुँघराले किंतु लंबे–लंबे लट बने हुए थे जो पीठ पर खूब नीचे तक आ गये थे। अद्भुत चलन, अद्भुत आँखें, अद्भुत रूप–रंग। वह निराला था। लाखों में एक।

## 11 अप्रैल

आज तरूणा और कन्हैया लाल देवराहा बाबा के दर्शन कर आये। वे अत्यंत आनंदित होकर आये थे। देवराहा बाबा उपस्थित भक्तों के बीच कुछ बोल रहे थे जिसका सार था– गरीबी का बाना त्याग कर समृद्धि की बातें करो– ऊपरी दिखावा करना छोड़ो और भजन के लिये चेष्टारत रहो। नागा हो जाना या वैरागी हो जाना वेषभूषा से ही नहीं– भजन से होने चाहिये और ऐसा होता भी है। अनेक योगी साधु वेष की महिमा बढ़ाते रहे हैं अतः वेष का महत्त्व है। वेष व्यर्थ नहीं है। अंत में श्रीराम जय–जय राम का भजन उन्होंने प्रसाद रूप में करवाया।

## 11 अप्रैल

आज रतन सिंह का आना हुआ। पता चला कि पायलट बाबा के यहाँ सूफी जी पहुँचे हैं। साथ में अनेक शिष्य लोग भी थे। अमृतसर से एक संन्यासिनी का आना हुआ था। आज स्वरूपानंद जी को समीप से देखा एवं चरण स्पर्श किया। मुझे रोमांच हुआ।

## 12 अप्रैल

आज जोधपुर वासी कीर्तनानंदी बंधु मेरे पास आये। कीर्तन का आनंद हुआ। फोटो एवं वीडियो भी बनायी गई। आज ही आनंद सृजन का आना हुआ।

## 13 अप्रैल

आज बाबूलाल का आना हुआ। पायलट बाबा के कैंप से वीर जी (दिल्ली वाले) की सुपुत्री एवं एक अन्य महिला आई थी। कुछ बातें हुईं। सूफी जी के बारे में भी पता चला।

आज कृष्णानंद योगिराज से भेंट हुई। पता चला कि निगमानंद जी का देहांत हो गया।

उज्जैन से एक संन्यासी, रोहतास से एक संन्यासी तथा कुछ अन्य मित्रों का आना हुआ।

## 14 अप्रैल

आज कुंभ का मुख्य स्नान हुआ। गिरिडीह के साँवरमल महाराज परिवार सहित आये थे।

आज आनंद मैत्रेय जी को पत्र दिया। जिसकी प्रतिलिपि सृजन जी के पास है।

आज विश्वनाथ का आना हुआ। आज ही आलोक का भी आना हुआ।

## 15 अप्रैल

आज विद्याधर एवं चंद्रवती का भी आना हुआ।

आज सब लोग ऋषिकेश गये थे।

## कुंभ पर्व पर विचारः–

यहाँ 50 लाख गृहस्थ व साधु सब मिलकर आये हैं। उनमें गंगा मैया के प्रति आस्था एवं श्रद्धा है। लेकिन एक बात स्पष्ट है कि जो साधु संन्यासीगण पंडाल लगाकर बैठे हैं जिनमें शंकराचार्यों से लेकर आधुनिक समय के नये–नये उदीयमान समस्त साधुगण भी हैं– एक ही लक्ष्य और चक्कर में दिखते हैं कि किस प्रकार लोगों की श्रद्धा का लाभ उठाकर उनसे अर्थदान करवाया जाये और नये–नये शिष्य सेवक बनाये जायें। वे सबके सब मानो यहाँ अर्थोपार्जन के लिये आये हैं और वे सब वेशभूषा आदि में एक दूसरे से भिन्न होकर भी एक ही वृत्ति आलंबन लिये हुए हैं। और वह वृत्ति है लोभ। यह काम का परवर्टेड रूप है। विकृत है सहज ऊर्जा की। सब उन चमकीले नगों की भाँति हैं जो असली हीरा न होकर कारखानों से ढले नकली प्रतिरूप हैं।

तो मुझे ख्याल आया कि यदि कोयला अपने को काला होने में ही तृप्त रहे– धैर्य रखे तो एकदिन ऐसा भी आ सकता है कि वह हीरा हो

जाये। यदि वह अपनी शांति भंग न कर चुपचाप रास्ता देखता रहे तो कभी एक दिन हीरा हो जाना उसकी नियति है, उसका हक है। लेकिन ये प्रतिरूप, ये नकली चमक दमक वाले नग तो नग ही रह जायेंगे, इनके भीतर की संरचना ही अन्यथा हो गयी है। ये वह रह ही नहीं गये हैं जिससे कोई भगवान होता है– जिससे कोई संत बनता है। ये सब जहाँ अटके हैं, वहीं रह जायेंगे। शायद समय के थपेड़ों से शीघ्र ही इनमें से कई काले पड़ जाने वाले हैं। यह इनकी नियति है।

लेकिन धन्य है वह व्यक्ति और ये सब के सब किसी न किसी अंश में उस धन्यता से भरे हुए हैं– जो साधारण गृहस्थ है जो श्रद्धा भक्ति ले आये हैं वे निश्चय ही धीरे–धीरे अपने प्रकाश को उपलब्ध होंगे। कोयला कितने दिन कोयला रहेगा– एक दिन हीरा होकर प्रकाशित होना उसकी नियति में ही छुपा है। गंगा माई साक्षी हैं इनके अंतर्मन का। वे ही देने–लेने वाली हैं। निरपेक्ष होकर भी सभी को उनकी अपनी–अपनी वृत्ति तथा स्थिति के हिसाब से उनका प्रतिदान वे जरूर देती हैं। माँ की महिमा अपार है। वह परम गुह्य सत्ता है। यह दिखने में नदी का रूप हैं लेकिन सामान्य नदी न होकर वह जीवंत मूर्ति की तरह हैं– यह माँ का वात्सल्य है। यह जीवन है। यह परमात्मा है। माँ आनंदमयी और गंगा एक हो गये हैं। यह परम पावन है। अनादि– अनंत है। छपरा के सुशील कुमार पांडेय मेरे पास आते रहे हैं। उसकी कुशाग्रता को देखकर मैं अत्यंत प्रभावित हुआ।

## 16 अप्रैल

कनखल गये। माँ आनंदमयी के दर्शन सती भगवती के रूप में किये। दक्ष प्रजापति महादेवजी के मंदिर में कुंड के पास सती माता की प्रतिमा जो है उसी में हमने माँ के दर्शन किये। साथ ही सकल मनोरथ पूर्ण करने वाले भगवान हनुमान जी के दर्शन हुए। माँ आनंदमयी का समाधि मंदिर भी देखा। आज विश्वनाथ तथा बाबूलाल एवं रतन सिंह एवं आलोक रवाना हो गये। आज श्रीराम आये।

## 17 अप्रैल

आज कांगड़ा मंदिर गया था। वहाँ विभिन्न अवतारों की प्रतिमाएँ हैं। बीचों–बीच शिवजी हैं। चारों ओर नाग वासुकि जी उपस्थित हैं। अत्यंत सुंदर मंदिर है।

## भामती (टीका–ब्रह्मसूत्र):–

आज से लगभग एक हजार वर्ष पूर्व भारत में एक व्यक्ति हुआ उसका नाम आचार्य मधुसूदन सरस्वती था। वह युवा होने पर आचार्य और संन्यासी होने के लिये उद्यत हो उठा। वह ब्राह्मण था तथा शास्त्रों का मर्मज्ञ था। वह आचार्यों की परंपरा का एक वंशधर था। वह समय आने पर विवाहित भी हुए। लेकिन विवाह पूर्व ही एक संकल्प ले चुके थे कि ब्रह्मसूत्र पर एक टीका लिखनी है। यह कार्य सबसे पहले फिर घर–गृहस्थी की ओर देखेंगे– यही संकल्प था।

विवाहित होकर घर आये। दुल्हन भी साथ आयी। घर पर फिर सब सामान्य गतिविधि शुरू हो गयी। आसन जमा लिया एक कमरे में। सामग्री सब सामने रख ली। और अपने काम में प्रवृत्त हो गये। इस बीच उन्हें सुधि तक न थी कि वे कब बारात लेकर गये, कब विवाह मंडप में बैठे, कब वहाँ से रवाना हुए, कब यहाँ पहुँचे और यह भी याद नहीं रहा कि साथ में एक दुल्हन भी लाये हैं। वे पूर्णतः विदेह हो चुके थे।

मधुसूदन जी अपना भाष्य लिखने लगे। लिखते–लिखते उन्हें बारह वर्ष बीत गये। कभी लिखते, कभी ध्यान में डूबे रहते, कभी फिर लिखते कभी फिर रुक जाते। इस प्रकार टीका पूरी होने में बारह वर्ष बीत गये। समय तो उनके लिये जैसे ठहर गया था। सब क्षण में ही सम्पन्न हो गया जैसे–वैसे ही ताजा थे वे।

भाष्य समाप्त हो गया। एक महायज्ञ सम्पन्न हो गया। अब दुनिया मधुसूदन को 'आचार्य मधुसूदन' के नाम से जानेगी। फिर और आगे उसे अपना संन्यास दिख रहा था जो ज्यादा बड़ा आकर्षण था। लेकिन आचार्य होकर संन्यासी होने में ही था। कुछ संग्रह किया होता तभी तो कुछ त्याग भी करने की क्षमता होती है। मधुसूदन जी आज अति प्रसन्न,

अति निर्भर एवं परम पुलकित थे। अभी वे अपने आसन पर ही बैठे थे। वे अभी अपनी विदेहावस्था में ही बैठे–बैठे अपने सुकृत्य पर विचार कर प्रमुदित हो रहे थे।

तभी कोई कमरे में प्रविष्ट हुआ और घुंघरूओं की आवाज के साथ पग बढ़ाते हुए उनके समीप आकर जो दीया जल रहा था वह रात भर उसे बुझाने के बाद उठा कर ले गया। मधुसूदन सोच में पड़ गये कि यह कौन है नया आदमी इस घर में जो इस भाँति चुपचाप कमरे में आया और उनकी सेवा कर गया। वह सोच रहे थे कि इन्होंने इसी तरह शायद मेरी साधना की पूरी अवधि में सेवा की हो। और यह भी तो मालूम नहीं कि कितना समय व्यतीत हो गया।

इसी तरह उधेड़बुन में उन्होंने दरवाजे से बाहर निकलते हुए उस व्यक्ति को आवाज देकर रोका। तो वह रुक गया। उसकी पीठ ही मधुसूदन की ओर थी अतः वह देख भी नहीं सकते थे कि वह कौन है। लेकिन फिर भी उन्होंने अपनी जिज्ञासा सामने रख दी। प्रत्युत्तर में उस आकृति ने कहा कि आप शायद अपनी साधना में लीन होने के कारण यह भूल ही गये हैं कि आपका विवाह हुआ था और उस विवाह में आप मुझे अपनी धर्मपत्नी बनाकर अपने इस घर में लाये थे। मैं ही आपकी पत्नी हूँ। आप मेरे स्वामी हैं। आपकी तपस्या में विघ्न नहीं पड़े इसीलिये मैं आपके समीप नहीं आती थी और जो–जो जरूरी सेवा होती थी वह कर दिया करती थी। आपकी तपस्या आज पूरी हो गयी– यह जान कर मुझे बहुत खुशी हो रही है। आपकी और क्या सेवा करूँ, किस भाँति आप प्रसन्न होंगे– कहें। आप जैसे पुरुष की साधना में मैं सहयोगी हो सकी यही मेरे लिये परम आनंद है।

मधुसूदन जी तो उस नारी के मुख मंडल की आभा को देखकर और उसके ये शब्द सुनकर अति विमुग्ध हो उठे। वह विचार में पड़ गया कि यह जो अनेक वर्षों की तपस्या हुई, यज्ञ हुआ उसमें वह तो कहीं नहीं है, कोई पुरुषार्थ लगा है तो वह तो इस नारी का है। इस ग्रंथ के सुयश का असली मालिक तो वही है– न कि मधुसूदन स्वयं। यह बात उनके हृदय में बिजली की भाँति कौंधी। उसने कृतज्ञता पूर्वक उससे पूछा कि अब तक कितना समय बीत गया और उसका नाम क्या है? उस नारी ने कहा कि स्वामी, लगभग बारह वर्ष व्यतीत हो गये हैं। मेरा नाम भामती है।

मधुसूदन जी के मुख से स्वतः ही निकल गया कि जो नारी अपने वैवाहिक जीवन के पहले ही बारह वर्षों की इतनी लंबी अवधि को अपने तन मन की चिंता न करके अपने स्वामी की सेवा में अर्पित कर सकती है, अखण्ड ब्रह्मचर्य व्रत का पालन इतनी प्रसन्नता के साथ कर सकती है– वह देवी है। यद्यपि इस ग्रंथ का प्रणेता मैं ही हूँ लेकिन संसार इस टीका को तुम्हारे नाम से ही जानेंगे न कि मेरे नाम से। उसी क्षण अपनी कलम उठाकर उन्होंने सबसे ऊपर के पृष्ठ पर लिख दिया– भामती।

इस प्रकार ब्रह्मसूत्र पर वह विलक्षण भाष्य तैयार हुआ। धन्य हैं आचार्य मधुसूदन जी जिन्हें ऐसी धर्मप्राण अर्धांगिनी मिलीं और उनसे भी ज्यादा धन्य हैं भामती जी जो बारह खड़ी भी न जानते हुए अपनी मूक सेवा के बल पर ब्रह्मसूत्र जैसे महागुह्य ग्रंथ पर टीका का नाम ही भामती टीका पड़ जाने के यश का हकदार बनीं। इस प्रकार यह टीका विलक्षण हुई।

## धम्मारामः–

भगवान बुद्ध के शिष्यों में से एक शिष्य थे। एक दिन भगवान ने अपने भिक्षुओं से कहा कि अब काफी समय हो गया है। भिक्षुओं को चाहिये कि वे अपना दीया स्वयं बने। उनका क्या भरोसा, कभी भी वियोग घटित हो सकता है। इस बात को सुनकर भिक्षु संघ में उदासी छा गयी। वे सब तरह–तरह की चर्चा में लग गये। कोई चर्चा करने लगा कि अब संघ बिखर जायेगा। कोई कहता– भगवान ने यूँ ही कह दिया है, कोई कोई इस बात की भी चर्चा में लीन था कि भगवान शरीर त्याग के बाद अपना पद किसे सौंपेंगे।

इस प्रकार भिक्षु संघ में उदासी फैल गयी और भिक्षु लोग चिंता में पड़ गये। लेकिन जीवन ज्यों का त्यों बना रहा।

धम्माराम ने जब यह सुना तो वह भी चिंतित हो उठा। उसने विचार किया कि जब भगवान नहीं होंगे तो साधना और कठिन हो जायेगी। कौन देखेगा? कौन समझायेगा? अभी समय है। अभी तो भगवान नहीं गये हैं, मौजूद हैं। मुझे उनके सामीप्य का लाभ ले लेना चाहिये। इस तरह विचार कर वह मौन हो गया। संघ के भीतर सबके बीच वह चर्चा

का विषय बन गया। भिक्षु लोग जब उसका अभिवादन करते तो भी वह प्रत्युत्तर न देता। वह इतना लीन हो गया था। लोग सोचते, कि वह उनकी उपेक्षा करता है।

भिक्षुओं ने मिलकर भगवान से उसकी शिकायत की कि धम्माराम मौन हो गया है और हम लोगों के अभिवादन की उपेक्षा भी करता है।

भगवान ने धम्माराम को बुलवाया और पूछा कि उसके विषय में जो कहा गया है क्या वह सच है? धम्माराम ने कहा कि भंते, मैं मौन हो गया हूँ। मैं एकांत करता हूँ। मैं ध्यान करता हूँ।

और वह चुप हो गया। बुद्ध के पुनः पूछने पर कि ऐसा वह क्यों करता है– धम्माराम ने जवाब दिया कि जब से आपने कहा है कि आपका लोप कभी भी हो सकता है, इसीलिये आपकी उपस्थिति का लाभ लेने के लिये ही यह कृत्य हो रहा है और कोई प्रयोजन नहीं है। जब सद्गुरु उपस्थित हो तो सब काम छोड़ अब मैंने सिर्फ इन तीन बातों तक– मौन, एकांत और ध्यान तक सीमित कर लिया है।

भगवान बुद्ध ने संघ के समक्ष कहा कि भिक्षुओं, धम्माराम ठीक करता है। धम्माराम धर्म का आचरण करता है अतः तुम सब लोगों के लिये यह अनुकरणीय है। धम्माराम का धर्म ठीक है। ऐसा ही होना चाहिये था।

## श्री चैतन्य महाप्रभु

## विश्वम्भर मिश्र–केशवाचार्य प्रसंगः–

भारत में दर्शन शास्त्र की परंपरा में एक दर्शन न्याय वैशेषिक भी है।

भारत ही नहीं विश्वभर की दर्शन परंपरा में तर्क शास्त्र को रीढ़ के समान माना गया है। उसी शास्त्र को न्याय शास्त्र भी कहा जाता है। इस विद्या के महारथी भारत में ही हुए। भारत में बंगाल की भूमि पर एक गाँव है– नवद्वीप। वैसे तो यह गाँव कालांतर में श्री श्री गौरांग महाप्रभु– चैतन्य निमाई के सुयश के कारण जन–जन में प्रसिद्ध हुआ। आज से करीब पाँच सौ साल पहले वे वहीं हुए। बहुत पहले से ही न्याय शास्त्र के संदर्भ में प्रसिद्ध रहा।

श्री चैतन्य महाप्रभु का जन्म एक ब्राह्मण परिवार में हुआ था। वे अति गौर वर्ण के थे अतः गौरांग कहलाये। घर में विधवा माँ और एक

बड़े भाई थे। बड़े भाई भी उनके जैसे ही प्रतिभावान् थे। लेकिन गौरांग प्रभु की बात ही और थी। घर में उनका नाम विश्वम्भर था। वे मिश्र ब्राह्मण थे। अतैव पूरा नाम हुआ विश्वम्भर मिश्र। जब वे पंद्रह सोलह वर्ष के हुए तब तक उनकी प्रतिभा का डंका बज चुका था। उनको पढ़ाने वाले शिक्षक, आचार्य, सब हार मान चुके थे। उसके सद्‌गुणों, उसकी स्मृति, उसकी सृजनात्मकता और सबसे बढ़कर इस सब शक्तियों के होने के बावजूद वह अति विनम्र एवं परम वैराग्यवान् थे। नवद्वीप के तमाम नैयायिक उनको अपना आचार्य मान चुके थे। उनका सुयश इतना फैला कि कश्मीर में उस समय के प्रख्यात योगी दार्शनिक शैव मतावलंबी श्री केशवाचार्य जो तब वृद्ध हो चुके थे, ने भी ये सोचा कि यदि इस विद्वान् के साथ मैं अपना शास्त्रार्थ नहीं करूँगा तो इससे मेरी अपकीर्ति होगी।

केशवाचार्य अपने तमाम लावलश्कर सहित अपनी दिग्विजय यात्रा पर निकले। कश्मीर से बंगाल तक यात्रा के दौरान जो–जो नगर गाँव मिलते गये, सब जगह ढ़िंढोरी पिटवाकर सब नैयायिकों को अपना शिष्य बनाते हुए नवद्वीप पहुँचे। वहाँ भी अपना डेरा तंबू गाड़कर अपने आने की सूचना गाँव के पंडितों तक पहुँचा दी।

अब नवद्वीप में हलचल आ गयी। जैसे अचानक तूफान आ गया हो। लेकिन तत्क्षण वह तूफान शांत भी हो गया क्योंकि भीतर ही भीतर सभी आचार्यों के मन में चल रहा था कि कश्मीर से इतनी दूर की यात्रा करके इस बुढ़ापे में केशवाचार्य ने नवद्वीप आकर अच्छा नहीं किये। लगता है यह उनका आखिरी शास्त्रार्थ है। विश्वम्भर इन्हें निश्चित ही पराजित कर देगा। लेकिन कई ऐसे भी थे जो विश्वम्भर की प्रतिभा से ईर्ष्या करते थे। वे खुश थे कि अब वह कभी भी मुँह नहीं खोलेगा। केशवाचार्य जी उसे शिष्य बनने पर मजबूर कर देंगे। इस प्रकार की चर्चाएँ होने लगी नवद्वीप गाँव में।

एक दिन बीता, दो दिन बीते, तीन दिन बीते – लेकिन आचार्य जी के पास विश्वम्भर की न तो कोई सूचना ही आयी, न वे स्वयं प्रकट हुए तो उन्हें जिज्ञासा हुई। वे उस समय नदी किनारे स्नान पूर्व मालिश आदि कार्यों में संलग्न थे। साथ में अनेक शिष्य लोग थे। कुछ लोग नवद्वीप गाँव के भी थे। सब लोग आचार्य जी की सेवा में लगे थे तथा उनकी विद्वता के गीत गा रहे थे।

तभी केशवाचार्य जी ने पूछा कि, अरे वह पंडित तो अभी तक नहीं आया। भाग गया क्या? ऐसा सुनना था कि उसी समय एक व्यक्ति ने उंगली के इशारे से उनको बताया कि वह तो नहा रहा है।

इस बात को सुनकर वहाँ उपस्थित सभी लोगों की आँखें उधर ही लग गयीं जिधर संकेत किया गया था। लेकिन वहाँ तो कोई नजर नहीं आ रहा था। तब केशवाचार्य ने पुनः पूछा कि तुम किस व्यक्ति की ओर इशारा कर रहे हो, उधर तो कोई नजर नहीं आता। उस व्यक्ति ने फिर से इशारा कर बताया कि वे जो कुछ बालक नहा रहे हैं, कल्लोल कर रहे हैं– उनमें वह गौरवर्ण का तेजस्वी बालक ही विश्वम्भर मिश्र है। यह सुनकर तो केशवाचार्य अति विस्मित हुए। वे अपने कानों पर भरोसा नहीं कर सके। वे किंचित विस्मय के साथ पुनः पूछे कि क्या वह सत्य बोल रहा है? तो प्रत्युत्तर में उस सूचना देने वाले ने "निश्चय ही सत्य है" कहा।

अब केशवाचार्य से रहा न गया। वे तुरंत अपने एक शिष्य को भेज कर उस बालक को बुला भेजे। वह बालक सामने आ उपस्थित हुआ तथा आचार्य जी के चरण स्पर्श कर एक ओर विनीत भाव से हाथ जोड़ कर खड़ा हो गया।

आचार्य जी ने जिज्ञासा की कि क्या वह ही विश्वम्भर मिश्र है जिसकी ख्याति दूर–दूर तक फैल चुकी है।

बालक ने कहा– जी हाँ, मैं ही विश्वम्भर हूँ। लेकिन मैं तो आप आचार्यों का दास हूँ। मेरी कैसी ख्याति।

यह सुनकर केशवाचार्य को मजाक सूझी। वे मुस्कुरा कर बोले कि परंपरा के निर्वाह के लिये वे इतनी दूर से शास्त्रार्थ करने आये हैं और इसके लिये क्या व्यवस्था करनी होगी– यह बताओ।

विश्वम्भर मिश्र ने कहा कि आप पितृ तुल्य हैं, वृद्ध हैं, आचार्य हैं, मैं बालक हूँ, शिष्य के समान हूँ। मैं शास्त्रार्थ कैसे कर सकता हूँ। यह तो घोर पाप होगा। लेकिन केशवाचार्य जी ने कहा कि नहीं, कुछ तो करना होगा– नहीं तो लोग कहेंगे केशवाचार्य नवद्वीप आये और बिना विश्वम्भर मिश्र से शास्त्रार्थ किये लौट गये। तो ऐसा किया जाये कि इस नदी की स्तुति में काव्य रचना की जाये।

विश्वम्भर ने कहा कि आपसे कुछ सुनने के लिये हृदय व्याकुल हो रहा था। आप ही कुछ बोलें।

इतना सुनना था कि केशवाचार्य के मुँह से सरस्वती फूट पड़ी। सौ आशु श्लोक उन्होंने तत्काल सुना दिया। लोग मुग्ध हो गये। ऐसा ज्ञानी उन लोगों ने पहले देखा भी नहीं था।

इसके बाद केशवाचार्य ने विश्वम्भर से कहा कि अब तुम कुछ सुनाओ।

विश्वम्भर मिश्र ने कुछ नहीं सुनाया। सिर्फ इतना ही कहा कि आचार्य जी, आप इस दास को उसकी धृष्टता के लिये क्षमा करेंगे। आपने जो रचना अभी सुनायी– वह अत्यंत मधुर एवं अमृत के समान थी। लेकिन प्रथम श्लोक में अमुक अलंकार की जगह अमुक अलंकार प्रयोग होता तो और सुंदर होता। द्वितीय श्लोक में फलाँ शब्द की जगह फलाँ शब्द का प्रयोग ज्यादा सार्थक होता। तृतीय श्लोक में इस जगह परस्म पद की जगह अस्मने पद और चतुर्थ में इस तरह उन्होंने सौ के सौ श्लोकों को व्याकरण की दृष्टि से अशुद्ध एवं अधूरा सिद्ध कर दिया। तथा सबको ज्यों का त्यों दोहरा दिया।

केशवाचार्य तो मुँह ताकते ही रह गये उस बालक का। आचार्य जी के बोल नहीं निकल रहे थे। वह किंकर्त्तव्यविमूढ़ से हो गये। सब ओर सन्नाटा छा गया। लोग एक–एक कर खिसक गये। सिर्फ आचार्य जी रह गये। उधर विश्वम्भर मिश्र अपने मित्रों के साथ अपने घर की ओर चल दिये।

दिन बीत गया। दूसरे दिन ब्रह्ममुहूर्त के समय विश्वम्भर मिश्र जी के घर के दरवाजे की कुंडी किसी ने धीरे से खटखटायी। वैसे तो सबसे पहले माँ के जागने की आदत थी लेकिन माँ अभी सो रही थी अतः उन्हें न जगाकर विश्वम्भर स्वयं उठ कर गये और दरवाजा खोला।

वे बाहर निकले। देखते क्या हैं कि केशवाचार्य आये हैं। वे वृद्ध महात्मा को इस ब्रह्म मुहूर्त में अपने समक्ष पाकर बहुत हर्षित हुए तथा पैर छूने के लिए आगे बढ़ा लेकिन केशवाचार्य ने उन्हें झुकने के पूर्व ही पकड़ लिया एवं स्वयं ही उनके पैरों में गिर पड़े। विश्वम्भर हतप्रभ हो गये। वे बार–बार कहते कि आप क्या कर रहे हैं। आप ऐसा न करें। मैं बहुत लज्जित हो रहा हूँ एवं अपराध महसूस कर रहा हूँ। आप ऐसा कदापि न करें।

लेकिन केशवाचार्य जी रो–रोकर कह रहे थे कि नहीं–नहीं, आप अब मत रोकें। आप अपने चरणों में स्थान दे दें। अपना शिष्य कबूल कर लें, शरणागत का त्याग न करें। दीक्षा देकर संन्यास दे दें। संसार तो बहुत देख लिया। अब आप निवृत्ति दें। देर न करें। कृपा करें।

विश्वम्भर मिश्र तत्काल स्थित प्रज्ञ हो गये। वे अविचल होकर खड़े रहे। और जैसा आचार्य ने कहा था वैसा ही किया। उन्हें दीक्षा देकर सन्यस्त कर दिया।

यह घटना अध्यात्म के इतिहास में अद्वितीय है। विनयशीलता का ऐसा पाठ अन्य मिलना दुर्लभ है।

## स्वामी विशुद्धानंद परमहंस देव का शिष्य प्रेमः–

स्वामी विशुद्धानंद परमहंस देव इस सदी के भारतीय योगियों में सर्वोच्च ठहरते हैं। उनका संपूर्ण जीवन रहस्यमय रहा। उनको बाल्यकाल में ही लगभग बारह वर्ष की अवस्था में सशरीर गायब कर दिया गया था। एक संन्यासी उनके जन्मस्थान में आये और उसे तथा उसके मित्र को लेकर लुप्त हो गये। वे सीधे तिब्बत स्थित ज्ञानगंज चले गये। ज्ञानगंज हिमालय में कहीं पर अति सूक्ष्म परमाणु तरंगों से बनाया गया एक आश्रम है। यह रहस्यमय है तथा साधारण जनों की पहुँच से परे है, अगोचर है। उसी ज्ञानगंज में महान तपस्वी महातपा और परमहंस भृगुराम शास्त्री तथा ज्ञानानंद परमहंस देव के हाथों तैयार हुए।

वे गुरु आज्ञा से बड़ी उम्र होने के बावजूद गृहस्थ भी बने तथा दो बच्चों के पिता भी बने– एक लड़का दुर्गादास तथा दूसरी कन्या थी।

विशुद्धानंद परमहंस देव बर्द्धवान अपने जन्म स्थान तथा बंडूल आदि जगहों पर बंगाल में रहे लेकिन अधिकांश काल काशी में व्यतीत किया।

काशी में उनके पास तत्कालीन योगीगण, विद्वत् समाज, विद्यार्थीगण, और तरह–तरह के जिज्ञासु आते थे। पं. गोपीनाथ कविराज भी जाते थे। उन्होंने बड़े विस्तार से उनके पास होने वाले व्यापारों का वर्णन किया है। उसी ग्रंथ में मुझे यह पढ़ने में आया।

विशुद्धानंद परमहंस देव जी की करुणा अपने आश्रितों के ऊपर कितनी थी इसका प्रत्यक्ष उदाहरण यह घटना है।

एक बार उनके एक शिष्य पर विपत्ति आयी। वह शिष्य न तो धनी था, न पद से। वह आश्रम या गुरुजी की सेवा में सर्वथा असमर्थ था। वह बहुत गरीब था। वह कोई बुद्धिमान या धर्म की बातों को समझने वाला भी नहीं था। वह सिर्फ उनके पास आता–जाता था। एक फोटो जरूर उसने अपने पूजा घर में रखा था।

एक दिन उस शिष्य की पत्नी बहुत बीमार थी। बीमारी इतनी बढ़ी कि एक दिन जब वह रात में सो रही थी तब देखा कि वह मर गयी है।

उसी समय बाहर से वह शिष्य लौटा। घर में सीधे अपनी पत्नी के पास गया। जब वह बेहोश हुई तो इस शिष्य के पास इतनी सुविधा भी न थी कि डॉक्टर को बुला सके। वहाँ जाकर देखता है कि वह तो मर गयी है। वह घबराया भी और दुःखी भी था। उस समय दो माह की बच्ची माँ–माँ कह कर सोते से उठ बैठी। उसे भूख लग रही थी। घर में कुछ नहीं था। बच्ची भूखी है। माँ मर गयी है। तुम सोच सकते हो उस समय उस व्यक्ति का दुःख कैसा रहा होगा।

उसके पास कुछ भी ताकत नहीं थी। वह सहसा अपने गुरुजी को याद करने लगा। करीब आधे घंटे बाद उसकी पत्नी ने आँखें खोलीं और तुरंत उठकर बैठ भी गयी। मृत्यु तो गयी ही– बीमारी भी चली गयी। वह तुरंत जाकर अपनी बच्ची को स्तन से दूध पिलाने लगी। यह सब देखकर वह आदमी आश्चर्य में पड़ गया।

उसकी पत्नी, जो स्वयं बाबाजी की शिष्य नहीं थी, बाबा की कृपा के विषय में बताने लगी। वह कहने लगी कि जब वह मर गयी थी तब उसे इस शरीर से निकालने के लिये दो यमदूत आये। वे बड़े भयावह थे। वे मुझे हाथ लगाने ही वाले थे कि अकस्मात् पीछे से तुम्हारे गुरुजी आ गये। उन्होंने क्रोध से देखा उनकी ओर तो वे भाग गये। फिर चार लोग आये। पुनः तुम्हारे गुरुजी ने उन्हें भगा दिया। फिर आठ आये। तब गुरुजी ने एक हाथ घुमाया– वे भाग गये। फिर बहुत सारे दूत आ गये अब तो जो हाथ घुमाया गुरुजी ने तो वे सबके सब ऐसे भागे कि मुड़कर नहीं देखे। मैं तो यह देख–देखकर खूब हँस रही थी।

इसके बाद जब शून्य हो गया तो साक्षात् शिवजी और तुम्हारे दादा गुरु जी प्रकट हुए। वे दोनों चुपचाप खड़े रहे और तुम्हारे गुरुजी लाल लाल आँखें करके उन्हें देख रहे थे।

तब शिवजी ने कहा– प्रभु आप शांत हो। इससे गुरुजी और भड़क गये। वे कहने लगे कि पहले यह बताओ कि मुझ पर आश्रित किसी भी जीव पर मुझे सूचना दिये बगैर हाथ लगाने का साहस कैसे किया।

शिवजी ने हाथ जोड़े हुए कहा– कि यह सब रूद्रगणों का काम है। मैं अब से देख लूँगा।

तब तुम्हारे गुरुजी ने कहा कि आगे कभी भी ऐसी भूल नहीं होनी चाहिये।

शिवजी ने कहा– प्रभु ऐसा ही होगा।

तब तुम्हारे गुरुजी शांत हुए। इस प्रकरण में तुम्हारे दादा गुरुजी (आचार्य भृगुराम शास्त्री जी) कुछ नहीं बोले। वे चुपचाप मंद–मंद मुस्कुराते हुए तुम्हारे गुरुजी की ओर देखे जा रहे थे। शिवजी का ऐसा विनयी रूप तो कभी सोचा भी नहीं था। और तुम्हारे गुरुजी की वह लाल–लाल आँखें। सब विचित्र हैं। तुम्हारे गुरु जी इतने महान् हैं यह मैं नहीं जानती थी।

उस शिष्य ने अहोभाव से अपने सद्गुरु को याद किया। वह कितना धन्य हो उठा था। लेकिन उसकी पत्नी तो तत्क्षण बदल गयी। वह तो गुरु की ही होकर रह गयी। उसने तो लीला देख ली। रहस्य को देख लिया। ऐसी थी करुणा स्वामी विशुद्धानंद परमहंस देव की। उन्हें लोग प्यार से बाबा कहते थे।

उनका सूर्य विज्ञान एक लुप्त विज्ञान हो गया। लेकिन वे सदैव हैं– यह एक असंदिग्ध सत्य है। सद्गुरु को सिर्फ याद करना होता है। उचित समय देख वे स्वयं ही शिष्य की रक्षा करने आ जाते हैं। वे शिष्य के आस–पास ही होते हैं। सिर्फ प्रकट होने की बात रहती है।

धर्म श्रद्धा का विषय है।

श्रद्धा से ही स्मरण जीवंत होता है।

सद्गुरु को स्मरण ही नहीं,

श्रद्धा युक्त स्मरण करना चाहिये। जैसा उस दीनहीन शिष्य ने किया था। सद्गुरु लीला अपरंपार है।

जिस गुरु में, जिस व्यक्ति में इतनी करुणा, इतना विशुद्ध प्रेम हो, जो अपने साधारण से साधारण आश्रितों पर इतना अपरिसीम प्यार रखता हो

वह तो स्वयं ही शिवस्वरूप हो गया। शिव का अर्थ और क्या होता है? शिव होने का अर्थ ही परम कल्याणकारी होना है। इस अर्थ में बुद्ध भी शिव हैं, महावीर भी शिव हैं, अष्टावक्र, शुकदेव, माँ आनंदमयी भी शिव हैं। शिव होने के अर्थ में सब सद्गुरु ही शिव हैं। अभिनव गुप्त पदाचार्य भी शिव ही कहलाते थे।

इसीलिये स्वामी विशुद्धानंद परमहंस देव को शिवजी ने प्रणाम किया था। इधर भी शिव है, उधर भी शिव है। फिर कौन छोटा और कौन बड़ा। सर्वत्र अद्वैत है। सर्वत्र शिवत्व है। सर्वत्र सदा शिव ही विराजमान हैं।

शिवजी ने उसी शिवत्व को प्रणाम किया था।

## गोरखनाथ–अल्लाभ महाप्रभु संवादः–

गोरखनाथ भारतीय अध्यात्म के आकाश में ध्रुव तारे की भाँति हैं। भगवान शिव के बाद अधिक से अधिक विधि–विधानों के ज्ञाता एवं प्रणेता वे ही हुए। उनके गुरु श्री मत्स्येंद्रनाथ या मछिन्दरनाथ तो स्वयं शिव ही थे– ऐसा लोगों का मानना है। मछिन्दरनाथ का मूल साधना स्थल नेपाल है। गोरखनाथ गोरखपुर में पैदा भी हुए और उनके कार्य कलापों का केन्द्र भी गोरखपुर ही रहा। मछिन्दरनाथ ने योग बल से गोरखनाथ को पैदा किया था। गोरखनाथ अपने पूर्ववर्ती जीवन में भी उनका शिष्य रहता आया था। मछिन्दरनाथ के शरीर की असली आयु कोई नहीं जानता। इसीलिये उन्हें लीला पुरूष साक्षात् नटराज महेश की संज्ञा दी गयी है। वे स्वयं पशुपतिनाथ थे।

गोरखनाथ स्वयं अपनी साधना के फलस्वरूप शिवतुल्य हो गये थे।

भारतवर्ष में उनके जैसा योगी कोई दूसरा नहीं हुआ। गुरु का भरपूर प्रेम उन्होंने पाया था।

एक बार कहा जाता है कि गुरु मछिन्दरनाथ जी कामरूप देश में नारियों के राज्य में जा फँसे थे। कहते हैं कि वे अपने पूर्व देह को, पूर्व जीवन को विस्मृत कर बैठे थे। लेकिन गोरखनाथ की तपस्या के द्वारा उन्हें पुनः स्मृति हो गयी तथा इस प्रकार वे वहाँ के कैद से मुक्त हो सके थे। इसका किस्सा अलग से हिंदुस्तान भर में लोक कथाओं और गीतों में प्रसिद्ध है।

इसी तप से प्रसन्न होकर गुरुजी ने शिष्य को कह दिया था कि मैं तुम पर अति प्रसन्न हूँ और मैंने अपना सब कुछ तुम्हें दे दिया है। अब तुम सानंद निर्भय रहो।

इस घटना को हुए अनेक वर्ष व्यतीत हो चुके थे। गोरखपुर में उन दिनों गोरखनाथ अपने अनेक गुरु भाइयों एवं सेवक शिष्यों के साथ रह रहे थे। उनके पास एक अवसर पर एक वृद्ध योगी आये। उनका नाम अल्लाभ महाप्रभु था। उसने गोरखनाथ से पूछा कि तुम अपने गुरु के प्रधान शिष्य हो। तुम्हारा गुरु तो शिवस्वरूप है– लेकिन क्या उन्होंने अपना सब रहस्य तुम्हारे सामने खोल दिया है। गोरखनाथ ने कहा कि निश्चित ही उन्होंने जो–जो देना था, दे दिया है। और इसका प्रमाण है कार्यसिद्धि। नाथ संप्रदाय में कार्यसिद्धि जैनों के कैवल्य के समान है। वे अद्वैत वेदांत के मोक्ष की जगह देह के ही अमृतकरण पर जोर देते थे। हठयोग उनका आधार था। तो गोरखनाथ ने संतोष व्यक्त किया।

इस पर वृद्ध अल्लाभ महाप्रभु ने पुनः पूछा कि क्या अपने कथन पर वे पूर्ण विश्वास रखते हैं तो गोरखनाथ ने इसे दोबारा पूछने पर व्यंग्यपूर्वक कहा कि आप स्वयं योगी होकर इस प्रकार के प्रश्न क्यों पूछ रहें हैं? क्या आपको संशय हो रहा है?

उस वृद्ध ने मुस्कुरा कर कहा–यूँ ही पूछ रहा हूँ। उन्होंने गोरखनाथ के सामने प्रस्तावित किया कि एक प्रयोग करके देखते हैं। और उन्होंने अपनी म्यान में से तलवार निकाल कर गोरखनाथ को सौंपते हुए कहा कि तुम इस तलवार से मुझे मारो– और मैं तुम्हें मारूँगा। फिर पता चल जायेगा कि तुम्हें अभी सर्वोच्च उपलब्धि हुई है या नहीं।

गोरखनाथ ने कहा कि पहले आप मुझे पूरी ताकत लगाकर मारें। फिर बाद में आपको मैं मारूँगा।

अल्लाभ महाप्रभु ने तलवार हाथ में ले ली और जब गोरखनाथ बैठ गये तो पूरे जोर लगाकर उन्होंने उनके ऊपर तलवार मारा। अनेक वार किये लेकिन धातु से निकलने वाली ध्वनि का ही टंकार सुनाई देती थी, उनका एक रोयाँ भी नहीं टूटा।

अब अल्लाभ महाप्रभु तैयार हो गये। गोरखनाथ ने तलवार से एक हल्का वार किया। लेकिन आश्चर्य कि कोई आवाज नहीं आई और इतना ही नहीं बल्कि तलवार इधर से उधर निकल गयी मानों शून्य में घुमाया हो।

अल्लाभ महाप्रभु मुस्कुरा–मुस्कुरा कर गोरखनाथ को देख रहे थे और गोरखनाथ लज्जित हो उठे थे।

अल्लाभ महाप्रभु ने गोरख से पूछा कि अभी भी तुम सोचते हो कि तुम्हारे गुरु ने तुम्हें सब दे दिया है। तो आराम से बैठे रहो– नहीं तो जाओ गुरु के पास, कुछ करो।

गोरखनाथ के साथ एक बार और ऐसी ही घटना घट चुकी थी।

मछिंदरनाथ को जब वे मुक्त कराकर बाहर लाये तब गुरु ने खूब सारा प्यार देने के बाद इच्छा व्यक्त की कि अब वे आगे की तपस्या के लिये कहीं एकांत में जा रहे हैं अतः अब जब जरूरत होगी तभी भेंट होगी।

इस तरह वे विदा हुए। इधर गुरु तपस्या करने हिमालय की ओर बढ़ गये और गोरखनाथ अपने कुछ गुरु भाइयों की ओर चले गये जो कहीं साधना में लगे हुए थे। जब वे वहाँ पहुँचे तो गुरु भाइयों ने पूछा कि इतने वर्षों तक कहाँ–कहाँ रहे, क्या–क्या किया? गोरखनाथ ने उन्हें सारा वृत्तांत अंत तक सुना दिया।

इससे वे गुरु भाई अत्यंत विस्मय में पड़े। वे कहने लगे– कि गोरख, हमारे गुरुदेव तो निकट की ही गुफा में अनेक वर्षों से समाधिस्थ हैं– वे तो वहाँ से कहीं गये ही नहीं। हम लोग यहीं रह रहे हैं। तुम जो घटना बता रहे हो, उस समय तो हम लोग यहीं उपस्थित थे और गुरुजी स्वयं यही कहकर समाधिस्थ हुए हैं कि वे समाधि में जा रहे हैं। फिर यह उनका राजा के वेष में वहाँ रहना, और काम कलादि में लिप्त होना और स्वयं के शिवत्व को विस्मृत कर बैठना– यह सब तो अकल्पनीय लग रहा है।

इस पर गोरखनाथ परम आश्चर्य में पड़ गये। वे बोल उठे कि ऐसा कैसे हो सकता है। वे सभी फिर उस गुफा में गये। उनकी उपस्थिति से स्वयं भगवान मछिंदरनाथ ने आँखें खोल दीं एवं कहा कि गोरखनाथ तुम जो यह सोच रहे थे कि सद्‌गुरु कहीं फँस सकता है और तुम उसे निकालने में सहयोगी हुए तो यह तुम्हें सिर्फ एक मायावी सृष्टि करके यह समझाना चाहा था कि सद्‌गुरु सदैव समाधिस्थ होता है– उसे किसी की अपेक्षा नहीं।

अल्लाभ महाप्रभु के प्रेरित करने पर गोरखनाथ गुरु मछिंदरनाथ के पास गये एवं कहा कि आप कहते थे कि सब कुछ बता दिया है और कार्यसिद्धि हो गयी है लेकिन अभी तो वह नहीं हुआ है। क्यों ऐसा हुआ, कृपया बताएँ।

गुरुदेव ने कहा– गोरख, यह सच है कि तुम अभी सभी रहस्यों को नहीं जानते हो। और जब उचित समय आयेगा, धीरे–धीरे तुम्हें सब समझ में आ जायेगा।

रहस्य को जानना अति दुर्लभ घटना है। इस प्रसंग में अनेक बातें हैं जिन पर कहीं और विस्तार से चर्चा करना उचित रहेगा।

## शंकराचार्य का आत्मप्रबोधः–

## शूद्र रूप में भगवान शिव का उपदेश करनाः–

भारतीय और विश्व के दार्शनिक इतिहास में आदिगुरु आचार्य शंकर सूर्य के समान तेजस्वी हैं। उनकी बराबरी जहाँ तक दार्शनिक स्थापनाओं की बात है, विश्व में दूसरा कोई नहीं कर सका। वे अद्वितीय हैं।

जब शंकराचार्य अपनी दिग्विजय यात्रा समाप्त कर काशी में रह रहे थे। काशी में घर–घर में उनकी चर्चा होने लगी थीं। पंडित समाज तो उनके पाद तले कब का आ चुका था। बड़े–बड़े तार्किक अपने–अपने मत का खण्डन करा चुके थे। शास्त्रार्थों में शंकराचार्य सर्वत्र सब परम्पराओं को काटते हुए अपनी निज की दृष्टि को स्थापित करते आ रहे थे।

काशी में तब शंकराचार्य का नाम और उनके अद्वैतवादी मत की खूब चर्चा होने लगी थी।

एक दिन प्रातः गंगाजी से स्नान कर वे लौट ही रहे थे कि दशास्वमेध घाट पर एक शूद्र अपने कुत्ते को लेकर उनके रास्ते में ही खड़ा है तथा उन्हें देखकर भी रास्ते से नहीं हटा। यह देखकर उन्हें कुछ–कुछ क्षोभ हुआ। वे जब सामने आ गये और वह शूद्र हटा ही नहीं, बल्कि और अड़कर खड़ा हो गया। तब शंकराचार्य से रहा न गया। वे बोले कि हम स्नान करके आ रहे हैं, और तुम शूद्र होकर भी अपने कुत्ते को लेकर रास्ते पर खड़े हो गये हो– यह उचित नहीं है– तुम हट जाओ।

इस बात को सुनते ही वह शूद्र खूब हँसा फिर कहा कि आप तो स्वयं ही ब्रह्मवाद का नाम लेकर अपना यश फैला रहे हैं। आप ही कहते हैं कि सर्वत्र एक ही अखंड ब्रह्म है। जगत मिथ्या है, माया है। तो आपके ब्रह्म में भी ब्राह्मण, शूद्र, ऊँच–नीच उपस्थित है। तो फर्क क्या निकला। क्या भेद हैं आप में और उनमें जिनका आप विरोध करते हैं।

इसे सुनकर शंकराचार्य के तो होश ही उड़ गये। उन्होंने तत्क्षण ध्यान में डूबकर समझ लिया कि यह उपदेश उन्हें किसी और ने नहीं, साक्षात् सद्‌गुरु तत्व ने कृपा करके दिया है। फिर जब वे हाथ जोड़कर खड़े हुए तो वह शूद्र तो गायब हो गया लेकिन उसके स्थान पर शिव जी स्वयं खड़े हो गये। शंकराचार्य ने भगवान शिव की पूजा की और उनका उपदेश ग्रहण किया।

इस प्रकार शंकराचार्य को अपनी भूल को सुधारने पर दिव्यत्ता प्राप्त हुई। उसके बाद वे सच्चे अद्वैतवादी हुए।

## पद्‌म पादार्चाय का गुरु प्रेमः–

आचार्य शंकर का नाम जिस तरह श्रद्धा से लिया जाता रहा है उसी तरह उनके एक शिष्य पद्‌म पादाचार्य को भी भारत का शिष्य समाज याद करता रहेगा। वे अपने सद्‌गुरु के अनन्य शिष्य थे।

शंकराचार्य जब बद्रीनाथ, केदारनाथ की तरफ भ्रमण में थे तथा वहाँ कुछ समय रहकर वे शिष्यों को तत्व बोध करा रहे थे, उसी समय की यह घटना है।

एक दिन सुबह सत्संग हेतु शिष्य बैठे थे। शंकराचार्य जी आये। लेकिन आज चारों शिष्यों में से एक उपस्थित नहीं था। पूछने पर पता चला कि वह पास ही की पहाड़ी पर किसी कार्यवश गया है।

शंकराचार्यजी ने उस पहाड़ी की ओर देखा। बीच में एक जलधारा तेज बह रही थी। उन्होंने धीरे से नाम लेकर पुकारा तो वह शिष्य उस पुकार को सुनकर तुरंत चल पड़ा।

उसने यह भी नहीं देखा कि सामने नदी है। वह आगे बढ़ता ही गया। अंततः जलधारा के जल पर भी उसके पैर पड़े। लेकिन परम आश्चर्य का विषय था कि जहाँ उनका पैर पड़ता गया– वहीं, वहीं उनके पैर के नीचे एक दिव्य बड़ा सा कमल का फूल उग आया है।

जब वह अपने गुरु शंकराचार्य के पास आ गया तब गुरुजी और सभी उपस्थित शिष्यों द्वारा हर्षोद्गार प्रकट किया गया एवं उसी दिन गुरु ने शिष्य का नामकरण कर दिया– पद्म पादाचार्य।

ऐसी थी भक्ति उस शिष्य की और ऐसा दिव्य था प्रेम गुरु का।

जहाँ ऐसा दिव्य प्रेम हो, वहाँ प्रकृति भी अपना नियम तोड़कर सहयोगी हो जाये तो आश्चर्य ही क्या है। ऐसा साधन इतिहास में अनेकों बार हम देखते हैं।

## भगवान श्री रजनीश की विनयशीलता:–

बंबई का पाटकर हॉल खचाखच भरा था। बाहर भी लोग खड़े–खड़े सुन रहे थे। सन् 72 की बात है। महावीर प्रवचन माला की प्रथम श्रृंखला का प्रथम प्रवचन था। सुबह का समय था। भगवान भी अपनी जगह आ कर बैठ चुके थे। वे अपनी शांत मुद्रा में आँखें बंद कर बैठे थे। उनके आसपास पूरे मंच पर चालीस–पचास संन्यासी गण बैठे थे।

प्रवचन के पूर्व घोषणा हुई कि आज के इस शुभ अवसर पर भगवान के चाचा और चाची दोनों संन्यास ग्रहण कर रहे हैं। फिर उन दोनों के नाम पुकारे गये। जब वे मंच पर पहुँचे तो माला पहनाने के बाद भगवान ने स्वयं ही झुककर उनके चरण छू लिये। इधर उनके चाचा चाची भी उनके पैर छूने के लिये आगे बढ़ रहे थे। लेकिन जिस फुर्ती से भगवान ने उन दोनों के चरण छू लिये वह सच ही अलौकिक दृश्य था। और भगवान पुनः अपनी जगह बैठ गये।

सहसा संपूर्ण हॉल में वायु का, लोगों के श्वांस का स्तम्भन हो गया।

संन्यासियों में अनेकों की आँखों में आँसू आ गये। श्रोताओं में भी अनेक विस्मय में पड़ गये। कुछ संन्यासी, संन्यासिनी तो रोने भी लगे थे। ऐसी वह अनायास (spontaneous) घटना थी।

सच है जो महान् हैं, वे ही नम्र हैं। और जो नम्र हैं– वे ही महान् हैं।

## माँ गंगा का दिव्य दर्शन:–

यह सृष्टि विचित्र है– क्योंकि इसका रचयिता विचित्र है। और मनुष्य तो अति विचित्र है। इसके जैसा भाग्यवान् दूसरा कोई नहीं। प्रभु ने अपने

स्वरूप अपनी लीला को जितना मनुष्य के सम्मुख प्रकट किया है उतना किसी के सामने नहीं। इसीलिए मनुष्य भाग्यवान् भी है, विचित्र तो है ही।

यह घटना प्रयाग कुंभ सन् 1978 जनवरी की है। दिनांक संभवतः 19 जनवरी था। तब हम कलकत्ता में रहते थे। वहाँ भगवान के नाम से एक ध्यान केंद्र था। हम वहीं रहते थे। तब जीराठ से एक व्यक्ति शंभुनाथ सिंह नाम का मेरे पास आते थे। वह मेरे पास सन् 74–75 से ही आते थे। धनाढ्य थे–लेकिन नाम के अनुरूप उनमें एक भोलापन भी था जो उनकी विशेष पहचान थी। वे अपने गुणों के लिये अपने स्वजनों के बीच प्रशंसित होते थे। वे मेरे प्रति खूब आदरभाव एवं प्रेम रखते थे। वे मेरी जरूरतों का भी ख्याल रखते थे। अर्थात् शंभुनाथ सिंह मेरी मन लगाकर सेवा करते थे।

पहले मैं अनेक बार अपने मित्रों के मध्य हरिद्वार कुंभ की चर्चा कर चुका था। इसलिये इस बार पहले से ही शंभुनाथ सिंह ने तैयारी कर लेने के गरज से मुझे आकर पूछा कि किस तारीख की टिकट निकलवा लें। मेरा मन कभी होता था कभी नहीं होता था। एक–एक दिन करके अंतिम घड़ी आ गयी।

शंभुनाथ मेरे पास हफ्ते दो हफ्ते में एक बार आते थे। उस दिन आये थे। पूछे कि टिकट नहीं करवाये अभी तक, जाना नहीं है ऐसा लगता है। मैंने भी अपनी अनिच्छा प्रकट कर दी।

मैं रोज–रोज अखबारों में जो वहाँ तैयारियाँ हो रही हैं उसका विवरण पढ़ लिया करता था। उस समय वहाँ स्नान के लिये जो स्थल सुरक्षित था उसके अलावा झूंसी नामक क्षेत्र में एक और स्थल आरक्षित करके रख लिया गया था। यह सब मैं अखबारों से जान रहा था।

19 जनवरी को स्नान था। 16 तारीख को शंभुनाथ आकर वापस लौट गया। उसके लौटने के बाद अकस्मात् मुझे प्रेरणा हुई कि प्रयागराज जाना है। लेकिन अब तैयारी कैसे होगी। वहीं चिंता करता रहा। दूसरे दिन दैवयोग से शंभु पुनः आ गये। मैंने अपनी बात उससे कही। वह चेष्टा करके दो टिकट ले आये। हम लोग दूसरे ही दिन रवाना हो गये। पहले बनारस दीनानाथ सिंह के घर गये। फिर वकील साहब (शिव शंकर सिंह) के घर राम नगर गये। साथ में हम लोग प्रयागराज के लिये निकल

पड़े। रात में प्रयागराज पहुँच गये। वहाँ एक परिचित के यहाँ रात का भोजन करके हम लोगों ने वहीं विश्राम किया। दूसरे दिन 19 तारीख को फिर हम लोग दोपहर का भोजन करके मेला स्थल की ओर रवाना हो गये। जो वहाँ से सात आठ किलोमीटर दूर था। हम लोग ताँगा से गये।

मेला में हम लोग दोपहर चार बजे पहुँचे। फिर पैदल चलते–चलते हम लोग अनेक पंडालादि देखते हुए आगे बढ़ने लगे। प्रयाग की तैयारी हरिद्वार की अपेक्षा भिन्न ढंग से होती है। हरिद्वार नगर तो गंगाजी के किनारे–किनारे बसा है और विराट्–विराट् अनेकानेक आश्रम, अखाड़े, धर्मशालाएँ आदि हैं। अब तो लॉज भी खुल गये हैं। वहाँ स्नान के लिये भी गंगाजी के घाट सुंदर और लंबे चौड़े बने हुए हैं। वहाँ की सुंदरता ही और होती है।

प्रयागराज की बात और है। चारों ओर पसरा गंगाजी के दोनों ओर (संगम के दोनों ओर) एक विराट नगर बन जाता है। तंबुओं का नगर। शहर इस स्थल से पृथक होता है। इस स्थल से जुड़ी हुई जगह एक ही है– वह है दारागंज।

हम लोग कहीं शांत से बैठकर समय व्यतीत कर सकें ऐसी जगह की तलाश में थे। और वहाँ तो लोगों की भीड़ ही भीड़ थी। हम लोग न तो किसी अखाड़े से संबंधित थे, न किसी साधु से, हम लोगों के लिये वहाँ चारों ओर अपरिचय ही अपरिचय था। मैंने चारों ओर अपनी दृष्टि घुमाई। एक ओर दक्षिण पश्चिम दिशा में मुझे रिक्त स्थान दिखाई दिया। हम लोग उधर ही बढ़ गये। आगे बढ़ते–बढ़ते ही पता चला कि यह तो बहुत शांत जन कोलाहल से शून्य था। वहाँ गंगाजी के किनारे–किनारे लकड़ी की तखतें रखी हुई थीं। ऐसे तखत लगभग सौ दो सौ थे वहाँ– करीब एक किलोमीटर तक वह किनारा खाली था और वहाँ तखत लगे हुए थे। वहाँ अनेक तखतों पर अनेक लोग अपने–अपने ग्रुप बनाकर पहले से जमे हुए थे। हम लोग भी एक तखत पर बैठ गये। जब सभी लोग थोड़ा आराम कर लिये और प्रभु चर्चा में लगे थे तब तक करीब छः बज चुके थे। शाम का धुंधुलका उतर गया था। तभी समीप ही पुलिस वालों का एक कंट्रोल टॉवर था, जहाँ से आवाज आयी कि नदी के इस किनारे पर जो तखत रखे हैं उन पर जो लोग बैठे हैं– वे शीघ्र ही

जगह खाली कर दें और जो जगह स्नान के लिये तय किया हुआ है – उधर चले जायें। यह सुनकर हम लोग थोड़ा चिंतित हुए। इतने में ही सौ पुलिस वाले लोग हाथों में डंडे लिये हुए उधर तंबुओं से निकले और दौड़–दौड़कर जो लोग अभी भी जमे हुए थे उन्हें खदेड़ने लगे। मेरे साथ जो लोग थे वे मुझसे कहने लगे– स्वामीजी अब हम कहाँ जायेंगे। तो मैंने मुस्कुरा कर कह दिया कि हम लोग कहीं नहीं जायेंगे, यहीं बैठे रहें– देखें क्या होता है।

पुलिस वाले हमारे तखत के पास से ही गुजरते रहे। सब ओर फैलकर सभी को वहाँ से भगा दिया। थोड़ी ही देर में वहाँ कोई नहीं था। सिवाय हम लोगों के। फिर जब लोगों को दूर तक भगाकर पुलिस के लोग लौट रहे थे तो हमें देखकर उन्हें परम आश्चर्य हुआ। वे कहने लगे– कि अरे आप लोग कैसे बच गये। मैंने हँसकर कहा कि भई, तुम लोग तो पास–पास से ही गुजर रहे थे और हमें कुछ नहीं कह रहे थे तो हमने सोचा कि हमें ये लोग छोड़ रहे हैं। अब तुम लोग कहो तो हम भी चले जाते हैं।

सभी पुलिस वालों ने एक साथ कहा– नहीं–नहीं, आप लोग यहीं बैठिये। बल्कि कोई सेवा हो तो कहें। आप तो स्वयं शिव–पार्वती की जोड़ी लगते हैं। बाबा आप यहीं बैठिये और हम लोग भी आते है– थोड़ी देर में।

उनके चले जाने के बाद हम लोग फिर प्रभु चर्चा में लग गये तथा इस बात की चर्चा करने लगे कि वे लोग सबको भगाते रहे और हमको कैसे छोड़ गये। उसी समय मैं मन ही मन एक बात सोच रहा था कि मायाजी ने सुबह से अभी तक मुँह में कुछ नहीं डाला है। हम लोग तो रास्ते भर कुछ न कुछ खाते–पीते आये हैं। यदि एक कप चाय भी मिल जाये तो उसे आराम मिल जायेगा। मैंने शंभुनाथ से कहा कि जाकर कहीं से चाय ले आये। कहीं दुकानें बंद हों तो किसी गृहस्थ से माँग ले। लेकिन शंभुनाथ और दीनानाथ दोनों घंटे डेढ़ घंटे बाद लौटे तो खाली हाथ लौटे। इससे मुझे अत्यंत खेद हुआ। और न जाने क्या हुआ कि मेरे भीतर इस तरह विचार और भाव चलने लगे कि कहा जाता है कि आज कुंभ का अवसर है। माँ गंगाजी समीप बह रही हैं। गंगाजी तो स्वयं अमृत हैं– और आज तो विशेष अमृत तत्व का समावेश होने

वाला है। देवी–देवता, शरीरी–अशीरी, योगी–महात्मा, साधक–भक्त, सब अति श्रद्धा से स्नान करेंगे। हजारों वर्षों से यह मान्यता कायम है। तो मैं क्या मानूँ इसे– सच या झूठ। जहाँ एक ओर इस घड़ी तथा स्नान की ऐसी महिमा और दूसरी ओर उनके पास याचना करने पर भी एक कप चाय के लिये कंठ प्यासे रह गये तो खाक अमृत बहेगा। नहीं, यह आज तय कर ही लेना है। ऐसा निश्चय कर मैंने आगे संकल्प किया कि यदि यह स्नान दिव्य सत्ताओं, योगी महात्माओं से भरा हुआ है और यदि यहाँ कोई शरीरी भी मौजूद हो तो प्रमाण दे कि यह सत्य है। नहीं तो समझ लूँगा कि यह हजारों साल चलने वाली एक अंधी परंपरा है। और मैं उसी आवेश में कह उठा कि दो, लाओ डब्बा, मैं लाऊँगा। लोग तो हैरान हो गये। खास कर दीनानाथ एवं शंभुनाथ जो अभी–अभी कई किलोमीटर का चक्कर लगाकर वापस लौटे थे। यह रात लगभग नौ बजे का समय था।

लेकिन मेरे उठ खड़े होने से शंभु मेरे साथ–साथ हो लिया।

हम लोग सौ कदम ही चले होंगे कि मेरे कानों में आवाज आयी– चाय, बाबा।

मैं चौंका, मैंने मुड़कर देखा, एक नारी मूर्ति, पूर्ण शोभा के साथ सजी हुई, हाथ में एक बहुत बड़ा फ्लास्क लिये हुए खडी है।

मैं उनके समीप गया। वे जहाँ खड़ी थीं, वहाँ अंधेरा था। मैं फिर भी उन्हें देख सका कि वे सुंदर साड़ी पहनी हुई हैं। आभूषण भी पहनी हुई थीं। और अलौकिक रूप से प्रकट हुई थीं। मैं जब उनके सम्मुख गया और शंभुनाथ को चाय ले लेने के लिये पुकारा तो वे कहने लगीं कि यह आपके लिये ही है। मैंने उन्हें आश्वस्त किया कि हाँ माँ, यह मेरे ही लिये है। आप इस डिब्बे में डाल दें। मैंने देखा कि उन्होंने मुँह खोलकर फ्लास्क को उड़ेल दिया। जितना बड़ा डिब्बा था, सब भर गया। मैंने चाय ले लेने के पश्चात् शंभु को रवाना किया और जब शंभु चला गया तो–सोचने लगा कि यह तूने क्या किया। एक कप चाय के लिये दिव्य सत्ता को तूने चुनौती दी। और अब तो उन्होंने अपनी सत्ता असंदिग्ध कर दी है। मैं जो एक बार मुड़ गया उनकी ओर से मुड़ ही गया। फिर मुड़ कर नहीं देखा कि देखूँ कि वे अभी भी है या नहीं। असल में मेरी उत्सुकता ही नहीं थी इस बात में। मैं सदैव एक ही मंत्र को शिरोधार्य करके चलता था कि यह सद्‌गुरु का एक खेल है। यह मेरी परीक्षा थी।

मैं जब लौटने को हुआ तो मेरे पाँव जैसे जमीन में गड़ गये हों, ऐसे जम सा गया मैं। फिर मैं रोने लगा। माँ गंगा, माँ आनंदमयी, संत महात्मा, शिर्डी के साईं नाथ और अपने सद्‌गुरु की असीम कृपा को स्मरण कर मैं रोने लगा। फिर यह सोचकर कि सब लोग जान जायेंगे मैंने तुरंत आँखें पोछ लीं और लौट गया।

जब मैं वहाँ पहुँचा तो वे मेरी प्रतिक्षा कर ही रहे थे। मैं तो सन्न रह गया था।

फिर हम लोगों ने चाय नाश्ता किया। पुलिस वाले भी आ गये थे। गपशप होता रहा। फिर पुलिस वालों ने ही कहा कि आप लोग थोड़ा आराम कर लें– जब समय हो जायेगा तो हम लोग खुद आकर बाबा को ले जायेंगे स्नान के लिए।

हम लोग थोड़ा सो लिये। रात्रि के लगभग डेढ़ बजे सायरन बजा। हम लोग उठ गये। तभी पुलिस के लगभग दर्जन भर सिपाही आ गये। हम लोग नित्य कर्म से निवृत्त होकर फिर स्नान के लिये रवाना हुए। पुलिस के जवान मेरे साथ–साथ ऐसे थे जैसे पूर्व निर्दिष्ट सेवा कार्य में जुटे हों। मैं यह देखकर मन ही मन अपने सद्‌गुरु को स्मरण कर रहा था।

सिपाही लोगों ने मुझे नजदीक जाने पर संकेत करके दिखाया कि बाबाजी देखिये वो रहा संगम। मैंने चंद्रमा के प्रकाश में स्पष्ट देखा कि गंगाजी का जल एवं यमुनाजी का जल दोनों पृथक–पृथक पहचाने जा रहे थे एवं साथ–साथ बह रहे थे। सिपाहियों ने कहा– बाबाजी आप वहाँ जाइये स्नान कीजिये, हम यहाँ हैं। हम लोगों ने कदम आगे बढ़ाया, संयोग से मैं तैरना नहीं जानता था इसके बावजूद वहाँ तक आगे बढ़ गया और कुछेक डुबकियाँ लगायीं। इस प्रकार मेरा स्नान हो गया। हम लोग बाहर निकल आये।

पुलिस वाले हम लोगों को लेकर फिर वापस जहाँ हम लोग बैठे थे वहाँ तक विदा करने आये– लेकिन हम लोगों ने वहाँ अब और बैठने के बजाय वापस लौट जाना श्रेयष्कर समझा। हम लोगों ने ठीक मुहूर्त पर यह स्नान किया। सब गंगा माई की कृपा से हुआ।

इस घटना से यह तय हो गया कि मनुष्यों की इस दिखलाई पड़ने वाली दुनिया से अलग एक रहस्यमय दुनिया भी है, जहाँ के लोग रहस्यमय हैं।

इस घटना से यह भी तय हो गया कि गंगा मैया सिर्फ नदी ही नहीं, साक्षात् माँ है, भक्त वत्सला माँ है। और वे श्रद्धा से पुकारने पर प्रकट होती हैं।

इस घटना से यह भी पता चल गया कि तीर्थों, पर्वों, का क्या महत्त्व है, परंपरा का क्या महत्त्व है।

इस घटना से यह भी ज्ञात हुआ कि तीर्थों, पर्वों पर शरीरी ही नहीं, अशरीरी भक्तजन भी मौजूद होते हैं।

और इस घटना ने यह भी बता दिया कि कुम्भ–कुम्भ है।

धन्य हैं भारत के ऋषि–मुनि जिन्होंने इस रहस्य से भरे पर्व को आज तक जीवित रखा है। उनकी तपस्या महान है।

## शिर्डी के साईं नाथ की कृपा से जल मिलना:–

यह घटना सन् 77 की है। मैंने तब संन्यास लेकर रायपुर छोड़ दिया था और कलकत्ता में एक ध्यान केंद्र का संचालन कर रहा था। उन दिनों भगवान पूना में थे अतः कलकत्ता–पूना आना–जाना होता रहता था। इसी बीच कभी बीच में उतरकर रायपुर भी दो–एक दिन रह लेता था।

एक बार ऐसे ही रायपुर उतरा हुआ था। उस दौरान सरदार करतार सिंह गिल, लकी भारत गैरेज वाले से मेरी भेंट हुई जो कि हर प्रवास में नियमतः होती थी। उस समय वे अपने गैरेज के काम के अलावा शासन से मिले और कुछ खरीदे हुए खेतों में उलझे हुए थे। वे बहुत समय से वहाँ पानी ढूँढ रहे थे जो मिल नहीं सका। वे बहुत चिंतित रहा करते थे।

मैंने बात ही बात में बापूजी (उन्हें मैं इसी संबोधन से पुकारता था) से पूछा कि खेत में क्या हो रहा है। वे शायद इस बात की प्रतीक्षा में ही थे। धीरे से बोल उठे कि पानी दोगे तो कुछ होगा– नहीं तो क्या होगा। मैं चुप रह गया। क्योंकि यह मेरी सीमा से बाहर की बात थी।

फिर जब मैं कलकत्ता वापस लौटा तो एक पत्र दिया उन्हें जिसमें शिर्डी के साईं के जीवन का एक प्रसंग का विवरण देते हुए लिखा कि

साईं के पास लोग जो जाते थे उन्हें साईं नाथ कुछ न कुछ देकर वापस करते थे, खाली कोई नहीं लौटता था। जिसने जो माँगा उसे वह मिला। लेकिन साईं कहते थे कि कभी भी ऐसा कोई नहीं आया जो वह माँगे जो वह देना चाहते थे। इसी आशा में कि एक दिन ऐसा आयेगा जब कोई वह भी माँगेगा– वे नित्य यह दान लीला करते आये हैं।

मैंने उनसे पूछा कि बापूजी, जो शख्त ह्रदय के खेत में पानी दे सकते हैं– जो आत्मा के खेत में पानी सींच सकते हैं– वह उस खेत में पानी क्यों नहीं दे सकेंगे।

असल बात यह है कि हमें स्पष्ट होना चाहिये कि हमें चाहिये क्या। हम ही द्वन्द्व में रहते हैं और जब मिलने को होता है तो यह भी चाहते हैं– वह भी चाहते हैं। अतः स्पष्ट करें कि आपको किस खेत में पानी चाहिये।

थोड़े ही दिनों में उन्होंने राममूर्ति से कह कर जवाब भिजवा दिया कि साईं जिस खेत की बात कर रहे हैं– उसी खेत में पानी चाहिये। मुझे वह पत्र मिला। उसके कुछ ही दिनों बाद पुनः सूचना मिली कि खेत में पानी मिल गया है।

मैं थोड़े काल बाद जब रायपुर गया तो उस पानी के स्वाद से तृप्त हो गया– सच में वो साईं का कुँआ था।

ऐसी ही साईं नाथ की लीला को वो अपने देहत्याग के पश्चात् भी भक्तों के रक्षार्थ सर्व मंगल हेतु नित्य करते रहते हैं। धन्य हैं साईं भक्तजन जिन्हें ये लीला प्रसंग अपनी आँखों से देखने के पुण्यस्वरूप सुअवसर मिले।

## जिद्दू कृष्णमूर्ति का अपरिग्रहः–

जे. कृष्णमूर्ति विश्व के आध्यात्मिक इतिहास में एक अविस्मरणीय नाम हैं। भारत में जन्मे होने के बावजूद वे अपने स्वभाव व गुणों के कारण विश्ववंद्य हो गये थे।

ब्रिटेन के कुछ विश्व विख्यात व्यक्ति जिनमें, मैडम ऐनी बेसेंट, मेजर आल्कॉट एवं लेड बीटर और रूसी रहस्य विद् मैडम ब्लॉवटॉस्की आदि ने मिलकर एक रहस्य विद् मंडली कायम की थी। उनका नाम थियोसॉफिकल सोसायटी रखा गया। इसका प्रणयन अशरीरी रहस्यदर्शी

मनीषी करते थे। उन सूक्ष्म शरीर धारियों के भी स्तर पर स्तर थे। उनकी दीक्षा भी होती थी और उनके द्वारा शरीरी व्यक्तियों की भी दीक्षा होती थी। यह सब बातें जे. कृष्णमूर्ति पर मैरी लिटन की लिखी जीवनी में लिखी हुई हैं।

इन थियोसॉफी वालों को सूचना थी कि बीसवीं सदी में भगवान बुद्ध अपने वचन के अनुसार फिर अवतार लेंगे। बुद्ध का यह अवतार किसी नये जन्म के द्वारा नहीं बल्कि किसी तैयार देह में ही उतर जायेंगे तथा मैत्रेय के नाम से काम करेंगे।

इस कार्य के लिये आधार हेतु किसी उपयुक्त देह की जरूरत थी। इस कार्य को सौंपा गया ऐनी बेसेंट को जो उस समय सोसायटी की अध्यक्षा भी थीं।

उस समय सोसायटी का मुख्यालय आडियार में था जो मद्रास के ही समीप नदी किनारे एक छोटा शहर था।

उस मुख्यालय में एनी बेसेंट रहती थीं। कभी–कभी इंग्लैंड से आल्काट, लेड बीटर भी आते थे। वहीं कैम्पस के भीतर कर्मचारियों के लिये भी सर्वेन्ट्स् क्वाट्र्स भी थे जहाँ अनेक लोग अपने परिवार के साथ रहते थे।

एक दिन ऐनी बेसेंट को अपनी छत पर टहलते हुए नीचे आँगन में खेलते हुए कुछ बच्चे दिखे। उन बच्चों में एक बच्चा थोड़ा विशिष्ट दिख रहा था। उसने आल्काट को बुला कर उस बालक की ओर इशारा किया। आल्काट तो उसे देखते ही आश्चर्य में पड़ गया। इन मनीषियों को व्यक्ति के आभा मंडल को देख सकने की क्षमता थी जिससे वे तत्काल जान लेते थे कि किस जीव की कैसी स्थिति है। वे तुरंत इस निर्णय पर पहुँचे कि इन बच्चों पर कुछ काम करना चाहिये।

इस प्रकार कृष्णमूर्ति का उसके बचपन में ही चुनाव हो गया था। उस समय उसके साथ उसके बड़े भाई नित्या को भी असाधारण प्रतिभा के धनी होने के कारण, प्रशिक्षण के लिये चुन लिया गया था। वे पहले नित्या पर ही प्रयोग करने लगे। लेकिन नित्या ज्यादा समय जीवित नहीं रहा। कुछ ही वर्षों में वह स्वर्ग सिधार गया।

इस घटना से कृष्णमूर्ति के पिता बहुत घबरा गये। उन्होंने ऐनी बेसेंट से अपना बच्चा वापस लौटाने की जिद की। लेकिन ऐनी बेंसेंट ने बाद में उसे समझा बुझा कर मना लिया तथा कृष्णमूर्ति को लेकर इंग्लैंड चली गयीं।

कृष्णमूर्ति के आसपास अनेकानेक संभ्रांत लोगों को लाया गया। वे सब उसकी सौम्यता से प्रभावित हो होकर उसकी सेवा में लग गये। विश्वभर से करोड़पतियों, अरबपतियों के झुंड के झुंड उनके आसपास इकट्ठे होने लगे। उनकी व्यवस्था, सेवा, प्रशिक्षण आदि के लिये करोड़ों डॉलर और पौंड दुनिया भर के बैंकों में जमा हो गये। जिस पर व्यक्तिगत उनका अधिकार था।

आल्काट कहते थे कृष्णमूर्ति के शरीर से श्वेत आभा की किरणें फूटती रहती थीं। यद्यपि वह स्वयं साँवले थे। लेकिन अपने तीखे नाक नक्शे और रोमन स्टाइल से सजाये केश सज्जा के कारण वे आकर्षण के केंद्र बने रहे। उनके प्रेम में सभी थे। उन्हें ही केंद्र बनाकर थियोसॉफी की गतिविधियाँ चलने लगीं। ऐनी बेसेंट और आल्काट आदि सहयोगियों ने उनके प्रशिक्षण की ओर क्षण–प्रतिक्षण सजग रहकर एक आधार कायम किया जिसमें भगवान आ सकें। यह अनवरत श्रम का फल था। थियोसॉफी सोसायटी ने दुनिया भर में दशक से ज्यादा समय प्रचारित कर रखा था कि अब दुनिया को निराश होने की आवश्यकता नहीं। जैसे पहले बुद्ध, महावीर, जीसस आये थे– वैसी ही बेला आ गयी है। हमारे युग के भी रक्षक मसीहा आने ही वाले हैं। लोग पूछते कि कब आने वाले हैं तो वे कहते कि बस प्रतीक्षा करो, प्रार्थना करो– वे आ ही रहे हैं।

इस प्रकार सारी दुनिया में एक उत्कंठा पैदा कर दी गयी थी। खास कर बुद्धिजीवियों के बीच तो वे ज्यादा सुने जाते थे। उनकी चर्चा विश्व के सर्वश्रेष्ठ किस्म के लोगों के बीच होती थी। वे सच ही विश्वगुरु के रूप में माने जाने वाले थे। धीरे–धीरे लोगों में उनके प्रति श्रद्धा पैदा हो गयी थी। वे लोगों की दृष्टि में अवतारी, रहस्यपूर्ण, परम सुंदर, परम सत्य, परम शिव और जीवन के रक्षक बन चुके थे। जन और धन दोनों ही प्रचुरता से बिना उनके एक तिनका भी उठाये उनके पद तले आ गयी थी। लेकिन वे अडोल, अभंग, अविचलित थे। क्योंकि वे सरल, मासूम थे। वे अविवाहित रहे।

फिर वह भी दिन आया। वे तब करीब पैंतीस–चालीस साल के हो गये थे। दस बारह वर्ष की उम्र से उनको प्रशिक्षित किया जाता रहा। जब पूरी सोसायटी आश्वस्त हो गयी कि अब समय उपयुक्त हो गया है। और वे भी तैयार हैं तो एक समारोह का आयोजन किया गया। सारी दुनिया में यह सूचना प्रसारित कर दी गयी कि वह आने वाला है, वह हमें नया पथ दिखायेगा, वह हमें पवित्र करेगा, उसे पाकर मनुष्यता फिर हरी भरी हो जायेगी। लोगों को अब पूरे तन–मन–धन से तैयार हो जाना चाहिये उसके स्वागत के लिये। समग्र प्राणों से पुकारें कि वे आयें।

तिथि तय हो गयी थी। लोग बंगलौर में इकट्ठे हुए थे। समारोह में देश–विदेश के सैकड़ों विद्वान उपस्थित थे। एक दिव्य गंध से संपूर्ण समारोह स्थल भरा हुआ था।

आज थियोसॉफी सोसायटी के पूर्व घोषित मसीहा, विश्वगुरु कृष्णमूर्ति, कृष्णमूर्ति न रह कर– भगवान मैत्रेय बन जायेंगे। भगवान बुद्ध कृष्णमूर्ति के शरीर से अपना संदेश देंगे। अब दिखने को कृष्णमूर्ति लेकिन जीने को भगवान बुद्ध होंगे लेकिन नाम उनका न बुद्ध होगा, न कृष्णमूर्ति– नया नाम होगा– मैत्रेय। आज से कृष्णमूर्ति नाम खो जायेगा– कृष्णमूर्ति व्यक्ति खो जायेगा– उसकी जगह मैत्रेय नाम चलेगा, और कृष्णमूर्ति व्यक्ति की जगह बुद्ध आत्मा रहेगा।

समारोह का प्रारंभ हो गया। घोषणाएँ हो चुकी हैं। लोग एकदम साधे बैठे हैं। ऐसी अपूर्व शांति इस पृथ्वी पर कभी–कभी ही घटित हुई है। थोड़ी देर मंच खाली है। फिर अचानक ठीक घड़ी की सुइयों के हिसाब से कृष्णमूर्ति का प्रवेश।

अद्भुत आभा, अद्भुत रूप लावण्य, विलक्षण सौंदर्य, सागर सी गहरी सौम्यता, अलौकिक छटा थी तथा दिव्य सत्ता को साथ–साथ लाये थे। पूरा सभा भवन उस सत्ता से भर उठा। लोगों की टकटकी लग गयी। सच ही वे कृष्ण हो गये थे।

इसी व्यस्तता में लगे थे लोग कि अचानक उनके कानों ने सुना– नहीं, मैं किसी अन्य सत्ता को कभी भी अपने स्थान पर काम नहीं करने दे सकता। नहीं, मैं सिर्फ कृष्णमूर्ति ही रहना चाहता हूँ। मुझे अन्यथा नहीं होना है। मैं स्वयं ही पर्याप्त हूँ। मुझे कोई अभाव नहीं है, मैं पूर्ण संतृप्त

एवं आप्तकाम हूँ। नहीं, मैं किसी मैत्रेय या बुद्ध को स्वयं की जगह नहीं दे सकता। मैं, मैं ही रहूँ यही पर्याप्त सुंदर है।

मैं गुरु नहीं हूँ। मैं रक्षक नहीं हूँ। मैं मसीहा भी नहीं हूँ। मैं एक व्यक्ति हूँ। तुम में से प्रत्येक एक व्यक्ति है। कोई मसीहा, गुरु या रक्षक नहीं है। सभी समान हैं, एक जैसे ही हैं। कोई विशिष्टता नहीं है। विशिष्टता की बातें पागलपन की निशानी है।

मैं तुम्हें सीधी–सीधी बातें समझा रहा हूँ। तुम मेरे मित्र हो। तुम किसी भी पंथ, परंपरा, विधि–विधान में अपनी शांति मत ढूँढ़ना, वह तुम्हें तुम्हारे व्यक्तिगत बोध से मिलेगा। और समस्याओं को पैदा करते हैं हम, गलत ढंग से देखने के अभ्यास के कारण।

मैं तुम्हें देखना सिखाना चाहता हूँ। तुम देखना सीख जाओगे तो फिर तुम भी जान सकोगे कि कोई गुरु नहीं है, न कहीं कोई नीचे है, न ऊपर। यह सब सापेक्ष शब्द और धारणाएँ काम चलाऊ हैं, उनका सत्य से कोई संबंध नहीं।

सत्य को जानना है तो सुन लो, गुरुओं से बच के चलना, परंपराओं के अंधानुकरण से बचना, विधि विधानों कर्मकाण्डों के जाल में कभी मत उलझना। बल्कि सरल बनना। अपने आग्रहों को, अपनी काम चलाऊ धारणाओं को विस्मृत करके देखने की कोशिश करना। अपनी अस्मिता को समझना। और यह प्रत्येक को स्वयं अपना–अपना करना होता है। कोई किसी की आँख नहीं बन सकता– कोई किसी का पथ प्रदर्शक नहीं होता।

इसीलिये मैं कहता हूँ– मैं पथ प्रदर्शक नहीं हूँ। मैं अपना दीपक आप हूँ। तुम अपना दीपक आप बनो। कोई तुम्हारी रक्षा करने नहीं आयेगा– अपनी रक्षा करना स्वयं सीखो। कोई तुम्हारा गुरु नहीं हो सकता– गुरु तो तुम्हारे विवेक के रूप में तुम्हारे भीतर हैं। समझ ही सच्चा साथी है।

मैं जे. कृष्णमूर्ति यह बोल रहा हूँ। भ्रम में कभी मत पड़ें कि मैं बदल गया हूँ। और थियोसॉफी सोसायटी से भी अब मेरा कोई संबंध नहीं है। मैं इसे भंग करता हूँ। इसका कोई प्रयोजन नहीं है। धर्म विद्रोह है।

मैं अब स्वतंत्र हूँ। मैं कृष्णमूर्ति हूँ। एक व्यक्ति हूँ। मेरी अपनी निजता है। मैं अपनी निजता में ही परम आनंदित एवं सुरक्षित हूँ और मुझे कुछ नहीं चाहिये।

यह घटना विश्वभर में एक विचित्र घटना के रूप में फैल गयी। लेकिन जो हुआ वह पूर्ण रहस्य था।

अभी भी बहुत थोड़े होंगे, विरले ही होंगे जिन्होंने इस संपूर्ण प्रक्रिया को समझा होगा।

जे. कृष्णमूर्ति का जीवन रहस्यपूर्ण रहा। यह कहना कि वे जैसे दिखते थे वैसे ही थे, यह एक अप्रामाणिक कथन होगा।

वे क्या थे। उनके मुँह से कौन बोलता था, उनके हाथों से कौन स्पर्श करता था यह एक रहस्य ही है।

क्या वे सच ही उतने स्वतंत्र थे जितना वे चाहते थे? यह प्रश्न भी अनसुलझा है।

उन्होंने इतनी सुविधा संपन्नता, इतना यश, इतना वैभव देवोपम ऐश्वर्य को सहज अस्वीकार कर दिया और सिर्फ अपनी निजता को स्वीकार लिया और किसी भी असुरक्षा के लिये स्वयं को तैयार कर लिया।

लोगों ने देखा एक विद्रोही को, लोगों ने देखा कृष्णमूर्ति को, लोगों ने वहाँ देखा बुद्ध को, बुद्ध की करुणा को, मैत्रेय को भी। लोगों ने देखा मंच पर उनका सच्चा गुरु उनका कल्याण मित्र भगवान मैत्रेय तो ही हैं– इस ढंग से नहीं तो उस ढंग से दीपक का काम तो करते ही रहे। वे अलौकिक थे।

जे. कृष्णमूर्ति एक रहस्य होकर ही रह गये। वे अपरिग्रह की साक्षात् प्रतिमा थे।

अपरिग्रह– पदार्थ का ही नहीं,
चित्त का भी,
भाव का भी,
समाधि का भी,
और अंत में निर्वाण का भी।
अपरिग्रह यानी अनिर्वाण।
गते गते परागते .........................................।

सन् 1986 की 17 फरवरी को कैलिफोर्निया स्थित अपने निवास में वे सदैव–सदैव के लिये सो गये।

एक रहस्य रहकर .........................................।

## भगवान बाहुबली का सम्यकत्व लाभः–

यह घटना आज से सैकड़ों वर्ष पूर्व की है। दक्षिण भारत में भी जब जैन धर्म का प्रचार–प्रसार हो गया था। उस समय भारत वर्ष हजारों राज्यों में बँटा हुआ था। हजारों राजा थे। ऐसा ही एक राजा था चक्रवर्ती भरत, उसका एक छोटा भाई था– बाहुबली। जैसा नाम था वैसे ही वह थे भी। शरीर तो अजानुबाहु था ही, बल भी बहुत था। इसी से उसे थोड़ा थोड़ा अभिमान भी था।

एक दिन वे सोचने लगे कि राज्य पर उसके बड़े भाई का अधिकार है। एक राज्य में दो राजा होते नहीं हैं, फिर मैं कब राजा बनूँगा। मेरा राजकुमार होना और बली होना किस काम का यदि राजा होने का अवसर नहीं आया तो।

इस प्रकार सोचकर वह दुःखी रहने लगा। जब भरत ने उसकी चिंता देखी तो पूछ ही लिया कि क्यों वह दुःखी रहता है। भरत ने जब जाना कि बाहुबली किस कारण से दुःखी है तो असमंजस में पड़ गया। उसने समझाया कि देखो व्यवस्था का प्रश्न है, नहीं तो वह भी समान हक का अधिकारी है। भरत ने कहा मैं तो कहने भर का राजा हूँ। लेकिन राज्य में एक राजा होना जरूरी है सो अपने पिता के बाद उस पद पर वे बैठे हैं– कर्तव्य वश वे राजा हैं– अधिकारों के लिये नहीं।

लेकिन इस बात से बाहुबली को संतोष नहीं हुआ। वह कुछ कर गुजरने को उतावला था। वह यदि राजा न हो सका तो कुछ और करेगा लेकिन वह भरत को झुका देगा। यही चिंता उसे सताने लगी।

बाहुबली चिंता करते–करते धीरे–धीरे चुप रहने लगा। फिर एक दिन उसने पूरा–पूरा मुनिव्रत धारण कर लिया और महल में न रहकर दूर एक पहाड़ी पर जाकर तप करने लगा। वह खड़े होकर ध्यान करता था। यह तप बारह वर्षों तक चला। वे अडोल रह कर तितिक्षा की मूर्ति बनकर सब सहते रहे। उनके खड़े रहने से लताएँ उनकी देह पर चढ़ गयी थीं।

सब ढंग से वे योग की भूमिकाओं पर आरूढ़ होते गये। धीरे–धीरे वे समस्त पुरूषार्थ लगाकर महायोगी की भूमिका में चले गये। जो–जो वे कर सकते थे– वे कर चुके थे। लेकिन शांति नहीं थी चित्त में। शरीर पर पूरा अधिकार होने के साथ मन पर भी अधिकार हो जाना चाहिये था। और जितना वे कर सकते थे, उतना उन्होंने कर भी लिया था।

लेकिन फिर भी शांति लाभ नहीं हुआ था। एक बेचैनी रह–रहकर उसके चित्त को मथ डालती थी कि चाहें मैं कितना भी बड़ा तपस्वी बन जाऊँ आखिर खड़ा तो भरत की जमीन पर ही हूँ। मैं फिर स्वतंत्र कैसे हुआ।

इसी विचार से वह बेचैन हो उठता था। उधर भरत के पास सब सूचनाएं बाहुबली की तपस्या के विषय में पहुँचती रहती थीं। वे स्वयं भी एक गुणी एवं ज्ञानी राजा थे। वे वैराग्यवान् होकर राज्य कर रहे थे। जब से बाहुबली निकला था महल से तब से अभी तक एक बार भी भरत नहीं गये उसे देखने। भरत ने पहचान लिया था बाहुबली की कमजोरी को। वह तो प्रतीक्षा और प्रार्थना कर रहा था कि बाहुबली की तपस्या पूरी हो– उसका अहं चूर हो–और वह वंदनीय हो जाये।

बाहुबली को भरत से अंदर ही अंदर एक प्रतिस्पर्द्धा थी। उसकी तपस्या से प्रभावित होकर लोगों ने उसकी पूजा अर्चना करना शुरू कर दिया था लेकिन भरत नहीं आये। इसी से बाहुबली की बेचैनी बनी हुई थी।

एक दिन ध्यान में बाहुबली के भीतर विचार कौंधा कि जमीन, जमीन किसकी है। यह जमीन जिसका राजा आज भरत है, कल किसी और का कहलाती थी। और मैं इस जमीन को त्याग दूँ कि यह भरत का है तो कहीं तो खड़ा होऊँगा ही–वह भी किसी न किसी के राज्य की सीमा के भीतर ही होगी। तो जमीन पर खड़ा हूँ यह उचित नहीं। भरत भी चला जायेगा। बाहुबली भी चला जायेगा। यह जमीन ज्यों की त्यों यहीं और ऐसी ही रहेगी। फिर कोई और आयेगा इसे अपना कहने वाला।

नहीं, यह जमीन सिर्फ जमीन है– यह किसी की नहीं है। सब अधिकार मिथ्या हैं– क्षणिक खेल हैं। और सत्य है तो केवल सम्यक् ज्ञान। जो शास्वत है। जो स्वभाव है।

इस तरह उसने विचारा कि सत्य जहाँ है वहाँ किसी भी किस्म का परिग्रह, चाहें वह पदार्थ का हो, या भावना का, होना असंभव है। जब तक परिग्रह है, तब तक स्वतंत्रता नहीं। उसने तत्काल चित्त से इस बेचैनी को निकाल फेंका कि भरत से उसकी कोई प्रतिस्पर्द्धा है, या कि भरत को वहाँ आना चाहिये। वह अब पूर्ण शांत, आप्तकाम और करुणा का स्रोत बन गये।

उनकी देह से अपूर्व कांति प्रस्फुटित होने लगी। उनके मुख मंडल पर अलौकिक आभा ने घेरा डाल दिया मानों उनका अभिषेक हो रहा हो। वे सच ही महान् अजेय सम्राट् की तरह लग रहे थे।

जब भरत ने यह सुना तो अपने परिवार के साथ बाहुबली के दर्शन करने गये। वे उनकी उपलब्धि को देखकर प्रसन्न हो उठे एवं तुरंत उनके चरणों में अपने को झुकाकर आनंद लाभ किया।

लेकिन तब तक बाहुबली निर्विकार हो चुके थे। उन्हें इस बात से अब फर्क नहीं पड़ने वाला था कि कौन आया और कौन नहीं आया। कौन झुका और कौन नहीं झुका।

बाहुबली को सम्यकत्व लाभ हो चुका था। अब उनकी भृकुटियों का तनाव शिथिल हो गया था। उसकी जगह वहाँ अब प्रशांति का सौंदर्य था।

सच ही अहंकार और प्रतिस्पर्धी चित्त में शांति कभी भी नहीं ठहर सकती।

**सबै भूमि गोपाल की, जामे अटक कहाँ।**
**जाके मन में अटक है, सोई अटक रहा।।**

## भरत चक्रवर्ती का मोहभंग:–

यह कथा जैन धर्म ग्रंथों से उद्घृत की गयी है। वैसे तो क्या हिंदू और क्या जैन– धर्म तो एक ही हैं– और वह है स्वभाव। भगवान महावीर से जब कोई पूछता कि भगवान, धर्म क्या है। तो वे जवाब में कहते– 'वत्थु सुहावो धम्म'। अर्थात् वस्तु का जो स्वभाव है– वही उस वस्तु का धर्म है।

अपने स्वभाव को जानना अपने धर्म को जानना है। स्वभाव भीतर है। उसे भीतर ध्यान की आँख से देखा जाता है। जब स्वभाव मनुष्य के भीतर से बाहर उसके आचरण के रूप में प्रकट होता है– तो यही स्वभाव सत्य, प्रेम, अहिंसा, अपरिग्रह, अचार्य और अकाम बन जाता है।

इसी पंच महाव्रत का प्राकट्य प्रमाण बन जाता है व्यक्ति के भीतर धर्म की प्रतिष्ठा का।

भरत चक्रवर्ती पुराने जमाने से चली आ रही हिन्दू परंपरा के अनुसार ही जीवन यापन करते थे। वे जब वृद्ध होने लगे तो अपने राज्य की सारी संपत्ति का त्याग कर एक अश्वमेघ यज्ञ के द्वारा स्वयं को चक्रवर्ती घोषित किया और वैराग्य धारण करके हिमालय की ओर अग्रसर हुए। वे सुमेरू पर्वत पर चढ़ना चाहते थे क्योंकि वहीं से अलोक के लिये, स्वर्ग के लिये आरोहण होता था। अतः शास्त्रोक्त ढंग से वे मोक्ष के, इंद्र के सिंहासन के अधिकारी हो गये थे। वे अपने मन ही मन यह सोचते हुए चले जा रहे थे कि– स्वर्ग में आज तक गिने–चुने ही चक्रवर्ती हुए हैं जो वहाँ सब मिलेंगे। सब ओर वहाँ आनंद ही आनंद होगा। सब अपने–अपने मौज में रहते होंगे। वहाँ प्रत्येक स्वतंत्र होगा। वहाँ बहुत शांति होगी।

इसी प्रकार की बातें सोचते–सोचते वह आगे बढ़ते रहे।

वे जब सुमेरू पर्वत के काफी नजदीक आ गये तो दूर से उसे देखकर अति हर्षित हुए।

लेकिन भरत का यह हर्ष ज्यादा समय नहीं टिका। जब वे और करीब पहुँच गये तो उन्होंने आभास पाया कि मानों उस पर्वत की दिवारों पर कुछ लिखा हुआ है। ऐसा रिवाज था कि जो व्यक्ति स्वर्ग के लिये वहाँ से रवाना हुए हों तो उन्हें वहाँ एक हस्ताक्षर करके जाना होता था ताकि रिकॉर्ड रहे। भरत सोचते थे पहले कि कुछ ही लोग अभी तक पहुँचे होंगे। लेकिन समीप जाकर जब उन दिवारों को देखा तो वह हतप्रभ हो गया। वहाँ तो हस्ताक्षर ही हस्ताक्षर थे। भीड़ होगी स्वर्ग में तो– ऐसा लगता था। फिर जब और गौर से उसने देखा तो आश्चर्य का ठिकाना न रहा और भरत बहुत दुःखी हो गये। दिवारों पर हस्ताक्षर यूँ लिखे थे कि प्रतीत होता है किसी ने पहले के लिखे को मिटाकर लिखा है। अब भरत के सामने महातथ्य स्पष्ट था कि जहाँ वह सोचना था कि थोड़े से लोग होंगे और बड़ी शांति होगी– वहाँ तो नर्क बन गया होगा। इतने लोग अभी तक चक्रवर्ती होकर गये हैं। यह देखकर वह बहुत निराश हुआ। वह सोचता था कि पृथ्वी पर कुछ एक भाग्यवानों में वह एक है और इस बात के लिये दुनिया उसे हमेशा–हमेशा याद रखेगी– वह अमर होने की कल्पना करता था– सब पर पानी फिर गया। वह उदास और हारा हुआ सा हो गया। वह ऊपर चढ़ने के बजाय नीचे उतरने लगा।

चक्रवर्ती भरत जब पूरा नीचे उतर गया तब चक्रवर्ती न रहकर सिर्फ भरत रह गया। अपने चक्रवर्ती होने को, जो दुःख का कारण बना, उसे वहीं सुमेरू पर छोड़कर वह उतर आया था। उसका मोह भंग हो चुका था।

इस प्रकार भरत को अहंकार की दौड़ का खेल और उसका अंत, सब स्पष्ट दिखलाई पड़ गये। और वे मुनि हो गये।

भरत जाने जरूर गये दुनिया में लेकिन चक्रवर्ती होने के कारण नहीं– मुनि होने के कारण जाने गये। क्योंकि सच्चा अमृत तो मौन है–सच्ची अमरता तो मुनि व्रत धारण करने में है।

भरत सचमुच अमर हो गये वे और भारत के आध्यात्मिक आकाश में एक जाज्वल्यमान नक्षत्र की भाँति आलोकित होते रहेंगे।

## राजा दशार्णभद्र का मोह भंगः–

यह कथा भी जैन शास्त्रों से ली गयी है। जैन साधुओं में मैंने कुछेक को समीप से देखा है। उनमें उपाध्याय अमर मुनि सच ही साधु लगे। ऐसा नहीं कि मेरे कहने से उनकी कीर्ति में कोई वृद्धि हो जायेगी। बल्कि वे स्वयं ही ऐसे हैं। उन्हीं की लिखी एक किताब थी अहिंसा दर्शन और सत्य दर्शन। उन्हीं में मैंने एक कहानी देखी थी। वैसे तो बहुतेरी कहानियाँ उसमें हैं। लेकिन मुझे यही कहानी प्रीतिकर लगी। इसीलिये इसे सुनाते समय एक बार चित्त में मैं पुनः उन क्षणों के रोमांच को महसूस कर रहा हूँ। मैंने वे पुस्तकें बाल्यकाल में पढ़ी थीं।

राजा दशार्णभद्र एक ऐश्वर्य शाली राजा थे। वे हर मायने में एक सफल व्यक्ति थे। संयोग की बात है कि उसके ही समय में भगवान महावीर जैसे तीर्थंकर महापुरूष भी हुए। लेकिन दशार्णभद्र को राज–काज से इतनी फुरसत कभी नहीं मिलती थी कि वह साधु संन्यासियों का सत्संग आदि करें। लेकिन वह विरोधी भी नहीं थे।

एक बार भगवान महावीर अपने साधु संघ के साथ चातुर्मास के लिये उसी राज्य के समीप ही स्थल चुना एवं वहाँ चातुर्मास करने लगे। गाँव गाँव से लोगों का वहाँ आना–जाना होने लगा। जो जाता वही भगवान की विमुग्धकारी रूप राशि का दीवाना होकर लौटता था। विस्मयकारी था वह साधु संघ। इतने शांत, इतने गंभीर और इतने आनंदित लोग उन

लोगों ने कभी देखे नहीं थे। चारों ओर भगवान महावीर वहाँ उपस्थित हुए थे। सब दिशाओं से लोग पहुँच–पहुँचकर लाभ ले रहे थे।

राजा दशार्णभद्र के भी कानों तक यह खबर पहुँची। राजा ने जब यह सुना कि सिद्धार्थ पुत्र वर्द्धमान तपस्वी बनकर अब कैवल्य लाभ कर चुके हैं और भगवान हो गये हैं – तथा वे अपने शिष्य समुदाय के साथ समीप ही चातुर्मास कर रहे हैं तो अत्यंत प्रमोदित हुए।

राजा ने सोचा कि यह तो अच्छा सुअवसर है। एक बार वैसे भी देखने की इच्छा थी ही उसे– लेकिन अब जब वह भगवान हो गया है लोगों की दृष्टि में। इतना आगे बढ़ गये हैं तो हम जरूर जायेंगे। और तपस्या से वर्द्धमान भगवान बनकर अपनी कीर्ति पताका फहरा रहे हैं तो मैं भी उनके पास इस भाँति पहुँचूँगा कि अभी तक कोई भी न अतीत में कभी पहुँचा होगा– न भविष्य में भी कोई पहुँच पायेगा।

इस प्रकार के भाव राजा दशार्णभद्र के मन में आने लगे। उसके मन में भक्ति का तो उदय हुआ लेकिन अहंकार ने उस भक्ति को भी अपनी चपेट में ले लिया तथा भक्त का बाना पहन कर अब उसे छलने लगा। वह मन में सोचने लगा कि भगवान के सम्मुख इतनी भक्ति प्रकट करूँगा कि शायद ही कोई मेरा मुकाबला कर सके।

इस तरह वह भक्ति में भी मुकाबले की बातें सोचता रहा। अहंकार वश अतीत तो अतीत, भविष्य को भी जीतने का संकल्प करने लगा। वह अपने अहंकार के वश में अच्छी तरह आ गया। उसने अपने मंत्री को आदेश दिया कि मेरे मन के अनुरूप एक शोभायात्रा का आयोजन करो हम भगवान के दर्शन के लिये जायेंगे।

थोड़ी ही देर बाद खबर मिली कि जूलूस तैयार है। राजा ने बाहर निकल कर जब अपने इस शोभा यात्रा की तैयारी को देखा तो भौंचक रह गया। जितनी सुंदरता की कल्पना उसने की थी, मंत्री ने उससे दस गुणा ज्यादा भव्य बना दिया था। राजा दशार्णभद्र की प्रसन्नता बढ़ गयी।

अब राजा ने अपने रथ पर बैठ कर चलने का आदेश दिया। जुलूस आगे बढ़ने लगा। राजा मन ही मन झूम रहा था कि यह शोभा यात्रा तो देवोपम है। इससे तो सब ईर्ष्या करें इतना भव्य है। मैं महान हूँ।

इसी प्रकार की प्रसन्नता में मस्त राजा को थोड़ा धक्का लगा जब बिना उसकी आज्ञा के अचानक यात्रा रुक गयी। उन्होंने अपने सारथी से जिज्ञासा की तो पता चला कि आगे कोई और जुलूस आ रहा है। उसी के कारण ऐसा हुआ। राजा विस्मय में पड़ा कि ऐसे कैसे संभव है। राजा के पुनः प्रश्न करने पर एक व्यक्ति को सामने जाकर पता करने की आज्ञा दी गयी। जब वह व्यक्ति आकर कहने लगा कि मालिक, उधर सामने से तो इतना प्रकाश, इतना संगीत, इतनी सम्मोहक शोभा यात्रा आ रही है कि उसके प्रकाश से हमारी यात्रा के लोगों और पशुओं की आँखें चौंधिया रही हैं– रास्ता नहीं दिखता।

जब राजा ने यह सुना तो उसका दिल बैठ गया। वह रोने को हो गया। वह विक्षिप्त सा हो गया। उसने संपत्ति की असारता और अपने अहंकार को पहचान लिया था। वह अब एक अन्य अभियान के लिये तैयार हो गया था। उसने किसी से कुछ नहीं कहा–अपने आभूषण, कपड़े, सब उतार दिये। एकदम नग्न खड़े हो गया– अपनी तलवार से अपने केश काट लिये। अब वे मुनि हो गये।

इसी रूप में सीधे दौड़कर के पहुँचे भगवान के पास और स्वयं को गिरा दिया कटे पेड़ की भाँति उनके सम्मुख। पूर्ण समर्पण हो गया। जहाँ 'अहं' गया वहाँ सब गया– रह जाता है केवल स्वभाव।

राजा दशार्णभद्र अब स्वभाव में स्थिर हो गये थे। वे मौन हो गये थे। उनको सम्यकत्व लाभ हो गया था। उनके चेहरे पर एक राजा के चेहरे पर जो तनाव होता है– जो कठोरता होती है– वह कुछ नहीं था– उसके चेहरे पर एक अपूर्व शांति की छटा खेल रही थी। वे ठीक वैसे पहुँचे थे भगवान के पास– जैसे पहुँचना चाहिये।

भगवान ने उन्हें अपने पास ही बिठा लिया।

थोड़ी ही देर में भगवान के सम्मुख स्वर्ग के राजा इंद्र हाथ जोड़े हुए प्रविष्ट हुए एवं इधर–उधर कुछ ढूँढते हुए से देखने लगे। भगवान ने सहास्य पूछा – कि इंद्र, तुम यहाँ किसे ढूँढ रहे हो? तब इंद्र ने कहा– प्रभु आप की लीला भी आप ही जानो, उधर आदेश दे दिया कि, राजा दशार्णभद्र अपने अहंकार वश सच्चा मार्ग भूलकर असम्यक् मार्ग का अवलंबन कर रहा है। उसे पथ दिखाओ– और इधर देखता हूँ कि

राजा दशार्णभद्र तो कहीं नजर नहीं आते। लोग कहते हैं कि वे आपके पास पहुँचे हैं।

तब भगवान ने मुस्कुराकर इंद्र से कहा कि ये कौन बैठे हैं– जरा पहचानना। इंद्र ने देखा– अद्‌भुत आभा मंडल लिये हुए मुनि राज बैठे हैं। जिज्ञासा करने पर कि ये कौन हैं– भगवान ने कहा– ये ही तो हैं मुनि दशार्णभद्र जो क्षण भर पूर्व तक राजा दशार्णभद्र थे। अब राजा होना एक अतीत का स्वप्न है। और जो अब है– वही सत्य है। अब मुनिव्रत धारण कर लेने से और स्वभाव में प्रतिष्ठित हो जाने से उनकी किसी से कोई प्रतिस्पर्द्धा नहीं रही।

इसीलिए भगवान महावीर ने कहा था– 'मित्ती मे स्व्वे भूएसू बैरं न मज्झं केणई।' अब इस सारे लोकों में किसी से कोई बैर नहीं रहा। अर्थात भगवान बुद्ध जिसे अबैर कहते थे– उसकी प्रतिष्ठा हो जाती है।

मैत्री भावना ही तो मुनिधर्म है।

प्राणिमात्र का स्वभाव है।

## प्रिय नायडू द्वारा प्रस्तुत एक मर्मस्पर्शी घटनाः–

रायपुर, मध्यप्रदेश मेरी जन्मभूमि है। यह एक समृद्ध शहर है। समीप ही भिलाई इस्पात कारखाना है। समीप ही चम्पारण्य नामक तीर्थ है जहाँ आज से पाँच सौ वर्षों पूर्व शुद्धाद्वैतवादी संप्रदाय के प्रवर्तक वल्लभाचार्य महाप्रभु का प्राकट्य हुआ था।

यह नगर अपने सांस्कृतिक, साहित्यिक, कलात्मक एवं धार्मिक अभिरूचि के लिये प्रसिद्ध है। और पुराना शहर होने से यहाँ थोड़ी बहुत जड़ता भी है।

इसी नगर की एक घटना है। वहाँ मेरे परिचित एक कलाकार श्री नायडू श्रीनिवास जी रहते हैं। वे रेलवे में काम करते हैं। वे और कुछ अन्य मित्र लोग कभी–कभी बैठकर कुछ प्रभु चर्चा, सत्संग आदि कर लिया करते हैं। एक दिन रेलवे क्वाट्‌र्स में एक जगह कुछ मित्र बैठे थे– प्रभुचर्चा में लीन थे। नायडू भी थे वहाँ। फिर यह सत्संग कुछ ऐसा जमा कि कई घंटे बीत गये। अचानक जिसके घर में यह बैठक हो रही थी, उस मित्र को स्मरण आया कि उसकी तो अभी इस समय प्लेटफार्म ड्यूटी है। वह रेलवे पुलिस में पुलिस मैन था।

ज्योंहि उसे यह याद आया त्योंहि उसने अपने कपड़े पहनते हुए कहा कि क्षमा करें आज तो वैसे भी काफी देर हो गयी है, न मालूम साहब क्या कहेंगे, लेकिन अभी चलता हूँ, यह कहते हुए वह बाहर निकल गये। बाकी लोग भी अपनी–अपनी राह ले लिये।

लेकिन जब वह पुलिस वाला ऑफिस पहुँचा तो एक कांड हो गया। जब वह अपने ऑफिसर के पास गया और क्षमा माँगते हुए बोला कि साहब क्या करें कुछ सत्संगी मित्र आ गये थे– देर हो गयी, कहाँ ड्यूटी देना है– दे दें।

ऑफिसर उसके चेहरे को देखे जा रहा था। ऑफिसर ने कहा कि मैंने तो तुम्हें ड्यूटी पर पहले ही भेज दिया है– तुम तो ड्यूटी पर हो ही। तुम कोई नशा–वशा तो करके नहीं आ रहे हो। या कोई मजाक तो नहीं करते हो।

पुलिसवाले ने कहा कि साहब, मजाक तो आप कर रहे हैं। अभी तो मैं घर से आ रहा हूँ। मुझे ड्यूटी पर आपने कैसे भेजा है, समझ में नहीं आती बात।

तब उस ऑफिसर ने ड्राअर से हाजिरी रजिस्टर निकाल कर दिखाया कि यह देखो तुम्हारा दस्तखत। यह तुम्हारा ही है न?

जब उस पुलिस वाले ने देखा कि हस्ताक्षर तो उसी के हैं। लेकिन वह तो यहाँ आया ही नहीं। तो यह हस्ताक्षर किसने किया। कौन यहाँ ड्यूटी देने आया था। स्थल पर जाकर पूछा गया कि यहाँ पर कोई पुलिस वाला ड्यूटी दे रहा था कि नहीं, तो लोगों ने तत्काल उसी पुलिसवाले की ओर इशारा कर कह दिया कि यही तो मौजूद हैं यहाँ।

अब समझते देर नहीं लगी उस पुलिस मैन को कि यह काम किसका है। वह वहीं से सीधे साहब के कमरे में गया। रो–रोकर उसने साहब से कहा कि उसको काम से अब मुक्त कर दें। वह अब ऐसी नौकरी नहीं कर सकते जिसके लिये उसके प्रभु को स्वयं आना पड़े, ड्यूटी देनी पड़े। और उसने तुरंत अपना त्याग पत्र दे दिया। इस घटना को वहाँ जिसने देखा– वही रोमांचित हो उठा। उसके आँसू और प्रलाप– लोगों के हृदय में भक्ति रस का संचार कर रहे थे।

भक्ति का ऐसा स्वरूप और भक्त के प्रति ऐसा वात्सल्य भगवान के सिवा कौन दिखा सकते हैं भला। धन्य है वह जीव जिसको प्रभु का ऐसा दिव्य प्रेम उपलब्ध हो और धन्य है वह मिट्टी, वह देश जहाँ ऐसे भक्त जन–जन्म धारण कर प्रभु के प्रति प्राणियों के मन में भक्ति का संचार करते हैं।

भगवान श्रीकृष्ण गीता में अंतिम अध्याय के अंत में अर्जुन से कहते हैं कि अर्जुन, इस पृथ्वी पर जो भी व्यक्ति किसी एक भी जीव को मेरे प्रति उन्मुख करता है– मुझे वही भक्त सबसे प्यारा है।

भगवान गौरांग महाप्रभु तो इसी भक्ति गंगा को बाँटते–बाँटते स्वयं श्रीकृष्ण रूप हो गये।

भगवान और भक्त अनन्य जो हैं। यही इस घटना का सार है।

## श्री श्री माँ आनंदमयी माँ प्रसंगः–

## मर्यादा का स्वीकारः–

यह बात सन् 1974 की है। मैं तब हरिद्वार में कुम्भ मेला के अवसर पर वहीं तीन महीने रहा। तब अनेक महात्माओं के दर्शन का सुयोग मुझे मिला। माँ आनंदमयी को सबसे पहले वहीं देखा। शाही सवारी निकली थी उनकी। फिर दोबारा उनका उनके निर्माण रत् आश्रम में संध्या समय दर्शन किया।

वहीं सप्त सरोवर पर एक नरसिंह भगवान का मंदिर है– वहाँ संस्थापक महात्मा से मिलकर भी अत्यंत प्रसन्नता हुई। उनके जैसे सिद्ध साधक तो अब विरले ही दिखते हैं। वे मुझे मुग्ध कर गये। वहीं एक दो अन्य साधुओं के दर्शन किये जिन्हें देखकर हृदय सहज ही स्पंदित हो गया था।

उसी प्रवास में कुछ साधुओं के साथ भी उठने बैठने का अवसर मिला जो नये जमाने के थे– पहले के साधकों में जो निष्ठा थी उसका सर्वथा अभाव दिखा मुझे वहाँ– लेकिन व्यवस्था आदि के काम में उनके जैसा कुशल दूसरा ढूँढ पाना मुश्किल ही है। इसी गुण के कारण उनका जीवन सुफल भले ही न हों लेकिन सफल जरूर कहा जा सकता है।

श्री गणेश दास महंत साधु वेला के संचालन को संभालते हैं। बड़ा आलीशान आश्रम है। श्री सत्यमित्रानंद जी पहले तो समन्वय कुटीर नाम से एक भव्य आश्रम बनवाया था अब भारत माता मंदिर नाम से एक अति विशाल भवन मंदिर नुमा बनवा लिया है– जो हरिद्वार में एक अद्वितीय भवन है। श्री सत्यमित्रानंद जी कभी शंकराचार्य पद पर भी आसीन रह चुके हैं। अभी नहीं हैं। लेकिन नाम के साथ भूतपूर्व शंकराचार्य जरूर लिखते हैं। चाहे जो हो, विद्वान् एवं आकर्षक तो वे हैं ही।

साध्वी उमा भारती, साध्वी गीता भारती, स्वामी चैतन्य, स्वामी भजनानंद सरस्वती एवं अन्य अनेक संन्यासियों को मैंने विशाल आश्रमों के स्वामित्व एवं संचालन करते देखा।

एक स्वामी आशीष चैतन्य भी थे। वे पटियाला हाउस में उस समय रहते थे। पटियाला के राजा की 365 रानियों में एक रानी वहीं रहती थी। उसी ने आशीष चैतन्य को जगह दी थी। काफी बड़ी जगह थी।

मेरा वहाँ दो–चार बार जाना हुआ। वह पढ़ा–लिखा तो था साथ ही गौर वर्ण के विशालकाय शरीर वाला भी था। भव्य देह यष्टि का स्वामी था वह।

पहले–पहले तो वह खूब बातें करता था फिर बाद की मुलाकातों में कुछ ऐसे काम, कुछ ऐसे ढंग कर गया कि मुझमें उसके प्रति विकर्षण हो गया। फिर मैं नहीं गया। दुबारा जब सन् 78 में माँ आनंदमयी के दर्शन करने गया हुआ था तब भी वह वहीं रह रहा था। वह भी रोज माँ के दर्शन में जाता था।

उससे भले ही मैं बाद में विकर्षित हो गया था लेकिन जो–जो बातें उसके साथ मेरी हुई थीं वे काफी रोचक थीं। उन्हीं बातों में एक बात एक मुलाकात में उसने माँ आनंदमयी के प्रसंग में बतायीं वह मैं कह रहा हूँ। वे माँ से संबंधित साहित्य का अध्ययन कर चुके थे–यह मैं जान चुका था। अतः उनकी इस बात पर मुझे किंचित मात्र भी संदेह नहीं हो सका। इसीलिये मैं उस घटना को सुना रहा हूँ।

एक बार की बात है। यही कोई पचास साठ साल पहले की बात होगी। माँ आनंदमयी को तब तक भारत के सभी ख्यात नाम महात्मा लोग, और अनेक रहस्यपूर्ण योगी लोग समय–समय पर आ–आकर उनको माँ संबोधन से संबोधित करते थे। वे माँ के रूप में, भगवती के रूप में सर्वत्र प्रकाशित हो चुकी थीं।

उस समय काशी में एक सभा थी। हिन्दुस्तान के कोने–कोने से, और बनारस के सभी प्रसिद्ध पंडित एवं विद्वान् लोग इकट्ठे हुए थे। वयोवृद्ध साधु संन्यासी गण भी मौजूद थे।

माँ भी मौजूद थीं। एक दिन माँ ने सब लोगों से कहा कि आप लोग मेरे पिताजी हो, अपनी बेटी को रहन–सहन के कुछ नियम आदि क्यों नहीं बता देते जिससे इस देह का ज्यादा से ज्यादा उपयोग हो। नहीं तो अभी जैसे चलता है– वह तो वे नियम हैं– लोक लिहाज की भी जगह नहीं है। तो क्या ठीक है– क्या ठीक नहीं है– और क्या होना चाहिये। यह तुम लोग अपने शास्त्रों से पता लगाकर मुझसे क्यों नहीं कहते कि ऐसा करो तो अच्छा रहेगा।

पंडित लोग और सब मौजूद प्रतिनिधियों ने एक स्वर में माँ से निवेदन किया कि माँ आपके लिये क्या नियम– क्या बेनियम। आप को कौन अच्छा–बुरा समझा सकता है। आप स्वयं ही स्वयं की मालिक हैं– आप तो साक्षात् माँ भगवती हैं। हम आपसे क्या कहें। हम ऐसी भूल कैसे करें।

माँ ने यह सुनकर पुनः कहा कि फिर भी कुछ नियम बता सको तो अच्छा रहेगा।

सभी विद्वानों ने मिलकर आपस में खूब विचार–विमर्श किया। जब सब लोग एक सर्व सम्मत प्रस्ताव के लिये तैयार हो गये तो उसका मसविदा वे लेकर माँ के पास गये और माँ की अनुमति लेकर माँ के समक्ष वह सुना दिया।

उस मसविदा में उन लोगों ने लिखा था कि माँ, हम आपके बालक हैं। हम अज्ञानी हैं। हम स्वयं आपके चरणों में शरणापन्न हैं। आप साक्षात् भगवती हैं। आपको कोई नियम, अनुशासन, मर्यादा बाँध नहीं सकती। आप स्वयं ही स्वयं हैं। आप पूर्ण हैं। ब्रह्म हैं।

आपकी आज्ञा के अनुसार
आपकी अनुमति से ही
हम भक्तगण सविनय, करबद्ध होकर
आपसे यह प्रार्थना करते हैं कि आप यद्यपि प्रकृति पुरूष के द्वैत से ऊपर उठकर अद्वैत स्वरूप हैं।

फिर भी आप अपने स्वयं के आनंद के लिये
जैसा शास्त्रों में एक नारी के लिये
मर्यादा सुरक्षित की है
उसे तद्नुरूप ही जीवन यापन करें।
इससे लोक मंगल होगा।
माँ, हम लोग आपकी प्रसन्नता ही चाहते हैं।
आप हम पर प्रसन्न रहें।

इस बात को सुनकर माँ ने तत्काल अपना निर्णय लोगों को सुना दिया कि ठीक है– ऐसा ही होगा। और तब से श्री श्री माँ आनंदमयी ने अपने जीवन की अमर्यादित शक्ति को समेट कर पूर्ण व्यावहारिक, पूर्ण सामाजिक, पूर्ण सहज जीवन जीती आयीं। अन्यथा उसके पूर्व वे कभी कभी लोगों को हैरानी में डाल देने वाली अवस्था में दर्शन करा देती थीं– लोग समझ नहीं पाते थे। कोई–कोई ही इसे दैवी आवेश समझते थे। वे उनकी सेवा में रहते थे। तो कोई–कोई सामाजिक नियम कानून की दुहाई देकर इसे विक्षिप्तता घोषित भी कर देते थे। वे इलाज, झाड़ फूँक कराने की सलाह भी देते थे।

माँ की इस तरह की लीला को लोग समझ नहीं पाते थे।

लेकिन बाद में जब माँ ज्यादा सहज रहने लगीं तो उनके सेवकों, भक्तों, दर्शनार्थियों को ज्यादा अवसर मिलने लगा।

माँ ने किस वात्सल्य से अपने स्वरूप को मर्यादा में बनाकर रखा यह अकथनीय है।

माँ की कृपा, माँ की करुणा अपने भक्तों पर अपार है।
इसीलिये किसी भक्त ने गाया है–
प्रबल प्रेम के पाले पड़कर,
प्रभु को नियम बदलते देखा,
अपना मान भले टल जाये,
भक्त का मान न टलते देखा।
ऐसी भक्त वत्सला थीं हमारी माँ।
श्री श्री आनन्दमयी माँ।

## सद्गुरु भगवान श्री रजनीश जी की अहैतुकी कृपाः–

यह बात शायद सन् 80 की है। मैं तब कलकत्ता में रहता था और एक ध्यान केन्द्र का संचालन करता था। भगवान तब पूना में रहते थे और वहाँ एक भव्य आश्रम स्थापित हो गया था। पाँच हजार संन्यासी वहाँ रोज एकत्र होते थे। आधे से ज्यादा विदेशी होते थे। वह एक अलौकिक जगह बन गयी थी।

कलकत्ता आश्रम से हम प्रति वर्ष एक स्मारिका निकाला करते थे। मैं उसकी प्रति लेकर स्वयं पूना जाता था। भगवान के लिये एक पैकेट बनाकर ले जाता था। फिर दर्शन में कभी कुछ बातें वे कह देते थे, मैं सुन लेता था और कभी कुछ नहीं कहते सिर्फ हँसकर देखते और मेरा दर्शन पूरा हो जाता।

भगवान के साथ मेरा संग साथ सन् 65 से था। बीस वर्षों का लंबा साथ– मोह तो बन ही जायेगा हम जैसे लोगों को। जरा भावुक हैं न, इसीलिये। जब वे जबलपुर में रहते थे तो उनके निवास पर मेरा आना–जाना होते रहता था। फिर वे जब बंबई गये तो बाद में मुझे भी बुला लिया। फिर जब वे पूना गये तो मुझे कलकत्ता में बैठा दिया। इस प्रकार उनका मेरा संग साथ चलता रहा। भगवान का सामीप्य इतना मिला था कि कभी–कभी, अभी की दूरी मन में टीस पैदा करती है। तो भी मन में यह विचार कर कि भगवान एक हैं– उनके चाहने वाले, उनसे मिलने वाले हजार हैं तो मैं कौन होता हूँ उनसे समय माँगने वाला। फिर मुझे समय तो पर्याप्त मिला है। चाहें आज की स्थिति में हो या निकट अतीत में, लेकिन मिला तो है।

इस बोध के बावजूद कभी–कभी उनसे दूरी फिर भी दुःख पैदा कर ही जाता है। सब समझ कहीं दुबक कर बैठ जाती है और हृदय विरह की आग से धधकने लगता है।

ऐसा ही वह दिन था। मैं स्मारिका की प्रतियां लेकर गया था। दूसरे दिन ही दर्शन का समय मिला था। दर्शन में गया तो संयोग से मेरा नाम शांत बैठकर दूर से दर्शन करने वालों में था। मैं बैठकर वहाँ भगवान के

दर्शन करता रहा। दर्शन पूरा होने पर हम बाहर निकले और एक अच्छे से होटल में जाकर खाना खाया। इस तरह मैं सब ढंग से सामान्य ही नहीं खुश भी था। होटल आकर रात होने पर सो गया। मेरे साथ कुछ और लोग भी गये थे। वे भी सब सो गये।

मैं ज्योंहि सोने की तैयारी करने लगा त्योंहि रात के सूनेपन में मेरे भीतर कुछ रिसने लगा। जैसे कोई घाव फूट गया हो। मेरे हृदय में रह–रहकर एक ही बात उठने लगी कि अपने सद्‌गुरु के साथ कितने सामीप्य का लाभ मैं लेता रहा। कितना प्यार वे उड़ेलते थे मुझ पर– वह सब याद आने लगा। घंटे दो घंटे बैठ लेता था जबलपुर में। फिर बंबई में भी स्वयं वे ही मुझे अपने कमरे में बुलाकर कुछ न कुछ उपदेश या अपने साथ बैठने का मुझे सुयोग प्रदान करते रहे थे। आज एक सेकेंड के लिये भी सम्मुख बैठकर कुछ बोल सुन सकने में असमर्थ, भाग्यहीन सा महसूस करने लगा। ऐसा करते–करते कब रात बीती यह तो मुझे मालूम नहीं। लेकिन एक बात मालूम है कि रात भर चाहे जागे हुए हो– कि सोये हुए, स्वप्न में हो– लेकिन रात भर साईं नाथ, माँ आनंदमयी और भगवान को याद करता रहा और जब सुबह हो गयी और मैं सोकर उठा तो पाया कि आँखें मेरी गीली हैं– आँसू शायद रात भर आता रहा।

जब सवेरा हो गया। लोग उठ गये तथा तैयार होने लगे आश्रम जाने के लिये तो भी मैं पड़ा रहा बिस्तर पर। उन्होंने मुझसे पूछा भी कि क्या बात है स्वामी जी, तबियत ठीक नहीं है क्या। क्या आश्रम नहीं चलेंगे।

मैंने न में जवाब दे दिया। वे लोग मुझे कमरे में अकेला छोड़कर चले गये।

जब मैं अकेला हो गया तब अचानक कमरा ही शांत नहीं हो गया– मेरे हृदय की अग्नि भी शांत हो गयी। फिर अचानक मेरे हृदय में एक बात उभरी कि अब बहुत हो गया। तुम इस सारे प्रकरण को लक्ष्मी के पास जाकर उससे कहो। और एक बात और स्पष्टता से उभरी और वह यह कि मुझे लक्ष्मी माँ के पास जाकर दर्शन के लिये समय नहीं लेना है। वह तो हो चुका कल। हजारों लोग हैं– सबको अवसर मिलना चाहिये। दर्शन तो बाहरी बात है। भीतर तो प्रभु विराजमान रहते ही हैं। सद्‌गुरु कब दूर हुए हैं भला। यह सब समझ भी सक्रिय हो उठी थी।

मैं पूर्णतः शांत और संतृप्त था। लेकिन जो बात हुई थी अभी रात भर– उसे जाकर निवेदन कर देना है। यही विचार कर मैं थोड़ी देर बाद उठा और जब माँ लक्ष्मी का ऑफिस खुलने का समय हुआ– दस बजे के करीब मैं उनके पास पहुँच गया। मैंने सब बातें ज्यों की त्यों सुना दीं उन्हें। वह सब सुनकर बोली– सब मन का खेल है। मैंने भी कहा कि हाँ माँ, यह सब मन ही है। लेकिन फिर भी प्रेरणा हुई थी कि आपसे कहूँ सो कह दिया। इसका मतलब तो यह कदापि नहीं है कि मैं पुनः दर्शन में जाऊँ। यह मेरा अभीष्ट नहीं है। लेकिन माँ लक्ष्मी ने कहा कि आज दर्शन में आ जाओ। मैं न–न करता रहा लेकिन वह बोलीं कि नहीं, आज और आ जाओ।

फिर जो चमत्कार हुआ वही इस कथा का मुख्य हिस्सा है। मैं दर्शन में गया। और पुनः शांत बैठकर भगवान को दूर से देखने वालों में ही नाम था मेरा। लेकिन जब नाम पुकारे जाने लगे भगवान के सम्मुख जाने वाले संन्यासियों का तो सबसे पहले अपने नाम को सुनकर मैं परम आश्चर्य में पड़ गया। क्योंकि नियम था कि सबसे पहले आठ–दस नाम विदेशी लोगों के होते थे– और फिर आठ–दस नाम भारतीय लोगों के होते थे– जो उस दिन संन्यास लेने आये होते थे। भगवान उन्हें संन्यास देते थे और कुछ बातें करते थे किसी–किसी के साथ। फिर ऊर्जा दर्शन वालों की बारी आती थी। ये भी आठ–दस होते थे। फिर चरण स्पर्श करने वालों की बारी होती थी। और इसकी समाप्ति के साथ ही साथ दर्शन समाप्त हो जाता था। बाकी लोग सब बैठे–बैठे यह सब दृश्य देखते रहते थे। मैं उन्हीं बैठने वालों में था।

लेकिन उस दिन चमत्कार हो गया जो नियम तोड़कर मुझे सबसे पहले बुला लिया गया था। मैं तुरंत उठकर अपने सद्गुरु के श्री चरणों के पास जाकर बैठ गया। फिर भगवान ने बहुत प्यार से मुझसे कुछ बातें कीं। मैं उनके चरणों में अपने सिर टिकाकर फिर अपनी जगह जाकर बैठ गया। फिर अन्य कार्यक्रय होते रहे। मैं अपने भाग्य को सोच–सोचकर चकित था। मैं सद्गुरु के प्रेम को सोच–सोचकर विस्मित एवं हर्षित था।

हुआ क्या होगा– असल में माँ लक्ष्मी दोपहर में जब भगवान के पास जाती थीं उस समय उन्होंने सारा विवरण भगवान के सम्मुख रखा होगा।

तो भगवान ने मुस्कुराकर कहा होगा कि ऐसी बात है तो ऐसा करना कि आज सबसे पहले उसी का नाम पुकार लेना– फिर बाद में समय बचे न बचे। वह कहीं फिर न वंचित रह जाये अतः तुम उसको सबसे पहले बुला लेना। निपट जायेगा और ऐसा ही हुआ। प्रभु ने अपनी अहैतुकी कृपा करके नियम विरूद्ध होकर अपने वात्सल्य की रक्षा की। ऐसे हैं हमारे सद्‌गुरु का हमारे लिये प्रेम। वे अंतर्यामी हैं।

## रज़िया:–

मैं तब अपनी जन्मभूमि रायपुर नगर में रहता था। मैंने तब अपनी बी.एस.सी. की पढ़ाई के बाद पढ़ाई–लिखाई से तंग आ गया था। मुझे इस कथित सभ्य, नैतिक और सुखी संसार से वितृष्णा हो गयी थी। मुझे संसार में कोई रस न होकर वैराग्य हो चला था। पेंटिंग के क्षेत्र में भी मैं काफी काम करके तृप्त हो चुका था। लेकिन जीवन में आदर्शों और नैतिकता की कोई जगह नहीं होने के कारण और प्रतिभा का समादर की जगह अनादर करने की परंपरा जो मैंने देखी तो उदास हो गया था। मैं आत्मघाती तो नहीं हुआ कभी– लेकिन जीवन प्रयोजन व्यर्थ (Futile) जरूर हो गया। बंजारों की भाँति हो गया मैं भीतर से। महत्त्वाकांक्षा किसको कहते हैं, भविष्य–अतीत क्या होता है– यह मैं भूल ही गया। मैं शुद्ध वर्तमान में रहने लगा। यह एक विलक्षण अनुभव था और रोमांचकारी भी। और इस अनुभव में एक आकर्षण भी था।

इसी अनुभूति में रहते हुए मैं एकदम अलग हो गया था अपने परिवेश से इस समाज से, और विकास की या विनाश की धारणा से पूर्णतः मुक्त हो गया था। आकाशचारी वृत्ति हो गयी थी। तथापि यह अंदरूनी मामला था। इसे मैंने बाहर प्रकट होने से बहुत बचाये रखा। फिर भी कुछ न कुछ तो बाहर प्रकट हुआ ही हुआ। मैंने समय काटने तथा थोड़ा जेब खर्च का इंतजाम करने के लिये शिक्षक का काम शुरू कर दिया। मैं जब शिक्षक हुआ कुछ वर्षों तक तो मुझे उस पाठशाला में कुछ प्रतिभावान छात्रों के दर्शन करने का सौभाग्य मिला।

रज़िया उन सब में विलक्षण थी। एक लड़का था ललित कुमार वाढेर। उसके पिता जीवन्मुक्त थे। यह उनकी मृत्यु वेला में हुई विस्मयकारी घटना

से स्पष्ट था। हरेन्द्र शाह भी एक छात्र था जो अपने परम पवित्र ह्रदय के कारण मुझे सदैव आकर्षित करता रहा। वह आदमी नहीं देवता है।

रज़िया का मामला कुछ भिन्न ही है। और मेरे लिये तो बहुत भिन्न। वह मेरी छात्रा ही नहीं, साक्षात् जगजननी, जगद्धात्री, भवतारिणी, पाप नाशिनी, माँ भगवती हो गयी।

उसकी मासूम हरकतें, उसके व्यवहार सब मानों मेरे लिये योग शास्त्र में वर्णित विभिन्न मुद्राएँ, कलाएँ, अवस्थाएँ, और रहस्य की जीवंत अभिव्यक्तियाँ थीं।

मैं उसकी कक्षा में पढ़ाने नहीं, उसके दर्शन करने जाता था। पढ़ाना तो बहाना होता था– उसके चरणों के दर्शन करना ही मुख्य उद्देश्य होता था।

यह घटना आकस्मिक रूप से घट गयी। बस, उसको देखते ही घट गयी। क्या रहस्य था इसके पीछे मालूम नहीं– लेकिन उसके आनंदमय स्वभाव को देखकर ह्रदय में किसी ने बहुत तीव्रता से कहा हो– माँ आनंदमयी यही तो हैं। और मैं बदलता गया। क्षण–प्रतिक्षण बदलता गया।

रज़िया मेरी माँ हो गयीं। रज़िया नाम मेरे लिये परम पवित्र मंत्र बन गया। रज़िया का रूप मेरे लिये रहस्यमय परमात्मा की जीवंत प्रतिमा बन गया। और रज़िया माँ जो मेरी सेवा स्वीकार कर लेती थीं तो मैं समझता था– परमात्मा ने अपने भक्त की पुकार सुन ली है।

इस तरह दिन–प्रतिदिन उसी का ध्यान लगने लगा। फिर तो ऐसा समय आया कि जिस किसी की ओर देखो– आँखें खुली हैं तो, आँखें बंद हैं तो– किसी का भी चेहरा हो सामने वह मेरे लिये रज़िया ही होता था। सिवा रज़िया के फिर मैंने कुछ न देखा– न सुना, न खाया, न पीया, न उठा, न बैठा। वही इधर, वही उधर। वही यह और वही वह हो गया।

रज़िया यद्यपि मेरे जीवन में एक छात्रा के रूप में आयी। उम्र भी कन्या रूप ही था। जैसी सब लड़कियाँ होती हैं वैसी ही थीं। सब सामान्य था। लेकिन फिर भी बहुत कुछ असामान्य था। वह अपनी सहेलियों में भी, और अपने घर में भी सर्वत्र, सर्वप्रिय थीं। वह असल में सद्गुणों की खान थीं। देवी रूप तो थी हीं। उसके घर में वह अपने

भाई–बहनों में सबसे छोटी थीं– लेकिन न सिर्फ सबका प्रेम पाती रहीं– बल्कि सम्मान भी पाती रहीं।

रज़िया ने अपने जीवन के जो भी क्षण मुझे दिये– मेरे साथ बैठकर बातें कीं, जो प्रेम, जो आदर मेरे लिये दर्शाती रहीं– वह मेरे लिये सामान्य व्यवहार न होकर– उसकी महानता तथा मेरे प्रति कृपावान् होने का प्रमाण है। वह सब उसकी कृपा है।

रज़िया को देखकर सहसा मेरे जीवन में एक रूपांतरण ही आ गया। जीवन ने मानों अपना प्रयोजन स्वयं पा लिया हो और बिना मुझसे पूछने की जरूरत समझे– आप ही गतिमान हो गया हो। मैं कब बदल गया पता ही न चला।

आध्यात्मिक अनुभवों में इस घटना का जो अनुभव है– जिस अनुभूति से मैं गुजरा हूँ– वह अति दुर्लभ है। वह तो साक्षात् भक्ति ही मानों रूप धारण करके खेल, खेल रही हों मेरे और मेरी आराध्या माँ भगवती रज़िया के बीच में।

जो शून्य में शून्य का खेल था। यह रज़िया प्रसंग तो अंतहीन है। लेकिन इतना निश्चित है कि जो संत लोग कह गये हैं कि जहाँ कोई शिष्य तैयार हो तो सद्‌गुरु स्वयं प्रकट हो जाते हैं– यह सत्य है।

## झेन हाइकूः–

पूर्णिमा की रात्रि है। आकाश में चंद्रमा पूर्ण प्रकाश के साथ विराजमान है। नीचे एक झील है। झील बड़ी है। झील शांत है। झील निस्तरंग है।

झील के किनारे कुछ सफेद बगुले बैठे हैं।

फिर,

बगुले उड़े। बगुले कतार में उड़े। बगुले आकाश में उड़े।

बगुलों के आकाश में उड़ने से शांत झील के वक्ष पर बगुलों का सुंदर प्रतिबिंब बना। चंद्रमा का प्रतिबिंब भी बन रहा है। यह यूँ ही हो रहा है।

हो रहा है।

चंद्रमा है,

झील है,

बगुले हैं,

प्रतिबिंब है।

ऐसे ही घटित होती है घटना जब कोई पूर्ण शिष्यत्व के साथ किसी सद्गुरु के सम्मुख बैठा हो तो।

जब न गुरु को कोई चाह है कि शिष्य को कुछ दे। न शिष्य को कोई चाह है कि गुरु से कुछ मिले। जब न यहाँ चाह है– न वहाँ चाह है। जहाँ चाह ही नहीं है– वहीं, उसी क्षण में यह घटना घट जाती है। प्रतिबिंब बन जाता है।

जैसे वहाँ प्रतिबिंब बना। न चाँद को कोई आकांक्षा थी कि उसका प्रकाश है आज तो बगुले उड़े आकाश में। न बगुलों ने सोचा कि आज पूर्णिमा है– चारों ओर प्रकाश ही प्रकाश है– चलो उड़ें और सामने झील भी है– चलो उसमें अपने प्रतिबिंब बनायें। ऐसा तो बगुलों ने नहीं सोचा था। सिर्फ वे उड़ गये थे। न झील ने विचारा कि कैसे बगुले हैं ये जो किनारे बैठें हैं, पूर्णिमा की आभा में क्यों नहीं ये उड़ते और मेरे वक्ष पर प्रतिबिंब बनाते।

नहीं, प्रतिबिंब के विषय में तो किसी को कोई ख्याल ही नहीं है। उन्होंने कभी भी नहीं सोचा। लेकिन वे सिर्फ वहाँ मौजूद हैं और पूरी तरह (totally) मौजूद हैं। बस जब शिष्य और गुरु भी सिर्फ मौजूद हों। तो उनकी मौजूदगी ही प्रतिबिंब बना देती है। कबीरदास जी भी तो कहते हैं–

बिन माँगे मोती मिलैं,
माँगे मिलै न भीख।

## श्री व श्रीमती गनपत लाल तिवारी की दिव्य मृत्यु गाथाः–

यह घटना आज से लगभग सत्तर वर्ष पूर्व की है अर्थात् सन् 1915 के आस–पास की। रायपुर नगर के ब्राह्मण पारा से कुछ लोगों का एक दल रामेश्वरम् तीर्थयात्रा पर निकला था। उस जमाने में तीर्थयात्रा के लिये समूह के समूह में लोग निकलते थे। आज के जैसी रेल, बस की सुविधाएँ नहीं थीं। लोग बहुत समय में पहुँचते थे। आने–जाने में दो तीन माह भी लग जाते थे।

जब यह यात्री दल रामेश्वरम् पहुँचा तो एक दिन एक दुर्घटना घट गई। हमारे परदादा श्री गनपत लाल तिवारी का देहांत वहाँ हो गया।

जो लोग साथ में गये थे वे सब दुःखी हुए कि एक सयाना साथी छूट गया। लेकिन साथ ही हर्षित भी थे क्योंकि तीर्थ में शरीर छूटना सौभाग्य का प्रतीक है भारतवर्ष में। अच्छी गति होती है तीर्थ में देहांत से। यह देहांत नहीं, साक्षात् मोक्ष है।

अब दूसरे दिन फिर एक अलौकिक घटना घट गयी। हुआ यह कि जब गनपत लाल गुजर गये तो बाकी सब लोग तो रोये गाये लेकिन बुढ़िया, उनकी विधवा न अपनी जगह से हिली–डुली, न रोयी चिल्लाई। वह चुप होकर जहाँ बैठी थी– वहीं बैठी रही।

और दूसरे ही दिन लोगों ने ठीक उसी समय देखा कि अब वह बुढ़िया भी चल बसी।

तीर्थयात्रियों के बीच यह एक अनहोनी घटना होने से चर्चा का विषय बन गयी। लोगों ने उसकी भी अर्थी सजाई एवं समुद्र में उसे ले जाकर बहा दिया। लेकिन लोगों के आश्चर्य का ठिकाना उस समय नहीं रहा जब उन्होंने गौर किया कि वृद्धा का अभी बहाया हुआ शव ठीक उधर ही बह रहा है जिधर थोड़ी दूर पर जाकर कल बहाया हुआ तिवारी जी का शव रुक सा गया है। जब उनकी धर्मपत्नी का शव उस शव के पास पहुँच गया तभी वह शव वहाँ से हिला। इस प्रकार फिर दोनों शव साथ–साथ निकल गये अनंत की यात्रा पर।

यह दृश्य देखकर लोगों को अत्यंत विस्मय हुआ। यह अकल्पनीय था उनके लिये। आज प्रेम की ऐसी गहराई देखने में कहाँ आती है? इसी से यह देखकर वे लोग बहुत आनंदित हुए। और प्रभु से प्रार्थना करने लगे कि इन्हें चिर काल तक एक रखना, प्रभु।

## एक अनलिखा इतिहासः–

यह बात बहुत पुरानी नहीं है। यह एक यथार्थ घटना है। जापान देश की बात है और अवसर है भगवान बुद्ध की पच्चीस सौवीं वर्षगाँठ का। यह सन् 50 के आसपास के घटना है।

जापान में भगवान बुद्ध के प्रति प्रगाढ़ श्रद्धा है। सच तो यह है कि जापानी यह मानते हैं कि जो कुछ भी आज वे हैं वह सब भगवान बुद्ध के उपदेशों का परिणाम है।

जापान के एक नगर में एक समिति बनायी गयी थी। उन लोगों ने इस सुंदर अवसर पर एक बड़ा प्यारा काम का लक्ष्य बनाया। लक्ष्य था भगवान के वचनों, त्रिपिटकों का जापान की उस क्षेत्रीय भाषा में अनुवाद करना था।

इस काम के लिये पर्याप्त राशि वे लोग एकत्र कर चुके तो उसे ले जाकर उस भिक्षु के हाथों सौंप दिया जिनके निर्देशन एवं प्रेरणा से वह सब होने जा रहा था।

उस बौद्ध भिक्षु ने काम को ज्योंहि प्रारंभ किया संयोग से उस साल उस क्षेत्र में फसल का सूखा पड़ गया था। बहुत नुकसान हुआ। चारों ओर से मदद भेजी जाने लगी। उस बौद्ध भिक्षु से यह सब देखकर रहा न गया। उसने सारी रकम उस सहायता कोष में जमा करवा दी।

लेकिन जो लोग इस काम के लिये समर्पित थे– वे भिक्षु से बोले कि चिंता करने की कोई बात नहीं है। हम लोग पुनः इकट्ठा कर लेंगे लेकिन यह काम होना ही चाहिये। और उन लोगों ने यह सब कर लिया।

इस बार भिक्षु महोदय बड़ी तैयारी के साथ काम में जुट गये। कुछ काम हो भी रहा था तभी खबर आयी आँधी की भाँति कि आसपास के क्षेत्रों की नदियों में बाढ़ आ गयी है।

भिक्षु तत्काल बाहर निकले और सारी रकम जो उनके पास थी, उसे लेकर चल पड़े उस तरफ जिधर से बाढ़ की खबर आयी थी।

उन्होंने वहाँ जाकर देखा कि त्राहि–त्राहि मची हुई है। मनुष्य और पशु नदी में बह रहे हैं। मकानों के हिस्से लकड़ी की पटरियाँ– बहती हुई जा रही हैं। चारों ओर विपदा ही विपदा है।

तुरंत भिक्षु ने वहाँ लोगों को एकत्र किया। थोड़ी देर में शासकीय सुविधाएँ भी आ गयीं। मनुष्य और प्रकृति के बीच युद्ध चला। और इसमें उस भिक्षु ने वह सब किया जो वे कर सकते थे। तन–मन–धन सब अर्पित कर दिया सेवा में।

अब फिर समस्या उठी कि अनुवाद कार्य के लिये रकम कहाँ से आये।

अबकी बार समिति वालों ने उस भिक्षु को समझाते हुए राशि अर्पित की कि जरा सम्भाल कर खर्च कीजियेगा।

साधु ने पुनः अपना काम प्रारंभ किया। वह बार–बार आशंकित होता कि कहीं कोई गड़बड़ नहीं है लेकिन इस बार संयोग से कोई गड़बड़ी नहीं हुई और वह ग्रंथ प्रकाशित भी हो गयी। इस बार भिक्षु ने अपना

काम सम्पन्न कर लिया। लेकिन लोगों के हाथों में जब वह ग्रंथ गया तो यह देखकर सबको आश्चर्य हुआ कि उसमें प्रथम संस्करण छपने के बजाय तृतीय संस्करण छपा था।

समिति वाले लोगों की जिज्ञासा करने पर साधु ने जो जवाब दिया वह लोगों के लिये हर्ष पैदा करने वाला था। उसने कहा कि पहले दो संस्करण अदृश्य हैं– तृतीय प्रकट।

सच ही कहा है सुप्रसिद्ध बाउल रहस्यविद स्व. अनिर्वाण जी ने अपनी पुस्तक To live within में कहा है– All works of depth are done into darkness.

## कबीर–कमाल प्रसंगः–

यह एक अलौकिक घटना है। बात आज से पाँच सौ साल पहले की है। कबीर बनारस में रहते थे। कबीर दास जी स्वयं को 'काशी का जुलाहा' कहते थे।

यद्यपि कबीर दास जी का जीवन यापन अत्यंत साधारण आर्थिक स्थिति वाले एक गृहस्थ के रूप में हुआ। फिर भी उनकी प्रतिष्ठा उनके समकालीन समाज में एक ऊच्च कोटि के महात्मा के रूप में ही नहीं बल्कि एक विलक्षण महायोगी, सिद्ध फकीर और किसी–किसी की दृष्टि में तो अवतारी पुरूष भी थे।

कबीर दास का जीवन यद्यपि समाज के सामने एक खुली किताब की भाँति था तथापि लोगों के लिये हमेशा ही वे एक रहस्य ही बने रहे। वे अमाप प्रतिभा के धनी थे तथा योगशास्त्र वर्णित समस्त क्रियाओं के स्वामी थे। कोई–कोई तो उन्हें शिवजी का मानस पुत्र भी मानता है। कबीर दास की रहस्यमयता का अंदाज तो इसी से लग जाता है कि उनके जन्म के संबंध में किसी को आज तक निश्चित पता नहीं कि वे कब कहाँ जन्में। सभी यह अनुमान लगाते हैं कि वे किसी ब्राह्मण परिवार की संतान थे लेकिन शायद जन्मते ही किसी कारणवश परित्यक्त हो गये थे और फिर एक जुलाहा मुसलमान परिवार के द्वारा पालित पोषित हुए।

कबीर दास के एक पुत्र और एक पुत्री भी हुए। कहते हैं कि जिस तरह कबीर दास रहस्यपूर्ण योगी हुए उसी तरह उनकी संताने भी असामान्य प्रतिभा के धनी थे। वे कभी–कभी अपने पिता श्री कबीर को

भी मात दे देते थे। कबीर दास ने इसीलिए पुत्र का नाम कमाल रखा एवं पुत्री का नाम कमाली रखा। कमाली के द्वारा बनाये गये भजन आज भी गाये जाते हैं।

एक दिन की बात है। कुछ साधु कबीर दास के घर में मेहमान बाहर से थके माँदे आये। घर में अनाज आटा नदारद है। अक्सर यही हाल रहता है। कबीर की पत्नी क्या करे बेचारी। जब घर में आश्रम खुल गया हो तो वह भी क्या करे। कबीर का नाम इतना रोशन हो चुका था कि काशी के रंक से लेकर राजा तक जानते थे उन्हें तथा उनके कारनामों को। वे हमेशा हिंदू–मुसलमान की रुढ़िवादिता का तथा ढ़ोंग का व्यंग्यात्मक ढंग से बखान किया करते थे। राजा को भी नहीं छोड़ते थे वे। वे राजा रंक सबको एक जैसा ही मानते थे। उनकी महिमा भी कुछ ऐसी थी कि कोई उन्हें कष्ट नहीं पहुँचाता था। वह बेफिक्र अलमस्त किंतु शिष्ट, जिम्मेदार और संतुलित भी रहते थे। उन्हें हमेशा होश रहता था।

उस दिन घर में खाने पीने के लिये कुछ नहीं था। कबीर ने कमाल से पूछा कि क्या किया जाये। कमाल तो कमाल ही था– कहा कि माँगने से तो कोई देगा नहीं, दे देकर लोग थक गये हैं। और मेहमान लोगों के लिये व्यवस्था जल्दी चाहिये तो चलें हम लोग कहीं से चोरी कर के ले आयें।

कबीर दास चौंके कि चोरी करने को कह रहा है बेटा। लेकिन कोई अन्य उपाय भी नहीं सूझ रहा था। रात्रि में सोने के समय वे साधु पहुँचे थे। अभी भोजन कहाँ से लायें।

तो थोड़ी देर सोच–विचार कर कबीर दास ने बेटे से कहा कि ठीक है– चलो, चलें कहीं बाहर और चोरी ही करेंगे। वे दोनों बाप–बेटे बाहर निकले।

एक घर के पास जाकर वे रुक गये। वह एक गोदाम था अनाज का। कमाल ने सेंध लगाई। फिर कबीर से कहा कि आप यहाँ रुकें मैं अंदर जा रहा हूँ। लेकिन संयोग की बात थी कि वह अपनी आधी देह अंदर करके एक छोटी बोरी तो बाहर खिसका दी– लेकिन ज्योंहि उसने बाहर की ओर अपने को खिसकाया त्योंहि किसी ने भीतर एक ही वार से उसका सिर उतार लिया। कमाल ने बाहर फिर भी स्वयं को निकाल लिया और खड़ा हो गया कबीर के सामने। कबीर दास जी ने देखा

तो विस्मय में पड़े लेकिन क्या करते। अनाज घर जो पहुँचानी है। सो कमाल से यह कह कर कि तुम यहीं खड़े रहना। मैं घर जा रहा हूँ। साधु लोग भूखे बैठे हैं।

कमाल ने हाथ के इशारे से कह दिया कि आप जायें। और कबीर वहाँ से चले गये।

कहते हैं कि सुबह–सुबह जब प्रभात फेरी निकल रही थी उस रास्ते से तो हरि कीर्तन की धुन पर उस शीर्ष विहीन मृतक कमाल के भी हाथ जुड़ गये और कीर्तन के साथ–साथ तालियाँ भी देने लगे। इस घटना को देखकर सब लोग तो परम आश्चर्य में पड़ गये लेकिन कमाली ने पहचान लिया कि यह उसका भाई ही हो सकता है– कमाल।

ऐसा था कबीर दास और उनके पुत्र कमाल का आतिथ्य प्रेम।

कबीर दास तो सदैव प्रभु से यही कहते हैं–

साई इतना दीजिये, जामे कुटुंब समाय।

मैं भी भूखा न रहूँ, साधू न भूखा जाय।।

अपने जीवन के मूल्य पर ऐसी आतिथ्य सेवा तो राजा शिवि द्वारा शरणागत पक्षी के बदले स्वयं को बलिदान, या राजा बलि द्वारा अपना सर्वत्र दान या राजा दिलीप के द्वारा व्याघ्र का भक्ष्य बनने के त्याग के समान ही अलौकिक है।

ऐसे थे कबीर दास जी और उनके पुत्र कमाल।

## बोधिधर्मा–नेङ्ग प्रसंगः–

आज से लगभग पंद्रह सौ वर्षों पूर्व की यह घटना है। भारत में जब बौद्ध धर्म की जड़ें नहीं जम पायीं तो इस पौध को बाहर चीन में ले जाकर रोपित किया गया। इस महान् कार्य को सम्पन्न किया भारत से तिब्बत और तिब्बत से चीन गये बोधिधर्म नामक बोधिसत्त्व ने।

बोधिधर्म को संसार भर में एक रहस्यमय व्यक्ति के रूप में जाना जाता है। क्योंकि उनके द्वारा लिखित या उपदिष्ट कुछ भी उपलब्ध नहीं है। और जो है वह सिर्फ उनके बारे में अन्यों के द्वारा लिखित ही है।

और बोधिधर्म ने जो काम किया उसके लिये पूर्व और पश्चिम दोनों कृतज्ञ है। आज तक जो बौद्ध धर्म और झेन संप्रदाय तथा ध्यान में विभिन्न प्रयोग संसार में विकसित हुआ है उसका सम्पूर्ण श्रेय बोधिधर्म

को जाता है। यदि वे इस पौध को यहाँ से चीन न ले गये होते जहाँ कि अनुकूल जमीन उपलब्ध थी तो भारत की वर्णाश्रम व्यवस्था वाले माहौल में जहाँ उस बौद्धिकता की स्वीकृति और भविष्य की दृष्टि से ग्राहकता नहीं थी, यह पौध मर सकती थी। लेकिन वह बुद्ध के बोध का पौधा था। वह तो एक ज्योति था। वह मर कैसे सकता था। वह तो एक सम्पदा थी सारी सृष्टि की।

उस धर्म की सुरक्षा तो परमात्मा के हाथों लिखा गया था तो वह नष्ट कैसे होता। वह बच गया नष्ट होने से। सारा श्रेय बोधिधर्म को जाना ही चाहिये।

बोधिधर्म को अपने बोध से अंदाज ही नहीं– विश्वास भी हो गया था कि उसकी बात को समझने वाला चीन में ही हो सकता है। इसी लक्ष्य को लेकर वे तिब्बत होते हुए चीन देश गये।

चीन पहुँचकर वे बहुत ही चुप रहने लगे। लोगों में ही नहीं, कुतूहल और चर्चा वहाँ के राजा तक भी पहुँची।

राजा वू भी एक बार उनसे मिलने गये। बोधिधर्म ने उनके समक्ष बौद्ध दर्शन संबंधी कुछ ऐसे–ऐसे तर्क किये तथा उदाहरण दिये कि राजा वू तो तत्काल उनका भक्त हो गया। वह फिर अनेक बार उनके पास गया और हर बार बोधिधर्म ने चमत्कारिक ढंग से कुछ न कुछ तत्व की बात समझाई। धीरे–धीरे उनके सम्पर्क में आकर उस देश में बहुत सारे लोग, जिनमें योगीगण, साधु गृहस्थ, संभ्रांत लोग, और सभी किस्म के जिज्ञासु लोग थे, वे सब बौद्ध धर्म के मत में अज्ञात ढंग से दीक्षित होने लगे तथा भगवान बुद्ध में आस्था रखने लगे। तथा बोधिधर्म को वे पैगम्बर मानते थे।

लेकिन बोधिधर्म तो चीन किसी अन्य लक्ष्य से गया था। वह उन्हें अच्छी तरह याद था। वे उसी की तो प्रतीक्षा कर रहे थे।

उनके पास बहुत लोग जिज्ञासाएँ ले लेकर आये लेकिन वह नहीं आया जिस तैयारी की उन्हें जरूरत थी।

फिर बोधिधर्म ने लोगों से मिलना–जुलना एकदम बंद कर दिया। वह एक गुफानुमा कमरे में दीवार की ओर मुँह करके बैठने लगे। फिर लोगों ने उनका चेहरा कभी नहीं देखा। वे हमेशा दीवार की ओर मुँह करके

बैठे रहते थे। उनके कमरे में कोई नहीं जाता था। उनसे सच कहें तो, उनके रूप रंग को देखकर लोगों को भय होता था। वे रूप रंग से रूक्ष लगते थे। लेकिन थे वे रहस्यदर्शी सिद्ध।

फिर धीरे–धीरे लोगों की भीड़ छँटती गयी। धीर–धीरे ऐसा भी समय आ गया जब कोई नहीं आता था वहाँ। कोई–कोई कभी पहुँच जाता– वह भी बाहर ही से चुप–चाप खड़े रहकर उल्टे पाँव वापस लौट जाता था।

ऐसे ही एक दिन वहाँ एक युवक आया। वह कमरे में गया। कमरे में उस समय बोधिधर्म पूर्व की भाँति दीवार की ओर मुँह करके बैठे हुए थे जैसे किसी से रूठे हुए हों और मनाने वाला आयेगा, मनायेगा तब ये मुँह फेरेंगे– ठीक वैसे ही हठपूर्वक बैठे रहते थे।

यह देखकर वह युवक थोड़ी देर शांत वहाँ खड़ा रहा। वह मानों कुछ ठान कर आया हो ऐसा तेज उसके चहरे पर खेल रहा था। जब बोधिधर्म ज्यों के त्यों अविचलित बैठे रहे तो उस युवक ने तत्काल अपनी म्यान से तलवार खींच ली और कहा कि तुरंत पलट कर बैठें नहीं तो मैं अपना हाथ फेंक रहा हूँ।

बोधिधर्म फिर भी चुप बैठे रहे। युवक ने आव देखा न ताव, अपने बाये हाँथ को ऐसे काट कर अलग कर दिया जैसे कोई मोम के पुतले को काटे। और बोधिधर्म के फिर भी नहीं पलटने से उसने वह हाथ बोधिधर्म के सामने फेंक दिया।

– और एक आवाज और गूँजी कि यदि अभी भी आप नहीं मुँह फेरते तो यह दूसरा हाथ भी ऐसा कहकर ज्योंहि उसने तलवार हवा में लहराया– बोधिधर्म पलट चुके थे। युवक वहीं ठिठक गया।

वह आ गया था जिसको देखने की शर्त के साथ बोधिधर्म ने किसी और को देखना बंद कर दिया था।

वह आ गया था जिसको ढूँढने बोधिधर्म भारत से इस सुदूर देश चीन में आये थे।

और वह अब सामने आ चुका था।

बोधिधर्म उठे और उस युवक को सम्पूर्ण रूप से ढँक ले ऐसे आलिंगन में बाँध लिया। उन्होंने आज अपनी सम्पदा को अपने

उत्तराधिकारी में उड़ेल दिया था। अब ज्योति बुझ नहीं सकेगी। उसको आधार मिल गया था।

बोधिधर्म का लक्ष्य पूर्ण हो गया। उसका उत्तराधिकारी था– हुईनेंग।

हुईनेंग की ज्योति से ही फिर अनंत–अनंत ज्योतियाँ प्रकट हुईं और यह धर्म चीन से जापान, कोरिया, बर्मा, इंडोनेशिया, थाईलैंड, आदि देशों में फैला। आज कल पश्चिम में भगवान बुद्ध के संदेश को ले जाने का श्रेय आधुनिक विद्वानों को जाता है– जो पश्चिम में जाकर बौद्ध दर्शन को समझाने में सक्षम हुए तथा सबसे ज्यादा–झेन संप्रदाय के फलने फूलने से, पश्चिम से आने वाले विद्वानों एवं विद्यार्थियों के द्वारा भी यह धर्म पश्चिम पहुँच कर तुरंत फैल गया। भगवान बुद्ध को वे Light of the East कहते हैं। और देखा जा रहा है कि जैसे विज्ञान का विकास हो रहा है और बुद्धि तथा तर्क को स्थान मिलने लगा है– उससे भगवान बुद्ध और उनके उपदेश आज समकालीन से हो गये हैं।

विश्व इतिहास में बौद्ध धर्म एवं दर्शन को स्थायित्व देने की दिशा में बोधिधर्म तथा हुईनेंग– गुरु–शिष्य की यह अद्‌भुत जोड़ी एक ज्योति बन कर हमेशा–हमेशा के लिये अमर हो गयी– हम कभी नहीं भूल सकेंगे उन्हें। वे वंद्य हैं।

ओम् मणि पद्मे हुम्............................

ओम नमो भगवते अवलोकितेश्वर पद्‌मपाणि बोधिसत्वाय नमः।

## शम्स तब्रेज की ईश्वर प्रत्यभिज्ञाः–

यह घटना भारतवर्ष में मुगलों के शासन काल में हुई थी। औरंगजेब का शासन काल था तब। चार सौ वर्षों पूर्व की बात है। दिल्ली की घटना है। दिल्ली की जामा मस्जिद ने हिंदुस्तान का एक बड़ा इतिहास देखा है। उसकी सीढ़ियाँ बहुत सारी कहानियों को अपने में समेटी हुई है।

शम्स तब्रेज नंग–धड़ंग घूमा करता था। इस्लाम में तो पर्दा प्रथा बहुत कड़ी है। और एक आदमी मस्जिद के आसपास घूमे इस तरह तो संभ्रांत घरों की महिलाओं को और मर्दों को यह नागवार न गुजरे यह कैसे हो सकता है। तो वही हुआ जो होना था। एक दिन उनकी शिकायत पर सरकार के लोग एक दिन आये और उस नग्न फकीर को

उठा ले गये। गिरफ्तार कर उन पर मुकदमा चला कि वह नंगा होकर इस तरह घूमता क्यों है। लेकिन उसने सफाई में कुछ न कहा। वह सिर्फ मुस्कुराता–हँसता रहा।

शम्स तब्रेज एक सिद्ध फकीर थे। वे सूफी थे। इस्लाम के मुल्ला मौलवियों को तो वैसे भी सूफियों से चिढ़ रही है। फिर यह तो औलिया फकीर थे लेकिन मस्जिद के आसपास घूमने से मामला संगीन हो गया था।

बादशाह बहुत खफा हुए। वे खुद इस्लाम के कट्टर अनुयायी थे। पाँचों वक्त नमाज अदा करते थे। और कहते हैं, अपनी टोपी भी वे खुद सिलकर पहनते थे।

औरंगजेब की धार्मिक उन्माद इतिहास की आँखों से छिपा नहीं है। तो वह इस प्रकार के फकीर को छोड़ कैसे सकता था। अतः अंत में उसने फकीर का सिर कलम करने का मृत्यु दंड दे दिया।

यह खबर समूची दिल्ली में फैल गयी। क्योंकि इस फकीर के बहुत से भक्त भी थे। वे उन्हें पीर की तरह मानते थे। उनके लिये वे परमात्मा की तरह थे। लेकिन ज्यादातर दिल्ली वालों के लिये वे एक पागल या काफिर ही ज्यादा थे। अतः नियत तिथि और स्थान पर लोगों की भीड़ इकट्ठी हो गयी इस दृश्य को देखने के लिये। समय पर शम्स तब्रेज को पेश किया गया। उधर जल्लाद अपना खड्ग लिये तैयार खड़ा था। औरंगजेब भी आकर अपनी जगह बैठ गया। अब इंतजार होने लगा फकीर के कत्ल का।

लेकिन इसमें देर होने लगी। जल्लाद की ओर तब्रेज कुछ ऐसी निगाह से मुस्कुरा कर देखे जा रहे थे कि जल्लाद घबरा उठा था। जैसे जैसे वह मुस्कुराये जा रहे थे और उसकी ओर कदम बढ़ा रहे थे, वैसे–वैसे जल्लाद परेशानी में पड़ता गया। उसके हाथ पैरों में पसीना आ गया था। वह काँपने लगा।

जल्लाद बहुत असमंजस में पड़ गया था कि यह फकीर तो साधारण आदमी नहीं लगता। अभी तक जो आदमी भी उसके सम्मुख आते रहे वे सब के सब भयभीत होते थे। लेकिन ये तो भय जानते ही नहीं, बल्कि भय को भी इनसे भय होता है– ऐसा लग रहा है। मैं कैसे इन पर वार करूँ। वह घबरा रहा था कि यह तो बहुत कठिन होगा। वह

अपनी जगह पत्थर जैसे जम सा गया। तभी उसकी ओर इशारा करके तब्रेज ने कहा कि आओ प्यारे आओ, अपना जो काम है, करो– लेकिन एक बात सुन लो कि चाहें किसी भी वेष में तुम आओ मेरे सामने, तब्रेज की इन आँखों को धोखा नहीं दे सकते।

इतना सुनने से तो वह जल्लाद निश्चय जान गया कि अरे, यह तो कोई सच्चा पहुँचा हुआ फकीर है। वह बहुत दुःखी हुआ कि आज उसे कैसा काम करना पड़ रहा है। लेकिन क्या करता वह। जो होना था वह तो पूर्व लिखित था जैसे। शम्स तब्रेज का कत्ल हो गया। वे उसी तरह हँसते–हँसते सिर कटा लिये जैसे वे हँसते–हँसते जीते रहे।

उनके और उनके प्रभु के बीच कोई पर्दा नहीं रहा था। इसीलिये उसने वस्त्र त्याग दिये थे। सम्पूर्ण संसार ही उनके लिये प्रभु का रूप था, स्वयं प्रभु था। अतः वे नग्न रहते थे। वे बालवत् हो गये थे। वे समाज के नियमों में नहीं रहे– अतः समाज ने उन्हें अपनी आँखों के सामने से हटा दिया। कैसा मजाक है कि जो हमें हमारी संभावना को दिखाने आते हैं– हम उन्हें ही अतीत बना देते हैं। इस तरह हम अपने ही भविष्य के निर्माण से वंचित हो जाते हैं। हम उड़ नहीं सकते आकाश में। हम कह नहीं सकते कि आँखों के सामने जो है वह ईश्वर ही है। हम पहचान नहीं पाते कि जो भी है वह ईश्वर ही है।

भगवान रजनीश हमेशा कहा करते थे।

The very stuff you or this world is made of, is nothing but God himself.

मनुष्य के इतिहास में खोजने से हमें आज तक ऐसी प्रखर ईश्वर प्रत्यभिज्ञा विरले ही देखने को मिलती है।

जो उसे जानता है– वही हो जाता है। इस दृष्टि से तो शम्स तब्रेज स्वयं ही ब्रह्मा, विष्णु और महेश हो गये थे। ऐसे संतों को हम समय रहते पहचानना और स्वीकारना नहीं सीखेंगे तो भविष्य हमारा अंधेरे में ही रह जायेगा।

## द्रौपदी चीर हरण के पश्चात् श्रीकृष्ण का आगमन एवं द्रौपदी–कृष्ण संवाद :

जुए में पाण्डवों ने कौरवों के हाथों द्रौपदी को खो दिया था। कौरवों का नेता दुर्योधन अब उसका स्वामी हो गया था। उसको पाण्डवों से नहीं, द्रौपदी से बदला लेना था। उसका पुराना घाव था। जब विश्वकर्मा ने पाण्डवों के लिये एक रात्रि में ही एक विलक्षण महल बना दिया तो दुर्योधन को भी उसे देखने हेतु बुलाया गया था। लेकिन जब दुर्योधन वहाँ प्रविष्ट हुआ तो एक दुर्घटना घट गयी। वह महल बना ही ऐसा था कि स्थल की जगह जल और जल की जगह स्थल दिखलाई पड़ता था। दुर्योधन ने ज्योंहि अपना पैर आगे बढ़ाया– वह वहीं गिर पड़ा। इस दृश्य को द्रौपदी अपने कक्ष से देख रही थीं। वह अपनी सहेलियों सहित हँस पड़ीं। वह अवसर की तलाश में था कि द्रौपदी को खूब अपमानित करे।

वह मौका आज आ गया था। दुर्योधन ने अपने कुटिल मामा शकुनि के मार्गदर्शन में एक ऐसे पासे का प्रयोग किया जो किसी सिद्ध तांत्रिक के द्वारा संचालित होता था। शकुनि स्वयं भी वह व्यक्ति हो सकते हैं– ऐसा शास्त्रों में भी प्रमाण है।

तो दुर्योधन ने द्यूतक्रीड़ा में युधिष्ठिर को पराजित कर उनका सर्वस्व छीन लिया था तथा अंत में चालाकी पूर्वक दुष्ट तर्कों के द्वारा द्रौपदी को भी एक संपत्ति प्रमाणित कर उसे भी अंतिम दाँव में जीत लिया।

द्रौपदी को घसीटते हुए उसके कक्ष से दुःशासन नामक कौरव लाया सारी कौरव सभा के सामने। वहाँ पाण्डव भी बैठे थे– लेकिन सबके सब श्री हीन, क्लीव, नपुंसक, मृतप्राय से सिर लटकाये बैठे थे। उनसे द्रौपदी का यह रूप और क्रंदन सहे नहीं जा रहे थे। और कौरवों में भारी प्रसन्नता व्याप्त हो गयी थी। अनेक द्रौपदी की ओर वासनामय दृष्टि से देख रहे थे। दुःशासन लगातार द्रौपदी को खड़ी करके उसके वस्त्र खींचने लगा। सभा में अनेक भद्र लोग, वृद्धजन भी मौजूद थे। वे सब एक ही परिवार के भाई–भाई थे चाचा–भतीजा, पिता–पुत्र थे।

वहीं सभी मौजूद थे, धृतराष्ट्र मौजूद थे यद्यपि वे आँखों से देख नहीं सकते थे– सुन तो सकते थे। द्रोणाचार्य मौजूद थे। कर्ण मौजूद थे।

भीष्म मौजूद थे। बड़े–बड़े लोग मौजूद थे लेकिन द्रौपदी की कोई मदद करना तो दूर रहा उस पर तरस भी नहीं खा सके। वे सब टकटकी लगाये देखे जा रहे थे जैसे उन्हें भी कुछ आंतरिक कौतूहल रहा हो– और वह पूरा होने ही जा रहा हो।

द्रौपदी रोती बिलखती रही। तरह–तरह के तर्क तरह–तरह से बचाव के रास्ते निकालती रही, पाण्डवों को भी खूब कोसा, अपने सम्मुख विराजमान आचार्यों, स्वसुरों और सभी सयानों से हाथ जोड़–जोड़कर प्रार्थना करती रही कि रक्षा करें लेकिन कोई काम नहीं आया। सब निश्चल बैठे रहे। और द्रौपदी निर्वस्त्र होती रही।

फिर वह थक गयी। वह मूर्च्छित सी हो गयी। उसे अपना भाई कृष्ण याद आया। जो वहाँ मौजूद नहीं था। उसने सोचा कि अगर वह यहाँ होता तो जरूर कुछ न कुछ करता। वह उसे जानती थी।

और इधर चमत्कार हो गया कि दुःशासन जितना खींचता गया– द्रौपदी की साड़ी उतनी ही खिंचती गयी। दुःशासन प्रयास करते–करते पसीना–पसीना हो गया। साड़ी का अंबार लग गया सभा भवन में लेकिन द्रौपदी निर्वस्त्र नहीं हुई। उसकी लज्जा ढँकी रही। किसने किया यह कोई नहीं जान सका। जब सारी सभा हतप्रभ रह गयी और दुःशासन गिरकर मूर्च्छित हो गया तब दुर्योधन ने यह काम रुकवा दिया। वह जान गया कि जरूर कोई गहरा मामला है। अभी इसे टाल ही देना उचित होगा।

सभा इस बात पर आश्चर्य में डूबी हुई थी– चर्चाएँ चल रही थीं– उसी समय वहाँ श्रीकृष्ण मौजूद हुए अपनी हँसी के साथ। उन्होंने उस समय की स्थिति को समझते हुए सभा की ओर तो कोई ध्यान नहीं दिया। सबसे पहले द्रौपदी की ओर गये एवं बड़े प्यार से बोले, बहन यह दुर्दशा आज कैसे हो गयी। यह सब कैसे हुआ। पांडव इतने कमजोर कैसे हुए। तुमने मुझे पहले क्यों नहीं बताया यह सब।

इस बात को सुनकर द्रौपदी ने क्रोध से अभिभूत होते हुए श्रीकृष्ण पर उलाहनों की बौछार कर दी। द्रौपदी ने कहा कि भैया, एक बात बताइये, ये लोग तो सब ससुराल वाले हैं, और साधारण जन हैं, इनकी कमजोरी को तो मैं समझ सकती हूँ लेकिन आप तो मेरे भाई हैं। क्या आपको भी मेरी देह देखने की लालसा थी जो इतनी देर की?

सभा द्रौपदी के वचनों को सुनकर सन्न रह गयी। लेकिन श्रीकृष्ण ने अपनी चिर परिचित मुस्कान के साथ तुरंत जवाब में कहा कि– द्रौपदी, एक बात बता, जब तेरे साथ यह घटना घटी उस दौरान तूने मुझे स्मरण किया था? और यह भी बता कि जब तूने स्मरण ही नहीं किया था तो यह उलाहना व्यर्थ है। हाँ, मैं तुम्हें उलाहना दे सकता हूँ कि जब तक तुमको सामने दिखलाई पड़ने वालों में सुरक्षा दिखलाई पड़ रही थी तब तक तुमने मुझे विस्मृत कर रखा था।

अंत में जाकर तुमने याद किया और मैं आ गया। बोलो, तुम्हारी लाज बची कि नहीं। मैं तो तुम्हारे पास ही था। तुम्हीं नहीं देख रही थीं। लेकिन मैं प्रतीक्षा करता रहा कि तुम मेरी ओर देखोगी। और जब तुमने मुझे पुकारा तो फौरन मैं आ ही गया। चलो, एक अशुभ घटने से टल गया– यह अच्छा हुआ।

द्रौपदी को तत्काल अपनी भूल का पता चल गया।

## साईं नाथ का अपने भक्त को डाँटना–डपटनाः–

यह घटना बम्बई की है। बम्बई से प्रकाशित होने वाले साप्ताहिक 'ब्लिट्ज' में यह छपी थी। यह घटना, भक्त जगत के लिये दीप स्तंभ की भाँति प्रथ प्रशस्त करने वाली है।

तब शिर्डी के साईं नाथ का अंतर्धान हो चुका था। वे जिस तरह जीवित रहते अपने पास आने वाले दीन दुःखी सबकी इच्छा पूरी करते रहे– वैसे ही अपने देहांत के पश्चात् भी अपनी समाधि की शक्ति से जहाँ कहीं उनके भक्तों पर मुसीबत आयी या जिस किसी भक्त ने उन्हें दिल की गहराई से पुकारा– उन्होंने वहाँ जाकर अपनी कृपा से उस भक्त की रक्षा की।

इसी तरह बंबई के उक्त भक्त पर भारी विपदा आ पड़ी थी। उस व्यक्ति के एक पुत्र था। वह भी उनकी बढ़ी हुई उम्र में पैदा हुआ था। अतः वही एकमात्र सहारा था उस आदमी का। वह बालक एकाएक बीमार पड़ गया। और ऐसा बीमार पड़ा कि उठने का नाम ही नहीं लिया। डॉक्टर सब हार गये। लेकिन बीमारी लाइलाज होती गयी। डॉक्टरों के दल ने अंत में उस व्यक्ति को एक दिन कह दिया कि अब कोई आशा नहीं है, कल सुबह तक यह शायद ही बचे।

ऐसा सुनना था कि उस भक्त को मानो भूतप्रेत चढ़ गया हो– वह बहुत बिगड़ा डॉक्टरों पर। उसने कहा कि आप लोग कल सुबह आकर देख जाइयेगा कि मेरा लड़का ठीक हो गया है।

डॉक्टरों ने इसे मोह ग्रस्तता समझा और दुःखी होते हुए वे चले गये।

असल में हुआ यह था कि ज्योंहि डॉक्टरों ने उसे अपने निर्णय सुनाये उसे तत्काल साईं नाथ की याद हो आयी। उसने सोचा, अभी आखिरी इलाज बाकी है। और वह इलाज नहीं, अमृत है अमृत। अतः उसने अपने साईं को याद कर डॉक्टरों से कहा कि आप लोग सुबह तक लड़के को कुशल देख सकेंगे।

जब डॉक्टर चले गये। तब जाकर अपने पूजा घर में उस भक्त ने साईं के आगे हाथ फैलाये, रोया, गाया, अपनी पीड़ा सुनाई प्रभु को।

इसी तरह वह रोते–रोते सो गया। रात में स्वप्न में वह क्या देखता है कि साईं नाथ आये हैं। लेकिन प्रसन्नता की जगह उनके मुख मंडल पर क्रोधाग्नि जल रही थी। आँखें लाल–लाल हो गयी थीं। वे बहुत भयावह लग रहे थे।

वह भक्त तो अत्यंत भयभीत हो गया। उसने हाथ जोड़कर पूछा कि– साईं, आप प्रसन्नता के बजाय कुपित से क्यों दिखलाई पड रहे हैं? मैंने तो अपनी रक्षा के लिये पुकारा था– लेकिन आप स्वयं ही ऐसे रूप धारण कर लेंगे तो हमारी रक्षा कौन करेगा? आप बतायें प्रभु कि मुझसे क्या पाप हो गया है? प्रभु आप मेरे बच्चे को बचा लें।

साईं नाथ ने अपनी लाल–लाल आँखों से घूरते हुए उस भक्त से गरजकर कहा कि– तुम भक्ति का दम्भ करते हो, मुझ पर जब भरोसा था तो डॉक्टरों के सामने क्यों कहा कि कल सुबह आयें और देखें। क्या तुम मुझे समय दे रहे थे। तुमने सीधे यह क्यों न कहा कि इसी क्षण देखते जाइये। क्या तुम्हें मुझ पर संशय था? तुम्हें तो कहना चाहिये था कि अभी यह आपके सामने ठीक होकर उठ जायेगा– आप लोग देख कर जायें।

भक्त को डाँट–डपट लेने के पश्चात् साईं नाथ प्रसन्न हुए। भक्त ने खूब क्षमा याचना की। सुबह जब नींद खुली तो सीधे अपने पुत्र के बिस्तर पर जाकर देखा कि लड़का जाग गया है और सभी सामान्य हरकतें कर रहा है।

उसका पुत्र जी उठा था। वह यह देख अत्यंत भाव विभोर हो उठा। आँखों से आँसू की अविरल धारा बह चली। साईं कृपा का फल आज उसे मिल गया। भक्ति की शक्ति का आज उसे प्रमाण मिल गया और अपने साईं के दर्शन हो गये। यह सब उसके लिये इतना अधिक था कि सिवाय आँसू के कोई दूसरा उपाय न था उसे प्रकट करने के लिये। जब डॉक्टर आये और देखा कि बालक तो स्वस्थ हो उठा है। तो वे भी साईं तथा परमात्मा की सर्वत्र उपस्थिति एवं उनकी कृपा की लीला देखकर साईं भक्त हो गये।

सच है कि जब तक सुरक्षा के ज्ञात उपाय चूक नहीं जाते तब तक आदमी अज्ञात की ओर देखता भी नहीं– जैसे द्रौपदी ने कृष्ण को नहीं याद किया – बाकी सबको जो सामने बैठे थे, पुकारती रहीं। इस भक्त ने भी सभी डॉक्टरी– इलाज किये– लेकिन साईं को नहीं पुकारा।

और जब पुकार उठी तो उन्होंने प्रकट होने में, अपनी कृपा बरसाने में क्षण मात्र की भी देर न की। इससे तो यही सिद्ध होता है कि वे हमारे समीप से समीप रहते हैं। लेकिन हम ही उन्हें मूल्य नहीं देते। जबकि अनंत धैर्य के साथ वे हमारी पुकार के लिये प्रतीक्षारत् रहते हैं। लेकिन उनकी ओर से एक ही शर्त है कि भक्त पुकारे– हृदय के अंतस्तल से पुकारे– जब ऐसी पुकार उठेगी तो वे अवश्य आते हैं। यह उनकी महत् कृपा है जीवों पर जैसे गज की रक्षा के लिये उतरे। भक्त ध्रुव, भक्त प्रह्लाद, के लिये प्रकट हुए– ऐसे ही वे प्रकट होने के लिये सदैव तत्पर रहते हैं–

बशर्ते कि कोई पुकारे।

## राबिया हसन प्रसंगः–

विश्व के आध्यात्मिक इतिहास में सूफी परंपरा का विशेष स्थान है।

सूफी परंपरा में सिद्ध संत, फकीर, औलिया और साधक–संन्यासी हुए हैं।

सूफी विशुद्ध तात्विक ज्ञान को अपना मूल आधार मानते हैं एवं तपश्चर्या को वे हठयोगी की भाँति अपनाते हैं।

सूफी परंपरा के बीज विश्व में सर्वत्र पड़े। असल में यह एक गुह्य परंपरा है– इसमें शरीरी– अशरीरी दोनों किस्म के सिद्ध काम करने पड़ते हैं।

इसीलिये जहाँ एक ओर कोई सूफी संत समझायेगें जीवन भर कि रुढ़ियों को तोड़ो, मजहबी दीवारों को गिरा दो, दीन बनो, ईमानदार बनो, नेक बनो, यही पर्याप्त है, यही नमाज है। मस्जिद और मजारों में क्या रखा है, असली चीज तो तुम्हारे भीतर मौजूद है। उसे ढूँढो, उसे पाओ। व्यर्थ के कर्म काण्डों में जीवन को मत गँवाओ। उस परम प्रभु को निरंतर स्मरण करो। दीन बनना ही उस तक पहुँचने का एकमात्र रास्ता है। तपश्चर्या से आत्मा शुद्ध होती है। इसीलिये सूफी संत जहाँ एक ओर ज्ञान पर जोर या बल देते रहे हैं वहीं दूसरी ओर हर सूफी संत के परदा कर लेने के तुरंत पश्चात् उनकी एक मजार बना दी जाती है। पूजा–पाठ, मनौतियाँ, गंडे–ताबीज सब फिर पीछे–पीछे आ जाती हैं। इसका कारण यह भी रहा है कि सूफी संत जहाँ अपने शिष्यों को तात्विक विशुद्ध आत्मज्ञान की ओर संकेत करते रहते थे वहीं दूसरी ओर वे करुणावश अपने पास आने वाले आगन्तुकों के दुःख दर्द को महसूस कर तुरंत कुछ न कुछ कृपा कर देते थे। इस कृपा के अनेक–अनेक रूप हो सकते हैं, जितने फकीर उतने उनके रंग–ढंग। इसी करुणा के खेल के कारण लोगों की अपार श्रद्धा के वे पात्र बन जाते थे। इसी से उनके लोप होने के पश्चात् भी उनके मजार पर वे वैसी ही श्रद्धा समर्पित करते थे तथा अपना दुःख दर्द सुनाते थे। तथा राहत भी पाते थे।

इस प्रकार सूफी आत्मज्ञान पर बल देते हुए भी कठोर नहीं होते, वे महाकरुणावान होते हैं, कृपा की गंगा होते हैं।

राबिया और हसन नामक दो सूफी विश्व प्रसिद्ध हैं। वे दोनों ही समकालीन ही नहीं, परस्पर मित्र भी थे। वे कभी–कभी मिला भी करते थे। वे दोनों ही उनके समय के समाज की निगाह में परम सिद्ध थे।

राबिया स्त्री संत थीं। हसन पुरुष थे। लेकिन यह स्त्री–पुरुष होना उनके लिये बेमानी था। वे सिर्फ खुदा परस्त बंदे थे।

हसन अक्सर कहा करते थे कि कब खुलेगा दरवाजा। उनके इस कथन में उनकी प्यास होती थी– वे महज शब्दों का उच्चारण ही नहीं करते थे।

हसन कभी–कभी तो बहुत व्याकुल होकर पुकारते कि प्रभु दरवाजा कब खुलेगा।

एक दिन वे ऐसा ही पुकारे जा रहे थे। उस समय उनके घर राबिया आयी हुई थी। जब बाहर चिल्लाते हुए हसन की आवाज को उसने सुना तो बाहर निकलकर बोली– हसन, यह क्या लगा रखा है कि कब खुलेगा, कब खुलेगा। देखते नहीं हो, वह तो खुला ही हुआ है, वह बंद ही कब हुआ था। देख, देख– आँख खोल कर देख। चिल्ला मत।

हसन तो राबिया की बातों को सुनकर हतप्रभ रह गये लेकिन वे नहीं दिख सके जो राबिया दिखाना चाहती थीं। सो हसन चिल्लाते ही रहे। या शायद चिल्लाने का नाटक ही करते रहे हों– क्या पता।

एक बार राबिया के घर हसन सुबह–सुबह पहुँचे। दोनों मिलकर बहुत प्रसन्न हुए। इधर–उधर का जिक्र हुआ। वे घर से बाहर निकल गये बातें करते–करते। वे एक जलाशय के पास से गुजर रहे थे कि हसन को एक मौज सूझी। उसने राबिया से कहा कि राबिया, चलो, यह सुबह ही सुहावनी है, और हम लोग साथ हैं– इस दरिया पर अपना आज जिक्र करेंगे– ऐसा कहते हुए हसन ने अपना मुसल्ला (नमाज पढ़ने की चादर) दरिया में फेंक दिया। वह चादर पानी पर फैलकर ऐसे बिछ गया जैसे किसी ने जाजम बिछाया हो।

राबिया ने जब यह देखा तो अपना मुसल्ला हवा में फेंकते हुए कहा कि नहीं, दरिया में नहीं, आओ आज हम लोग इस सुबह की ताजी हवा में आसमान में अपनी नमाज अदा करें।

हसन तो यह देखकर बहुत अचंभित हुआ। वह हक्का–बक्का रह गया।

राबिया ने तब हसन से कहा कि हसन, न दरिया में, न आसमान में, जमीन पर ही हम लोग अपना नमाज पढ़ें तो ज्यादा अच्छा होगा। यही खुदा के उसूल के हिसाब से ठीक रहेगा। दरिया या आसमान में अपने मुसल्ले लगा कर नमाज पढ़ने से नमाज में कोई फर्क नहीं आ जायेगा। इसलिये ये महत्त्वपूर्ण बातें नहीं हैं। हमारे लिये असल महत्त्व की बात नमाज है– न कि दरिया या आसमान। हमें जमीन पर जीने के लिये बनाया गया है तो फिर हम क्यों दरिया या आसमान में दखल करें। यह ठीक नहीं है। आओ हम यहीं जमीन पर बैठें।

हसन बहुत ज्यादा शर्मिंदा हुआ। शर्मिंदा ही हुआ या कि शर्मिन्दगी का नाटक किया यह हम कह नहीं सकते। सूफियों का कोई भरोसा नहीं।

एक अन्य अवसर की बात है। हसन दोपहर के वक्त राबिया के घर हाजिर हुए थे। उस समय राबिया अपने आँगन में बैठी हुई थीं और उसके सिर कंधे आदि पर अनेक चिड़ियाँ आकर बैठी हुई थीं, वे सब राबिया के साथ खेल रही थीं।

जब हसन ने प्रवेश किया तो सब की सब चिड़िया फुर्र–फुर्रकर उड़ गयीं।

हसन को यह बुरा लगा। वह बहुत प्रसन्न हो रहा था थोड़ी देर पहले उस दृश्य को देखकर और मन ही मन विभोर हो रहा था कि राबिया से माँग कर आज हम भी पक्षियों के साथ खेलेंगे। लेकिन चिड़ियों के उड़ जाने से वह बहुत दुःखी हुए।

वे राबिया के पास जाकर बोले कि राबिया तेरे साथ वे परिन्दे कितने प्रेम से खेल रहे थे और मैं आया खेलने के लिये तो वे उड़ गये। क्या बात है। इसमें राज क्या है?

राबिया ने एक क्षण हसन की ओर देखा फिर पूछा कि– आज दोपहर भोजन में उसने क्या–क्या खाया है।

तो हसन ने कहा– कि बटेर के साथ रोटियाँ खा के आया हूँ।

तुरंत राबिया बोली, हसन, तू परिन्दे का माँस खा के आया है और चाहता है कि परिन्दे तुम्हारे साथ खेलें। यह कैसे हो राकता है। तू उन्हें खाता है तो वे तुम्हें अपना मित्र कैसे मानें। वे तुमसे डरेंगे नहीं तो क्या करेंगे– तुम ही सोचो जरा।

हसन ने समझ लिया कि राबिया ठीक कह रही है। यद्यपि वे नासमझ कभी नहीं थे।

हसन राबिया प्रसंग तो अंतहीन है लेकिन यहाँ अभी इतना ही।

## भावाद्वैत सदा कुर्यात् मा कुर्यात् क्रियाद्वैत्–भगवान शंकराचार्य

यह एक विलक्षण एवं साधक जीवन के लिये शिक्षाप्रद घटना है।

आज से एक हजार वर्ष पूर्व भारत में आदि शंकराचार्य उपस्थित थे। उनका काल सन् 780 से 812 तक निश्चित किया गया है। केरल के कालादि नामक ग्राम में नम्बूदिरीपाद ब्राह्मण वंश में उनका जन्म हुआ

था। उनका सम्पूर्ण जीवन वृत्त विलक्षण घटनाओं से भरा पड़ा है। इस निम्नांकित श्लोक से ही उनकी प्रतिभा का परिचय मिल जाता है–

अष्ट वर्षे चतुर्वेदी, द्वादशे सर्व शास्त्र विद्।
सोडषे कृतवान् भाष्यः, वंत्रिशं मुनि रम्यगात्।।

आठ वर्ष की आयु में वे चारों वेदों के ज्ञाता, बारह वर्ष में अठारहों पुराण एवं सोलह वर्ष की आयु तक तो प्रस्थान त्रयी (कोई एक उपनिषद, गीता एवं ब्रह्मसूत्र) पर बाकायदा टीका भी लिखकर आचार्य हो गये। जिस शरीर से इतना श्रम किया, जिस शरीर में इतनी विराट् उर्जा समायी हुई हो तो वह ज्यादा दिन वहन करने योग्य नहीं रहा– वे केवल बत्तीस साल की आयु में देहमुक्त हो गये।

उन्हीं भगवान आदि शंकराचार्य के जीवन की यह घटना है, जिसके फलस्वरूप उपर्युक्त वचन उनके श्रीमुख से निकले।

तब तक शंकराचार्य ने शिष्य स्वीकार करना ही नहीं, बल्कि उसे एक संघ का रूप देना शुरू कर दिया था।

वे तब किसी नगर के समीप अपने कुछ शिष्यों के साथ निवास कर रहे थे। वे लोग दोपहर में एक बार भिक्षाटन के लिये निकला करते थे। फिर वापस आकर साधन भजन में लग जाया करते थे। यही उनकी दिनचर्या थी। रोज दिन में एक बार नगर में जाना होता था।

जिस रास्ते से शंकराचार्य गुजरा करते थे– उसी रास्ते पर एक दारू की दुकान थी। वहाँ एक शराबी रोज उस युवा साधु को उधर से गुजरते देखता था। वह तामसिक संस्कारों वाला व्यक्ति था। उसे सीधे–सादे साधुओं को तंग करने में आनंद आता था सो उसने एक दिन सोचा कि इस साधु को किसी दिन वह बेवकूफ बनायेगा।

एक दिन उचित अवसर देख उसने शंकराचार्य को पास बुलाकर पूछा कि वह इधर क्या करने निकलता है। जब उसे ज्ञात हुआ कि वे भिक्षा के लिये निकलते हैं तो और जिज्ञासा की उसने क्या किसी भी व्यक्ति का दिया हुआ वे स्वीकार कर लेते हैं तो शंकराचार्य ने हाँ में जवाब दिया।

उस व्यक्ति ने फिर पूछा कि कुछ भी दें, तो भी स्वीकार कर लेंगे?

शंकराचार्य ने पुनः हाँ में ही जवाब दिया।

यह सुनकर वह शराबी खूब हँसा तथा शंकराचार्य से दूसरे दिन वहाँ से भिक्षा ले लेने का निमंत्रण दे दिया। शंकराचार्य जी ने इसे प्रसन्नता

से स्वीकार कर लिया।

दूसरे दिन शंकराचार्य जी पहुँचे वहाँ तो वह शराबी प्रतीक्षा ही कर रहा था। वह शंकराचार्य जी को देखकर खूब प्रसन्न हुआ। उसे शरारत सूझ रही थी।

जब शंकराचार्य उस दुकान के सामने जाकर खड़े हो गये तथा भिक्षां देहि भिक्षां देहि भिक्षां देहि तीन बार उच्चारित कर लिया तब उस मदमस्त व्यक्ति ने शराब का एक कुल्हड़ उनके भिक्षापात्र में उड़ेल दिया तथा आग्रह किया कि उसके सामने ही उसे आहार बनाया जाये।

शंकराचार्य ने क्षण भर रुककर तुरंत उस पेय को गटक लिया। और वापस लौट गये।

यह देखकर उनके नये, पुराने शिष्यों में खलबली मच गयी। उनमें से अनेक थे जो अतीत में मद्यप रह चुके थे। अनेक ऐसे थे जिन्होंने मय को हाथ भी नहीं लगाया था। वे भी उत्सुक हुए। ऐसे कुछेक संन्यासी शिष्यों ने भी चुपके से जाकर उस दुकान से मद्य पी ली। यह सब देख सुनकर शंकराचार्य को थोड़ी चिंता हुई।

लेकिन कुछ ही दिनों के भीतर एक दूसरी घटना घटी। शंकराचार्य को रोज–रोज एक व्यक्ति अपनी दुकान से बैठा–बैठा देखा करता था। उसकी दुकान में सीसा पिघलाया जाता था। उस दिन भी वह दुकान से देख रहा था कि वह संन्यासी अभी इधर ही आ रहा है। उसके मन में उसकी परीक्षा लेने की इच्छा जाग्रत हुई। उस दिन शंकराचार्य के साथ उनके वे सब शिष्य भी थे जो कभी–कभी मद्य पीने लग गये थे।

जब शंकराचार्य समीप आ गये तो उस दुकानदार ने उन्हें पुकारा तथा कुछ भिक्षा ले लेने के लिये आग्रह करने लगा। जब शंकराचार्य ने अपना भिक्षा पात्र आगे बढ़ा दिया तो सभी शिष्यों ने भी अपने–अपने हाथ आगे बढ़ा दिये।

उस कुटिल व्यक्ति ने पिघलता हुआ सीसा शंकराचार्य के पात्र में डाल दिया तथा निवेदन करने लगा कि उसे सामने ही ग्रहण कर लें।

शंकराचार्य क्षण भर रुककर तुरंत वह उबलता हुआ सीसा पी गये। अब शिष्यों की बारी थी। जब दुकानदार उनकी ओर मुड़ा तो वे सब के सब भाग खड़े हुए।

शंकराचार्य वापस अपने आवास स्थल में आने के पश्चात् अपने शिष्यों से कहने लगे कि तुम लोग मुझे देखकर जो करते हो– वह ठीक नहीं है। यह तुम लोगों को अपने पथ एवं अनुशासन से भ्रष्ट कर देगा। तुम लोग यदि अपनी सुरक्षा और विकास चाहते हो तो अपने–अपने मार्ग पर चलो एवं सीमा में रहो। मुझसे बराबरी और तुलना का विचार मात्र तुम लोगों को गिरा देगा।

शंकराचार्य जी ने समझाया कि ब्रह्म यद्यपि सर्वत्र है, सर्व रूप है– तथापि भावना और व्यवहार– ये दोनों पृथक–पृथक माने जाने चाहिये। ब्रह्म का पारमार्थिक स्वरूप हमारी भावना में सदैव होना चाहिये लेकिन साथ ही साथ व्यवहार में वही ब्रह्म भेद पूर्ण हो जाता है। उसके दो रूप हो जाते हैं– ग्राह्य एवं अग्राह्य। तदनुरूप ही उनके प्रति आसक्ति विरक्ति का व्यवहार किया जाना चाहिये। ब्रह्म है यह कहकर सब कुछ ग्रहण कर सकना अत्यंत कठिन काम है। अभी तुम लोग वह कर सकने में असक्षम हो। अभी साधना करो भजन करो। सिद्धों की नकल करने के बदले सिद्धि लाभ के लिये चेष्टा करो। योग साधो– संयम सीखो। उन्होंने कहा :

भावा द्वैत सदा कुर्यात्–
मा कुर्यात् क्रिया द्वैत।

इस घटना से यह समझ में आता है कि साधना के अभ्यासी व्यक्ति को हमेशा अपने अभ्यास पर ही ध्यान रखना चाहिये। और दूसरी बात यह कि सद्गुरु हमेशा ही ब्रह्मस्वरूप होते हैं– वे कुछ भी करने– न करने के लिये स्वतंत्र–स्वच्छंद होते हैं– लेकिन अपने शिष्यों–भक्तों के हितार्थ वे स्वयं भी इस संयम नियम, व्यवहारादि का पालन करते हैं। हमें उनसे जिज्ञासा करके यदि वे कहें तो ही कुछ करना चाहिये– वह भी सीखने के लिये। उनकी नकल करने का स्वप्न भी नहीं देखे कोई। नहीं तो वही हाल होगा जो उन शिष्यों की हुई। वे भाग खड़े हुए और गुरु उपदिष्ट अनुशासन को भंग करने के दोषी अलग बने।

## पीरों के पीरः–

## रामदेव सा पीर बाबाः–

आज से लगभग पाँच सौ वर्ष पूर्व भारतीय अध्यात्म जगत् में अनेक दिव्य आत्माओं ने जन्म लिया था। वे सबके सब या तो श्रेष्ठ भक्त कवि हुए–जैसे मीरा, सूरदास, तुलसीदास आदि या ज्ञानी संत हुए जैसे चैतन्य महाप्रभु, नानक, रामसा पीर, कबीर आदि हुए।

इनमें से प्रत्येक की महिमा अपार है। ये सभी अमर हो गये। एक ओर भक्ति की धारा बहायी गयी तो दूसरी ओर हिन्दू–मुसलमानों के बीच भाईचारा पनप–पाया।

रामदेव पीर की कथा इन सब में निराली है। कारण वे स्वयं राजा थे लेकिन काम उन्होंने संत का किया।

रामदेव सा पीर बाबा का संपूर्ण जीवन वृत्त चमत्कारिक घटनाओं से भरा पड़ा है जैसे राम, कृष्ण, बुद्ध या महावीर के जीवन वृत्त हैं। जन्म से लेकर लोप होने तक एक चमत्कार यात्रा ही है। कहीं–कहीं लोक के दर्शन होते हैं– अन्यथा सम्पूर्ण जीवन लोकोत्तर शक्ति की ही लीला दिखलाई पड़ती है।

पीर बाबा इतने महान् थे कि उन पर तो महान् ग्रंथ भी लिखे जायें तो भी महिमा शेष ही रहेगी। तो इस छोटी सी कथा में मैं जितना भी कहूँ वह सागर में बूँद के समान है और सचमुच सूरज को दीया दिखाने जैसा ही है। फिर भी कहने बैठा हूँ तो कुछ सुन लो। कुछ स्वाद ले लो इस अलौकिक पुरूष का जो मनुष्य के चोले में भगवान थे साक्षात्।

ऐसा कहा जाता है कि राजस्थान में बीकानेर शहर के समीप ही आज से पाँच सौ साल पहले एक राज्य था। उस राज्य के राजा–रानी निसंतान थे। वे द्वारकाधीश के भक्त थे। वे बहुत निराश हो चुके थे।

एक दिन की बात है। खेतों में हल चलाने का मौसम आ गया था। राज्य भर में लोग खुशी–खुशी अपने–अपने खेतों की ओर लोग हल–बैल लेकर जा रहे थे। राजा भी नियमानुसार बाहर निकले खेत की ओर जाने के लिये। लेकिन जब वे राह पर थे तभी देखा कि लोग खेतों में जाना छोड़ अपने–अपने घर की ओर वापस मुड़ गये हैं। राजा ने लोगों के

पास जाकर उनके वापस लौटने का कारण पूछा। वह तो उनके उत्तर सुनकर आश्चर्य में ही नहीं, गहरे दुःख में भी पड़ गये। उस दिन जैसी पीड़ा उसने जीवन में कभी नहीं सही थी। लोगों ने उससे कहा कि पहले ही दिन किसी निपूता (निःसंतान) का मुख देख लेने से काम शुरू करने में अशुभ होगा– और राजा निपूते हैं। अतः वे वापस लौट रहे हैं।

राजा टूटे हुए सा रानी के पास आये। रानी बहुत धैर्यवती थीं– वह बुद्धिमती एवं भगवान पर भरोसा रखने वाली स्त्री थीं। राजा के कष्ट को महसूस कर उसने राजा को ढाँढस बँधाया एवं कहा कि द्वारकाधीश जी हमारे आराध्य भगवान हैं– जब तक वे हैं तब तक निराशा की कोई जरूरत नहीं। आप वहीं जाइये। जरूर कुछ न कुछ होगा।

राजा दूसरे ही दिन द्वारका के लिये अपने कुछ लोगों के साथ रवाना हो गये। वे द्वारका पहुँचकर तुरंत तैयार होकर मंदिर रवाना हो गये। वहाँ मंदिर में राजा ने बैठकर खूब भजन पूजन किया– एवं आशा लगाये बैठे रहे कि प्रभु कुछ संकेत करेंगे। लेकिन प्रभु हैं कि चुप खड़े हैं अपनी जगह पत्थर की मूर्ति बनकर। जब राजा ने देखा कि कुछ नहीं हो रहा है तो वह व्याकुल होने लगा। धीरे–धीरे उसकी व्याकुलता कब विक्षिप्तता में बदल गयी, राजा को पता ही नहीं रहा। वह मानों अब किसी अदृश्य शक्ति के वशीभूत सा हो गया एवं बड़बड़ाने लगा। थोड़ी ही देर में उसने पूजा की थाल में से एक भारी लड्डू उठाया और निशाना साध के दे मारा भगवान के माथे पर। उस समय पूजापाठ में लीन पुजारी गण अचानक इस अमांगलिक व्यवहार से क्षुब्ध हो उठे। वे राजा पर बरस पड़े। राजा भी पागलों जैसा होकर उनसे उलझ पड़े एवं अपनी सारी व्यथा उनसे कह सुनाई। पुजारी लोगों ने मामले को समझा लेकिन वे थे पुजारी वे स्वयं तो भगवान के अस्तित्व से अनुभव के आधार पर तो परिचित थे नहीं। वे तो आजीविका हेतु पूजा पाठ आदि कार्य किया करते थे। यह कई पीढ़ियों से चला आ रहा काम था। पुजारी लोगों को क्रोध भी आया, हँसी भी आयी। राजा के दुःख से उनको कोई सरोकार नहीं था। उन्होंने राजा से एक मजाक किया जिससे उनको उस पागल राजा से छुट्टी मिल जाये।

राजा से उन्होंने कहा– निश्चय ही द्वारकाधीश आप के मनोरथ पूरी करेंगे– लेकिन असली द्वारकाधीश तो इस मंदिर में नहीं रहते– वे समुद्र के भीतर रहते हैं। मंदिर में तो सिर्फ उनकी प्रतिमा है जिसके प्रति हम श्रद्धा रखते हैं– अपनी पूजा प्रार्थना करते हैं। लेकिन यह सब मिलता है असली भगवान को– और वे रहते हैं सामने समुद्र में भीतर।

बस यह सुनना था कि राजा ने उसी मनोदशा में आगे बढ़कर समुद्र में छलाँग लगा ली।

ऐसा कहा जाता है कि जब राजा ने समुद्र में छलाँग लगायी तो धीरे–धीरे उसकी देह गहरे पानी में और गहरे जाती गयी। फिर अचानक उसने देखा कि वह एक ऐसे स्थान पर पहुँच गये हैं जहाँ समुद्र होते हुए भी एक विराट् महल की भाँति सब बनावट थी, जहाँ बीचों–बीच एक शय्या है उस पर से दिव्य छटा दूर दिगन्त तक फैल रही है। वह उधर ही आगे बढ़ गये। उसके समीप जाकर देखते हैं तो सच ही परम आश्चर्य में पड़ गये। सचमुच ही भगवान द्वारकाधीश, भगवान विष्णु के अपने मूलरूप में वहाँ शेष नाग की आराम देह शय्या पर लेटे हुए हैं, माता लक्ष्मी जी पैरों के पास बैठी हैं। देवी–देवता गण सब वहाँ हाथ जोड़े प्रभु की ओर टकटकी लगाये, आनंदभाव से दर्शन कर रहे हैं।

भगवान के दर्शन करके वह बहुत तृप्त हुआ। जब भगवान ने कहा कि वह जिस प्रयोजन से यहाँ तक आया है– वह पूरा हो जायेगा। अब वापस जाओ।

लेकिन वह राजा वहीं अड़कर बैठ गये। भगवान के पूछने पर कि वह अब और क्या चाहता है– वह बोला कि ऐसे नहीं चलेगा अब। अब जब आप पकड़ में आ ही गये हैं, तो प्रभु कृपा करके वादा कीजिये कि आप स्वयं आइयेगा। भगवान उसकी भावना की पवित्रता को महसूस कर बहुत प्रसन्न हुए। भगवान ने राजा से कहा कि जाओ, ऐसा ही होगा। लेकिन राजा फिर नहीं लौटा– पुनः कहने लगा कि यह मैं कैसे जानूँगा कि आप ही आये हैं। तब भगवान ने पहचान स्वरूप दो बातें कहीं– एक तो बाहर मुख्य द्वार से लेकर पालने तक कुमकुम के पद चिह्न होंगे मेरे। दूसरा वहीं पास में दो मन दूध का कड़ाह चूल्हे पर रखा होगा जिसमें उफान आयेगा और उसे चूल्हे पर से नीचे जमीन पर उतार कर रख दूँगा। ये दो चिह्न होंगे। अब तुम जाओ।

राजा पुनः किसी चमत्कारिक शक्ति के द्वारा समुद्र किनारे सकुशल पहुँचा दिया गया। इस तरह वह आनंद मग्न होते हुए अपने राज्य लौटा। रानी यह सब वृत्तांत सुनकर बहुत ही हर्षित हुई। अपने द्वारकाधीश की पूजा प्रार्थना में वे दोनों दिन व्यतीत करने लगे।

समय पकने पर उनके घर में एक संतान ने जन्म लिया। लेकिन वह कन्या थी। और वैसा कोई चिह्न प्रकट नहीं हुआ। लेकिन थोड़ी ही देर बाद राजा ने पुनः आकर कमरे में देखा कि पालने में एक सद्योजात शिशु और कहाँ से आ गया है। वह बालक था। उसके मुख मंडल से दैवीय आभा प्रकट हो रही थी। राजा ने जब पालने से नीचे देखा तो कुमकुम के पद चिह्न थे वहाँ जो बाहर दरवाजे तक चला गया था। और राजा ने पास के दूध वाले कमरे में देखा जाकर तो पाया कि चूल्हे पर जो दूध का कड़ाह चढ़ाया गया था और उसे किसी ने नीचे उतार दिया है। राजा ने जब चमत्कारिक चिह्न देखे तो समझ गया कि साक्षात् भगवान द्वारकाधीश आ गये हैं।

उस बालक का नाम रखा गया– राम। जो कालांतर में भक्तों के रामसा पीर बाबा हो गये। यह कैसे हुए इसी की यह कथा कह रहा हूँ।

जब रामसा पीर युवा हुए तो उनके राज्य की सीमा पर एक भैंरो नामक कोई चमत्कारिक शक्ति वाला दैत्य रहता था– वह समय–समय पर उस राज्य की प्रजा को उत्पीड़ित करता रहता था। प्रजा इससे दुःखी थी। रामसा पीर ने उससे लड़कर अपने काबू में कर लिया तब वहीं एक जगह उसको जमीन में दफनवा दिया। तब से राज्य की प्रजा सुखी रहने लगी। लेकिन तत्कालीन भारत वर्ष की कुरीतियाँ यहाँ भी व्याप्त थीं। उनमें सबसे बड़ी थी– ऊँच–नीच का भेदभाव।

रामसा पीर हमेशा अपनी प्रजा को अपनी संतान की तरह प्यार करते थे। वे एक आदर्श राजा थे। वे अपनी प्रजा के लिये न सिर्फ राजा थे– अपितु एक अवतारी पुरुष, सिद्ध संत एवं उनके शरणदाता थे। वे अशरण की शरण थे।

एक बार उनके राज्य में पाँच मुसलमान दरवेश आये। वे पाँचों रामसा पीर के दरबार में गये। रामसा पीर का नाम उन लोगों ने वहीं मक्का में सुन लिया था। वे स्वयं सिद्ध तपस्वी थे तथा चमत्कारिक शक्तियों

के स्वामी थे। रामसा पीर ने उन्हें भोजन के लिये आमंत्रित किया। जब वे पाँचों फकीर भोजन के लिये बैठ गये तो रामसा पीर सोने–चाँदी की थालियों में तरह–तरह के पकवान परोस कर स्वयं अपने हाथों से लाने लगे। यह देखकर वे फकीर एक साथ बोल उठे कि हम लोग दूसरों के पात्र में नहीं खाते हैं। हम तो अपने ही खप्पर में भिक्षा लेते हैं। रामसा पीर ने उनसे निवेदन किया कि तो अपना पात्र ही रख दें ताकि वे परोस सकें। लेकिन वे फकीर बोले कि हम तो उसे संयोग से मक्का में ही छोड़ आये हैं। अब यह भोजन हमारे लिये बेकार है। ऐसा कहते हुए वे उठने लगे।

लेकिन रामसा पीर ने उन्हें उठने नहीं दिया। तत्काल निवेदन किया कि वे अपने स्थान पर आराम से बैठे रहें। उनके पात्रों में ही उन्हें भिक्षा मिलेगी। और उन्हें अपना दाहिना हाथ सामने आकाश की ओर फैलाया तो एक पात्र आ गया। उसे उन्होंने ठीक उसी फकीर के सम्मुख रखा जो उसका स्वामी था। फिर एक–एक कर पाँचों पात्र उनके स्वामियों के समक्ष रखकर हाथ जोड़कर वे खड़े हो गये कि आदेश करें कि अब परोसना शुरू करूँ। ठीक से देख लें कि आपके ही पात्र हैं न?

वे पाँचों दरवेश यह खेल देखकर अत्यंत हर्षित हुए रामसा पीर बाबा से बोले कि हम तो पीर हैं– आप तो पीरों के पीर हैं– आप साक्षात् पैगंबर ही हैं। और वे उनके चरणों पर झुक गये।

बाद में उन फकीरों ने बताया कि वे मक्का में अपनी समाधि के द्वारा जान गये थे कि यहाँ एक सिद्ध फकीर रह रहा है। लेकिन वे इतने महान हैं– यह वे नहीं सोचे थे– अतः वे उनकी परीक्षा लेने हेतु यहाँ आकर पात्रों को वहीं छोड़ आये थे। जब उन्होंने देख लिया कि उनकी परीक्षा में रामसा पीर तो उत्तीर्ण हो गये लेकिन वे स्वयं अनुतीर्ण हो गये। वे अपनी जीवन भर की तपस्या के अहंकार से मुक्त हो गये एवं सरल होकर उनको अपना सद्गुरु मान लिया।

रामसा पीर बाबा यद्यपि एक ओर अपनी वीरता, बुद्धिमत्ता तथा नीति परायणता के लिये अपनी प्रजा के लिये भगवान सदृश् थे तो कुछ कुटिल मति वाले लोगों की आँख की वे किरकिरी भी हो गये थे। वे लोग उसी के राज्य की प्रजा थे– लेकिन उच्च वर्ण के ऊँचे धन दौलत वाले लोग

थे। उन्हें राजा का गरीब लोगों के साथ नीच जाति के लोगों के साथ, मुसलमानों के साथ उठना–बैठना एवं उनकी रक्षा करना फूटी आँखों नहीं सुहाता था। इसके कारण उनके अभिजात्य ढंग से जीने के क्रम में व्यवधान आता था। अतः वे राजा से एक प्रकार से रूष्ट थे। वे नहीं चाहते थे कि ऐसा व्यक्ति यहाँ का शासक हो।

इस परिस्थिति के कारण रामसा पीर ने एक दिन अपना राज्य छोड़ दिया और एक निर्जन स्थान में जाकर अपने पीछे आये हुए अनुयायियों को लेकर एक नया नगर बसा लिया। उस नगर को लोग रौणेंचा के नाम से जानते हैं। वहीं वे शेष जीवन पर्यंत रहे एवं वहीं उन्होंने जीवित समाधि ले ली। जब वे समाधि लीन हुए तो उनकी उम्र सिर्फ अड़तीस वर्ष ही थी। वे अपनी इच्छा से जमीन के नीचे एक छोटी सी जगह तैयार करवा कर स्वयं को ऊपर से ढँकवा लिया– एक समाधि का निर्माण करवा दिया। वे हमेशा–हमेशा के लिये वहीं के हो गये। आज भी वे वहाँ मौजूद हैं। आज भी उनके समक्ष हजारों दीन दुःखी जाकर सुबह शाम अपनी फरियादें सुनाते हैं और वे उन सबको अपनी कृपा का कुछ न कुछ लाभ अवश्य कराते हैं। जैसे महाराष्ट्र में शिर्डी है जहाँ साईं नाथ विराजमान हैं, अजमेर में गरीब नवाज ख्वाजा मोइनुद्दीन चिश्ती मौजूद हैं, नागपुर में ताजुद्दीन बाबा मौजूद हैं– ठीक वैसे ही रोंणेचा गाँव में भगवान रामसा पीर बाबा मौजूद हैं।

रामसा पीर की कथा तो बहुत बड़ी है। यहाँ सिर्फ एक घटना को बताया गया है। शेष फिर कभी।

ॐ

# डायरी संख्या-१८

पूर्णमिदं पूर्णमदः पूर्णात् पूर्णमुदच्यते।
पूर्णस्य पूर्णमादाय पूर्णमेवावशिष्यते।।

## आप्तकाम पूर्णताः—

मनुष्य की जिज्ञासा का वैसे ही कोई अंत नहीं जैसे स्वयं अस्तित्व का अंत नहीं। उसी जिज्ञासा से उत्पन्न हुए समस्त वाङ्मय, समस्त ज्ञान—विज्ञान, समस्त कलाएँ। इस प्रकार अस्तित्व का जो अखण्ड—अनंत और अद्वैत स्वरूप का दिव्य अनुभव है वह मौन स्वाद—शब्दों में ढलकर द्वन्द्वात्मक हो गया – फिर खंड पर खंड—विभाजन पर विभाजन होते चले गये। सत्य को स्पष्ट रूप से समझने के प्रयास में खूब विस्तार से गणित उत्पन्न होता गया – हर बात में गणित। इस प्रकार ब्रह्म से जो साक्षात्कार का अनुभव है वह अनेक—अनेक मत मतान्तर, सिद्धांत, शास्त्र, दर्शन आदि का रूप लेकर मनुष्य के लिये जटिल से जटिलतर होता गया। समझने समझाने की इस अंतहीन प्रक्रिया में पड़कर सरलतम, सहज और नित्य वर्तमान बोध बुद्धि के चक्कर में आ गया। कर्म, कर्मफल, प्रारब्ध, पाप—पुण्य, अहंकार, मन, पंच तत्व, पंच तन्मात्राएँ, चौरासी लाख योनियाँ, बंध और मोक्ष, योग, तंत्र आदि क्रियाएँ, अनेक—अनेक प्रकार की पूजा—प्रार्थनाएँ, कर्मकाण्ड आदि प्रादुर्भूत हुए और अस्तित्व सहज बोधगम्य न रहा, बुद्धि के अत्यधिक प्रयोग से जटिल और दुर्बोध हो गया। यह जिज्ञासा का बौद्धिक परिणाम हुआ।

लेकिन मनुष्य की इस बौद्धिक जटिलता से स्वयं ब्रह्म जटिल नहीं हो गया। ज्ञान के विभाजन से स्वयं अस्तित्व विभाजित नहीं हो गया। और आदमी के कर्म सिद्धांत से परमात्मा किसी विकार से ग्रस्त नहीं हो गया।

स्वयं वह परमात्मा जैसा है, सनातन रूप से वैसा का वैसा ही है। सब परिणाम, सब सृष्टियाँ, उत्पत्ति –स्थिति (या गति) और विनाश मनुष्य की बौद्धिक निष्पत्तियाँ ही हैं।

वह परमात्मा काल और देश की सीमा तथा प्रभाव से सदा मुक्त है – स्वयं काल और देश भी नहीं हैं सिवाय परमात्मा के।

परमात्मा सदा आत्मतृप्त, पूर्ण, प्रशांत, निस्पंद, आनंदमय है। जैसा वह है, जो वह है – वह होना ही उसका परम सौभाग्य है– उसे और कुछ होने और कुछ करने की आवश्यकता ही नहीं। उसकी तृप्ति आत्यंतिक और परम् है। इसीलिये पूर्णता उसका स्वभाव है। उसकी पूर्णता को घटाने–बढ़ाने का कोई उपाय नहीं। किसी भी परिणाम या विकार या गति की कल्पना मात्र बाल बुद्धि का विलास है–सच्चाई नहीं। समस्त विभाजन कोरी कल्पनाएँ हैं। देश और काल, अहंकार और कर्मादि मात्र स्वप्न दर्शन हैं– मतिभ्रम हैं।

परमात्मा सदा परमात्मा है, कुछ भी हो वह सदा परमात्मा ही रहता है। परमात्मा ही है यह अस्तित्व, यह जीवन, यह सृष्टि विस्तार – जो भी दृश्य है, श्रव्य है, स्पर्श है, सब विशुद्ध परमात्मा ही है। सदा पूर्ण, सदा अपरिणामी, सरल, सदा आनंदमय, सदा वर्तमान, पावन है वह प्रभु।

वही हैं, वही हैं, वही हैं।

वही हैं हम, वही हैं हम, वही हैं हम।

पूर्ण, पूर्ण, पूर्ण –

आप्तकाम, आप्तकाम, आप्तकाम,

सच्चिदानंद। पावन, परम पावन।

## The Ever Expanding Universe

**ब्रह्मः–**

अभी–अभी वैज्ञानिक इस सत्य से परिचित हुए हैं कि ब्रह्मांड निरंतर फैलता जा रहा है– सृष्टि निरंतर विकासमान है। अर्थात् सृजन रोज रोज नये–नये आकार ले रहा है।

ब्रह्म का स्वभाव आनंद कहा गया है। यह ऋषियों ने हजारों वर्ष पहले ही देख लिया था कि आनंद अतिरेक से बहा जा रहा है– छलक

रहा है स्रोत से–परमात्मा से। यही सृजन है। यही ब्रह्मांड का फैलना है। और यह सृजन किसी कारण से नहीं, किसी प्रयोजन से नहीं, स्वभावतः हो रहा है। जो अतिरेक है वही कारण है वही प्रयोजन है। आनंद के बँटने से आनंद और अधिक बढ़ रहा है। यही लीला है। यही कर्म नहीं है–यह उत्सव है–खेल है।

परमात्मा अपनी सहज स्वाभाविक नित्य शांति में होते हुए ही इस विराट् सृजन में लीन होते हैं। स्वयं को ही सृष्टि रूप में रूपांतरित होकर अपनी लीला का आस्वादन् करते हैं–परिणामशील सा हो जाते हैं– अनंत भाव–भंगिमाओं को रसपूर्वक जीते हैं। यह सब उनकी स्वातंत्र्य शक्ति का, स्वच्छंदता का खेल है। नित्य द्वन्द्वातीत, और निरपेक्ष होकर भी द्वन्द्व रूप सापेक्ष गतियों में गति करते हैं। यही सृष्टि विकास है।

यह सृष्टि संसार रूप है, चक्र की भाँति आवर्तनशील, घूमता हुआ सा है। परमेश्वर की निग्रह और अनुग्रह शक्ति इसके पीछे कारण है। परम बोध स्वरूप परमात्मा स्वयं को आवरणों में ढँक लेते हैं – तरह–तरह के स्वांग रचते हैं, अनंत देह अनंत कर्म के आवरण रचते हैं और निज बोध निज आनंद स्वरूप को विस्मृत करने का अभिनय करते हैं तथा खेलकूद कर हँस–रोकर जब इच्छा होती है तब पुनः अपने स्वरूप की सुधि से सम्पन्न हो जाते हैं। संयोग–वियोग के खेलों के खेल, खेलकर पुनः आत्म प्रतिष्ठ अद्वैत स्वरूप हो जाते हैं– स्वयं ही स्वयं पर अनुकम्पा करते हैं– ठहर जाते हैं न देखते हैं, न सुनते हैं, सम्पूर्ण रूप से सर्व संकल्प वर्जन स्वभाव में स्थिति लाभ करते हैं। यही ब्रह्म की आप्तकामता है। यही परमात्मा की परिपूर्णता है। आनंद से ही निग्रह और आनंद से ही अनुग्रह। आनंद से ही आवृत और आनंद से ही अनावृत होते हैं। यह व्यापार अनंत रहस्यपूर्ण है। इसका राज केवल वे ही जानते हैं और कोई नहीं– महान् से महान् योगी भी नहीं फिर सामान्य बुद्धि संपन्न आदमी की क्या बिसात।

ब्रह्म और ब्रह्माण्ड सदा अज्ञेय रहे हैं और सदा रहेंगे। यह रहस्य ही मनुष्य की जिज्ञासा का हेतु रहा है और रहेगा।

मूरतों के रूप में अमूरत ही जीता जागता है। काल के रूप में कालातीत ही वर्तमान होता है। स्पंदनों के रूप में नित्य निस्पंद ब्रह्म

ही प्रकट होता है। समस्त द्वैतों के रूप में परम अद्वैत सत्ता ही मुखरित होती है। संसार और जीवन के विभिन्न भंगिमाओं के रूप में परमात्मा ही स्फुरित होता है। यही परम रहस्य है।

परमात्मा नित्य साक्षी है और भोक्ता भी। यही रहस्य है – द्वन्द्व युक्त होना और द्वन्द्वातीत होना साथ–साथ प्रतिपल। यही परमात्मा होना, जिन होना, सम्यक् सम्बुद्ध होना है।

**सर्वधर्मान् परित्यज्य मामेकं भारणं ब्रज।**

परमात्मा सदा अज्ञेय रहा है और रहेगा। किन्तु अनुकम्पा, बेशर्त यानी अहैतुकी कृपा प्रभु का एक विलक्षण स्वभाव है। इसी से जिन्होंने जरा सी भी झलक पाई है उस अज्ञेय की, उन्होंने यही कहा है परमात्मा प्रेम है।

परमात्मा प्रेम की अबाध वर्षा है। सब पर जो पात्र हैं उन पर और जो पात्र नहीं है उन पर भी। और पात्रता, अपात्रता क्या है। अहंकार से भरा होना, संसार उन्मुख होना अपात्रता है। अहंकार से मुक्त होना, प्रभु स्मरण से भरा होना पात्रता है। प्रभु कृपा, प्रभु प्रेम की आवश्यकता को नकार देना अस्वीकार करना अपात्रता है। प्रभु प्रेम की प्यास रखना पात्रता है।

लेकिन परमात्मा बिना कोई भेद किये पात्रता को नजर अंदाज करते हुए सब पर समान प्रेम बाँटते हैं। लेकिन आदमी स्वयं ही अपनी पात्रता–अपात्रता के स्वभाव के हिसाब से उस प्रेम को महसूस करते और प्राप्त करते हैं।

प्रेम परमात्मा के होने का आदमी के द्वारा अनुभव में आने वाला निकटतम प्रमाण है।

प्रेम ही वह अनुभव है जो परमात्मा के होने का विचार पैदा करता है। प्रेम भले ही मानवीय हृदय और बुद्धि के द्वारा ग्राह्य हो, पार्थिव हो–द्वैत आधारित हो, फिर भी प्रेम ही निकट के निकट अनुभव है आदमी के लिये जीवन में परमात्मा के होने का।

जिनके हृदय में परमात्मा के प्रति श्रद्धा होती है–परमात्मा के होने पर श्रद्धा होती है वे प्रेम को पाते हैं–प्रेम को देते हैं, प्रेम को पल–पल जीते हैं।

जिनके हृदय में अहंकार भरा होता है–परमात्मा के होने के प्रति श्रद्धा नहीं होती–वे प्रेम को नहीं जान सकते–न प्रेम कर सकते हैं–वे पल–पल, बस भोग और वासना को ही जीते हैं।

कोई अपने भीतर अहंकार को मजबूती से पकड़े रहे, अहंकार की रक्षा करते रहे और प्रेम को भी जीना चाहे तो यह असंभव है और कोई अपने अहंकार को छोड़ दे और कहे कि मुझे प्रेम नहीं मिलता–यह असंभव है। प्रेम नहीं मिलता ऐसा भाव इस बात का ही प्रमाण है कि अहंकार जमकर बैठा हुआ है।

अहंकार को छोड़ने को जो तैयार हैं, जो अहंकार को छोड़ देते हैं उसके ऊपर प्रेम की वर्षा हो जाती है–परमात्मा को वे अवश्य ही महसूस करते हैं। यही नियम है।

आदमी एक दुविधा है। आदमी अपनी शांति, सुरक्षा और सुख के लिये अपनी बुद्धि, अपने प्रियजन, परिवार और देवी–देवताओं की ओर उन्मुख होता है। फिर भी कभी–कभी अशांति, असुरक्षा और दुःख ऐसा घेर लेते हैं कि आदमी व्याकुल हो उठता है और तब उस गहन निराशा की स्थिति में आँखें ऊपर शून्य आकाश की ओर उठ जाती हैं तब अचानक उसे दिखता है कि परमात्मा उसकी ओर देख रहा है। आदमी सोचता है कि परमात्मा उसके इतना दुःखी होने के बावजूद उसकी ओर देख नहीं रहा था–बजाय ऐसा सोचने के कि वह स्वयं इतनी देर तक परमात्मा की ओर ध्यान नहीं दे रहा था। ध्यान से देखने पर तो आदमी पाता है कि परमात्मा तो पल–पल उसी की ओर देख रहा था लेकिन स्वयं आदमी के ध्यान न दे पाने की स्थिति में परमात्मा 'न होने' जैसा हो गया था।

जब आदमी सब आसरे छोड़कर एकमात्र परमात्मा को पुकार उठता है तो ही उसे समझ में आता है कि परमात्मा और उसका प्रेम तो सदा सदा ही उस पर बरस रहा है–तब भी जब वह दुःखी था। सिर्फ अपनी अपात्रता के कारण वह उसे प्राप्त कर पाने से चूक रहा था, उसे जान पाने से वंचित था। तब उसे साफ–साफ दिखलाई पड़ जाता है कि कैसे वह अभी तक परमात्मा तथा प्रेम से वंचित होता आ रहा था और कैसे उस प्रेम को वह पा सकता है। यही समझ, यही स्पष्ट बोध पथ है, यही सम्यक् बोध है। यही समझ ज्ञान है, भक्ति है और जीवन में सुख शांति तथा प्रेम के होने की कुंजी है, द्वार है। और तब परमात्मा अज्ञेय रहकर भी अनुभव में आ जाता है, मन, वाणी के अगोचर होकर भी पूजा, प्रार्थना

का विषय हो जाता है। तब परमात्मा अनिर्वचनीय अदृश्य सत्ता होकर भी संवेदनशील हृदय रखने वाला, वात्सल्यमय परमपिता, माँ, बन्धु, सखा बन जाता है। ऐसा अनुभव ही शांति, सुरक्षा और सुख की वर्षा बन जाता है, जो सदा–सदा था, सदा–सदा है और सदा–सदा रहेगा।

श्रद्धा के होने के लिये अहंकार से मुक्ति, अहंकार को छोड़ने का साहस जुटाना ही होगा। यही एकमात्र उपाय है। यही नियम है। तभी, हाँ, तभी प्रेम को जाना जा सकेगा, जीया जा सकेगा। दूसरा कोई विकल्प नहीं, न था, न है, न होगा।

परमात्मा के प्रेम का अनुभव दो व्यक्तियों के बीच के संबंध जैसा नहीं, बल्कि सब प्रकार की निर्भरता से मुक्त स्वतंत्र आनंद का अनुभव है। आनंद ही परमप्रेम है–विशुद्ध प्रेम है। आनंद परमात्मा प्रेम की वर्षा है–अमृत पान है।

जिसे यह आग्रह है कि परमात्मा है वह और जिसे यह आग्रह है कि परमात्मा नहीं है वह–ये दोनों ही विचार प्रतीतियाँ हैं–अनुभव नहीं। प्रतीतियों से मत सम्प्रदाय पैदा होते हैं, धर्म नहीं।

जिसे अनुभव है परमात्मा के संबंध में वह अच्छी तरह जानता है कि परमात्मा होकर भी नहीं है जैसा प्रतीत होता है और परमात्मा नहीं हैं ऐसा प्रतीत होकर भी है–सिर्फ परमात्मा ही है संपूर्ण अस्तित्व में। यही अनुभव धर्म है।

यही विलक्षणता है परमात्म–बोध की। मानव बुद्धि की सीमा है और इसी सीमा के कारण आग्रह बनते हैं। बुद्धि से सांसारिक अनुभव, द्वन्द्वात्मक जगत् के अनुभव–वस्तुगत अनुभव भले ही हो जायें–स्वरूपगत्–आत्मगत् बोध संभव नहीं। स्वरूप गत् अनुभव के लिये, बोध के लिये हृदय ही, अतींद्रिय दृष्टि ही साधन हो सकता है। अतींद्रिय दृष्टि से ही परमात्म बोध होता है जो तर्क से परे–अद्वैत तत्व का अनुभव है–जो है भी और नहीं भी है और नहीं है ऐसा लगकर वास्तव में वही, वही है–उसका बोध है।

सब देह उसी की हैं, सब मन उसी के हैं, सब हृदय उसी के हैं।

इसीलिये जिसकी भी तुम सेवा पूजा करोगे–उसी तक पहुँच जाता है।

तुम्हारा प्रत्येक व्यवहार उसी के प्रति है–भला या बुरा–सबका भोक्ता वही है। और इसीलिये तुम्हारे इन कर्मों का फल वही देता है।

परमात्मा को उसके लीला स्वरूप इस वस्तुजगत् से पृथक मत समझो। इन अनन्त रूपों में, देहों में वही बसा है और इन पृथक–पृथक अनंत रूपों देहों के बावजूद वह अखण्ड है, एक है इस बात को स्पष्ट रूप से अपने हृदय में धारण कर लो। तब ही तुम अपनी सीमाबद्ध बुद्धि से ऊपर उठकर अतींद्रिय हृदय से जुड़ सकोगे और तब ही अनुभव कर सकोगे परमात्मा की इस विलक्षणता को, रहस्य को।

एक बार किसी ने माँ आनंदमयी से पूछा कि माँ आपके पास जो भी व्यक्ति आता है आप उसे पिताजी कहती हैं, आपके कितने पिता हैं।

माँ ने उत्तर दिया–मेरे एक पिता हैं। मेरे कोई पिता नहीं हैं। मेरे माता–पिता मैं ही हूँ। मेरे अनन्त पिता हैं। तुम मेरे पिता हो।

सुनो–यह उत्तर कितना रहस्यपूर्ण है। और माँ के मुख से निकला एक–एक शब्द सत्य है। सत्य की यही विलक्षणता है यही अनंतता है। एक रूप, एक परिभाषा, एक ही निश्चयात्मक दृष्टिकोण नहीं होता सत्य। सत्य अनेकांत होता है–कोई आग्रह–कोई विशिष्ट मत नहीं बनाया जा सकता–यह हास्यास्पद है। सत्य को कहने के अनंत ढंग हैं क्योंकि सत्य विराट् है–अनंत है।

इसी बात को ध्यान में रखकर देखो, समझो तब ही उस परम रहस्य का, चरम अनुभव कभी हो सकेगा। तभी तर्कातीत, द्वन्द्वातीत वह अतींद्रिय द्वार खुलेगा और अवाक् कर देने वाला अलौकिक अनुभव का बोध हो सकेगा जो अखण्ड है– अनंत है– रहस्य है सामान्य मानव बुद्धि के लिये।

## कन्हैया लाल गुप्ता (निधन 12 जुलाई, 1995)

## गुरु पूर्णिमाः–

आज पूर्णिमा है। गुरु पूर्णिमा की पवित्र तिथि। आज मेरे प्रिय कन्हैयालाल, ढाकापट्टी, कलकत्ता वाले का निधन हो गया।

आज से बीस साल पहले उसी के घर में रायपुर के मेरे प्रिय सुहृदय स्व. दुर्गादास शर्मा के माध्यम से भेंट हुई थी तब से बराबर उसने समय समय पर मेरे संग साथ होकर मेरी सेवा की। वह एक पवित्र संस्कारों वाला व्यक्ति था। था तो बनिया–गुप्ता घराने का था लेकिन जन्मकाल में ब्राह्मणों के साथ खेलकूद कर बड़ा हुआ और अपने पूर्वजन्मों के पुण्य के फल से सदा प्रसन्न, हँसमुख और संतोषी रहा। बाल्यकाल से पहलवानी

का शौक रहा और भगवद्‌बुद्धि तथा सत्संग प्रेमी रहा। हम लोगों के बीच वह सदा एक उत्साही और प्रेमी के रूप में जाना जाता रहा। जाति से हलवाई का होने से उसमें तरह–तरह के पकवान बनाने में महारत होने का अद्‌भुत गुण था–विशेषज्ञ था वह इस कला का। जिन्होंने भी उसके हाथ का बना कोई भी पकवान खाया होगा–वे उसे इस काम के लिये सदा याद करते रहेंगे जैसे रायपुर सदर बाजार वाले चुल्लू गुरु को याद करते हैं। अपनी उम्र के पचहत्तर वर्ष पूरे कर आज गुरु पूर्णिमा की रात्रि में उसका शरीर छोड़कर प्रस्थान करना शुभ है। उसने गुरु को याद किया हो, न किया हो लेकिन गुरु ने उसे अवश्य याद किया। यही उसका परम सौभाग्य है।

जब से मैं उसे जानता रहा, सदा वह आर्थिक दृष्टि से विपन्न रहा। लेकिन अपनी विपन्नता को किसी पर जाहिर नहीं होने दिया, न किसी हितैषी का अन्यथा लाभ ही लिया। यही संतोषी होने का उसका संस्कार मुझे मुग्ध कर गया। अपने शैशव और यौवन के दिन तो उसने खूब खुशियों के साथ व्यतीत किए लेकिन अंतिम आधी आयु अपनी पत्नी के देहांत के बाद अपने दोनों लड़कों के गलत व्यवहारों और संस्कारों के कारण बराबर दुःखी रहते हुए ही बिताई। यह दुःख उसके रोम–रोम में समा गया था। मोहाशक्ति उसकी अन्य संसारियों की भाँति एक बहुत बड़ी कमजोरी थी। इसी के कारण वह भीतर–भीतर ही घुटता रहा।

शिर्डी वाले साईं नाथ कहा करते थे कि लोग जो माँगते हैं मैं उन्हें दे दिया करता हूँ लेकिन लोग कभी वह नहीं माँगते जो मैं उन्हें देना चाहता हूँ।

मुझे दुःख है कि कन्हैया लाल ने कभी वह नहीं माँगा जो मैं उसे देना चाहता था। कन्हैया लाल का सौभाग्य था कि दो बार पूना हम लोगों के साथ जाकर उसने सद्‌गुरु भगवान श्री रजनीश के भी दर्शन श्रवण का लाभ लिया था। इसके बावजूद वह समाज के अज्ञान पूर्ण आवरणों से मुक्त नहीं हो पाया था।

मनुष्य का जीवन कितना महत्त्वपूर्ण है और वह भी तब जब अपने जीवन काल में किसी सद्‌गुरु, किसी बुद्ध, किसी सिद्ध संत का परिचय मिल चुका हो तो– यह बात सदा से ज्ञानी जन कहते आये हैं लेकिन आदमी का जन्म से पालित पोषित मूर्च्छा उसे यह बात सुन–सुनकर भी,

समझ–समझकर भी हृदयंगम होने नहीं देती और जीव न केवल इस संसार रूपी माया नगरी में, मोहजालों की कैद में बार–बार कैदी बनता चला जाता है बल्कि अक्सर वर्तमान जन्म के जीवन स्तर से भी नीचे के स्तरों में गिरता चला जाता है–पशु योनियों की ओर। देवत्व की ओर आरोहण बड़ी दुर्लभ घटना है, जो कि संतों की बातों को हृदयंगम कर लिया जाये तो बड़ी सुलभ बात हो सकती है।

चाहे कोई बहुत विद्वान् हो या निपट गँवार, चाहें कोई बहुत धनवान हो या निर्धन, चाहे कोई किसी ने उच्च कुल में जन्म लिया हो या शूद्रों की जाति में–इससे कोई फर्क नहीं पड़ता– फर्क पड़ता है तो सिर्फ इसी बात से कि अपने मनुष्य होने के इस अवसर की महत्ता को समझा या नहीं समझा।

जिस किसी को भी इस बात का बोध हो जाये, इस बात का होश आ जाये–वही असल में विद्वान है, धनवान है, ब्राह्मण है और सौभाग्यवान है। जिन लोगों को मनुष्य जीवन की महत्ता का बोध नहीं होता वे कुबेर के भंडार को कौड़ियों के भाव बेच डालने जैसी भूल कर बैठते हैं और जीवन को धन्य बनाने के सब अवसर सब साधन सुविधाओं के बावजूद अंततः जीवन के इस खेल में हारे हुए और दुर्भाग्यवान ही स्वयं को पाते हैं।

जो मनुष्य जीवन के अवसर की महत्ता को बोधपूर्वक समझ लेते हैं वे पुण्याचरण में रत होते जाते हैं, वे परमात्मा के स्मरण से भर जाते हैं और उनके हृदय में विराजमान परमात्मा उनका स्वयं का स्वरूप स्वभाव अनावृत होता चला जाता है–वे परमात्मा के समीप होते चले जाते हैं–वे स्वयं परम सौभाग्य स्वरूप परमात्मापन से स्वयं को आलोकित हुआ महसूस करने लगते हैं–परम तृप्ति को पल–पल जीते हैं। सब शास्त्रों का सार, सब देवी–देवताओं का स्वरूप, उनके अनुभव में आने लगता है। मृत्यु के क्षण में उसके हाथ परमात्मा की ओर धन्यवाद के भाव से जुड़े होते हैं। यही देवयान है।

लेकिन अधिकांश जीव मनुष्य योनि का यह अपूर्व अवसर पाकर और और बेहोशी में पड़ जाते हैं, अहंकार में आकर तरह–तरह के बंधनकारी संकल्प विकल्प करते हैं– अपने सपनों के अधूरे रहने के विषाद से ग्रस्त होते हैं और परमात्मा को, स्वयं के स्वरूप को भुला बैठते हैं।

कन्हैया लाल पूर्वजन्मों से पुण्य लेकर आया था। जहाँ तक हो सका अपने सुंदर संस्कारों को बचा कर चलता रहा–लेकिन उसके भीतर मोहाशक्ति की दुर्बलता ने उसे मूर्च्छित बनाये रखा–जिसके कारण सद्गुरु लाभ के जिस फल को वह पा सकता था–उससे वंचित सा रहा। हो सकता है–सद्गुरु स्वयं अपनी कृपा से और पूर्वजन्मों के शेष पुण्यों के फलस्वरूप उसे पुनः एक श्रेष्ठ संस्कारों से युक्त करके ही मनुष्य होने का सुंदर अवसर प्रदान कर दे। क्योंकि सद्गुरु की महिमा अनंत होती है– वे अपने प्रिय भक्त शिष्य को, अपने ऊपर आश्रित जीव को रसातल से भी उबारकर अपने इच्छानुरूप लाभ पहुँचा सकते हैं।

आज गुरु पूर्णिमा की इस पवित्र रात्रि में कन्हैया लाल का देह त्याग इसी बात की याद दिलाता है। मैं इस मुक्तात्मा को प्रणाम करता हूँ। परमात्मा उसे अपने शरण में लेकर उसे परम शांति प्रदान करें।

कोई न आता है,<br>
न कोई कहीं जाता है,<br>
सब यहीं हैं, यहीं होते हैं।<br>
जीवन अमृत है,<br>
जीव अमृत हैं,<br>
दृश्य–अदृश्य सब अमृत हैं।<br>
एक अखंड अनंत परमात्मा ही शुद्ध<br>
अस्तित्वमान है–वही आता है, वही जाता है।<br>
हम परमात्मा ही हैं<br>
अखंड, अनंत, अमृत–सदा सर्वदा वर्तमान।<br>
हृदयंगम करो, स्वरूप को पहचानो –<br>
ठीक से देखो। मृत्यु कहीं नहीं, सिर्फ जीवन है।<br>
जीवन है,<br>
खेल में आना–जाना है<br>
लीला है यह<br>
आनंद है –<br>
तुम्हारा मेरा सब आने वाले का, देहों में<br>
बसा स्वरूप–अपना सच्चा होना

परमात्मा होना है—अमृत होना है,
न कहीं से आना है; न कहीं जाना है
विचित्र है यह खेल,
रहस्य है यह लीला—यह जन्म—जन्मांतर कथा।
न अतीत है न भविष्य
सिर्फ वर्तमान है, जीवन है, परमात्मा है।
समझो, देखो, महसूस करो स्वरूप को
अमृत को—अखंड को अनंत को।

वीतराग
13.07.95, रायपुर

## सदना कसाई:—

यह पुराने जमाने की बात है जब भारतवर्ष में हिंदू और मुसलमान एक दूसरे के साथ परस्पर भाईचारे की भावना के साथ रहते थे, एक दूसरे के धर्म का सम्मान करते थे।

किसी गाँव में एक गरीब मुसलमान कसाई था। वह जानवरों के माँस को बेचने का काम किया करता था। वह अपनी दीन—ईमान पर कायम रहते हुए अपना जीवन यापन चला रहा था।

एक दिन उस गाँव का एक पंडित ब्राह्मण उस कसाई की दुकान के सामने से गुजर रहा था। कसाई मुसलमान और उस ब्राह्मण के बीच जै राम जी की आदि हुई तभी उस ब्राह्मण की नजर कसाई के तौलने वाले बटखरों पर पड़ी तो वह सन्न रह गया—एक बटखरा गोल—गोल चिकने काले पत्थर का था – जिसे हिन्दू शिव स्वरूप शालिग्राम कहा करते हैं, वैसा था। उस ब्राह्मण ने यह बात उस कसाई से कही तो वह मुसलमान बहुत लज्जित एवं दुःखी हुआ—उसने कहा— "या अल्लाह, यह तो मुझ अज्ञानी से बहुत बड़ी भूल हो गयी। मैं इसे पत्थर का टुकड़ा समझकर बटखरा बनाकर इससे माँस तौलता रहा। इसे आप ले जाइये और इसको शुद्ध करके पूजा पाठ करिये और मेरे अपराध के लिये अपने राम जी से दुआ कीजिए।" ऐसा कहते हुए उसने तुरंत वह पत्थर उस ब्राह्मण को सौंप दिया।

ब्राह्मण प्रसन्नतापूर्वक शालिग्राम को अपने घर ले आया और उसे सब तरह से नहला धुलाकर स्वच्छ साफ किया और उसे एक सुंदर से आसन पर विराजमान किया और पूजा प्रार्थना की।

उसी रात को उस ब्राह्मण को एक विचित्र स्वप्न आया–उसने देखा कि शालिग्राम अपने आसन पर इधर–उधर लुढ़क रहे हैं मानो नींद नहीं आ रही है और करवटें बदल रहे हों। उस ब्राह्मण ने भगवान से पूछा कि क्यों वे इस तरह बेचैन हैं तो भगवान ने उत्तर दिया कि– रे मूर्ख! तुम मुझे वहाँ से क्यों ले आये, भले ही वह सदना अज्ञानी है–मेरे विषय में कुछ नहीं जानता है, फिर भी जितने प्रेम से वह मुझे छूता था, जितने प्रेम से वह मुझे उठाता, रखता था, उससे मुझे पूजा–पाठ का सुख मिलता था–वह मुझे खूब प्रेम करता था–मुझे उसके पास रहकर खूब आराम था–तुम वहीं फिर ले जाओ, मैं यहाँ नहीं रहना चाहता–वह सदना मेरा भक्त है।

ब्राह्मण की आँखों से नींद उड़ गयी। ले देकर पल–पल करके उसने रात गुजारी और जब सुबह हो गई तो नहा धोकर उस शालिग्राम को सिर पर रख के सीधे उस कसाई की दुकान पर गया और स्वप्न की सारी बातें उससे कह सुनाईं और वह शालिग्राम उस कसाई के हाथों सौंप दी। वह कसाई सदना तो ब्राह्मण की बातों पर विश्वास ही न कर सका। बार–बार उसने अपनी अज्ञानता का रोना रोया अपनी अपात्रता को प्रकट किया लेकिन ब्राह्मण ने जैसी व्याकुलता उस शालिग्राम को वापस करने की प्रकट की और सदना की प्रशंसा में तरह–तरह से बातें की, उससे अंत में हारकर उसने पुनः उस शालिग्राम को वापस ले लिया और वहीं अन्य बटखरों के साथ रख दिया।

दूसरे दिन पुनः ब्राह्मण को स्वप्न आया। उसने देखा कि भगवान चैन की नींद सो रहे हैं और पंडित से कह रहे हैं कि, पंडित तुमने मुझे मेरे परम भक्त के पास पहुँचाकर अच्छा किया। मैं अब आनंदित हूँ।

भगवान प्रेम की पूजा, प्रेम का भोग चाहते हैं। प्रेम ही उनका स्नान है, प्रेम ही उनकी प्रार्थना है। कबीर दास कहते हैं–

**प्रेम न बाड़ी ऊपजै, प्रेम न हाट बिकाय।**
**राजा परजा जेहि रूचै सीस देइ घर लै जाय।**

सीस यानी अहंकार, कुछ होने का भाव–जो इस अहंकार से रिक्त हो गया, जो दीन हो गया, अकिंचन हो गया वही भक्त है–जो जिधर भी देखता है, जिसे छूता है–परमात्मा सदृश् देखता है, परमात्मा जैसा प्रेम से व्यवहार करता है–वही प्रेम, वही निर्मल भाव, वही अहंशून्य हृदय और दृष्टि चाहिये–वही प्रेम है। वही प्रेम भगवान को पसंद है।

इसीलिये कहा गया है कि सामाजिक दृष्टि से कोई कितनी भी निचली भूमिका में – यदि उसकी आत्मा निर्मल प्रेम से रची बसी हो तो भगवान उस व्यक्ति को सातवें नर्क से भी उबार लेते हैं और खींचकर अपने हृदय से लगा लेते हैं। भगवान की लीला को कोई नहीं समझ सकता। अपनी लीला के मालिक स्वयं हैं वह। और उसकी लीला को वही महसूस कर सकता है जिसने अपना सीस उतार दिया हो अपने ही हाथों, जिसने अपनी पहचान अपना वैशिष्ट्य, अपना अतीत और भविष्य सब कुछ चढ़ा दिया हो परमात्मा के चरणों में–जो अब कुछ भी होने, न होने की भावना से मुक्त हो गया हो–और परम विस्मय से भर गया हो–वही अति सामान्य, अति अकिंचन और प्रपन्न मति वाला व्यक्ति ही उस लीला को, उराके पीछे प्रेरणा शक्ति, प्रेम तत्व को महसूस कर सकता है। यह प्रेम ही परमात्मा का स्वरूप है, प्रसाद है–रवयं परमात्मा है। उस पर सबका समान हक है–उसके समक्ष राजा प्रजा का कोई भेद नहीं, भेद है तो सिर्फ अहंकार और अहंकार शून्यता का। जो अभी अहंकार को समझे नहीं, उसकी पकड़ से मुक्त नहीं हुए वे इस प्रेम को नहीं देख सकते। जिसने अपने अहंकार को ठीक से पहचान लिया और उसके मायावी रूपों से स्वयं की साक्षी चेतना को मुक्त कर लिया हो वही भगवद् दर्शन और भगवद् प्रेम को देख–सुन सकता है। यही है सीस उतारना–अहंकार से मुक्त होना, अस्मिता से मुक्त होना। वही सदना होता है, वही रैदास होता है, वही चैतन्य, वही मीरा होती है। यही भक्त की भक्ति का राज है जिस पर भगवान रीझे रहते हैं।

## कृष्णा बिष्टः–

**(संगीत)**

**दिल्ली घराना**

संदर्भ– उस्ताद अमीर खाँ साहब

क्षुधित पाषाण में ठुमरी गायन

कृष्णा बिष्ट – उस्ताद चाँद खां साहब (दिल्ली घराना)

कल टी.वी स्क्रीन पर मैं एक संगीत कार्यक्रम देख रहा था। सुश्री कृष्णा बिष्ट का गायन था–एक इंटरव्यू के रूप में।

उस इंटरव्यू के दरम्यान कृष्णा जी बता रही थी परंपरा से चले आये रागों को, रागों के व्याकरण को ज्यों का त्यों बरकरार रखते हुए भी नये–नये ढंग से कैसे अलग–अलग उस्तादों ने अलग–अलग घरानों के अपनी शैली के हिसाब से कैसे नयेपन की सृष्टि भी किये हैं।

इसी दरम्यान कृष्णा जी ने उस्ताद अमीर खाँ साहब को याद किया कि यद्यपि अमीर खाँ साहब की ख्याति खयाल गायकी में है किंतु एक बंगला फिल्म 'क्षुधित पाषाण' में उन्होंने एक ठुमरी गाया था। अच्छा ही गाया था। तो कृष्णा जी ने पूछा एक बार कि खाँ साहब, आप ख्याल गायकी के लिये प्रसिद्ध हैं लेकिन फिल्म में आपने ठुमरी गाना कैसे स्वीकार कर लिया, तब सहजता से बिना किसी संकोच के खाँ साहब ने कहा कि छह हजार का सवाल था, इसीलिये।

कृष्णा बता रही थीं कि पहले के कलाकार लोग कितने सरल, बनावटीपन से कितने दूर रहने वाले होते थे। उसी का उदाहरण अमीर खाँ साहब के रूप में प्रस्तुत किया।

मुझे यह इंटरव्यू अमीर खाँ साहब के इस उल्लेख के कारण स्मरण में रह गया।

## अवनी बाबूः–

गिरिडीह में मैं 1983 में आया था। आज बारह वर्ष बीत गये। आज से सात आठ महीने पूर्व अपने लिये किसी होम्योपैथी के डॉक्टर की तलाश थी तो चि. संतोष डंगाइच के माध्यम से एक वृद्ध बंगाली डॉक्टर से परिचय हो गया। वे संतोष के माध्यम से मेरे विषय में पहले ही कुछ जान चुके थे और मेरे प्रति सहज स्नेह युक्त आदर भाव से भरे हुए थे।

परिचय के बाद उनके वार्धक्य और स्नेह को महसूस कर मेरे हृदय में भी उनके प्रति प्रेम समा गया और मैं उनकी इज्जत भी किया करता था। वे मुझसे दवाइयों का पैसा कभी नहीं स्वीकारते थे।

फिर समय व्यतीत होता गया। इसी बीच मेरा रायपुर जाना हुआ था–जब वापस लौटा तब पता चला कि डॉक्टर गुजर गये। 84–85 वर्ष की उम्र थी। हृदय के वाल्व सब खराब हो चुके थे। दो बार अस्पताल में भर्ती हुए लेकिन जीवित रहना संदिग्ध हो चुका था। मैं अस्पताल में भी उन्हें देखने दो बार जा चुका था। बहुत प्यार हो गया था हमें एक दूसरे से। जीवन बहुत रहस्यपूर्ण है। न जाने किस–किस जन्म के और किस–किस रिश्ते के लोग इस जन्म में आ मिलते हैं, आपस में प्रेम का आदान–प्रदान होता है, लेना–देना संपन्न होता है और फिर वियोग की घड़ी आ जाती है बहुत जटिल है यह जीवन का खेल। सब संयोग–वियोग प्रभु करवाते रहते हैं। इन संयोग–वियोगों से एक गहरी स्मृति छूट जाती है। डॉक्टर अवनी बाबू के हृदय में मेरे लिये आशीषों का खजाना था। मैं उनका ऋणी हूँ। परमात्मा करे ऐसे सुंदर आत्मा को शांति मिले और वे अच्छे गुणों और संस्कारों के साथ पृथ्वी पर पैदा हों और लोगों को उनका प्रेम और आशीष मिले।

जीवन में संबंध बनाना और संबंध की गहराई पैदा होना दो अलग अलग बातें हैं। बहुतों के साथ तरह–तरह के संबंध बनते हैं। अनेक–अनेक वर्षों का संग साथ होता है लेकिन गहराई नहीं हो पाती और कुछ लोग होते हैं जिनके साथ बहुत थोड़े समय का संग साथ होता है लेकिन गहराई हो जाती है–वही स्मृतियाँ हृदय पर अक्षुण्ण हो जाती हैं, हमारे जीवन का अभिन्न हिस्सा बन जाती हैं। डॉक्टर अवनी बाबू के साथ मेरे हृदय में एक ऐसा ही संबंध बन गया। सब भगवान की लीला है। इस जीवन का राज वे ही जानें।

गिरिडीह
27.07.95

**परमात्मा:–**

परमात्मा ही सब कुछ है और परमात्मा ही जीवों को सुख दुःख देने वाले हैं।

परमात्मा ही अहंकार रूपी गाँठ और परमात्मा ही सरलता रूपी पावनता।

जो जीव अहंकार रूपी गाँठ को अपने ह्रदय में पालते–पोषते हैं वे दुःख पाते हैं और जो जीव सरलता रूपी फूल को विकसित करते हैं ह्रदय में वे सुख पाते हैं।

परमात्मा ही सब कुछ है। हर रूप हर ढंग उसी का होना है। हम परमात्मा के जिस रूप को अपने जीने की शैली बना लेते हैं उसी के अनुरूप हम सुख–दुःख पाते हैं। सुख या दुःख हमारे अपने चुनाव का प्रतिफलन है, परमात्मा की इच्छा जैसी कोई बात इसके पीछे कारण नहीं। स्वतंत्रता हमारी है, परमात्मा की नहीं। सब करना पाना हमारा है, परमात्मा का नहीं।

जब तक चुनाव है तब तक जीव होना है और करने पाने की श्रृंखला है। कोई दुःख पाने की ओर आगे बढ़ता है, कोई सुख की ओर।

और जहाँ चुनाव नहीं, वहीं से जीव होना बंद हो जाता है। फिर न सुख होता है, न दुःख। चुनाव हीन जीवन जीना शिव होना है। फिर सुख भी आनंद है, दुःख भी आनंद है–पल, पल आनंद है।

हम परमात्मा ही हैं लेकिन जब तक चुनाव की वृत्ति है तब तक अपने स्वरूप को विस्मृत कर बैठते हैं और सुख या दुःख रूपी परिणामों को भोगने के लिये विवश होते रहते हैं। तब तक हम शिव होकर भी स्वयं को जीव बना कर जीते हैं।

जिस दिन से हम चुनाव रहित जीवन जीना शुरू कर देते हैं उस दिन से हम अपने स्वरूप को, परमात्मा को जीना प्रारंभ कर लेते हैं जो द्वन्द्व से पार है अद्वैत है आनंद है – धन्यता है।

गिरिडीह 27.07.95

## अस्तित्व का सत्य और सत्य का अस्तित्वः–

### अणोरणीयान् महतो महीयान्ः–

मैंने कहा उस योगी से कि हर पल अंदर ही अंदर जिसे सिर्फ मैं जानता हूँ, जिसको पल–पल जीता हूँ–वह भजन, वह स्मरण, वह बोध, वह आनंद–वह स्वरूप, वह प्रत्यभिज्ञा ही मात्र है अब जीवन के रूप में जो अभी और यहीं (immanent) हैं और सर्वत्र सर्वकाल में (transcendental) है। जो अखंड, अपरिणामी भी है और खण्ड–खण्ड

में, निरंतर परिवर्तनशील रूपाकारों में भी है। वह अणु–अणु होकर भी है। एक अणु भी वही है, उतना ही है, अनंत है और विराट् भी वही है, उतना ही है, अनंत है।

उसे मैं क्या कहूँ अणु या विराट्, रूप या अरूप!

उस योगी ने कहा कि क्या नींद में भी ऐसा ही बोध है?

**या निशा सर्वभूतायां तस्यां जागृति संयमीः–**

मैंने कुछ कहा तो नहीं क्योंकि उस योगी का मैं अत्यंत आदर करता हूँ– वे मुझसे हर दृष्टि से बड़े हैं और उनका मेरे प्रति अनुग्रह है, स्नेह है, तो मैंने मुँह से कुछ कहा नहीं लेकिन विचार करने लगा।

क्या है नींद, क्या है जागरण। वही नींद है, वही जागरण। नींद में भी वही है, जागरण में भी वही। बंधन में भी वही है, मुक्त होकर भी वही, बंधन और मुक्ति दोनों स्वाद उसी के हैं।

अस्तित्व का मैं साक्षी हूँ। लेकिन अस्तित्व कोई वस्तु नहीं, दृश्य श्रव्य नहीं अलग से, जो मुझसे पृथक हो, दूसरा हो। मैं साक्षी हूँ इसका अर्थ यह नहीं कि मैं दृष्टा मात्र हूँ। दृश्य भी मैं ही हूँ, श्रव्य भी मैं ही हूँ। ऐसा है मेरा साक्षी होना। मैं अनन्य हूँ अस्तित्व से। मैं किस नाम से उसे पुकारूँ–संसार या निर्वाण, जागना या सोना। वह तो यह भी है और वह भी। और दोनों विलक्षण भी। उसे किस नाम से जानूँ–होश या बेहोशी, स्वप्न या सत्य, भ्रम या निश्चय, झूठ या सच, नींद या जागरण–क्या कहूँ उसे। मैं कहाँ सोया हूँ, कब जागा हूँ। क्या जागा हूँ वह सोना नहीं है, क्या सोया हूँ वह जागना नहीं है। क्या अखंड हूँ वह खंडों से पृथक होकर अखंड रह सकता है और क्या जो खंड है वह अखंड से बाहर है, पृथक है? खंड और अखंड अनन्य है, जागना और सोना अनन्य है, नींद और जागरण अनन्य है, दृष्टा और दृश्य–ये तमाम अनुभव स्वप्न देखने के, तथ्य देखने के–अनन्य हैं। वही स्वप्न है, वही तथ्य है। वही दृष्टि है, वही भ्रम है–सब एक ही खेल की विविध भंगिमाएँ हैं। अस्तित्व अद्वैत रूप होकर भी द्वैतात्मक भी है। अणु और विराट् होना, नींद और जागरण होना–एक ही अस्तित्व है–सनातन रूप से जो जैसा है–वैसा ही है, जो जितना है– उतना ही है। यही अस्तित्व का सत्य है।

## सत्य का अस्तित्वः–

सत्य इतना विराट् है, इतना महान् है, इतना बड़ा है कि जो जिस तरह उसे देखता सुनता और कहता है– वही सत्य है। ऐसा कहो तो सत्य, वैसा कहो तो सत्य। सत्य के अलावा कहीं कुछ नहीं। जिसने जैसा मान लिया सत्य वैसा ही हो जाता है और सत्य सदा सत्य ही रहता है। सत्य छोटा या बड़ा नहीं होता। सत्य को कोई भी नाम दे दो–सब नामों के बावजूद वह उतना का उतना ही शेष रह जाता है स्वप्न सत्य से बाहर नहीं, पृथक नहीं, अन्य नहीं होता। स्वप्न भी सत्य की ही अभिव्यक्ति है। स्वप्न को देखना सत्य को देखना है।

सत्य अपरिणामी है लेकिन जो परिणामशील रूप क्षण–क्षण प्रकट होते और विलुप्त होते रूपाकार हैं–वे सब भी सत्य ही हैं–कोई रूप कोई दृश्य या ध्वनि असत्य नहीं, भ्रम नहीं, सत्य से रिक्त नहीं–सब सत्य की ही अनंत–अनंत अभिव्यंजनाएँ हैं–सत्य से बाहर कुछ भी नहीं होता। जन्म सत्य, मृत्यु सत्य, जीवन का एक–एक पल, एक–एक पल का अनुभव सत्य, नींद का अनुभव भी सत्य का ही अनुभव, जागने का अनुभव भी सत्य का ही अनुभव, बेहोशी और होश, दोनों ही सत्य के अनुभव हैं चाहें आँख खुलने पर दिन के उजाले में दिखने वाले दृश्य हों या बंद आँख से रात के अंधेरे में देखे जाने वाले स्वप्नों के दृश्य हों– दोनों ही सत्य में अनुभव हैं। खंड–खंड में विभक्त दृश्यों से भरा पड़ा इंद्रियों से ग्राह्य यह संसार का जानना हो कि अखंड स्वरूप बोध हो, समाधि हो– दोनों ही एक ही सत्य के अनुभव हैं। सत्य इतना बृहद् है कि हम जो भी देखते सुनते हैं, जो भी कहते हैं, मानते हैं, सब उसी एक के विषय में होता है। सत्य इतना अकेला, इतना अखंड, इतना सनातन है– इसी से तो सत्य को स्वयं परमात्मा ही नींद का अनुभव बनकर प्रकट होता है। परमात्मा ही विश्वसनीय तथ्यों की श्रृंखला बनकर जागरण में दृश्यमान होता है और परमात्मा ही अविश्वसनीय दृश्यों की कड़ी बनकर स्वप्न में प्रकट होता है। परमात्मा ही विश्वसनीय तथ्यों की श्रृंखला बनकर जागरण में दृश्यमान होता है और परमात्मा ही अविश्वसनीय दृश्यों की कड़ी बनकर स्वप्न में प्रकट होता है। परमात्मा से पृथक कहाँ कुछ। वही साक्षी,

सनातन, अद्वैत स्वरूप, समाधि सुख, सहज आनंद और वही पल–पल बदलते द्वन्द्व रूप संसार चक्र, सुख–दुःख रूप तनाव हैं। सत्य का ऐसा अनादि–अनंत अस्तित्व है कि किसी भी अनुभव को किसी और अनुभव से पृथक कर बोध के तल पर सत्य शब्द के अलावा अलग–अलग नाम नहीं दिया जा सकता। सत्य का ही अस्तित्व है केवल। मैं उसी को जानता और जीता हूँ। जो है उसे जानने और जीने के लिये मैं कोई प्रयास, कोई साधना, कोई श्रम नहीं करता। मैं किसी स्थिति से हटकर किसी अन्य स्थिति में होने की प्यास नहीं पालता। यही मेरी स्थिति है। हर स्थिति में सत्य वहीं का वहीं होता है वैसे ही हर स्थिति में मैं वही का वही हूँ– आनंदित, धन्य, शांत और बोधयुक्त। यही मेरा भजन है, स्मरण है, ज्ञान है, भक्ति है, उठना–बैठना है, श्वांस–प्रश्वांस है।

गिरिडीह 29.07.95

मैं जब यह कह रहा हूँ कि सतत् एक ही स्थिति, एक ही बोध, एक ही आनंद और एक ही प्रत्यभिज्ञा बनी हुई है तो इसका अर्थ कोई आग्रह नहीं है, यह बात बोध स्वरूप है सूक्ष्मातिसूक्ष्म है यह व्यावहारिक जीवन के क्षण–क्षण बदलती हुई परिस्थितियाँ या मनःस्थितियाँ नहीं हैं। जगत् जैसा सबके लिये है वैसा ही मेरे लिये भी है। वही हर्ष–शोक, वही रोना–धोना, वही खोना–पाना, वही संयोग–वियोग, वे सारी बातें जो किसी के भी जीवन में होती हैं वह सब मेरे जीवन में भी पल–पल हो रही हैं फिर भी एक सन्नाटा है, एक भराव है, एक उपस्थिति है जो मैं हूँ, सब है, आज है यहाँ है और हमेशा है और सर्वव्यापक है।

मेरे लिये सत्य या अस्तित्व सिर्फ निराकर ब्रह्म, निश्चल समाधि या शून्यता रूप निर्वाण या पूर्णता रूप मोक्ष ही नहीं है बल्कि हर आकार प्रकार और क्षण–क्षण बदलते मनोवेग या तरह–तरह के बंधनरूप भावनाएँ भी हैं।

## "या निशा सर्वभूतायां जागृति तस्य संयमी":–

जिस द्वैतपूर्ण रूपाकारों वाले संसार को देखने सुनने से उनके सम्मोहन से दुनिया वाले हर्ष शोक में डूब जाते हैं, तनावग्रस्त हो जाते हैं, जो जीवों के लिये निशा रूप, अंधकार रूप, बेहोशी का कारण बनता है वही संसार दर्शन संयमी को अपने संयम के कारण भगवद् दर्शन

का साधन बन जाता है, होश से भर जाता है संयमी। माया को भी प्रभु का साकार विग्रह बना लेता है योगी। संसार के इस मायावी इंद्रजाल में जहाँ जीव मोहग्रस्त हो जाते हैं, सो जाते हैं, आँखें अंधी हो जाती हैं वहीं योगी जाग जाता है – जागा रहता है। संसारी अस्तित्व या सत्य के जिस पहलू के प्रति जागते हैं उस पहलू की ओर योगी सो–से जाते हैं और जिस पहलू की ओर संसारी सो–से जाते हैं उस पहलू की ओर योगी जाग जाते हैं।

मैं दोनों पहलुओं को पृथक करके नहीं देखता। मेरे लिये दोनों पहलू समान हैं। अपनी–अपनी जगह दोनों ठीक हैं – यह जीवन की रहस्यमय बनावट है।

यही वह बिंदु है जहाँ मैं और कुछ समझ पाने में असमर्थ हूँ। नींद और जागरण दोनों साथ–साथ हैं।

## निवृत्ति–प्रवृत्तिः–

मुझे जानने वाले लोग मेरी जीवन शैली को देखकर यही अनुमान लगाते हैं कि मैं कोई काम नहीं करता, निष्क्रिय हूँ, संसार के जोड़–तोड़ से छूटकर मुक्त होकर निवृत्ति का जीवन जी रहा हूँ।

लेकिन मैं जानता हूँ और सिर्फ मैं ही जानता हूँ और अशरीरी संत आत्माएँ जानते हैं और सर्वव्यापक परमात्मा जानते हैं कि मैं पल–पल श्रम कर रहा हूँ, मैं क्षण–क्षण एक वृहद् योजना के क्रियान्वयन में रत हूँ। मैं इस जीवन के एक–एक पल को आने वाले जन्म के निर्माण हेतु लगा रहा हूँ, नियोजित कर रहा हूँ। यद्यपि यह सुनकर लोगों को आश्चर्य होगा, अविश्वसनीय और शायद हास्यास्पद भी लगेगा – कोई विश्वास करने को राजी नहीं होगा क्योंकि सामान्यतः लोग कितना ही कहें कि जन्म जन्मांतर होता है लेकिन लोगों में निष्ठा नहीं होती। वे ठीक इससे उल्टा व्यवहार करते और विपरीत निष्ठा का ही परिचय देते हैं, लोगों के कर्म इस बात का प्रमाण है कि किसी को जन्म–जन्मांतर में भरोसा नहीं, तभी तो इतने अपराध कर्म, इतनी हिंसा और तरह–तरह के पाप, झूठ, कपट और ठगी के व्यवहारों में लोग संलग्न देखे जाते हैं। अन्यथा जिसे इस तथ्य की स्पष्ट प्रतीति हो जाये कि जन्म पर जन्म होते हैं और इसकी एक वैज्ञानिक श्रृंखला बनती है। हमारे कर्मों का परिणाम पैदा

होता है – ऐसे ही परिणामों के फलस्वरूप अतीत में जन्म होते रहे और आज जो देह मिली वह पिछले जन्मों के कर्मों का समुच्चय रूप मिला है और इस जन्म में जो कर्म हम कर रहे हैं उसी के अनुरूप अच्छा या बुरा, उत्तम या अधम देह, योनि हमें फिर मिलेगी। यही सत्य है, एक वैज्ञानिक सत्य है।

मैंने अपने इस वर्तमान जन्म में यही निश्चय किया कि कोई ऐसा काम नहीं करूँगा, किसी ऐसे कर्म में समय नहीं लगाऊँगा जिससे मेरी अधोगति हो। मैंने कंजूस के धन की भाँति अपनी आयु का श्वाँस प्रश्वाँस के अपने खजाने का बड़ी मितव्ययता पूर्वक उपयोग किया है। मैंने दुनिया वालों की उक्तियों और आलोचनाओं की कभी परवाह नहीं की और अपनी दृष्टि और भावना के अनुसार ऐसी जीवन शैली को अपनाया जो ऊपर–ऊपर से देखने से चाहे समाज की दृष्टि में बेकार, आलस्यपूर्ण और किसी को समझ में न आने वाला लगे तो भी क्या, भीतर–भीतर तो वह निरंतर एक लक्ष्य की ओर अग्रसर और सतत् चलने वाली साधना बन गया है। मैं उसी सत्य को जानने चला हूँ जिसे सम्यक् बोध कहते हैं, जिसे लोक कल्याण हेतु युगों–युगों से सद्गुरु और ऋषिगण मानव समाज के सामने प्रकट करते आये हैं।

जो सत्य गहन शांति अर्थात् समाधि के क्षण में अनुभूत होता है उसे अपनी प्रातिभ प्रज्ञा (super intelligence) के जरिये बुद्ध शब्दों में ढालकर दुःखी संतप्त दुनिया को उनके कष्टों से मुक्त करने हेतु प्रकट करते हैं। मैं उसी काम को अपने आगामी जन्म का एकमात्र हेतु बनाने के लिये प्रयासरत हूँ। उठता हूँ तो उसी के लिये, बैठता हूँ तो उसी के लिये अपने को कैद करके रख लिया है एक कमरे में, दिन–दिन भर बस एक ही प्रयास, एक ही प्रत्यभिज्ञा और एक ही प्यास। जागते वही लक्ष्य, सोते वही एक लक्ष्य। यह श्रम अंतस् का है। यह कर्म हृदय का है। सच, इस प्रक्रिया को शायद ही कोई समझे। क्योंकि इस प्यास का लोगों को कोई पता नहीं। सामान्यतः संसार में आदमी अपनी–अपनी व्यक्तिगत वासनाओं को पूरा करने के लिये पैदा होते हैं 'उन्हें' परमार्थ का पता नहीं होता। कोई–कोई ही इस संसार में विशुद्ध रूप से परमार्थ सेवा हेतु देह धारण करते हैं। उनकी गति को वैसे ही लोग लगा सकते हैं,

जो दुर्भाग्य से विरले ही होते हैं। इसीलिये तो जो सच्चे सत्य के खोजी होते हैं उन्हें लोग पागल, पाखंडी और न जाने क्या–क्या दोष लगाकर बहुत कष्ट पहुँचाते हैं अपने अज्ञान के कारण–तभी तो जीसस ने सूली पर से यह बात कही कि "हे परमात्मा, इन्हें माफ कर देना क्योंकि ये नहीं जानते कि ये क्या कर रहे हैं।" संसार के लोग अपने ही सौभाग्य की संभावना को अपने ही हाथों विनष्ट करने को अमादा हो जाते हैं, अपने ही हाथों अपने राह दिखाने वाले दीपक को बुझा डालने की महान् भूल कर बैठते हैं।

मैं वही प्रकाश बनने जा रहा हूँ, मैं उसी सौभाग्य को मनुष्य जाति के सामने प्रकट करने जा रहा हूँ, लेकिन इस जन्म में नहीं–यह तो तैयारी में ही गुजर जायेगा। मैं सचेतन रूप से इस यात्रा को एक–एक कदम करके संपन्न कर रहा हूँ। अब लोग मुझे निवृत्ति मार्गी समझते हैं, आलसी, पाखंडी आदि समझते हैं कि क्या समझते हैं, यह लोगों की बात है। मैं, मेरे भीतर बैठा परमात्मा और अशरीरी संत जन तो जानते हैं– वे तो साक्षी हैं कि मैं प्रवृत्त हूँ, श्रमशील हूँ और एक यज्ञ में जुटा हुआ हूँ जो मेरे अपने लिये नहीं–समस्त जीव जगत् के कल्याण के लिये है–इस पृथ्वी के कल्याण के लिये है– यही है संक्षिप्त परिचय मेरे अध्यवसाय का, जीवन के पल–पल होते आहुति का। मेरा जीवन अंतर्मुखता की पराकाष्ठा है।

## महाकरुणाः–

## The great Compassion

पृथ्वी पर मनुष्य समेत समस्त जीव जगत् का जीवन वासनाओं का ग्रास बने जीवन की दुःख भरी कहानी है। चारों ओर दुःख ही दुःख है। हृदय–हृदय संतापों और कुंठाओं से भरा हुआ है। यद्यपि हृदय–हृदय में स्वयं सच्चिदानंद परमात्मा विराजमान हैं लेकिन अज्ञानवश, अहंकार और निरंतर भूखे रहने वाले मन के कारण, दुष्पूर तृष्णा वृत्ति के कारण जीवन दुःख भरा हो गया है।

पृथ्वी पर सौभाग्य से ऐसे व्यक्तियों का आना होता रहा है जो एक ओर परम शांति, अनंत सुख स्रोत समाधि से परिपूर्ण हुए हैं तो दूसरी ओर दुनिया के इस विलाप से आर्द्र होकर करुणावशात् प्रवृत्ति में पड़े और अपनी अनुभूति, अपनी शांति में सबकी भागीदारी करने हेतु उन्मुख हुए, उन्होंने लोगों को समझाने का अथक प्रयास किया कि दुःख तुम्हारी नियति नहीं है–नियति तो आनंद है, स्वतंत्रता है, सरलता है, प्रेम है, समाधि है।

मैं उसी बात को कहूँगा, उसी सच्चाई की फिर याद दिलाऊँगा– मैं जानता हूँ जैसे अतीत में बुद्धों को सुनने वाले असंख्य लोगों ने सुनकर अनसुना कर दिया– कोई, कोई ही सुन सके, समझ सके ठीक वैसे ही मेरे साथ भी होगा–नहीं समझेगा कोई–शायद ही कोई समझने को उत्सुक हो–फिर भी यह जोखिम भरा कार्य मैं करूँगा।

मुझे तैयार कर रहे हैं मेरे सद्गुरु और पूरी की पूरी सद्गुरुओं की एक महान् श्रृंखला, राम से लेकर रजनीश तक हुए समस्त लोकहितकारी शक्तियाँ–स्वयं परमात्मा ही।

अभी जब मैं यह कह रहा हूँ तो बहुत हँसेंगे लोग इसे कपोल कल्पना और सनक समझकर–लेकिन यह मेरी निष्ठा है– मेरे भीतर की गूँजती अनहद ध्वनि है।

महाकरुणा स्वयं परमात्मा के हृदय का स्वभाव है। कोई पिता या कोई गुरु अपनी संतानों या शिष्यों को दुर्गति में पड़ा हुआ नहीं देख सकता। परमात्मा कैसे देख सकेंगे यह भला कि उसकी संतानें अपनी विरासत को भूलकर दरिद्र होकर यहाँ वहाँ भटकें।

जब परमात्मा चाहते हैं कि उसकी संतानों को अज्ञान जनित अहंकार और तृष्णाओं से मुक्ति मिले तो वे मनुष्य शरीर धारण कर गुरु के रूप में प्रकट होते हैं और अपनी धीर गंभीर वाणी से, अपनी करुणापूर्ण दृष्टि से मनुष्य के भीतर पल रही अज्ञान की धारा को अवरूद्ध कर देते हैं और उसके बदले मुमुक्षा रूपी ज्ञान की गंगा को प्रवाहित कर देते हैं। यही शक्तिपात है योगी का। यही दीक्षा है सद्गुरु की। यही महत् दान है बुद्ध का।

मैं चुना गया हूँ। तैयार हो रहा हूँ। यह मैं जानता हूँ और समस्त बुद्ध जानते हैं।

**रसः–**

आनंद रस है। आनंदातिरेक रसोद्रेंक होकर बाहर छलक पड़ता है। यही सृष्टि है– कला है रस अभिव्यंजना है।

भगवान जब भगवत्ता को भूलकर अपने द्वारा सृष्टि कर लेते हैं तो सृष्टि के विविध रंगी सौंदर्य से अभिभूत हो उठते हैं– आत्मविमोहित हो जाते हैं। यही भगवान का अपनी भगवत्ता को भूलना है, भगवान से भगवान का बिछुड़ना है, भगवान का आत्म प्रत्यभिज्ञा का विलोप है– आत्म विस्मरण है। हर कलाकार की यही स्थिति गति होती है।

रस है भीतर। रस स्रोत है भीतर। वही रस बाह्य हो जाता है– बाहरी उपादानों से संष्लिश्ट हो जाता है तो रस सृष्टि या कला सृष्टि कहलाती है– आनंद का प्रकटन।

संसारी भी इस बाहरी सृष्टि को भोगते हैं और योगी भी लेकिन एक फर्क है। भगवान दोनों ही हैं और यह सृष्टि भी भगवान की ही अपनी सृष्टि है लेकिन भोग में फर्क है। भीतर भी अव्याख्येय सौंदर्य भरा है और बाहर भी वही अव्याख्येय सौंदर्य लहराता है।

योगी अपने भीतर भोक्ता को भी अव्याख्येय और अज्ञेय ही पाता है और बाहर सृष्टि के कण–कण को भी अव्याख्येय ही पाता है। भीतर भी भगवान, बाहर भी भगवान। संसारी अपने भीतर भोक्ता की भी शब्दों में व्याख्या पैदा कर लेता है और बाहर सृष्टि के हिस्से–हिस्से की व्याख्या कर डालता है। जो अव्याख्येय है, शब्दों में रूपायित होने में सर्वथा असंभव है– वह शब्दों में ढल कर अपनी सारी नैसर्गिकता, संपूर्ण कोमलता और पवित्रता खो बैठता है।

योगी और संसारी दोनों ही इंद्रियों का उपभोग करते हैं– इंद्रियों के माध्यम से ही देखते सुनते हैं लेकिन योगी में मन बेलगाम घोड़े की तरह मनमानी नहीं करता – जो जैसा है उसे वैसा ही देखता–सुनता है योगी–यही अपरोक्षानुभूति (direct perception) कहलाता है यही ब्रह्मानंद है। यही समाधि है। यही रस भोग है। संसारी जब सृष्टि की ओर इंद्रियों को खोलता है तब मन तुरंत तरह–तरह की व्याख्याएँ पैदा करने लगता है। जो अखंड है, अव्याख्येय है वह खंड–खंड प्रतिभासित

[illegible] है, बुद्धि के द्वारा व्याख्यायित होता जाता है। जो जैसा [illegible] तीत होकर जैसा नहीं है वैसा प्रतीत होने लगता है–हजार [illegible] विषयों में– वस्तुओं के रूप में परिलक्षित होने लगता है–यही परोक्षानुभूति (apparent) है–सत्य नहीं आभास मात्र (appearances) होता है। यही विषयानंद है। यही संसार है। यही आत्म विस्मृति है। यही मन का खेल है।

चाहें किसी देश के हों या किसी भी काल के हों– असंख्य योगी हुए, सबने इस सृष्टि का स्वाद एक ही पाया, उसे एक जैसा ही अनुभव किया–अव्याख्येय, रहस्य मधुर– सत्यम्, शिवम्, सुंदरम्। और संसारी जन जितने हैं–मनुष्य जितने भी हैं प्रत्येक इस सृष्टि की व्याख्या अपना अपना अलग–अलग ही करता आया है मुण्डे मुण्डे मतिर्भिन्नाः। प्रत्येक का मन या मति भिन्न–भिन्न है।

इस प्रकार जो एक है, अखंड है, सत् है वह व्याख्या करने वालों के द्वारा भिन्न–भिन्न ढंग से कहा जाने लगा। एक सद्विप्राः बहुधा वदन्ति। जो विप्र है, विशेष प्रशिक्षित है– सत्य को शब्दों में ढालने में कुशल है, उन विप्रों ने सत् को भगवान की इस भागवत् सृष्टि को, रस को और कला को हजार–हजार ढंग से प्रतिपादित किया। मन पंडित है। मन शब्दों से भरा है। मन आत्म विस्मृति का रोग है। इंद्रियों का कोई दोष नहीं। इंद्रिय मासूम हैं, निर्दोष हैं, तटस्थ हैं। इंद्रियाँ तो मात्र उपकरण हैं– यंत्र हैं। मन के रोग लग जाने से भगवान मनुष्य बन जाता है और पशु जैसा व्यवहार करने लगता है। पशु यानी आत्म–विस्मृत भगवान। पशु न अपने भीतर के भगवान को पहचानता है और न बाहर के भगवान को। न भीतर कहीं कोई अखंडता है, अव्याख्येयता, अज्ञेयता है और न बाहर कहीं कोई अखंडता दिखलाई पड़ती है। पशु यानी खंड–खंड होना। यही प्रत्येक संसारी की चित्त दशा है– इसी से संसारी भागवत रस–आनंद को महसूस नहीं कर पाते। रस की जगह, क्षण–क्षण बदलते हुए सुख दुःख रूप सतत् परिवर्तन गतियों के थपेड़ों की मार खाता रहता है। इस अनवरत् मार से वह घबरा जाता है और घबराहट में वह मारा–मारा फिरता है, भटकता है–चौरासी लाख योनियों में–मन में–संसार में एक खंड से दूसरे खंड में– काल चक्र में पड़कर वह जन्मता मरता रहता है। व्याख्या निकालने की वृत्ति का यही दुष्परिणाम होता है।

इन्हीं बातों से भरे संसार सृष्टि में रहकर भी योगी आनंद रस नित्य निमग्न होता है और अभय होकर अखंड भगवान की गोद का आश्रय प्राप्त कर लेता है– न वह जन्मता है, न मरता है– वह वही हो जाता है जो वह है। सृष्टि को एक सिद्ध कलाकार की तरह देखने सुनने के कारण वह गूँगे के गुड़ की तरह आत्मस्वरूप का स्वाद लेता रहता है– अमृत पान में रस लीन होता है। वह रस की इस दिव्य प्रक्रिया से अनन्य होकर स्वयं रस स्वरूप रसेश्वर हो जाता है। इसे ही परम शिव अवस्था कहा गया है।

कथा है कि अमृत कलश के अधिकार को लेकर देवताओं और असुरों के बीच कलह हो गया था तब समस्त देवताओं के शरणागत होने के बाद भगवान ने अपने चिरस्वरूप को जगत् मोहिनी माया के रूप में रूपांतरित कर लिया और सब दर्शकों को, सब श्रोताओं को विमुग्ध कर लिया। जिन्होंने इस मायावी रूप लावण्य को ही इंद्रिय गोचर किया वे सब के सब सम्मोहित हो गये और जिन्होंने इस विलक्षण रूप लावण्य के आवरण में छुपे भगवान का स्मरण जगाये रखा वे भगवान की लीला से मुग्ध हो उठे। जिन्होंने इस त्रिभुवन मोहिनी को, भगवान की अद्भुत सृष्टि को, देह को ही देखा–सुना वे माया के प्रभाव से मेरा–तेरा, मोह–ममता, काम–क्रोध, लोभ मद आदि विकारों से ग्रस्त हो गया, उनमें काम विकार जागा और जिन्होंने इस माया के रूप में सृष्ट संसार में मायापति को भी पहचाना, इस विराट् लीला में व्याप्त लीलाधर को भी देखा–सुना, उनके हृदय में राम का विचार जागा – उनके अपने हृदय में बैठे राम जागे। यही उनका अमृत पर अधिकार था।

त्रिभुवन मोहिनी ने किसे नहीं मोहा। स्वयं शिवजी भी थोड़ी सी देर के लिये बेसुध हो गये थे, अपनी इंद्रियों की बहिर्मुखता के कारण। भगवान की लीला भोगियों के और अधिक सो जाने का हेतु बन जाता है, वही योगियों के लिये जाग जाने का हेतु बन जाता है। भगवान का स्वयं कोई लक्ष्य नहीं, प्रयोजन नहीं। भगवान तो आनंद स्वरूप हैं, रस स्वरूप हैं। स्वयं अपनी ही वासनाओं के कारण संसारियों में इस मोहिनी माया रूपी संसार के विविध दृश्यों को देखने सुनने से विषय वासनाओं की लौ भभक उठती है, वही योगियों के हृदय में पनपती मुमुक्षा के कारण

ऐतिहासिक पृष्ठभूमि और ऐतिहासिक व्यक्तियों को पात्र बनाकर भारत की विरासत की झांकी प्रस्तुत करने में आचार्य प्रवर सिद्धहस्त हैं – वे एक त्रिकाल साक्षी की भाँति सूत्रधार बनकर एक–एक घटना को एक महाकवि की भाँति कला पूर्ण ढंग से प्रस्तुत करते चले जाते हैं। भारतीय प्राचीन इतिहास और काव्य को ऐसा गूँथ दिया गया है कि पढ़ते समय यह भेद ज्ञान का बोध ही नहीं उठता कि क्या पढ़ रहे हैं– इतिहास या काव्य।

शैव, शाक्त, वैष्णव, बौद्ध, तंत्र, योग और भक्ति– इन सारे संप्रदायों के सिद्धातों एवं अनुशासनों का सम्यक ज्ञान है आचार्य जी को जिसका उपयोग यथा स्थान अपनी रचनाओं में प्रस्तुत करके ग्रंथ को बहुत ही रोचक और खेल–खेल में उपदेश पूर्ण बनाने में बड़ी कुशलता का परिचय दिया है उन्होंने। प्रेम क्या है, सत्य क्या है, साधना क्या है, मनुष्य जाति के विकास यात्रा में क्या भूलें हुई हैं और वास्तविक विकास हेतु क्या अनुकरणीय है – इन सारी बातों को बहुत ही सरल ढंग से कह दिया गया है। इन समाधानों के पीछे आचार्य जी की गवेषणा और गंभीर चिंतन का स्पष्ट बोध होता है। भारतीय संस्कृति के आधारभूत सत्यों की गरिमा की भरसक रक्षा करने का प्रयास परिलक्षित होता है जो एक आचार्य जैसे मंत्र दृष्टा ऋषि से ही संभव है।

आचार्य द्विवेदी के लेखन में यायावरी का भी सुख मिलता है – मानों यात्रा संस्मरण ही हों।

भारतवर्ष के उत्कर्ष के सूत्र यहाँ वहाँ इन पुस्तकों में दिये गये हैं जिससे लेखक की समाज के प्रति प्रतिबद्धता परिलक्षित होती है।

मैंने पिछले दिनों तुमसे एम. एम. गोपीनाथ कविराज जी के विषय में कहा। योगी अरविंद के विषय में शायद कभी कुछ कहा हो। मेरे हिसाब से ये ऋषिगण भारतीय आध्यात्मिक उपलब्धियों के प्रमाण स्वरूप हैं। चक्रवर्ती राज गोपालाचारी, मुंशी कन्हैयालाल माणिक चंद और प्रेमचंद आदि भी इसी श्रेणी में आते हैं। राहुल सांकृत्यायन, जयशंकर प्रसाद, महादेवी वर्मा भी इसी श्रृंखला में आते हैं।

मैं आज इन महापुरूषों को स्मरण कर स्वयं को धन्य मान रहा हूँ। सब आचार्यों, सब संतों, सब ऋषियों को मेरा प्रणाम।

9.08.95

## राजा–प्रजाः–

मैं एक तथ्य देखकर हैरान हूँ कि महत्त्वाकांक्षा का रोग सार्वभौमिक और सार्वकालिक है। इस रूग्ण वृत्ति ने प्रत्येक व्यक्ति को डसा हुआ है।

लोगों को भली–भाँति यह बात मालूम होती है कि जो लोग पद पर प्रतिष्ठित होते हैं, बड़े–बड़े धनपति होते हैं, नेता होते हैं, बड़े–बड़े साधु महात्मा मठाधीश होते हैं वे आकंठ भ्रष्टाचार में और तरह–तरह के कुकृत्यों के दलदल में डूबे होते हैं। जरा भी आदर नहीं रहता लोगों के दिलों में ऐसे उच्चवर्गी लोगों के लिये फिर भी इन्हीं लोगों की एक हाँक में सारा समाज आ जाता है और इन्हीं लोगों के एक इशारे पर इधर उधर हो जाते हैं, बड़े–बड़े आंदोलन बलवे और विध्वंस के कार्यों में प्रवृत्त हो दूसरों को और स्वयं का भी बहुत नुकसान उठाते हैं। लोगों में ऐसी बुद्धि और श्रद्धा होती है। असल में यह श्रद्धा इस उच्चवर्गी लोगों के प्रति नहीं होती, यह होती है उन ऊँचाइयों के प्रति, ऐसा प्रबल आकर्षण होता है प्रत्येक आदमी में।

यह ऊँचाई होती क्या है? यह ऊँचाई होती है आम लोगों से दूरी का कायम होना। आम लोग नहीं मिल सकते, इन महान् लोगों के ऐकांतिक जीवन में प्रवेश नहीं कर सकते। इनका जीवन आम लोगों की नजर से दूर रहस्य के दायरे में होता है। इस प्रकार लोगों की नजर से छिपकर जीना और साथ ही प्रचुर सुख–सुविधाओं का मालिक होना ही उनकी ऊँचाई को एक आकर्षण बना देता है, एक चुनौती बना देता है आम लोगों के दिल दिमाग में। बस यही वह खेल है जिसके चक्कर में हर आदमी हजारों–हजारों सालों से फँसा हुआ है। आम आदमी का सपना बन जाता है ऐसा शक्ति मद से भरा जीवन। यही मूल महत्त्वाकांक्षा है। प्रजा राजा होना चाहती है। राजा के हर भ्रष्टाचरण से परिचित होते हुए भी, राजा के प्रति अपने दिल में जरा भी आदर न होते हुए भी प्रत्येक आदमी राजा का चाटुकार होता है – उसी की शरण में रहता है और एक दिन ठीक उस राजा की भाँति निरंकुश हो जाने का वीभत्स स्वप्न पा लेता है। यही रोग है जिसके कारण दुनिया में हर जगह और हर समय शक्ति पूजा चलती रहती है और जिसे आज माफिया कहते हैं वे

दिग्भ्रांत और विकृत मस्तिष्क वाले लोग सिर उठाते रहते हैं और समाज शोषित होता रहता है।

लोग गुणों को नहीं पहचानते, गुणवान व्यक्ति को नहीं पहचानते, लोग प्रेम को, उदारता को, सेवा को नहीं पहचानते। लोगों से अपनी दूरी हटाकर यदि कोई ऐसा उच्चवर्गीय व्यक्ति किसी भली प्रेरणावश लोगों के बीच आकर उठने–बैठने लगे तो लोगों के मन में यह आकर्षण नहीं रह जाता, लोग मजाक तक उड़ाना शुरू कर देते हैं और बुरी तरह अपमानित भी करने से नहीं चूकते। लोग भय के कारण आकर्षित होते हैं– प्रेम की भाषा लोग जानते ही नहीं। लोग पाखंड के कारण आकर्षित होते हैं, सरलता की पहचान होती ही नहीं लोगों को। यही वह रोग है जिसने प्रत्येक मनुष्य के दिलों दिमाग को ग्रसित किया हुआ है। जब तक यह रोग बना रहेगा – दुनिया का कल्याण नहीं – तब तक छद्मवेषी इन बड़े और ऊँचे लोगों के हाथों दुनिया का शोषण होता ही रहेगा और सीधे–सादे सचमुच ही मनुष्यता के जो कल्याण मित्र हैं वे सूली पर टाँगे जाते रहेंगे। ये सीधे–सादे लोग नहीं बचेंगे क्योंकि ये सपना नहीं हैं, आदर्श नहीं है मनुष्य मन के। ये शक्तिमद से भरे लोग, ये नेता, महात्मा लोग ही पलते रहेंगे। आज तक तो यही होता आया है। भविष्य की बात मैं नहीं जानता। लेकिन भविष्य के बनने बिगड़ने में किस बात का महत्त्व है, किसके होने न होने से भविष्य बनेगा बिगड़ेगा, यह तथ्य मुझे अवश्य दिखलाई पड़ गया है। अब यह तय करना कि भविष्य बने या ऐसा ही बिगड़ता रहे यह तो उन लोगों के चुनाव पर ही निर्भर करेगा जिनका भविष्य है, जिनका जीवन है, जिनके बाल बच्चे हैं।

मैं ठहरा संन्यासी, दग्धबीज हूँ, न मेरा कोई अतीत ही बचा, न भविष्य ही, मुझे न अतीत में क्या हुआ, क्या नहीं हो सका इस बात की कोई ग्लानि है और न ही भविष्य में क्या होगा या क्या नहीं होगा इस बात की चिंता है।

मैं हूँ दृष्टा, मैं हूँ साक्षी, मैं ही ठहरा हुआ सदा वर्तमान, सदा आनंद और शून्य।

किन्तु जब तक यह देहाश्रय है, मन मस्तिष्क है, हृदय है तब तक मानवोचित व्यवहार तो होता ही रहेगा। सुख भी होगा, दुःख भी होगा, कुछ न कुछ अनुभव होता रहेगा और कुछ न कुछ कहता ही रहूँगा। इस खेल को तो संसार में हूँ तब तक खेलना ही होगा। उसी खेल में मैं

देख रहा हूँ अतीत को, भविष्य की संभावनाओं को और स्थित हूँ वर्तमान में– वर्तमान होकर सदा से सदा तक – अक्षुण्ण – चुपचाप। यह शांति रस ही समाधि है, यही बौद्धों की तथाता है और यही है लीला–विलास यानी होकर भी नहीं होना तथा नहीं होकर भी होना। ऐसी विलक्षण है यह रस अनुभूति।

काश! दुनिया इस तथ्य को समझती, लोग अपने कल्याण से सही उपाय को समझ पाते, अपनी रूग्णता के बीज को, जगह–जगह पनप रही हिंसा के सही कारण को देख पाते तो यही दिव्य रसानुभूति सबका भाग्य बन जाती।

08.08.95

## महर्षि अरविन्दः–

### 15th August, 1995

आज भारतीय गणतंत्र का स्वाधीनता दिवस है और भारत के महान् सपूत महर्षि अरविंद का जन्मदिन भी।

श्री अरविंद भारत के इने गिने प्रतिभाशाली व्यक्ति हैं। विद्या, साहस, साधना, राष्ट्रसेवा आदि सद्गुणों के वे अद्भुत सम्मिश्रण थे।

बाल्यावस्था में ही वे विधाध्ययन के लिये यूरोप भेज दिये गये थे जहाँ उन्होंने यूरोपीय भाषाओं का अधिकारपूर्ण ज्ञान प्राप्त किया तथा उनमें साहित्य रचना भी करने लगे। अपने लेखन के लिये वे अत्यंत प्रसिद्ध हुए।

तत्कालीन भारतीय स्वतंत्रता संग्राम में वे एक कांग्रेसी के रूप में कूद पड़े– लेकिन गांधीजी के अहिंसक आंदोलन के वे पक्षधर न रह सके और गोला बारूद वाली राह पर उन्होंने कदम रख दिया। अंग्रेज सरकार ने उनकी गिरफ्तारी के लिये वारंट जारी कर दिया। वे भारत देश के भीतर ही स्वतंत्र फ्रांसीसी राज्य पांडिचेरी में प्रवेश कर गये।

पांडिचेरी ही फिर शेष जीवन की कर्मस्थली बन गयी। वहाँ के एकांतवास ने अरविंद के भीतर के ऋषि को जन्म दे दिया। श्री अरविंद ने न सिर्फ भारतीय राष्ट्र की स्वतंत्रता का सपना देखा था। उन्होंने मानव मात्र के दिव्य रूपांतरण का भी सपना देखना प्रारंभ कर दिया। इस

कार्य में एक विलक्षण फ्रांसीसी महिला मीरा का भी विशेष योगदान रहा। वह बाद में श्री अरविंद मिशन की अधिष्ठात्री देवी श्री श्री माँ के नाम से प्रसिद्ध हुईं और उनकी देख रेख में विश्व के प्रत्येक देश की मिट्टी मँगवाकर पांडिचेरी में 'औरोविल' (Auroville) नाम से एक अंतर्राष्ट्रीय प्रतिष्ठान की स्थापना हुई।

श्री अरविंद एक रहस्यदर्शी थे, महायोगी थे। उन्होंने, मनुष्य जाति को विरासत में जो भी साधना संबंधी प्रचुर ज्ञान भंडार प्राप्त है उन सबका गहन अध्ययन मनन किया और अपनी मौलिक चिंतन से मानव उत्क्रमण का विज्ञान प्रस्तुत किया। श्री अरविंद के हिसाब से एकमात्र ज्ञान योग, या कर्म योग या भक्ति योग मात्र ही पर्याप्त नहीं, यह खण्ड योग है, वे कहते हैं कि मुमुक्षु के लिये ज्ञान–कर्म और भक्ति तीनों का समग्र योग जरूरी है, उसे वे अखण्ड (integrated) योग साधना कहते हैं। श्री अरविंद के हिसाब से भगवान की इच्छा को ही अवतार ग्रहण करने का हेतु मानकर नहीं चलना चाहिए, बल्कि मनुष्य को ऐसा वातावरण, ऐसी स्थिति पैदा करना चाहिये अपने संकल्प से, प्रार्थना से कि भगवान अवतरण हेतु राजी हो जायें, उत्सुक हो जायें। इसे वे अतिमानसिक चेतना (Supramental force) का अवतरण कहते हैं जो मनुष्य की दिव्य चेतना के उत्क्रमण से ही संभव है। मनुष्य को चाहिये कि वह पात्रता पैदा करे, पुकार बन जाये, प्यास बन जाये – ग्राहकता से स्वयं को भर ले और अपनी चेतना को अतिमानसिक चेतना के अवतरण के लिये पीठिका बना ले, आसन बना ले। इस तरह भगवान को मनुष्य में उतर जाने के लिये उत्प्रेरित किया जाये। यही उनकी योजना थी। यह उनकी दूरदृष्टि थी। हिंदू शास्त्रों में जो भगवान की अहैतुकी कृपावश अवतार लेने की धारणा है वैसी नहीं, और भगवान महावीर के अनुसार और जैन शास्त्रों के अनुसार मनुष्य चेतना को जिनत्व तक ऊपर उठाकर स्वयं परमात्मा होने की सीमा तक रूपांतरण की जो धारणा है, उससे अलग – श्री अरविंद की धारणा संकल्प और समर्पण का, योग और भक्ति का प्रयास और प्रार्थना का, पुकार और कृपा के विलक्षण संयोग की संभावना को प्रस्तुत करता है। इसी लक्ष्य को लेकर वे आजीवन साधनारत् रहे और आने वाली पीढ़ियों के लिये एक दृष्टि प्रस्तुत कर गये। यह दृष्टि उनका मानसिक निष्कर्ष नहीं है – यह उनका एक रहस्य दर्शन है– सत्य दर्शन

है– भगवान की ओर से संकेत है जो उन्होंने देखा–जाना। इसीलिये वे कोई वाक् पटु दार्शनिक नहीं – वरन् सत्य दृष्टा ऋषि थे। श्री अरविंद ने पांडिचेरी में पूर्ण अंतर्मुखता की स्थिति को बनाये रखा और एक मौन उपासक की भूमिका अदा की जिसके फलस्वरूप 'सावित्री' और 'माँ' जैसी दिव्य रचनाएँ उत्पन्न हुईं जो निश्चित ही कालजयी रचनाएँ हैं। वही वैदिक ऋषि दृष्टि पुनः प्रकट हुई जिसे अपौरुषेय कहा जाता है। जो मानव मस्तिष्क की सृष्टि नहीं बल्कि जो मनुष्य के भाव लोक में, हृदय के अंतः तल में किसी अज्ञात स्रोत से उतरती है – जैसे मूसा के समक्ष 'दस आदेश' और हजरत मोहम्मद के समक्ष कुरान प्रकट हुए – जैसे वेद उतरे – ठीक वैसे ही श्री अरविंद के समक्ष सावित्री प्रकट हुई जो अंग्रेजी में लिखी गयी सबसे लंबी कविता मानी जाती है।

श्री अरविंद के गूढ़ पत्रों के संकलनों को मैंने बहुत पहले पढ़ा था– उनमें मानव कल्याण के सूत्र बिखरे पड़े हैं। अरविंद के हृदय में मानव जाति के उन्नयन हेतु बहुत करुणा थी, जिसका माध्यम उन्होंने श्री श्री माँ को बनाया जिनकी कृपा दृष्टि से पांडिचेरी का वह आश्रम अपने मिशन को रूप देने के महत् कार्य में अनवरत् कार्यरत है। शायद निकट भविष्य में श्री अरविंद द्वारा प्रतिपादित अखण्ड योग साधन प्रणाली को दुनिया समझ सके और हम एक नये सूर्योदय – मनुष्य के आमूल रूपांतरण के नये प्रभात को देख सकें, जी सकें – इसी आशा के साथ आज की बात समाप्त करता हूँ।

गिरिडीह 15.08.95

## माँ = सत्यम्+शिवम्+सुंदरम् =परमार्थ =परम शिव
## माँ = महाकाली+महालक्ष्मी+महासरस्वती

दो ही अनुभव होते हैं – एक रूप का और दूसरा स्वरूप का। एक वस्तुगत् (objective) है और दूसरा आत्मगत् (subjective)।

सामान्यतः लोगों का जीवन वस्तुओं के बीच ही गुजर जाता है। कारण मन का साथ है। मन यानी द्वन्द्वात्मक सृष्टि का परम स्वीकार और फलतः अपने तादात्म्य का आत्यंतिक सम्मोहन होता है। स्वयं को कुछ मान बैठना – यही तादात्म्य है। मान लेना मन का आधार है। मान्यताएँ मन का आहार हैं। परस्पर विरोधी वस्तुओं से घिरे रहना मन का जीवन

है। विकल्पात्मक है मन। मन यानी संसार बीज। पतंजलि ने समाधि के दो स्तर कहे हैं सबीज समाधि, सविकल्प समाधि और निर्बीज समाधि, निर्विकल्प समाधि। समाधि दोनों को कहा है – क्योंकि अनंत का बोध दोनों में समाविष्ट है। क्योंकि परम तृप्ति दोनों में ही है। फिर भी दोनों में भेद है – भेद है मार्ग के कारण, चुनाव के कारण। योग और तंत्र के मार्ग के कारण, ज्ञान और भक्ति में चुनाव के कारण।

मैं आज इसी विशिष्ट भेद पर चर्चा कर रहा हूँ। भारतीय ऋषियों ने जो शब्द रचना की है वह चेतना की अवस्थाओं के आधार पर की है। इसी से संबंधित है यह बात। काली कहने से एक बात का पता चलता है, महाकाली कहने से एक दूसरी ही बात का बोध होता है। ऐसी ही लक्ष्मी और महालक्ष्मी और सरस्वती और महासरस्वती, विद्या और महाविद्या, शिव और परमशिव, सत्य और परम सत्य, आत्मा और परमात्मा में भी है।

ये जो महा और परम उपसर्ग हैं विशेषण हैं वही भेद पैदा करते हैं। ये शब्द निरपेक्षता के प्रतीक हैं – एकमेव अद्वितीयता के प्रमाण हैं। ये अद्वैत के नाम हैं। यही स्वरूप है, यही निर्विकल्प और निर्बीज होना है। इसे ही सत्यम्–शिवम्–सुंदरम् कहा गया है– यही भगवान बुद्ध का महापरिनिर्वाण – महाशून्य है। यही उपनिषदों की पूर्णता है – ईश्वास्य वर्णित पूर्णत्व बोध। इसे महा कहा है। महा यानी बड़ा ही नहीं – बल्कि महान् (The Great) महिमावान्। इसे परम कहा है। परम यानी अकेला (Absolute), विराट् (The only, The Alone) लेकिन इस अनुभव को अपना उठना बैठना बना लेना सामान्यतः योगियों और साधकों के बस में भी नहीं होता– ज्यादा से ज्यादा वे सबीज समाधि तक ही मुक्त हो सकते हैं। यही मुश्किल है एक योगी की – योगी के प्रयास की यही सीमा है। यही योग की भी सीमा है। योगी काली की उपासना कर सकता है, लक्ष्मी की उपासना कर सकता है। महाकाली, महालक्ष्मी की कोई उपासना नहीं हो सकती क्योंकि – वहाँ उपास्य उपासक का द्वैत ही नहीं बचता तो उपासना कौन किसकी करे – कैसे करे। स्वरूप की कोई पूजा–अर्चना, प्रार्थना उपासना नहीं हो सकती– न ध्यान ही हो सकता है– न अनुभव या बोध– इसी से यह महाबोधि है। यह

द्वन्द्वातीत – निरपेक्ष– परमसत्य का होना है– कोई अनुभव नहीं– होना है– काल से मुक्त– सनातन अस्तित्व का होना है। इसे जीना किसी विरले ही महायोगी के द्वारा ही होता है। यही अवतारों का, सद्गुरुओं का, तीर्थंकरों की जीवनचर्या होती है। यह अनिर्वचनीय, अव्याख्येय और किसी भी तरह समझा सकने का विषय नहीं। यही महिमावान् होना है, महान् होना है। महाशब्द इसी अर्थ को प्रकट करने के लिये है और परम शब्द भी इसी अर्थ के स्पष्ट करने के लिये हैं। महा और परम शब्द अद्वैत का सूचक है। ये शब्द महाभाव के प्रतीक हैं।

काली काल की अधिष्ठात्री देवी हैं, लक्ष्मी संपत्ति की और सरस्वती विद्या की देवी हैं। जहाँ काल है वहाँ कालशून्यता भी है। जहाँ संपत्ति है वहाँ निर्धनता भी है, जहाँ विद्या है, वहाँ अविद्या भी है, मूर्खता भी है। जहाँ सत्य है वहाँ स्वप्न भी है। काल, धन, विद्या, सत्य से द्वन्द्वसत्मक जगत् की ही बात है, विकल्प रूप हैं ये शब्द। काल अतीत, भविष्य और वर्तमान रूप में विभक्त होता है। धन–कम और ज्यादा होता है, विद्या भी कम और ज्यादा होती है। काली, लक्ष्मी या सरस्वती सापेक्ष रूप हैं – खण्ड शक्तियाँ हैं सृष्टियाँ हैं। मनुष्य मन के लिये ग्राह्य हैं– सुविधापूर्ण है इन्हें मान लेना। मनुष्य के लिये इनकी साधना, अराधना, उपासना, पूजा–प्रार्थना संभव है। और यही करते भी हैं हम लोग। द्वन्द्व के अतीत हो पाना मनुष्य के लिये लगभग असंभव ही होता है। इसीलिये इन पूजा पाठों से आदमी अपनी सुरक्षा, स्वतंत्रता को पाना चाहता है जो कभी होता नहीं। द्वन्द्व के स्वीकार में सुरक्षा स्वतंत्रता हो ही नहीं सकती। इस तरह मनुष्य अंततः अपने को काल के हाथों बेबस ही पाता है, अभाव ग्रस्तता बनी ही रहती है – भावाविष्ट होता भी है कभी–कभी किसी उपासना के फलस्वरूप तो वह भी काल के अधीन ही– महाभाव का स्वाद नहीं मिल पाता। अमृत की प्यास ज्यों की त्यों शेष रह जाती है। हर तृप्ति हर उपलब्धि उसे अभाव ग्रस्त ही छोड़ जाती है। अतृप्ति बनी ही रह जाती है। इसीलिए माँ आनंदमयी कहा करती थी कि महाकाली को जानो, महालक्ष्मी की शरण लो, महासरस्वती का भजन करो। क्यों कहती थीं माँ ऐसा करने को क्योंकि एकमात्र वही सुरक्षा है, वही स्वतंत्रता है, वही अमृत है। एकमात्र स्वरूपबोध में ही

वस्तुतः कल्याण निहित है। इसी से उस बोध को सत्यम् शिवम् सुंदरम् का बोध कहा गया है।

सामान्यतः लोग मन के अधीन होने से जगत् के द्वन्द्वमय रूप को ही जीते हैं और जन्म–जन्म, अनंत–अनंत प्रकार के वासना जालों से फँसे ही रहते हैं। विषय वासना ही उनके सुख का आधार होने से लोग क्षण क्षण इस साधन से उस साधन की ओर आकर्षित विकर्षित होते रहते हैं– यही मन है– चित्त की वृत्तियाँ हैं।

इस स्थिति से ऊबकर कभी किसी शुभ क्षण में जब कोई मनुष्य योग या किसी अन्य मार्ग का अवलंब लेकर अपनी चित्त वृत्तियों को एक ओर ही केंद्रित करता है तो वह मन सामान्य मन न रहकर सुमन हो जाता है। योग और भक्ति दोनों मनुष्य के लिए संभव हैं। दोनों में द्वन्द्व स्वीकार हैं। योग में नीचे से ऊपर की ओर उठना, दूषित होने से स्वच्छ होने की ओर गति करना होता है। भक्ति में सेवक और सेव्य, आराधक और आराध्य का नित्य रहने वाला वांछित द्वैत होता है। यही मन का सुमन होना है, अधोगमन से उर्द्धगामी होना है। यही साधक की गति है। लेकिन इससे आत्यंतिक कल्याण संभव नहीं हो पाता। अर्थ सध जाता है। लेकिन जीवन परमार्थ नहीं बन पाता। जीवन परमार्थ या महाबोधि या महाभाव बनता है समस्त द्वन्द्वों के शमन से, द्वित्व के आवरण हटने से– उस अकेलेपन को जीने से जो महान् है– परम है। वही सत्ता है, सत् है– स्वरूप है। वह सब भेदभावों और अपने परायेपन से मुक्त चेतना है। उसके सिवा कहीं कुछ नहीं सब ओर वही, वही– अकेला वही है। यही है महान् अकेलापन– सब अपना ही होना, स्वयं ही है। उसके स्मरण दर्शन से चेतना अपनी सबसे शुद्ध, स्वच्छ, प्रकृत और मासूम स्थिति में रूपांतरित हो जाती है– यही स्वानुभूति है। यही सत् है जो सत्तावान है– सदा है। उस स्थिति में अकेलापन होने से वह तादात्म्य हीन है। न मैं, न तू, न वह। वह क्या है? वह पूर्ण है, शून्य है, महासत्य है। इसी से वही मात्र सत्तावान है। अहंकार, मन, बुद्धि, इंद्रियाँ और विषय जगत् का भार नहीं है, सीमा बोध नहीं है। ऐसी है निर्भरता उस अनुभूति में, इसी से वह भजन परम कल्याणकारी शिव स्वरूप कहा गया है। इसी स्मरण में मनुष्य का कल्याण छिपा है। और जो व्यक्ति इस परम

कल्याणकारी स्मरण से भर जाता है वह अमृतपायी होने से न सिर्फ स्वयं ही सौंदर्य की मूर्ति बन जाता है बल्कि उसके लिये यह द्वन्द्वात्मक सृष्टि भी परम सुंदर हो जाती है। सुंदर होने का रहस्य सूत्र हाथ लग जाता है। यही प्रेम रस का उद्भव है– अहिंसा का पंचशील का उद्गम स्रोत है। यहीं महाकरुणा का उदय होता है। एक महाविस्फोट होता है, बाढ़ आना होता है जिस पर अनुभवकर्ता व्यक्ति का वश नहीं होता– बल्कि उस बाढ़ के वश में वह व्यक्ति हो जाता है। यह भगवत्ता का आवेश है। मनुष्य में भगवान का उतरना है। कुछ लोग ऐसे हुए हैं और होते रहेंगे जो इस दिव्यता से भर उठें, जगमगा उठें। उन्हें हम बुद्ध, तीर्थंकर, सद्गुरु, अवतार, पैगम्बर आदि कहते हैं। यही धर्म का जीवंत रूप है। फिर आगे क्या होता है–

## धर्म का अवमूल्यनः–

## नाम–रूप का मोहः–

लोग जन्म–जन्म से द्वैतात्मक जगत् में जीते–जीते द्वैत के अभ्यासी हो जाते हैं। इस द्वैत दृष्टि से पूर्णतः मुक्त हो पाना लोगों के लिये असंभव ही होता है। और अतृप्ति को सहे चले जाना भी असंभव होता है तो बीच का मार्ग पकड़ा जाता है। लोग बुद्ध की ही पूजा प्रार्थना शुरू कर देते हैं। उस अनुभव को स्वयं जानने के तप से बच निकलने के लिये लोग उस अनुभव के साक्षी या प्रमाण स्वरूप इन व्यक्तियों को ही भगवान परमात्मा आदि मानकर उनकी शरण पाने की कामना करते हैं। इसे लोग भक्ति कहते हैं, धर्माचरण कहते हैं, पूजा–पाठ, ध्यान साधना आदि मान लेते हैं। तब इस प्रकार मत, संप्रदाय जाति, समाज, संगठन आदि निर्मित हो जाते हैं। ये धर्म नहीं है, यह उस अनुभव के प्रति प्यास नहीं, उल्टे उस प्यास को दबा देने से पाखंड का खेल, प्रदूषित धर्म बन जाता है। पंडे–पुरोहितों और हजार–हजार किस्म के बिचौलियों के पनप जाने से वह दिव्य अनुभव सिर्फ शब्दों का वाग्विलाश होकर रह जाता है। अद्वैत की, भगवान की, अमृत की, अनन्त की चर्चा तो बहुत होती है, भजन गाये जाते हैं, कीर्तन किये जाते हैं, नाच–गान होते हैं, दीये जलाये जाते हैं, भोग चढ़ाये जाते हैं, यज्ञ हवन होते हैं– मंदिर, मस्जिद, गुरुद्वारे और गिरिजाघर खड़े होते जाते हैं और इस तरह वह विशुद्ध,

पतित पावन मासूम अनुभव ओट में हो जाता है। उसकी चाह ही नहीं होती तो वह प्रकट कैसे हो। जिसने चाहा उसे दिखा। बिन प्यास के वह सामने भी हो तो उसकी उपस्थिति अलक्ष्य ही रह जाती है– वह 'नहीं है' ऐसा हो जाता है। द्वन्द्वात्मक बोध से भरे चित्त के समक्ष वह अकेलापन कल्पना का भी विषय नहीं बन सकता फिर तो अपरोक्षानुभूति का सवाल ही पैदा नहीं हो सकता।

## आरोहणः–

लेकिन जिस दिन किसी व्यक्ति का ध्यान अस्तित्व की इस द्वन्द्वमयता से पूर्ण रूप से हार–थक कर परम शांति की अदम्य प्यास से भर जाता है उसी दिन वह महाक्षण आ उपस्थित होता है जागरण का और जैसे वह सोते से जागा हो – उसकी समस्त इंद्रियाँ महसूस करती हैं– उस महान् अद्वितीयता को जहाँ सत्य अर्थात ब्रह्म तो सत्य है ही, माया भी, स्वप्न भी सत्य हो जाता है, ऐसे प्रकट होता है महासत्य, जहाँ जीवन तो जीवन होता ही है, मृत्यु और सतत् परिवर्तनशीलता भी जीवन हो जाता है– ऐसे प्रकट होता है महाजीवन, महाकाली जहाँ धन तो धन है ही, निर्धनता भी धन है, ऐसे प्रकट होती है महालक्ष्मी, जहाँ विद्या तो विद्या है ही, विद्याहीनता भी विद्या है, ऐसे प्रकट होती है महासरस्वती, जहाँ वाणी तो वाणी है ही मौन भी वाक् हो जाता है, ऐसे प्रकट होता है परावाक्– महावाक्य, जहाँ बोध तो बोध है ही, अबोध भी बोध हो जाता है– ऐसे प्रकट होती है महाबोधि।

किसी व्यक्ति के महासौभाग्य का क्षण वही है जब उसकी चेतना से द्वैत का भाव–अभाव दोनों चले जायें। द्वन्द्व का भाव समूल रूप से तिरोहित हो जाये– जो भी है– वह, वही अकेला है– वही सत्य है– शिव और सुंदर– वही द्वैत है– वही अद्वैत है– वही शांति है, वही अशांति है– वही वस्तु है– वही आत्मा है– वही बुद्ध – वही अबुद्ध। ऐसे प्रकट होता है वह महान्– वह परम। अकेलेपन का अर्थ कोई अलग–थलग पड़े रह जाना नहीं होता वरन् अनादि–अनंतता का अहसास है।

वही है– वही है– मात्र वही है– सबकुछ वही है– बंधन भी– मोक्ष भी। उसको उसके सिवा कोई नहीं जानता। वह अनाम और अरूप है फिर भी सभी नाम और सभी रूप उसी के हैं।

श्रीकृष्ण जन्माष्टमी 18.08.95

God:–

The almighty God is nameless and formless, yet all names and forms are his.

– Ma Anandmayee ji

"एक में अनन्त और अनन्तों में एक"

## मनुष्यः– जटिलता और सरलता

मनुष्य एक जटिलता का नाम है। मैं यहाँ दो मुख्य हिस्सों की बात कर रहा हूँ जो मनुष्य मन में एक दूसरे के साथ होकर विपरीत धर्म होने के कारण एक दूसरे से खिंचे–खिंचे से रहते हैं जिससे मनुष्य एक अलंघ्य तनाव से हर क्षण भरा रहता है।

मनुष्य का बचपन प्यार का भूखा होता है। माँ–बाप, भाई–बहन सब होते हैं परिवार में फिर भी उनसे मिलने वाला प्यार बच्चे के तरल मन को तृप्त नहीं कर पाते। क्योंकि हृदय तृप्त होता है अंतहीनता से, अतिरेक से और जो मिलता है वह सीमित, सशर्त और एक दिन समाप्त हो जाने वाला तथा तरह–तरह की बाधाओं से भरा हुआ। इस कारण आदमी का बचपना एक दमन बन जाता है और आधा–अधूरा ही रह जाता है जिसकी तड़प जीवन भर ढ़ोनी पड़ती है। फिर ऐसा आदमी वयस्क होकर उसी अधूरेपन को किसी पितृछवि के माध्यम से पूरा करना चाहता है। वह एक ऐसे आदमी की तलाश में रहता है जिससे उसे तृप्त कर देने वाला भरपूर प्यार मिल सके। कोई–कोई उसे साधु–संतों के पास जाकर तलाशते हैं। और अपने ढंग से प्यार मिलता भी है। मनुष्य का भोला बचपन कुछ–कुछ तृप्त होता भी है।

फिर एक दूसरी कठिनाई आ खड़ी होती है। मनुष्य में जहाँ बचपन का वह भोलापन होना है वहीं सयाना बनने का सपना पालने वाला अहंकार भी तो मौजूद होता है। आदमी चाहता है उसे सिर्फ प्यार मिले चाहे वह कितनी ही गलतियाँ दुहराये, कितनी ही नासमझियाँ पाले बैठे रहे। इस कारण से कभी ऐसे अवसर भी आते हैं कि प्यार देने वाला व्यक्ति झिड़कियाँ भी देता है, डाँट–डपट भी देता है, कटु आलोचना करता है तब–तब आदमी के भीतर बैठा वह सयाना बनने वाला अहंकार

बुरी तरह क्षुब्ध हो उठता है, फिर वही अतृप्ति खड़ी हो जाती है और आदमी दिङ्मूढ़ की भाँति विक्षिप्त सा हो जाता है और कल तक जिस व्यक्ति से वह प्यार की आशा करता था, प्यार पाता रहा, जिसमें उसे अपनी प्यास को पूरा करने वाले व्यक्तित्व के दर्शन हुए थे, उसी व्यक्ति की आलोचना करने से भी नहीं चूकता, उसमें गुण–दोष निकालने लग जाता है। इस तरह आदमी जीवन भर अपने भीतर इन दोनों अतियों के बीच तनावग्रस्त होकर बेचैनी का शिकार हो जाता है जिसे मनोवैज्ञानिक spllitting of personality कहते हैं।

आदमी की बीमारी ही यह है कि वह अपनी अकड़ को भी छोड़ना नहीं चाहता, उसे डर लगता है कि जिस प्रतिष्ठा, पद और सामाजिक सम्मान को उसने कमाया है जो उसकी पहचान बन गयी है वह वहीं छूट न जाये, बिखर न जाये, नहीं तो वह कुछ (somebody) होने के बजाय ना कुछ (nobody) हो जायेगा– इस अकड़ को वह बचाकर भी रखना चाहता है और दूसरी ओर शांति और प्रेम की चाह में वह लोगों से कभी कम न होने वाले मधुरातिमधुर व्यवहार की भी आशा लगाये रहता है। वह स्वयं किसी पर भरोसा नहीं करता, श्रद्धाहीन होता है और चाहता है कि लोग उसे विश्वासी समझें, उस पर श्रद्धा रखें। यह हो नहीं सकता और होता ही नहीं – तब ऐसा व्यक्ति धीरे–धीरे, रोज–रोज विक्षिप्त होता चला जाता है और बीमारी कम होने के बजाय बढ़ती ही जाती है।

यह लगभग प्रत्येक आदमी की बात है। सिर्फ वे ही लोग जो किसी सद्गुरु को पा ही नहीं लेते, स्वयं को सब तरह से सद्गुरु चरणों में समर्पित कर देते हैं– या अनंत परमात्मा के ध्यान में डूब जाते हैं– वे ही स्वस्थ जीवन जी पाते हैं। क्योंकि सिर्फ परमात्मा और सद्गुरु ही अनंत को जानते हैं, अनंत होते हैं और उनकी संपदा का स्रोत अंतहीन होता है। परमात्मा और परमात्मा की पहचान कराने वाले सद्गुरु न सिर्फ अनंत होते हैं साथ ही साथ अखंड भी होते हैं। इसी से उनकी शरण में आ जाने से धीरे–धीरे जो आदमी कभी अपने भीतर के खंड़ों के होने से नित्य तनाव ग्रस्त होता था– वही आदमी एक दिन अपने भीतर पहले से, सनातन रूप से मौजूद अखंडता के स्वभाव को पहचानने में सफल हो जाता है। यही निदान है विक्षिप्त मन का। गुरु अपने शिष्य को कुछ

नया, बाहर से देता नहीं, सिर्फ शिष्य में जो पहले ही मौजूद एक महासत्य जो है– उस सनातन सत्य स्वभाव की प्रत्यभिज्ञा (recognition) करा देते हैं। यही प्रत्यभिज्ञा उसे एक ऐसे भोलेपन से स्निग्ध कर देता है जो बचपन के भोलेपन से अनंत गुना ज्यादा सुंदर और निष्पाप होता है और एक ऐसे सयानेपन (wisdom) से आलोकित कर देता है जो जीवन भर दौड़–दौड़ कर संघर्ष और श्रम कर करके अहंकार पैदा नहीं कर सकता उससे अनंत–अनंत गुना विराट् होता है।

असल बात यह है कि आदमी की चेतना सीमित और पार्थिव या लौकिक सुख से कभी भी तृप्त नहीं हो सकती। आदमी की चेतना अन्य पशुओं से, अन्य जीवों से उत्क्रमण (evolution) की दृष्टि से कुछ आगे ही नहीं, मौलिक दृष्टि से भी भिन्न हो गयी है– मनुष्य को ही अलौकिक और अनंत का ख्याल आया है – मनुष्य अनंत का प्यासा है, अनंत की खोज है उसको। पशु–योनि तब खंड–अखंड का भेद नहीं जानती और जो भी है जितना भी है – उसी में पशु तृप्त हो जाता है बस सिर्फ शारीरिक जरूरतें उसकी पूरी भर हो जायें। लेकिन मनुष्य खंड–अखंड के भेद को महसूस करता है और खंड–खंड होकर वह जी नहीं सकता खंड खंड होकर जीना मरने जैसा है। इसीलिये उसे ऐसे जीवन की तलाश होती है जो अखंड हो जिससे चेतना शांत हो, तृप्त हो। इसी तलाश को आदमी किसी महासयाने (wise man) गुरु के पास पूरी होते देखता है जो मनुष्य को एक द्विज बनाता है, एक दूसरा जन्म ही दे देता है – एक नया मनुष्य, अखंड चित्त वाला, अनंत की उपलब्धि से आह्लादित – धन्य–धन्य हो उठता मनुष्य।

मनुष्य जटिल है अपने ही कारण और मनुष्य सरल होता है अपने ही सही समर्पण से। बस सवाल है स्वयं को जिम्मेदार मानने का। जिसने भी इस तथ्य को जाना वही तर गया – गुरु के हाथों नहीं, स्वयं अपने ही हाथों – लेकिन अतिशय विनय शीलता से यही मानते हुए कि सब कुछ गुरु ने किया– ऐसा मानते हुए कि गुरु ही तारते हैं। क्योंकि गुरु ऐसे विक्षिप्त शिष्य के साथ न बच्चे की तरह व्यवहार करते हैं न सयाने की तरह– बल्कि एक मरीज की तरह। गुरु की दृष्टि में आदमी न बच्चा

होता है, न सयाना – गुरु की दृष्टि में सिर्फ एक शिष्य होता है जो दुःखी है, संतप्त है, विक्षिप्त है, बीमार है, एक जटिलता है खंड–खंड अलग–अलग होने से निरंतर तनाव ग्रस्त है।

गुरु एक कुशल वैद्य की तरह शिष्य को न सिर्फ उपदेश सुनाता है बल्कि उसका उपचार भी करता है। इस प्रक्रिया में गुरु अपना संपूर्ण प्रेम, संपूर्ण करुणा और अपनी यौगिक शक्ति को उड़ेल देता है और शिष्य को नया जन्म देकर पुनरूज्जीवन (resurrection) देकर स्वयं आह्लादित होते हैं। ज्योति से ज्योति जल गई।

यदि आदमी बीमार न होता तो गुरु की महिमा का कौन बखान करता। धन्य है प्रभु की लीला, वही अतृप्ति पैदा करते हैं और वही तृप्ति भी देते हैं, वही बीमार करते हैं और वही स्वस्थ भी करते हैं। शिष्य का आमूल चूल रूपांतरण हो जाता है। अपनी जिम्मेदारी, अपनी भूमिका शिष्य अपनाता है, सिर्फ स्वयं जैसा भी है उस तथ्य का स्वीकार और गुरु के हाथों स्वयं को छोड़ देना, शेष सारा फिर गुरु या कहो वैद्य संभाल लेते हैं। बुद्ध ने इसी से स्वयं को एक कुशल वैद्य ही कहा है। बुद्ध के हाथों को ऐसी प्रौढ़ता और प्रौढ़ दृष्टि उपलब्ध हो जाती है जिसके सामने आदमी का बचपना तो बचपना, उसका सयानापन भी बहुत बचकाना (juvenil) हो जाता है। महासुख का धर्ममेघ बरस पड़ता है। दिव्य सरलता व्याप्त हो जाती है सर्वत्र। यही मनुष्य की स्थिति और संभावना दोनों बातों की कथा है।

गिरिडीह 23.08.95

## स्वधर्मे निधनं श्रेयः परधर्मे भयावहः–

यह अंश श्रीमद्भगवतगीता का है। श्रीकृष्ण अपने शिष्य अर्जुन से कहते हैं कि स्वधर्म में स्थित रहते हुए मृत्यु में प्रवेश हो जाये तो वह श्रेयस्कर– महापुण्य की उपलब्धि बन जाता है और परधर्म में स्थिति अर्थात् स्वयं से भिन्न किसी अन्य रूप की कल्पना में, किसी अन्य गति के साथ तादात्म्य कर लेने से महापाप रूपी अज्ञान में पड़ जाने की दुर्गति, भयावह गति प्राप्त होती है।

यही तात्विक संदेश है इस कथन का। सांप्रदायिक चित्त वाले हिंदू गीता शास्त्री लोग इसका अर्थ एक चेतावनी के रूप में करते हैं और

कहते हैं कि जो व्यक्ति जिस धर्मानुयायी परिवार में पैदा हुआ है– उस व्यक्ति का वही धर्म है जिसके अनुशासन, नियम कानून का पालन करते हुए मृत्यु में प्रवेश करने से ही मोक्ष यानी भगवद् प्राप्ति संभव है, अपने इस वंशानुगत धर्म को छोड़कर किसी अन्य संप्रदाय को स्वीकार लेने से भविष्य भयावह, यानी आने वाले जन्म भयंकर दुःखों से भरे हुए हो जाते हैं। यह डराना–धमकाना किसी व्यक्ति की स्वाभाविक स्वतंत्रता के प्रति हिंसा है जो पंडित पुरोहित शास्त्र वचन यानी गुरुवाणी की गलत व्याख्या अपने स्वार्थ पोषण के लिये करते रहे हैं। अपने संप्रदाय यानी शिष्य सेवकों की संख्या कम न हो जाये, पंडित पुरोहितों को यही चिंता लगी रहती है इसके लिये वे पुराण कथाओं और वेद वाक्यों का गलत प्रयोग करते रहते हैं। महान शास्त्र एवं वेद वाक्य गुरु वाणियाँ हैं जो साक्षात् श्री भगवान की करुणा स्वरूप हैं, मानव मात्र को चाहें वह किसी भी जाति, वर्ण, संप्रदाय में जन्मा, पला–बढ़ा हो– हर मुमुक्षु जीव को उसके स्वधर्म यानी स्वरूप का स्मरण दिलाने, स्वरूप की प्रत्यभिज्ञा कराने के निमित्त ये वाणियाँ प्रकाश में आई हैं।

श्रीकृष्ण कहते हैं कि स्वरूप का भजन करो, स्वरूप धर्म को सतत् याद रखो, विशेषतः जब मृत्यु सम्मुख हो तब स्वरूप जो कि परम पावन, निसंग–निरंजन, अखंड–अनंत है– जो कि स्वयं भगवान का स्वभाव है – परम प्रेम है, आनंद है, आह्लाद है – आप्तकाम होना है – अकाल–अरूप– अमूरत है – उस पूर्ण को सतत् याद रखो – यही होश स्वधर्म में स्थिति है – यही स्वयं की प्रतिष्ठा है – आत्मश्रद्धा है। इस महापुण्य को कमा लेने वाला जीव मृत्यु के द्वार से, मृत्यु की देहलीज से भगवान में – भागवत् चैतन्य में – अद्वैत भूमि बैकुंठ में प्रवेश कर जाता है – जैसे बूँद महासागर में मिलकर महासागर हो जाती है वैसे ही ऐसे होश से भरा हुआ जीव श्रीहरि के स्वरूप में घुल, मिल जाता है भगवान से अभिन्न अनन्य हो जाता है। यही संदेश है भगवान का। भगवान कहते हैं कि स्वरूप से भिन्न किसी अन्य रूप रंग के साथ तादात्म्य स्थापित करके रखना– स्वयं को अस्तित्व में एक देह मानना, जन्म लेने – मरने वाला कोई जीव मानना, स्वरूप से भिन्न कुछ भी और मान लेने की भूल से भरा होना बेहोशी है, मूर्च्छा है – यही मूल है दुःख से भरे जन्म, जन्मांतर के दुष्चक्र का – यह स्थिति भयावह नहीं तो और क्या कहा

जा सकता है। इसलिये स्वयं को परमात्मा से पृथक समझना, एक खंड अंश या विनाशशील कुछ मान लेना, सतत् परिवर्तनशील कुछ मान लेना भयावह है यही अज्ञान है, अविद्या है, अहंकार है। यही पशुत्व है। यही परधर्म है। यह अपना स्वभाव नहीं, यह कुछ अन्यथा मान बैठना है – जो है नहीं उसे, मान लेने की महान् भूल है। सत्य तो एक ही है – परमात्मा का होना– मात्र भगवत्ता का होना। शेष सभी मान्यताएँ असत्य हैं – मन की सृष्टि है, आशा तृष्णा का खेल–विस्तार है। स्वप्न में बनाये जाने वाले सुख–दुःख हैं। सत्य तो एक ही है – आप्तकाम होना– जो है स्वरूप – उसके प्रति जागा होना अपनी पहचान को भजना – स्वरूपानंद में स्थिति – आत्मरति, श्रीराम होना। यही सत्य है।

असत्य से बचो, मिथ्या दृष्टि से बचो, मन से मुक्त करो स्वयं को, आशा तृष्णा के चक्रीय खेल से मुक्त करो स्वयं को – अपने आप्तकाम स्वरूप को पहचानो –अपने अनादि अनंत स्वरूप को जानो, स्वयं को भगवान होने की सच्चाई को स्पष्टतया देखो समझो – और तब मृत्यु से भी गुजरना पड़े तो कोई चिंता नहीं क्योंकि अमृत की कोई मृत्यु होती ही नहीं – वह तो बल्कि मुक्ति की दिशा में अंतिम आवरण का गिरना ही होता है; यह देह क्या गिरा–मानो अनंत का अनंत से मिलन हो गया– यह देह क्या गिरा मानो भगवान का श्रीसागर में पुनः विश्रांत समाधि लग गई, मानो माँ की गोद में शिशु सो गया। यही मृत्यु श्रेयस्कर है – महापुण्य है।

गणेश चतुर्थी, 29.08.95

## माताजी (श्रीमती विमलावती अरोरा):–

यह सन् 1973 अक्टूबर–नवंबर की बात है। मैं अपने संन्यासी जीवन के प्रारंभिक परिव्राजक अवस्था में कलकत्ता गया हुआ था। इसके पूर्व 72 में भी गया था। तब संन्यासियों की एक कीर्तन मंडली भी थी। उसी दौरान मुझे देखकर कलकत्ता के कुछ रजनीश भक्त लोगों ने आपस में यह निर्णय लिया हुआ था कि किसी तरह मुझे कलकत्ता बुलाकर वहीं एक ध्यान केंद्र शुरू किया जाये। संयोग से मेरा पहुँचना हुआ लेकिन तब केंद्र में एक अन्य संन्यासी स्वामी कृष्ण सरस्वती के उपस्थित होने की वजह से मैं वहाँ नहीं ठहर कर शहर में बड़ा बाजार में माहेश्वरी धर्मशाला में ठहराया गया था। वहाँ मैं मायाजी के साथ लगभग बीस

दिन रहा। इस बीच अनेक जिज्ञासु लोग मेरे पास आते रहे। उन्हीं लोगों में एक पंजाबी खत्री परिवार के श्री त्रिलोक अरोरा भी थे जो लगभग मेरी ही उम्र के बराबर थे। उस दौरान और भी कुछ लोग मेरे हम उम्र के मेरे संपर्क में आये। मेरे प्रति उन सबका अत्यंत आत्मीय संबंध कायम हो गया जो आजीवन बना रहा। समय के प्रवाह और प्रारब्ध के कारण फिर एक–एक कर वे लोग मुझसे दूर होते चले गये। आज मुझे उन सबकी याद आ रही है। कारण उसी दौरान त्रिलोक अरोरा की माँ का जो पवित्र परिचय मेरे साथ हुआ, और जो परिचय आगे चलकर किसी पूर्वजन्म का गहरा संबंध सिद्ध हो गया, उसी माँ को अब इस मनुष्य देह से मुक्त करने का, विदा देने का समय आ गया है। माँ अस्पताल में अपनी अंतिम श्वाँस ले रही हैं।

माहेश्वरी धर्मशाला में त्रिलोक एक दिन दोपहर में माँ को लेकर आया। माँ अत्यंत झिझक के साथ आयीं थीं। इसके पहले वह किसी साधु संत से इस तरह मिली नहीं थीं। वह बहुत ही सुशील और पतिव्रता नारी हैं और अपने जीवन तथा भरे पूरे परिवार से संतुष्ट थीं। कोई कमी नहीं थी, न कोई ऐसी जिज्ञासा थी जिसके लिये उन्हें किसी ज्ञानी जन के पास जाना पड़े। वह तो त्रिलोक के आग्रह पर आ गयी थी। त्रिलोक अपनी युवावस्था में तथा विवाहोपरांत भी अत्यंत जिज्ञासा भरा एक जटिल चित्तवाला व्यक्ति था। त्रिलोक में सांसारिक और आध्यात्मिक बेचैनी साथ–साथ थी। मुझे देखने के बाद और मुझसे अपने अनेक प्रश्नों के उत्तर पाने के बाद उसे लगने लगा था कि जिस व्यक्ति को इस जन्म में वह ढूँढने आया था अपने परम मित्र के रूप में उसने मुझे पा लिया है। यही बात उसने माँ से कही और माँ को मेरे पास चलने के लिये तैयार कर लिया। माँ एक बार मुझे वहाँ मिलीं तो शेष जीवन के लिये एक स्थायी नाता ही बन गया। फिर तो अरोरा परिवार के एक–एक व्यक्ति से मेरा मेल–जोल हो गया सिवाय माँ के बड़े बेटे–बहू के। एक दो बार उनसे भी भेंट हुई लेकिन वह बहुत ही Casual थीं।

आज मुझे सब याद आ रहा है। माँ मेरे पैर छूतीं और मैं उनके। मैंने सदैव उन्हें माँ कहा और माँ ही माना, जाना। वह हैं ही ऐसी – सहज, सौम्य, सरल और वात्सल्यमयी।

आज सन् 1995 के अगस्त की अंतिम तिथि है। पूरे बाईस साल बीत गये। इस बीच अल्पायु में ही सन् 84 दिसंबर में त्रिलोक अरोरा

स्वर्गवासी हो गये। त्रिलोक के पिताजी भी स्वर्गवासी हो गये। जिस घर में वे रहते थे – वहाँ से परिवार के लोग अपने–अपने परिवार को लेकर अलग–अलग जगह रहने चले गये वहीं कलकत्ता में ही। बस घर में अब सबसे छोटा बेटा अरूण ही अपने बीबी बच्चों के साथ रह गया है। अरूण सबसे छोटा होने से अपने माँ बाप और परिवार के सभी बड़ों का अतिशय प्रेम पाता रहा है और खुद स्वभाव से भी अत्यंत शांत, उदार, मासूम और बच्चों जैसा सरल है। अभी घर में अतिरिक्त जगह होने से जब भी मेरा कलकत्ता आना, जाना होता है– वही मेरा आतिथ्य **(hospitality)** होता है– वही सेवा करता है। त्रिलोक ने मुझे बहुत, बहुत–बहुत प्रेम दिया और उसी के पीछे–पीछे आज माँ का स्नेह मैं पा सका और जिस दिये को त्रिलोक और माँ ने रोशन किया था उसे अरुण भी रोशन किये हुए है। लेकिन सब बातों का आधार माँ का अमूल्य स्नेह और मुझ पर भरोसा है। अब मैं कितना पात्र हूँ कितना नहीं यह तो परमात्मा ही जानें– लेकिन मैं माँ का नहीं, इस अरोरा परिवार का ऋणी हूँ– उनके अहैतुकी प्यार और सम्मान के लिये जो मुझे मिलता रहा है। माँ अपने दिल के सुख–दुःख को मुझसे बाँटा करती थीं। मुझ पर उन्हें बहुत भरोसा था।

परमात्मा और सद्‌गुरु से मैं आज प्रार्थना करता हूँ कि माँ को अपने श्री चरणों में विश्रांति दें और उनको अपनी भक्ति तथा शरणागति प्रदान करें। मैं साईं से, माँ आनंदमयी से, सभी शरीरी, अशरीरी संतों से पुनः प्रार्थना करता हूँ कि माँ के ऊपर वे अपने आशीषों की वर्षा करें और सभी देवी–देवताओं से प्रार्थना करता हूँ कि माँ के ऊपर अपनी कृपा बरसायें।

माँ–माँ ही होती है। माँ शब्द में उसके सभी लक्षण, सभी गुण आ जाते हैं। माँ शब्द स्वयं ही पहचान है। वही माँ आज अपनी आखिरी श्वाँसें ले रही है – अपने परम आराध्य भगवान श्री वासुदेव के पास लौट रही है – सद्‌गुरु भगवान श्रीरजनीश के पास तीर्थ पर जा रही है – मेरा रोआँ, रोआँ उन्हें विदाई दे रहा है – उन्हें हँसकर विदा दे रहा हूँ– उनकी सुख शांति के लिये प्रार्थना कर रहा हूँ। और उन पुण्यात्मा को प्रणाम करता हूँ। उन सती माँ को नमन करता हूँ।

तथास्तु.............

गिरिडीह 31.08.95

माताजी दो बार मेरे साथ पूना सद्‌गुरु भगवान श्री रजनीश जी के दर्शन हेतु गयी थीं। पहली बार उनके साथ उनके दोनों छोटे बेटे

किशन (कुक्कू) और अरुण भी थे। दूसरी बार भगवान के अमेरिका से वापस लौट आने के बाद जाना हुआ लेकिन तब भगवान के दर्शन नहीं हो सके क्योंकि तब भगवान अस्वस्थ थे। पहली बार पूना से शिर्डी भी गयी थीं माँ मेरे और तरूणा के साथ। माताजी में भगवतप्रेम सहज शिशु समान मासूम था– जो प्रेम परमात्मा को प्रिय होता है। माताजी किसी व्यक्ति में दोष दर्शन की जगह गुण दर्शन ही करती थीं। किसी के भीतर दोष ढूँढने की कुत्सित मानसिक बीमारी से सदैव दूर रहीं। उनके भीतर कुलीन संस्कार कूट–कूट कर भरे हुए थे। अपने सास–ससुर का भरपूर प्यार उन्होंने पाया। लाहौर में जन्मीं माँ का प्रारंभिक जीवन लाहौर में ही बीता फिर 1947 के भारत विभाजन और पाकिस्तान बन जाने से जो पंजाबी परिवार उस जन्मभूमि को छोड़कर हिंदुस्तान आ बसे उन्हीं में यह अरोरा परिवार भी था। कलकत्ता में अनेक खत्री परिवार थे जो संपन्न तथा शीलवान थे।

माताजी में उदारता का सद्गुण प्रचुर था। उनका हाथ सदैव खुला रहा – जो कि एक स्त्री में सहज देखने में नहीं आता। उनका यह सद्गुण उनके सबसे छोटे पुत्र अरूण में भी आ गया है। यही कारण है कि मेरे जैसे निकम्मे आदमी को भी उन्होंने बिना झिझक के स्वीकार किया हुआ है। मेरा निकम्मा होना कर्मवादी अहंकार केंद्रित मन वाले समाज के लिये एक चुनौती है, पहेली है और अवांछित है। फिर भी इस परिवार के उदात्त प्रेम भाव को मैं पाकर इन लोगों के भीतर पल रही आध्यात्मिक स्थिति से प्रसन्न रहता हूँ। मुझे ऐसे ही बेशर्त प्रेम कर सकने वालों की खोज थी और है। मेरा कर्म आगोचर है – किसी को भी दिख जाये ऐसा नहीं है। मुझे माँ ने जैसा भी मैं हूँ– ज्यों का त्यों स्वीकार किया कभी क्षण मात्र के लिये भी एक छोटा–सा भी प्रश्न नहीं उठने दिया अपने ह्रदय में – ऐसा शुद्ध रखा अपने प्रेम को। यह प्रेम मेरे जीवन की सबसे बड़ी कमाई है, उपलब्धि है। असल में यह प्रेम एक मनुष्य के लिये असंभव है। जिसके भीतर परमात्मा जाग जाते हैं – सिर्फ वही व्यक्ति इस अमूल्य और अलौकिक प्रेम को अनुभव करा सकते हैं। लेन–देन की भाषा (Give and take) के अभ्यासी लोगों की समझ के बाहर है यह स्थिति। यही तो अध्यात्म है, यही तो अलौकिक होना है, यही तो साधना है, यही तो चेतना का शुद्ध होना, ऊपर उठना है। मेरे

सूक्ष्म प्रयास को इन लोगों ने ग्रहण किया और बिना बाहरी औपचारिक विधि–विधान के भीतर, भीतर ही परमात्मा की ओर इनके कदम बढ़ते चले गये। यही धर्म साधना का अद्‌भुत व्यापार है जिसे संसारी चित्त के लोग कभी नहीं समझ सकते– तर्क के हिसाब से देखने सुनने वाले लोग कभी भी जान नहीं सकते। इसके लिये जो जरूरी है वह है श्रद्धा। इसी श्रद्धा की सीढ़ी का सहारा लिया है माँ ने और अरुण ने। इस बात को देख देखकर मैं परमात्मा को बार–बार धन्यवाद देता हूँ कि ऐसी अमूल्य निधि भगवान ने इस माँ बेटों में भर दी है। यह उनके पूर्व जन्मों के अच्छे कर्मों का फल है। यह उनकी अपनी कमाई है। मैंने तो कुछ नहीं किया, सिर्फ उनके साथ बना रहा – यही मैंने किया। मैं साक्षी हूँ इस उर्ध्वयात्रा का, इस श्रद्धा का। मैं निश्ंचित हूँ इन आत्माओं के विषय में। मैं इन आत्माओं को बार–बार प्रणाम करता हूँ।

गिरिडीह 02.9.95

आज सितंबर 05 की रात्रि में माताजी ने अपना पार्थिव शरीर छोड़ दिया। उनके स्नेह की स्मृति मेरी सम्पदा है। उनका प्रेम मुझ पर एक कभी न चुकाया जा सकने वाला ऋण है। माताजी सती हैं। वे अमृत हैं। सद्‌गुरु भगवान श्री रजनीश के धाम में जाकर वे परम विश्रांति, महामौन में चली गयीं। यही उनकी नियति थी। सहज भक्ति की प्रतिमा थी माँ। साईं उन पर प्रसन्न थे, वे साईंमय हो गयीं।

मेरे अनंत–अनंत प्रणाम।

6.09.95

## गणपति पूजा:–

भारत में जितने देवी–देवताओं की धारणा विकसित हुई उतनी दुनिया के शायद ही किसी अन्य मुल्क में हुई हो। भारत को जगद्‌गुरु कहा जाता है क्योंकि विश्व को धर्म की जैसी धारणा भारत की मिट्‌टी ने दी है वैसी विविधता पूर्ण और परिपक्व व्याख्या कहीं और नहीं हुई। भारत में वेदों से लेकर योगतंत्र और पूजा पद्धतियाँ अलौकिक सत्ता से संपर्क हेतु जो विकसित हुई हैं और उपनिषद, धम्मपद, पुराण और साधना की अनेक–अनेक धाराएँ विकसित हुईं जो भारत की चेतना को

प्रदर्शित करती हैं। जिसकी जैसी चेतना की स्थिति और जैसी भावना– उसी के अनुरूप साधना प्रणालियाँ यहाँ हैं।

आज गणपति पूजा का पर्व है। गणेश एक देवता हैं– शक्तिधर सत्ता हैं। ऐसे ही काली–पूजा, लक्ष्मी–पूजा, शिव–पूजा, राम और कृष्ण की पूजा और अलग–अलग क्षेत्रों में अलग–अलग रूपों की पूजा चली आ रही है। पत्थरों की मूर्तियाँ बनाकर उसे जितना भव्य और सुंदर बनाया जा सके उतना सजा सँवार कर उसके साथ वैसा ही व्यवहार किया जाता है, उसे नहलाया धुलाया जाता है, भोगादि लगाये जाते हैं, उसके सम्मुख बैठ कर उसे अपने दुःख सुख सुनाये जाते हैं जैसे किसी जीवित व्यक्ति के साथ, अपने संरक्षक के साथ किया जाता है– ठीक वैसे ही उसके साथ सब व्यवहार किये जाते हैं। इसे प्राण प्रतिष्ठा करना कहा जाता है। अगोचर दैवीय सत्ता को संबोधित करके आह्वान किया जाता है कि वह उस प्रस्तर प्रतिमा में प्रविष्ट होकर अपनी उपस्थिति से लोगों का कल्याण करे। यही आराधना मूर्ति को चेतन करना कहा जाता है। और लोगों का अनुभव साक्षी है कि ऐसा ही हो भी जाता है। अदृश्य अलौकिक दिव्य सत्ता उन देव–देवी प्रतिमाओं में उतर आती है– मूर्ति अब पत्थर मात्र न रहकर एक जीवित व्यक्ति से भी ज्यादा जीवंत हो उठती है– चमत्कारिक शक्तियों का आधार बन जाता है– ऐसे, ऐसे चमत्कार कि मनुष्य की वैज्ञानिक बुद्धि लड़खड़ा जाती है– किसी भी तरह समझ में नहीं आ सके ऐसा कुछ अनुभव– प्रत्यक्ष अनुभव हो जाता है। यह भारतीय मनीषा की चरम उपलब्धि है। मैं आज इसी तथ्य की बात करने जा रहा हूँ।

असल में तथ्य यह है कि हमें जिसकी जैसी पहचान बनती है, हम जिसे जिस रूप में मानने लगते हैं हम उसके साथ वैसा ही व्यवहार करते हैं और उससे उसी के अनुरूप, उसकी शक्ति तथा स्थिति की अपेक्षा भी करते हैं– और इसके परिणाम स्वरूप वह वैसा ही प्रतिसंवेदित (respond) होता है। दैवीय शक्ति (दिव्य तत्व) की ओर से वैसा ही प्रतिसंवेदन (response) हमें प्राप्त होता है। दिव्य तत्व को परमात्मा भी माना जाता है, देवी–देवता भी माना जाता है और वह सत्ता आम मानव इंद्रियों के अगोचर है दिव्य सत्ता ही माना जाता है– मनुष्य की सभी शक्तियों से वह सदैव ज्यादा और ऊपर होता है। मनुष्य सदैव से उसके

सम्मुख नत् रहा है और उसे आदर करता आया है, उससे भयभीत रहा है, उसकी कृपा तथा सहायता माँगता रहा है। लेकिन आदमी–आदमी की चेतना भी भिन्न–भिन्न स्तर की है। भिन्न–भिन्न बोध स्तर के कारण उसके लिये यह दिव्य सत्ता भी तद्नुरूप भिन्न–भिन्न रूप–स्वरूप की हो जाती है। आदमी अपना कल्याण चाहता है, सुख शांति चाहता है। लेकिन सवाल यह है कि क्या वास्तव में आदमी का कल्याण होता है और होता है तो बोध के किस स्तर पर होता है।

पूरब और पश्चिम के धर्मों में एक मूलभूत फर्क यह है कि पूरब में, भारत में पैदा हुए तीन धर्म हिंदू, बौद्ध और जैन धर्म। धर्म की औपचारिक विस्तारों के होते हुए भी दिव्य सत्ता के अनादि अनंत और अखंड होने पर और मनुष्य के हृदय में साक्षीत्व पर केंद्रित है– दिव्य सत्ता के महान् (The Great) और परम (Absolute) होने पर, अद्वैत स्वरूप होने पर रहा है। पश्चिम के धर्म यहूदी, ईसाई और इस्लाम (semetic) तीनों की धारणाएं अपने–अपने आग्रहों से भरी हुई हैं, मनुष्य के ऊपर आचार–व्यवहारों के आवरण के रूप में बाह्याडंबर से छाये रहे। भारत में दिव्य सत्ता संबंधी जो अनुभव उपलब्ध हुए उससे धर्म पैदा हुए और पश्चिम में नीति पर बहुत जोर दिया गया। पश्चिम का जोर कर्म पर, न्याय पर ज्यादा रहा और भारत में भाव पर, ध्यान पर ज्यादा ध्यान दिया गया। इन सब बातों से दिव्य सत्ता के संबंध में जो धारणाएँ विकसित हुईं उससे मनुष्य के वास्तविक और प्रामाणिक कल्याण का पथ सिर्फ सत्ता के अद्वैत स्वरूप की उपासना ही सिद्ध होती है। बुद्ध और महावीर ने, शंकर और भगवान श्री रजनीश ने इसी स्तर के बोध को भगवत्ता कहा है, निर्वाण और मोक्ष कहा है। यही वास्तविक कल्याण है। जहाँ मात्र पूर्ण स्वतंत्रता होती है। कोई दूसरा नहीं होता वहाँ– सिवाय परमात्म अनुभूति के जिसके स्मरण मात्र जाग जाने से चेतना अपनी शुद्धतम स्थिति में रूपांतरित हो जाती है– इसी से यह स्मरण–यह भजन पतित पावन कहा जाता है। यही भजन जीव का वास्तविक कल्याण है। इसी को धर्म का, दिव्य सत्ता का अनुभव, बोध कहा गया है। इसका संबंध समाज या समूह से नहीं होता, यह व्यवस्था बिठाने की बात नहीं है– यह नितांत व्यक्तिगत उपलब्धि है और इसे हर किसी के साथ बाँटा नहीं जा सकता। सिर्फ वे ही चंद लोग जो इस स्थिति तक स्वयं को शुद्ध कर लेते हैं अपनी साधना से

वे ही ग्राहक हो सकते हैं– लाखों में एकाध कोई मुमुक्षु इस स्मरण को जान पाते हैं। पूरब ने यही पाया है। भारत की यही उपलब्धि है। इसी के गीत उपनिषदों ने गाये हैं। ऋषियों की लंबी परंपरा ने इसी तत्त्व की ओर संकेत किया है। यही स्मरण वास्तविक देवोपासना है। यही किसी भी नामरूप धारी देवी या देवता की पूजा का लक्ष्य है। देव प्रतिमा में अनंत की झलक पाना ही पूजा का श्रेष्ठ प्रयोजन है। लेकिन बहुत सारे लोग यही सोचते हैं कि देवी–देवता का एक निश्चित रूपाकार हैं– और उसकी पूजा–पाठ की एक बनी बनायी निश्चित विधि है। इससे इंच भर भी इधर–उधर नहीं हुआ जा सकता।

कुछ लोग जो बौद्धिक होते हैं– जो तार्किक होते हैं– पश्चिम में विकसित दिव्य सत्ता की धारणा उनके हिसाब से न्यायी– न्याय स्थापित करने वाले के रूप में पनपी– आँख के लिये आँख और हाथ के लिये हाथ– जैसा कर्म वैसा फल– यह धारणा पनपी– कर्मवाद ही अंतिम सिद्धांत है– इस दृष्टि से और न्याय ही स्थापित किया जाने वाला धर्म है इन लोगों के हिसाब से। ऐसा तटस्थ, यंत्रवत् कार्य करने वाला और हृदय शून्य सत्ता को माना इन तर्क प्रिय लोगों ने। यह दर्शन शास्त्रीय निष्पत्ति है– किसी धार्मिक चेतना संपन्न व्यक्ति का अनुभव नहीं।

धार्मिक चेतना संपन्न व्यक्ति का अनुभव ये है कि दिव्य सत्ता करुणावान् है, वात्सल्यवान् है– परम प्रेम, बेशर्त प्रेम, अहैतुकी कृपा करने वाला है वह। लेकिन इसे अनुभव करने के लिये भगवान को सर्व रूप में, सर्वनाम में, सर्व व्याप्ति स्वरूप अनुभव करना और उस परमार्थ तत्व के प्रति गहन प्रेम में पड़ना ही एकमात्र विधि है, उस परम तत्व की सेवा पूजा अपने प्रिय की भाँति करना जरूरी है– जहाँ कोई निश्चित विधि–विधान जरूरी नहीं– उन्मुक्त प्रेम ही जहाँ एकमात्र साधन सामग्री है। रामकृष्ण परमहंस देव ऐसी ही पूजा करते हैं। फिर भी सद्गुरु तोतापुरी से उन्हें अद्वैत तत्व दर्शन हेतु दीक्षा लेनी पड़ी– क्योंकि उसी से कल्याण सिद्ध होता है– परम तत्व की पूजा सेवा की भावना और परम तत्व का जाग्रत बोध अर्थात् भक्ति और ज्ञान दोनों ही जरूरी हैं– दोनों का सम्मिलन जरूरी है जीवन में।

लेकिन सामान्यतः लोग सोचते हैं कि दिव्य सत्ता को उसकी पूजादि करके उसके कीर्तन गाकर, उसे भोगादि चढ़ाके उसे प्रसन्न कर अपने पक्ष में कर लेंगे, भगवान को बहला फुसलाकर उसकी कृपा प्राप्त कर लेंगे– और इस प्रकार वे भगवान को लोभ दिखाने का उपक्रम करते हैं, साथ ही भगवान से बहुत डरते हैं कि कहीं वह नाराज न हो जाए, नुकसान न कर दें, और तो और ऐसे लोग भगवान के पंडे पुरोहितों से भी भयंकर डरते हैं कि कहीं कोई श्राप न दे दे, ऐसे लोग पूजा–पाठ की विधि में इधर–उधर न हो जायें इस बात से भी बहुत डरते हैं, कि कहीं कोई अपशकुन न हो जाये, विघ्न न खड़ी हो जाये। इसीलिये गणेशजी को विघ्नेश्वर, विघ्नहर्त्ता कहते हैं और उनकी पूजा के बहाने खुशामद करते हैं। इसी को सामान्यतः लोग देव प्रतिमा की पूजा और दिव्य सत्ता की भक्ति कहते हैं। देवता नहीं हुआ कोई हवलदार हो गया मानो। अक्सर लोग दिव्य सत्ता के इसी संस्करण को मानते, जानते हैं। इसीलिये ऐसे भक्तों का न इहलोक सुधर पाता है न परलोक। पूजा कर करके, कीर्तन गा गाके, मंदिर–मस्जिद जा जाकर भी ये लोग जहाँ के तहाँ ही रह जाते हैं। ऐसा जीवन तो संसार है। ऐसा देव भी संसार का ही हिस्सा है। देव न हुआ कोई–कोई भूत प्रेत हो मानो, ऐसी सीमा में बाँधकर सोचने से उतनी दूर तक ही कल्याण लाभ के अधिकारी हो सकते हैं ऐसे भक्त लोग। उनके जीवन से न दुख जाता है, न रोग शोक, न भय, न चिंता– अपनी कल्याण कामना करना एक बात है और उसे उपलब्ध करना दूसरी ही बात है। जब तक आदमी दिव्य सत्ता को किसी विशेष रूपाकार में मानने के आग्रह से मुक्त नहीं होता, जब तक दिव्य सत्ता को किसी विशिष्ट गुण और कर्म में उत्सुक होने की कल्पना से मुक्त नहीं होता दिव्य सत्ता को सब सीमाओं से मुक्त कर उसे सर्व शक्तिमान, सर्व व्यापक, सर्वज्ञ और अस्सीम नहीं जान लेता तब तक जीव का कल्याण नहीं– वास्तविक कल्याण संभव नहीं।

मिट्टी में अमृत को देखो, खंड में अखंड को देखो, विग्रह में आत्मा को देखो, सीमा में असीम को महसूस करो– जिसका अंत हो जाये, जो किसी के हाथों निर्मित हुआ ऐसी प्रतिमा में अनादि अनंत को जाग्रत हुआ अनुभव करो– अद्वैत को इस द्वन्द्वमय रूप आकारों में पहचानो–

पूजा करो इस देव प्रतिमा की और भावना करो– अनंत की, पुकारो अनंत को, हृदय में भावना करो उस परमात्मा की तो ही यह पूजा पतित पावनी कल्याणमयी, निर्वाणमयी हो सकेगी। यह गणेश पूजा भी अनंत तक पहुँचने का माध्यम हो सकता है। यह काली पूजा, कोई भी देव देवी विग्रह पूजा अस्सीम– अद्वैत तक अपने बोध को मुक्त कर सकने का बहाना बन सकता है। प्यास चाहिये, थोड़ा तप चाहिये, थोड़ी प्रतिभा चाहिये, थोड़ी ग्राहकता चाहिये, थोड़ा सत्संग चाहिये। बस – इतना ही......................

05.09.95

## अंत में:–

दिव्य सत्ता से स्वयं को पृथक जानना दिव्य सत्ता को अपने से अन्य मानना द्वैत की मान्यता की स्थापना है– चाहें उसे "क्षणै तुष्टै क्षणै रूष्टै" स्वभाव वाला समझो, चाहें न्याय करने वाला मानो या चाहें दया करुणा करने वाला संरक्षक (savior) समझो– वह अन्य ही रह जाता है– स्वयं से पृथक। यही तो संसार सृष्टि है। ऐसा मानते चले जाने का अर्थ मोक्ष को टालते जाना है– पूर्ण स्वतंत्रता को असंभव बनाना है– तब तक भय, लोभ, गिड़–गिड़ाना और स्तुति करना बंद नहीं होगा और फिर कल्याण– कैसे हो सकेगा।

दिव्य सत्ता के साथ स्वयं के अनन्य होने की स्थापना ही पूर्ण कल्याण पथ है– ऐसा होना ही पूर्ण संरक्षण है– यह संसार से आत्यंतिक मुक्ति है वही हो जाना है– दिव्य सत्ता से अनन्य होना स्वयं ही दिव्य हो जाना है। तब न स्तुति गान होगा न कोई अन्य वृत्ति– तब एकमात्र आत्मरति ही है– वही ज्ञान है, वही भक्ति है, वही पूजा है वही कीर्तन है। तब कहीं कोई अन्य नहीं सिवाय अनंत अखंड दिव्य सत्ता के– उस परमात्मा के सिवाय कहीं कुछ नहीं। यह बोध ही आत्मकल्याण है।

वैसे शास्त्रों में भी यही कहा गया है। प्रत्येक देवी–देवता से संबंधित शास्त्र यही कहता है कि उसके ईष्ट देव–देवी साक्षात् परब्रह्म हैं, परमात्मा हैं। और यह भी दर्शाया गया है बोध कथाओं के जरिये कि देवता शुभ की, धर्म की और अच्छाइयों की रक्षा करने वाले, जीव मात्र

के संसारी और आध्यात्मिक दोनों लाभ प्रदान करने वाले होते हैं। और यह भी जोर देकर समझाया गया है कि भगवान को संसार अर्थात् अर्थ की कामना के बजाय मोक्ष की कामना करने वाला भक्त सर्वाधिक प्रिय होता है। यही मर्म है भगवान की पूजा का।

05.09.95

## ब्रह्मचर्याः–

क्या है ब्रह्मचर्या और कौन होता है ब्रह्मचारी? वैसे ब्रह्मचर्य को दुनिया के लगभग सभी धर्मों में और साधना प्रणालियों में महत्त्व ही नहीं दिया गया है बल्कि सब साधनों में आधारभूत भी माना गया है।

ब्रह्म है निरपेक्ष सत्ता, निरपेक्ष अनुभव। मन और इंद्रियों के द्वारा प्राप्त सारे अनुभव कभी ऐसा कभी वैसा, कभी कम कभी ज्यादा होने से सापेक्ष होते हैं। जगत् अर्थात् दुनियावी काम, क्रोध, लोभ, मोह आदि अनुभव सुख दुःखादि रूप में ऐसे ही सापेक्ष अनुभव होते हैं। यही आम आदमी को जीवन भर घेरे रहते हैं। लेकिन कभी–कभी, कोई–कोई व्यक्ति ऐसे भी होते हैं जिन्हें बाल्यकाल से ही संस्कार रूप में ऐसा स्वभाव प्राप्त होता है कि जिन बातों में, जिन कामों में आम आदमी को रस आता है– उन बातों में इन्हें रस नहीं होता– फिर भी वे तृप्त दिखते हैं, फिर भी वे आम लोगों को जो बात दिखलाई नहीं पड़ती– ऐसी किसी बात में रस लेते, व्यस्त रहते दिखलाई पड़ते हैं ऐसे अपवाद लोग। शायद उसी बात के रस को सभी लोग ढूँढते रहते हैं भले ही वह मिले न मिले– लेकिन अचेतन रूप से लोग उसी बेबूझ रस को पाना चाहते हैं। इसीलिये जब कोई व्यक्ति मिल जाता है ऐसी दिशा में रस निमग्न तो उसके प्रति सहज ही हृदय में आदर भाव, आकर्षण आदि पैदा हो जाता है– ऐसे व्यक्ति पूज्य हो जाते हैं। यही कारण है सदियों से ब्राह्मणों, साधु–संतो और संन्यासियों तपस्वियों को दिये जाने वाले आदर सम्मान का। इसी बेबूझ रस को ध्यान या ब्रह्मचर्य या वीतरागता कहते हैं। जिन बातों के प्रति आकर्षित होकर सामान्य लोग पागलपन की हद तक भागते हैं– शुभ अशुभ की विवेक बुद्धि को ताक पर रख देते हैं और जानते बूझते हुए भी भयंकर परिणामों की ओर कदम बढ़ा लेते हैं– उन बातों की पूर्ण

उपेक्षा करके अपने भीतर एक सरसता और संतुलन शांत दशा को बनाये रखते हैं, बिना किसी विशेष प्रयास के – इन्हीं व्यक्तियों को पूज्य समझा जाता है। यह सापेक्ष और निरपेक्ष अनुभवों के बीच फर्क है– यही इंद्रिय जन्य और इंद्रियातीत अनुभव के बीच फर्क है। ब्रह्मचर्य है निरपेक्ष रस और इंद्रियों से मिलता है सापेक्ष रस। सापेक्ष रसों में पड़ना फिर–फिर भूखा रहना, प्यासा रहना होता है– उसी, उसी कृत्य में हर बार की अतृप्ति के अनुभव के बावजूद उलझते जाना है और जीवन पर जीवन हर देह के माध्यम से वही, वही जीवन जीने के अभिशाप से अपने ही हाथों ग्रस्त हो जाना होता है। इंद्रियों और मन से पाये जाने वाले सुखों से कभी तृप्ति नहीं होती उल्टे असंतोष और बढ़ जाता है– विक्षिप्तता और बढ़ जाती है। आदमी भीतर ही भीतर अतृप्त है– और उस रस को ढूँढ रहा है जो इंद्रियों पर निर्भर नहीं हो, भौतिक साधनों पर निर्भर न हो, जिसके लिये किसी भी दूसरे पर निर्भरता न हो, जो स्वनिर्भर हो– जो अनायास हो, बेशर्त हो। लेकिन वह जिस दिशा में चलकर मिलता है उस दिशा में नहीं देख पाने, नहीं चल पाने से वह रस नहीं मिल पाता। हाँ कभी–कभी कोई ऐसा व्यक्ति सहज ही आकर्षण, आदर और पूजा का पात्र हो जाता है। क्योंकि ऐसा व्यक्ति स्वतंत्र होता है, प्रसन्न होता है, निर्भार होता है। उसका आनंद उसके हाथ में होता है– हमेशा एक जैसा– न कभी कम होना है, न ज्यादा, न कभी ऐसा होता है न वैसा– वह सदा एक रस होता है। यही ब्रह्मचारी की स्वतंत्रता है, प्रसन्नता है। जैसा ब्रह्म– वैसा ब्रह्म में रमण करने वाला।

किसी दूसरे व्यक्ति या बाहरी वस्तु या किसी के द्वारा आरोपित विधि विधान पर निर्भर न होकर स्वनिर्भर होने वाली रसनिमग्नता ब्रह्मचर्या है और ऐसा जीवन जीने वाला व्यक्ति ही ब्रह्मचारी होता है। इसी स्वतंत्रता के कारण ऐसा व्यक्ति लोक में अपवाद स्वरूप हो जाता है और देखने वालों के लिये एक आदर्श बन जाता है, ideal बन जाता है। निरपेक्ष सुख निरपेक्ष ब्रह्म के अनुभव का अनुषांगी होता है। यह जागतिक अनुभव नहीं है–इसीलिये जगत् में जहाँ लोग प्यासे दिखते हैं– वहीं ब्रह्मचारी तृप्त दिखलाई पड़ता है। सापेक्ष सुख काल कवलित हो जाता है, निरपेक्ष सुख काल के प्रभाव से मुक्त अमृत होता है। यही ब्रह्मचर्या का आभ्यंतरिक (intrinsic) गुण है– मूल्य है।

बुद्ध ने इसे ब्रह्मविहार कहा है। सामान्य आदमी के जीवन में जब कभी ऐसे किसी ब्रह्म विहारी व्यक्ति से मुलाकात हो जाती है तो सहज ही यह विचार पैदा हो जाता है कि मेरे ही जैसे देहधारी, खाने–पीने, उठने–बैठने वाले किसी व्यक्ति में ऐसा क्या कुछ है जो मुझसे इसे इतना भिन्न कर दिया है? क्या करूँ मैं कि ऐसा ही सुखी मैं हो जाऊँ?

जीवन में इंद्रिय ग्राह्य समस्त सुख–सुख नहीं रह जाते, दुःख का आमंत्रण बन जाते हैं। उन सुखों के प्रति प्रगाढ़ विरक्ति पैदा हो जाती है। जीवन में इन सुखों की अस्सारता का अनुभव गहरे कांटे की भाँति चुभ जाता है, तब ऐसे ब्रह्म विहारी का परिचय प्रश्न उठा देता है और अपने भीतर सदा ही उपस्थित उस अचेतन प्यास को चेतन कर जाता है। यही मुमुक्षा असली दीक्षा है, यही संग साथ यात्रा बन जाता है ब्रह्म की ओर– अपने भीतर बाहर व्याप्त निरपेक्ष सत्ता की ओर गति बन जाता है। तब धीरे–धीरे उसे भी एक दिन अनुभव में आ जाता है कि बिना इंद्रियों के माध्यम के भी कोई सुख पाया जा सकता है– वह सब बाह्य सुखों से गुणात्मक और परिणात्मक दोनों ही दृष्टि से न केवल भिन्न होता है–बल्कि सबसे बड़ा फर्क यही होता है कि वह सब प्रकार की निर्भरताओं से मुक्ति भी है– वह सुख सर्वतंत्र स्वतंत्र होने का महामुक्ति का अनुभव होता है। यही है गरिमा ब्रह्म की और ब्रह्मचर्या की।

कैसे एक सामान्य आदमी ब्रह्मचर्या में प्रवेश करता है इस विषय पर कुछ कहूँगा अब।

हम जानते हैं कि चेतना की दो स्थितियाँ होती हैं– एक जब हम शांति महसूस करते हैं और दूसरी जब हम तनावग्रस्त हो जाते हैं। एक अनुभव स्थिरता और तृप्ति का होता है और दूसरा अनुभव चंचलता–कँपायमान होना और असंतोष का होना है।

जब आदमी शांति और स्थिरता के अनुभव से भरा होता है तो वह आत्मा के करीब होता है। आत्मा का स्वभाव स्थिर और तृप्त रहना होता है और तनावग्रस्ता आ जाती है ऐसा नहीं है, सुख भी एक तनाव है। दोनों हवा के उन झोंको की भाँति हैं जिनसे दीये की लौ काँप जाती है। ऐसे ही सुख–दुःख से चेतना की लौ–काँप, काँप जाती है। यही मन की गतियाँ हैं। यह सामान्य आदमी की दिशा है। आदमी में जब भी ऐसी

कँपकपी का अनुभव हो, तनाव का अनुभव हो तो यह जान लें कि मन सक्रिय है– वह मन के चपेट में आ गया है। जरूरी है कि यह बोध जगा रहे कि यह थोड़ी देर के लिये है– यह मनुष्य का स्वभाव नहीं– सनातन स्थिति नहीं। न सुख में सुखी होओ न दुःख में दुःखी–सुख दुःख के रंग तुम्हें न रंगे। तुम जरा दूरी कायम करो– तटस्थ होकर इन परिवर्तित होने वाली मन की गतियों को देखो– थोड़ा–सा अपने को अलग करके देखो इन्हें– तुम पाओगे कि तुम में शांति उतर रही है– यानी तुम आत्मा के करीब हो रहे हो– आत्मवान् हो रहे हो। ऐसा बार–बार का सतत् अभ्यास के कुछ ही समय बाद तुम्हारा भीतर सनातन काल से है– वह शांति है वह साक्षी है– वही ब्रह्म है। ऐसा करके तुम एक दिन स्पष्ट जानोगे कि जब–जब कोई तनाव तुम्हें घेरता है तो तुम देह से तादात्म्य महसूस करोगे, इंद्रियों से जुड़ा हुआ महसूस करोगे– यही मन का खेल है– चेतना को इंद्रियोन्मुख बना देना। लेकिन यह अशांति भाव है– धूल और मल की भाँति आवरण मात्र है, यह तुम नहीं हो– ये अहसास है– आभासमात्र है– जो तुम पर छा जाते हैं जैसे सूर्य को बादल ढँक लेते हैं– वैसे ही तुम थोड़ी देर के लिये आत्म विस्मृति – मूर्च्छा से ढँक जाते हो– फिर भी तुम जानते हो कि तुम ये आवरण नहीं हो, ये अनुभव नहीं हो– तुम जानने वाले हो, देखने वाले हो, साक्षी हो– और चाहे कितना ही घने हों ये आवरण फिर भी सब भाँति तुम शुद्ध–बुद्ध हो– पावन हो– जस के तस हो– यही सुकरात ने अपने मृत्यु वेला में विष के बढ़ते–चढ़ते प्रभाव के बावजूद कहा था अपने शिष्यों से कि यद्यपि जहर का असर हो रहा है और क्रमशः मेरे पाँव, कमर, छाती, हाथ और गले तक आ गया है फिर भी मैं तुमसे कहता हूँ कि मैं स्वयं को वैसे ही पूरा का पूरा महसूस कर रहा हूँ सर्वथा अप्रभावित– जैसा विष लेने के पूर्व मैं था। मैं ज्यों का त्यों हूँ– मैं नहीं मर रहा हूँ। यह प्रक्रिया है तटस्थ होकर साक्षी होने का और यह परिणाम है साक्षी होकर जीवन में आये सुख–दुःखादि उतारों–चढ़ावों को जानने का– तन और मन के रंगो से अप्रभावित रहकर मन के खेलों को देखते चले जाने का, निरीक्षण करने का। यही देखने की कला एक दिन ब्रह्मचर्या बन जाती है। यही योग में सतत् जागरण कहा गया है। यही धर्म में भागवत् अनुभव और साधना में

ध्यान कहलाता है। ब्रह्मचारी के मुख मंडल और उसके सभी व्यवहारों में जो मोहक शांति, विश्रांति और तनाव मुक्तता दिखलाई पड़ती है– उसका रहस्य है– यही शांति ब्रह्मचारी की तृप्ति है। मन की जड़ प्रवृत्तियों से मुक्त सतत् विकासमान धार्मिक जीवन ब्रह्मचर्या है।

गिरिडीह 12.09.95

## रामपुर घराना (संगीत):–

उस्ताद इनायत अली खाँ (प्रवर्तक)
उस्ताद मुश्ताक अली खाँ (उस्ताद)
उस्ताद गुलाम जाफर खाँ (पिता)
उस्ताद सादिक अली खाँ (वर्तमान कड़ी)

## परमात्मा की याद:–

लोगों का जीवन दुःख भरा, अव्यवस्थित और तनाव पूर्ण क्यों है– सोचता हूँ तो देखता हूँ कि उनको परमात्मा का स्मरण नहीं होता। लोग मेरी इरा बात को सुनेंगे तो उन्हें अचरज होगा, उन्हें गुस्सा भी आयेगा कि मैं असत्य कह रहा हूँ क्योंकि वे सोचते हैं कि वे तो अक्सर ही परमात्मा को याद करते रहते हैं और भक्तिपूर्वक याद करते हैं– उनकी शरण की कामना करते हैं। यह सच भी है कि लोग परमात्मा को याद करते हैं। लेकिन किस तरह यह ध्यान देने लायक तथ्य है।

तुम सोचो, ध्यान दो जरा कि तुम परमात्मा को किस तरह याद करते हो– कब याद करते हो– क्यों याद करते हो।

तुम जब परमात्मा को याद करते हो तो ऐसा मान कर चलते हो कि तुम अलग हो और परमात्मा अलग है। तुम जब परमात्मा को याद करते हो तो उस समय कोई दुःख तुम्हें घेरे होता है तब याद करते हो, तब याद करते हो जब कोई असुरक्षा का भय तुम्हें सता रहा होता है और तुम इसीलिये याद करते हो कि परमात्मा तुम्हें स्वस्थ कर दे, तुम्हें सफल कर दे, तुम्हें सुरक्षा प्रदान कर दे और इसीलिये याद करते हो कि तब तुम जैसे हो, जैसे जी रहे हो, जैसे सोचते हो, आचरण करते हो – वह सब वैसा का वैसा जारी रख सको। ऐसा ही ढंग है लोगों का परमात्मा

को स्मरण करने का। लोग चाहते हैं कि परमात्मा उनके दरबान का कार्य कर दे, डॉक्टर का काम कर दे, उनके बच्चों के ट्यूटर का काम करके उन्हें परीक्षा में अच्छी स्थिति प्रदान कर दे, कि परमात्मा लोगों के बॉडी–गार्ड का काम कर दें, कि परमात्मा उनके वकील का काम कर दे कि परमात्मा उनका एक अच्छा एजेंट बन जाये– लोग चाहते हैं कि मुफ्त में **all in one** सभी सेवाएँ निपटा देने वाले के रूप में परमात्मा उनकी सेवा बजा दे और जिसे वे भक्ति कहते हैं वह क्या है जरा देखो– कभी–कभार मंदिर हो आयें, घंटे घड़ियाल बजाकर आ जायें, दो चार रूपयों का प्रसाद चढ़ा आये, दो चार अगरबत्ती जला दे यह रिश्वत चढ़ा देना उनकी भक्ति है और दो चार पंक्ति स्तुतिगान कर देना, खुशामद के दो चार बोल सुना आना उनका कीर्तन भजन है। यही लोगों की परमात्मा के प्रति आदर भावना है। इसी मूल्य के बदले में वे चाहते हैं कि परमात्मा हर क्षण उनकी प्रत्येक समस्या को देखते–देखते ही हल कर दे– जिसे वे अहैतुकी कृपा कहते हैं। ऐसा जीवन व्यवहार है लोगों का। अपने दैनदिन जीवन में, चाहे जो कुछ चाहें जैसा भी वे व्यवहार करते रहें, चाहें जैसा भी विचार पालते पोषते रहें, भावना पनपाते रहें दिलों में– जैसा चलता आया है वैसा ही चलाते रहें– और परमात्मा अपनी अहैतुकी कृपा उन पर बरसाते रहें– ऐसी चाहना है लोगों की। इसी से लोगों का जीवन दुःखभरा है, तनावपूर्ण है। अपनी बचकानी हरकतों से स्वयं अपने हाथों ही आदमी ने अपने जीवन को समस्याओं के जालों से उलझा रखा है।

परमात्मा कोई इनकी बातों में आ जाने वाला नहीं है– कोई अहैतुकी कृपा नहीं करने वाला। इतना सस्ता और बेतुका नहीं है परमात्मा को बहला फुसला लेना। एक ही मुकदमे में लड़ रहे दोनों पक्ष उसे चढ़ावा चढ़ाते हैं, बहलाते–फुसलाते हैं– परमात्मा कोई घूसखोर ऑफिसर या सनकी बादशाह नहीं कि किसी की भी सुन ले। परमात्मा तो वही करता है जो न्याय है, धर्म है, सबके कल्याण का हो। परमात्मा का कोई पक्ष नहीं, कोई अपना पराया नहीं। स्तुति–निंदा से सर्वथा अप्रभावित रहना ही परमात्मा का स्वभाव है– परमात्म आत्म तुष्ट है क्योंकि वह जानता है कि उसे क्या करना है, किस तरह करना है परमात्मा अपने स्वभाव में स्थिर है– वह अपने स्वभाव से तुष्ट है, उसे अपनी जिम्मेदारी निभाना

खूब आता है और अनायास ही बिना किसी प्रयास के सीधा–सीधा क्षण मात्र में ही निष्कर्ष में पहुँचने वाली आँखें हैं उसके पास– वह कानों से कम सुनता– कभी–कभी ही सुनता है– अक्सर आँखों से ही काम लेता– सीधे दिलों में घुसकर देखता है– अपने सतत् जाग्रत विवेक से काम लेता है। इसीलिये चाहें उसके निष्कर्षों से अप्रसन्न होने वाले लोग, अपनी भक्ति और भजन कीर्तन कहीं जाने वाली बातों के निष्फल हो जाने पर गाली–गलौज करने वाले लोग उसकी लाख आलोचना करें वह अप्रभावित ही रहते हैं और उसी तरह उसके निष्कर्षों से प्रसन्न हो उठे लोगों की पूजा–पाठ आदि से भी वे उदासीन के उदासीन ही रहते हैं। यही श्रीभगवान का स्वभाव है और इसी विवेक के कारण वे इतनी बड़ी सृष्टि रचना में अनंत–अनंत जीवों के प्रति न्याय कर पाने में सक्षम हैं। जिम्मेदारी का बोध ही न्याय का आधार है और प्रेममय होना, करुणामय होना, निष्पक्ष होना, निष्काम होना, जिम्मेदारी के निर्वाह का आधार होता है। सर्व कल्याण की धर्म भावना ही सबसे बड़ा बोध है– सबसे बड़ी जिम्मेदारी है। फिर लोगों का जीवन कैसे दुःखों से मुक्त हो, कैसे तनावों से मुक्त हो– कैसे?

वस्तुतः परमात्मा को स्मरण करने का अर्थ उस परमात्मा को याद करना है, उसे जगाना है जो स्वयं के भीतर विवेक के रूप में मौजूद होता है। वस्तुतः परमात्मा को याद करने का अर्थ होता है स्वयं के परमात्मापन, स्वयं की जिम्मेदारी का आत्यंतिक बोध, स्वयं परमात्मा सदृश् होना–स्वयं परमात्मा के स्वभाव का वाहक (device) बनना– स्वयं परमात्मा बनना। यही साधना है, यही तप है। यही वह गुण है जो सभी स्थितियों में सम होता है–शांत होता है, तुष्ट होता है और निष्काम होते हुए सारे कर्म करता है। अपने स्वभाव पर ध्यान रखना, अपने स्वभाव में स्थिर रहना और तमाम उन कर्मों को सम्पादित करना जिससे सर्व कल्याण का प्रयोजन सन्निहित हो यही है परमात्मा होना। इस तरह जो व्यक्ति अपने जीवन में जिम्मेदारियों को पूरा करता है– उसके जीवन में दुःख और तनाव कभी आ ही नहीं सकते। क्योंकि सवाल लोगों के प्रसन्न होने अप्रसन्न होने का नहीं, वह तो वे अपने–अपने सोच–विचार और जीवन व्यवहार के कारण ही होंगे, कोई प्रसन्न होगा, कोई अप्रसन्न

होगा– इससे अप्रभावित रहते हुए अपने प्रेममय स्वभाव की स्थिरता ही और अपने निष्पक्ष, मासूम होने की सतत् अनुभूति ही उस व्यक्ति का संतोष है– आनंद है। इस तरह अपने परमात्मापन को क्षण प्रति क्षण जीने वाला व्यक्ति सहज ही परमात्म स्वभाव की स्थिरता से आह्लादित रहता है– वह स्वयं का स्मरण करता है आत्मस्मरण और आत्मरमण यही उसकी जीवनचर्या होती है।

ऐसा करके– ऐसा जीकर तुम जरा देखो–फिर कहाँ गये सब दुःख और तनाव तुम्हें दूर–दूर तक उनका पता नहीं चलेगा। परमात्मा का ऐसा स्मरण प्रसाद बनकर स्वयं को भीतर–बाहर, सब ओर से आनंद की वर्षा बन जाता है– स्वभाव की वर्षा। यही अनुभव तुम में महत् जिम्मेदारी अर्थात् करुणा को जन्म देगा– एक जागे हुए आत्मा का यही धर्म है यही कर्म है–यही जीवन है।

13.09.95

## प्रह्लाद स्मरणः–

भगवान का स्मरण अमृतपान है। भगवान जिन्हें वासुदेव अर्थात् सब में निवास करने वाला परमात्मा कहते हैं। उन्हें और केवल उन्हें नित्य, क्षण प्रति क्षण भजने वाला जीव उनका शरणागत होता है– और भगवान शरणागत् वत्सल हैं। दोनों ही अर्थों में– एक तो बोध का होना अर्थात् वासुदेव मात्र को जानना जीना स्वयं सुरक्षा है अर्थात् यदि बाह्य दृष्टि से कोई हानि या मृत्यु ही क्यों न घट जाये फिर भी ऐसी आत्मा सनातन रूप से अमृत हो जाता है– यह क्षण प्रति क्षण का होश अमृतपान है और दूसरा भगवान की इच्छा हुई कि भक्त को जीवित रखना है तो चमत्कारिक ढंग से भी उसकी रक्षा की जाती है। यह एक निशंसय सत्य है। प्रह्लाद की रक्षा ऐसे ही हुई। भक्त बालक की यह निष्ठा कि वासुदेव सब में समाये हुए हैं उसमें, उसके पिता हिरण्यकश्यप में, चांद तारों में, वायु में, जल में, धरती में, आकाश में– और उसके पिता के द्वारा क्रोध से पूर्ण होकर कि क्या महल के इस खंभे में भी तो बालक का उत्तर कि हाँ इस खंभे में भी– यह अटल श्रद्धा–भगवान की उपस्थिति का यह अडिग अहसास ही चमत्कार बन गया और जो सत्य है वह तो

सत्य और अस्तित्व का एकमात्र सत्य–भगवान का सबमें उपस्थित होने का सत्य–प्रकट हो गया–सबने देखा, आस्तिक ने देखा–नास्तिक ने देखा–सदाचारी ने देखा, दुराचारी ने देखा–सबके सम्मुख वह महा महा सत्य अकस्मात् प्रकट हो गया। हिरण्यकश्यप के प्रहार से ध्वस्त खंभे में से भक्त वत्सल भगवान प्रकट हो गये।

हिंदुओं में एक बात प्रचलित है कि भगवान को तो भक्त ही पुजवाते हैं। यह बात सच है। मैं आज इसीलिये भक्त को स्मरण कर रहा हूँ। भगवान को जिसने जीया– उसी श्रेष्ठ भक्त को दुनिया ने भगवान माना है। वही सद्‌गुरु हुआ। इसीलिये संत कबीर ने उसकी महिमा में बताया कि गुरु गोविंद दोऊ खड़े काके लागूँ पांय बलिहारी गुरु आपणे गोविंद दियो बताय। गुरु ही तो भगवान की उपस्थिति के साक्षी हैं– वे ही तो पता बताते हैं दुनिया को भगवान का– भगवान की पहचान कराते हैं। इसीलिये भक्त भगवान से पहले स्मरणीय हैं। फिर गीता में भगवान ने स्वयं कहा है कि मैं भक्त के वश में हो जाता हूँ। भक्त की ऐसी महिमा है।

प्रह्लाद ऐसा ही भक्त है भक्त प्रह्लाद अद्वैत बोध से पूर्ण भक्त था– अस्तित्व को वासुदेव कहकर श्रीहरि कहकर संबोधित करता था और अपने श्री हरि के वात्सल्य पर उसे पूर्ण श्रद्धा थी। उसी के कारण वह बार–बार अपने हिरण्यकश्यप से निवेदन करता रहा कि आप क्षमा माँग लें भगवान से, वे परम कृपालु हैं, क्षमा कर ही देंगे। लेकिन लीला तो और ढंग से होनी थी सो हुई। हिरण्यकश्यप से उसके पूर्व जन्म में ही भगवान ने वचन दिया था कि वे स्वयं आकर अपने हाथ से इस नर देह से इस पृथ्वी के वास से मुक्ति देंगे और पुनः अपने पास बुला लेंगे सो वे अपने वचनानुसार आये नरसिंह का रूप लेकर और उसे भवबंधन से मुक्त करा के अपने साथ ले गये।

इस प्रह्लाद कथा में कई बातें ध्यान देने योग्य है। हिरण्यकश्यप के साथ उसकी बहन जो सिद्ध योगिनी थी, होलिका का भी वर्णन आता है, जो प्रह्लाद को मारने के लिये अग्नि के बीच बैठी और स्वयं जिसे यह वरदान प्राप्त था कि अग्नि से कभी कोई हानि उसे नहीं होगी– वह होलिका आग से जलकर भस्म हो गयी और प्रह्लाद सुरक्षित बचा रह गया। यह कैसे हुआ।

साधना के सोपानों में सिद्धि का बहुत मूल्य है। हिरण्यकश्यप और होलिका ने घोर तप किया था। उसी के फलस्वरूप उन्हें सिद्धि हासिल हुई थी अर्थात् वे मनुष्य शरीर की सामान्य शक्ति से बहुत ऊपर कुछ चमत्कारिक शक्तियों के भी स्वामी हो गये थे। वे सिद्ध थे। उन्हें गुमान हो गया था कि वे 'कुछ' हैं। यही अभिमान कहलाता है। कुछ भी होने की प्रतीति अहंकार ही है और जहाँ अहंकार होगा वहाँ गर्व होगा, शक्ति का तांडव होगा और एक अज्ञात् भय भी होगा कि मृत्यु नामक अनिवार्य नियम कहीं उन पर लागू न हो। इसी अचेतन भय को अभिनिवेश कहा जाता है। यह हर देहधारी जीव में–चाहें वह सामान्य शक्ति के स्वामी मानव हों या विशिष्ट शक्तियों के स्वामी कोई देव दानव हों– हरेक के भीतर व्याप्त होता है और कभी न कभी, उनके लाख बुद्धि लगाने के बावजूद प्रकट होकर उन्हें अपने चपेट में ले ही लेता है। जहाँ कहीं भी 'कुछ' होने का भाव होगा चाहे वह सामान्य हो या विशिष्ट मिटने के नियम के तहत् मृत्यु उन्हें आ घेरती है। क्योंकि सिवाय परमात्मा के, सिवाय उन अविनाशी वासुदेव के सबकुछ माया है– कुछ क्षणों का आभास है–सपने में देखे जाने वाले दृश्य हैं। हर देह एक स्वप्निल अहसास मात्र है। सिर्फ श्रीहरि का होना ही सत्य है और अमृत है। फिर सिद्धि लाभ के द्वारा प्राप्त वरदान अपनी रक्षा हेतु ही होते हैं, किसी को मारने सताने के लिये नहीं। हर सिद्धि– जहाँ साधक पहुँच गया है वहाँ से और ऊपर की ओर उठने हेतु होती है–लेकिन सिद्धि लाभ के पश्चात् उतने से ही गर्वोन्मत होकर हर किसी को चुनौती देते फिरने के लिये जिस सिद्ध ने भी उपयोग किया अपनी उपलब्धि का वह अहंकार के वशीभूत होकर स्वयं अपनी ही मृत्यु के लिये रास्ता तैयार कर लिया। भगवान का ऐसा ही विधान है। इसी के फलस्वरूप अभिमानी होलिका मारी गयी क्योंकि वह सत्य से विमुख हो गयी, असत्य को सबकुछ मान बैठी– अपने 'कुछ' होने का असत्य–स्वप्न को सत्य मान बैठने का आग्रह। यही उसका अभिमान था। हिरण्यकश्यप भी एक अधूरी उपलब्धि से फूला न समाया और अपनी तार्किक बुद्धि से उसे सबकुछ अर्थात् अमर हो जाने के भ्रम में पड़ गया और वासुदेव को ही चुनौती देने लगा अज्ञानवश– यही अज्ञान उसकी मृत्यु का कारण बना। वह अपनी ही बुद्धि के द्वारा छला गया। वह बुद्धि बल से सोचता था कि मृत्यु के पार

चला गया है। ऐसी ही योजना उसने बनायी लेकिन श्रीहरि अनंत हैं और उनकी क्षमता भी अनंत है– वे बुद्धि के द्वारा मापे नहीं जा सकते– बुद्धि के सब माप ओछे होते हैं, बुद्धि की क्षमता अत्यंत सीमित होती है और द्वैत दृष्टि से परिच्छिन्न होती है– और परमात्मा के रास्ते अनंत हैं, अनंत हैं उसके तौर तरीके। वासुदेव है अद्वैत और असीम, सो बुद्धि बल से निकाला गया उपाय हिरण्यकश्यप की सुरक्षा तो नहीं बना सका उल्टे उस अनंत भगवान के लिये वही उपाय हिरण्यकश्यप की मृत्यु का उपाय बन गया– हिरण्यकश्यप भूल ही गया था कि द्वैत में संधि स्थल जो होता है– जो न यह है न वह है– वह अव्याख्येय, वह अज्ञेय संधि स्थल समस्त द्वैतों को जो संभाले हुए है वह महाशून्य, वह महासत्ता भी है और गौर से देखो तो सर्वत्र वही, वही है– वही संधि स्थल, वही संधि वेला, वही अनिर्वचनीय परम रहस्य प्रभु नरसिंह रूप धारण कर प्रकट हो गये। उन्हीं के हाथों हिरण्यकशिपु मारा गया। उस समय न दिन था न रात्रि, वह स्थल न घर था न बाहर, भगवान का वह रूप न नर था न पशु और उनके नाखून न नर देह का हिस्सा था न कोई बाह्य शस्त्र। बस, अपने ही बनाये और सुझाए उपाय से वह कुछ विशिष्ट होने का अभिमानी मारा गया।

प्रह्लाद सदा सुरक्षित रहा। श्री वासुदेव ही एकमात्र सुरक्षा है। जो उस महासुरक्षा को स्मरण करता है– जो अपने कुछ होने के भ्रम से मुक्त हो जाता है, जो सपनों से जाग जाता है और सतत् सत्य को ध्यान में भजता है– वही सुरक्षित रहता है। अमृत को स्मरण रखने वाला अमृत हो जाता है। मृत्यु की पहुँच वहाँ वैसे ही नहीं जैसे सूर्य को अंधेरा नहीं छू सकता। ऐसा प्रह्लाद अपने ज्ञान अपने वासुदेव बोध और भक्ति अर्थात् भगवान के शरणागत् होने से सदा सर्वदा के लिये न सिर्फ स्वयं ही सुरक्षित हो गया, अक्षर हो गया, बल्कि संपूर्ण मानव जाति को ऐसा होने का पथ दिखा गया।

मैं भक्त प्रह्लाद का इसीलिये आज स्मरण कर रहा हूँ।

ओम् नमो भगवते वासुदेवाय

ओम् नमो भगवते प्रह्लादाय

ओम् ओम् ओम्

गिरिडीह 16.09.95

## Conflict:–

The situation of indecisiveness is called conflict. It is a mental disease and sometimes it ends into a suicide.

Existence

Samadhi – True and perpetual nature

Anand of Creativity: – Desire to play

Origin of Mind: –Transformation of Nirvikalpa 'Samadhi into savikalpa Samadhi'

Gestalt : – Thoughts

Sensory perceptions: – {Thoughts Materialized / Apperances and Experiences}

Feelings of attractions and repulsions

Conceptualization and rationalization

→Mental Phenomenon, The Karma

Result: – Becomings (Vicious cycle of births and deaths)

"Every incident (or accident) is the result of one's own karmas, that is thoughts – Materialized."

यह सृष्टि समाधिलीन परमात्मा का एक विचार मात्र है और ठीक वैसा ही मेरा तुम्हारा प्रत्येक का विचार ही संसार चक्र है। जैसा विचार करोगे वैसा ही हो जाता है। यह सृष्टि रचना का सारभूत नियम है। इसे ऋषियों ने जान लिया था तभी उन्होंने कहा था कि ''मनसो जातः सृष्टि''।

लेकिन एक बात निश्चित है कि तुम जानो न जानो– समाधि ही तुम्हारा स्वभाव है।

## माँ योग लक्ष्मी:–

मेरे सद्‌गुरु भगवान श्री रजनीश जब जबलपुर छोड़कर स्थायी रूप से बंबई निवास करने हेतु चले गये तब मुझे यह कहते गये कि 'जल्दी ही तुम्हें भी अपने पास बुला लूँगा''। उन्होंने मुझे बुला लिया और मैं संन्यासी होकर घर से (रायपुर) निकल गया। जब मैं बंबई पेडर रोड पर स्थित वुडलैंड्‌स बिल्डिंग के पहले तल पर भगवान के निवास में दाखिल हुआ तो दो संन्यासिनियों ने मेरा स्वागत किया– माँ योग तरू और माँ योग लक्ष्मी ने।

मा योग लक्ष्मी तब भगवान के समस्त कार्यों और उनसे भेंट करने आने जाने वालों की व्यवस्था देखती थीं, भगवान की सचिव थीं। जब मेरा वहाँ रहना हो गया तो बहुत करीब से माँ को देखने का मुझे अवसर मिला।

माँ योग लक्ष्मी फिर जब भगवान ने बंबई छोड़कर पूना में अपना आश्रम बनाया तब भी सारा काम सचिव की हैसियत से करती रहीं जो बहुत श्रम साध्य था। सन् 1970 से 1981 तक भगवान रजनीश के अमेरिका रवाना होने के क्षण तक वे बराबर इसी रूप में वह सेवारत् रहीं। न दिन को दिन समझा न रात को रात– सतत् पल, पल बस एक ही काम, एक ही धुन– भगवान की सेवा, सेवा और सेवा। सद्गुरु के प्रति समर्पित ऐसा व्यक्ति मैंने दूसरा नहीं देखा। वह भगवान के शिष्यों में सर्वप्रथम संन्यास ग्रहण करने वाली थीं मनाली शिविर में, जब सद्गुरु ने संन्यास दीक्षा देना प्रारंभ किया। सचमुच वह सभी संन्यासियों में अग्रगण्य थीं और सदा रहेंगी।

माँ योग लक्ष्मी की इसी निर्मल सेवा को देखकर उनके प्रति बहुत सम्मान की भावना रखता रहा हूँ। माँ लक्ष्मी भी मेरे प्रति स्नेह रखती थीं– वह मेरे प्रति उसके व्यवहार से स्पष्ट प्रतीत होता था।

माँ लक्ष्मी भगवान की गाड़ी की सारथी थीं। बंबई में जो **Impala Car** उपयोग में आती रही वह उन्हीं ने भगवान के बंबई आगमन पर उन्हें भेंट चढ़ाया था। पूना में भी वे ही भगवान को लाती ले जाती थीं।

एक बार मेरे द्वारा माँ आनंदमयी की चर्चा सुनकर उन्होंने बताया कि बंबई में माँ आनंदमयी की भी वे सारथी बनी थीं। यह सुनकर मुझे बहुत अच्छा लगा और यह महसूस किया कि भगवतभक्ति की प्रबल भावना उसकी आत्मा में, जन्म से सेवाधर्म के लिये ही अवतरित हुई थी। श्वान निद्रा और स्वल्पाहार की उनकी विश्रांति थी। अपने सद्गुरु की चरण सेवा में उनकी प्रगाढ़ निष्ठा थी। कद में एकदम कन्यारूपिणी और विषय वासना में विरक्त थीं वे। इतने कम आहार और आराम के बावजूद तपस्विनी का तेज उनके मुख मण्डल पर सदैव देखा गया। उनके साथ–साथ उनका सम्पूर्ण परिवार भगवान का शिष्य बन चुका था। उनकी माँ भी वैसी ही थी तथा उनकी भाभी तो दैवमूर्ति ही प्रतीत होती

थीं। उनके चेहरे पर इतने धनाढ्य घर की बहू होने के बावजूद अपूर्व सादगी और पतिव्रत्य का तेज और भारतीय नारी की सौम्यता प्रकाशित होती थी।

मां योग लक्ष्मी का श्वांस–श्वांस उनके हृदय में बसे भगवान के प्रति समर्पित था। पूना आश्रम की श्री वृद्धि उसी का एक जीवंत प्रमाण है।

भगवान ने बाद में पूना आश्रम के कार्यों को बढ़ता हुआ देखकर अमेरिका से आयी एक संन्यासिनी मां आनंद शीला को लक्ष्मीजी का सह सचिव नियुक्त कर दिया था। वह देखने में अत्यंत रूपवती और स्फूर्तिवती थीं। हमेशा हँसती, खुश रहती थीं। वह एक महत्त्वाकांक्षी व्यक्ति थीं। उसी महत्त्वाकांक्षा का परिणाम हुआ भगवान का भारत छोड़कर अमेरिका जाना।

अत्यंत गोपनीय ढंग से भगवान ने भारत से प्रस्थान किया। यहाँ किसी को पता नहीं था कि वे कहाँ चले गये– मानो गायब हो गये हों। कुछ काल पश्चात् ही पता चल पाया कि वे अब अमेरिका में है और अपने संन्यासियों के साथ न्यूयॉर्क स्थित चिद्विलास ध्यान केंद्र के मेहमान हैं।

थोड़े ही दिनों बाद अमेरिका में पोर्टलैण्ड के पास ओरेगॉन में एक बहुत बड़ा भूखंड जिसमें समूचा एक नगर बसाया जा सके खरीद लिया गया और फिर शुरू हुई एक नयी कहानी।

अमेरिका में इस स्थान पर जब काम शुरू हुआ तब धीरे–धीरे जल्दी ही शीला ने अपना वर्चस्व जमाना प्रारंभ कर दिया और एक दिन ऐसा भी आया कि मां योग लक्ष्मी को वहाँ से धक्का मारकर न केवल निष्काषित कर दिया, उसके चरित्र हनन का एक अभियान ही छेड़ दिया गया। लक्ष्मी अमेरिका में ही कुछ समय तक अपने कुछ परिचितों के यहाँ मेहमान बन कर रहीं लेकिन अंततः अमेरिका छोड़कर भारत आना पड़ा। इस घटना से मां योग लक्ष्मी के ऊपर जबर्दस्त हृदयाघात हुआ लेकिन उसे वे चुपचाप सह गईं जिसका स्थायी परिणाम कैंसर की बीमारी के रूप में उभर कर प्रकट हुआ। एक तो वैसे ही उसका शरीर शिशु समान अत्यंत कोमल और लघुकाय था, इस बीमारी से वह और सूख सी गयीं, अत्यंत दुर्बल हो गयीं और बंबई स्थित अपने घर में उन्होंने खाट पकड़ ली और वहीं पड़ी–पड़ी अपने सद्गुरु को याद करने लगीं। उनके पास अपने अतीत की स्मृतियों के अलावा कुछ नहीं बचा।

उधर चार पाँच साल ओरेगॉन में रजनीशपुरम् नाम से संन्यासियों के अथक परिश्रम से एक नगर बनकर अमेरिका के नक्शे पर उभर आया और चारों ओर उसकी विश्वव्यापी चर्चा ने जोर पकड़ा ही था कि एक दिन यह रहस्य उद्घाटित हुआ कि शीला षड्यंत्रपूर्वक संस्था की सारी पूँजी बैंक से निकालकर अपने साथ कुछ संन्यासियों को अपने विश्वास में लेकर अचानक वहाँ से भाग गयीं और गुरु के खिलाफ अनेक प्रकार के आरोप लगा दिये। बाद में पता चला कि पोर्टलैण्ड के कॉपोरेशन की वॉटर टैंक में धीमा जहर घुलवाने का अपराध भी उसने किया था। वह वहाँ रह रहे भारतीय संन्यासियों से भगवान के प्रति समर्पण के नाम पर बंधुआ मजदूरों जैसा काम करवाती रही और अपने व्यवहारों में संदिग्ध होती चली गयी। भगवान रजनीश को भी एक तरह से कैद में ही कर लिया था। अंततः जब वह भाग गयी और दुनिया भर के मीडिया वालों ने उसके द्वारा लगाये लांछनों को उछाला तो प्रेस वालों के द्वारा गुरु के जवाबों को भी – इस भद्दी घिनौनी गाली–गलौज के आदान–प्रदान को खूब उछाला और लोगों ने खासकर अमेरिका, जर्मनी और भारत में चटखारे ले–लेकर पढ़ा–सुना। यह भगवान श्री रजनीश के जीवन की सबसे बड़ी दुर्घटना थी।

भगवान को ऐसी परिस्थिति में अमेरिका छोड़कर गुप्त रूप से पलायन करना पड़ा लेकिन उनको पोर्टलैण्ड के हवाई अड्डे पर ही अमेरिकी सरकार ने धर–दबोचा और वे गिरफ्तार कर जेल भेज दिये गये। दुनिया सन्न रह गयी। दुनिया भर में फैले शिष्यों में हलचल मच गयी और परिणामस्वरूप अनेक शिष्य भगवान और संन्यास से विमुख हो गये, उनका मोहभंग हो गया। लेकिन जो लोग अपने गुरु को सच में ही प्रेम करते थे वे अचल रहे। मां योग लक्ष्मी उन्हीं में से एक थीं और तुरंत अमेरिका जा पहुँची तथा अथक प्रयास करके भगवान की जमानत का इंतजाम करवा कर बारह दिनों की उनकी जेल यात्रा के बाद उन्हें मुक्त कराकर वापस भारत लाने में सफल रहीं। इसे कहते हैं गुरु की सेवा। अपने तमाम दुःख दर्द को विस्मृत कर दिया माँ ने। फिर भी लोगों का ध्यान मां की ओर नहीं गया– वे शीला के द्वारा फैलायी गयी अफवाहों की बेहोशी में पड़े ही रह गये।

भगवान भारत पहुँच गये और मां योग लक्ष्मी की मानो तपस्या का अब पूर्णांत हो गया। फिर मां योग नीलम अमेरिका से भगवान के साथ आयी थीं– उसने शीला का काम पकड़ लिया और भगवान अब एक आवारा की भाँति यहाँ से वहाँ भटकते रहे अपने चंद साथियों के साथ।

सन् 1986 में भगवान रजनीश को कैसे भी करके पुनः भारत लाकर यहीं रहने का निवेदन यहाँ के शिष्यों ने किया तो गुरु वापस भारत आ गये और बंबई में एक शिष्य के यहाँ सांताक्रूज में लगभग छः महीने रहे। वहीं एक बार मैंने मां लक्ष्मी को देखा और बातें की थीं। बस, वही मेरी अंतिम मुलाकात थी। फिर सन् 1990, 19 जनवरी को गुरु का देहत्याग हो गया। उनके देहत्याग से चालीस दिन पूर्व उनकी जीवन संगिनी मां विवेक का देहावसान अत्यंत रहस्यमय ढंग से हो गया। मुझे तो पूरा विश्वास है कि यह सामान्य मृत्यु नहीं, एक षड्यंत्र था, हत्या थी– लेकिन पूना आश्रम वाले सब संचालकों ने इस बात को बाहर आने ही नहीं दिया। भीरू बनाकर सब काम करने वाले संन्यासियों को रखा गया। यही तो सदा आश्रमों, मठों में होता आया है। एस. धम्मो सनंतनो।

अभी सन् 1995 की मई में यह खबर आयी कि माँ योग लक्ष्मी भी देहत्याग कर चली गयीं। चली गयीं अपने हृदय में स्थित भगवान की चरण सेवा हेतु। मुझे उनका जो स्नेह मिला उसे मैं कैसे विस्मृत कर सकता हूँ भला और उनको अपने सद्गुरु की सेवा करते जिस प्रेम से मैंने देखा उसे मैं कभी भुला न सकूँगा। वह स्मृति काल का हिस्सा नहीं रहा, अब अजर–अमर–अक्षर हो गया है।

मां योग लक्ष्मी के रूप में एक सदाशिष्य के चरणों में मैं अपने प्रणाम समर्पित करता हूँ और कामना करता हूँ कि वैसी ही धन्यता का लाभ यदि मैं योग्य समझा जाऊँ तो किसी जन्म में मुझे भी सद्गुरु प्रदान करें। एक अच्छे शिष्य होने से बड़ी धन्यता तो कुछ भी नहीं, यह तो साक्षात् पल–पल का जीवंत मोक्ष है। गुरु का प्यार मोक्ष से भी बड़ी संपदा है। उसी की मेरे हृदय में अभीप्सा है।

गिरिडीह 23.9.95

## प्रार्थनाः–

कल मुझे कलकत्ता से अरूण का फोन पर समाचार मिला कि किसी कारण विशेष से उसे भारी चिंता हो गयी है। अरूण की मुझ पर श्रद्धा है और मेरा प्रेम भी है उसके लिये। अभी पंद्रह दिन भी नहीं बीते हैं अरूण की माँ को गुजरे हुए। वह अपनी उम्र के 85 वर्ष पूरे करके गुजरी, एक तो बुढ़ापा ऊपर से किडनी फैल्योर होने से हर दो दिन के अंतर से किये जाने वाले डायलिसिस से वह बहुत परेशान हो चुकी थीं। मुझसे कहा और कितने दिन? मैंने हँसकर कह दिया था जितने दिन तुम चाहोगी और अब जी भर गया है तो चली जाओ और मेरे कहने के डेढ़ महीने भर के अंदर उसने शरीर छोड़ दिया। मुझे उसकी चिंता लगी रहती थी। उसकी चिंता से अभी उबर नहीं पाया था तो यहाँ आकर रतन सिंह के घर C.B.I. वालों के छापे से उत्पन्न स्थिति से सतनाम और उसके बच्चों की परेशानी को सोच–सोचकर चिंता में पड़ गया और अभी उस चिंता से पिंड नहीं छूटा था कि यह अरूण का फोन।

मैं ऐसे समय में परमात्मा के सन्मुख प्रार्थना में लीन हो जाया करता हूँ– मानों परमात्मा कोई व्यक्ति हो। मैं जानता हूँ कि परमात्मा कोई व्यक्ति नहीं है लेकिन यह भी जानता हूँ कि व्यक्ति की भाँति उनको सुनायी पड़ता है, व्यक्ति की भाँति वे देखते हैं और व्यक्ति की भाँति उनमें स्नेह और करुणा है। इसीलिये तर्कयुक्त नहीं होने के बावजूद हृदय की गहराई से आर्तस्वर में कोई भक्त उन्हें पुकारता है तो अपनी इच्छा से वे उस आर्तजन का उद्धार करते हैं यह हजारों–हजारों भक्तों का अनुभव है, मेरा अपना भी अनुभव है। इसीलिये मैं प्रार्थना में लीन हो जाता हूँ।

लेकिन एक बात सत्य है कि परमात्मा शास्वत उस नियम का नाम है जिसे कर्म सिद्धांत कहते हैं। भगवान नियम हैं, नियामक हैं और करुणावान् भी हैं। ज्यादा–ज्यादा नियम ही हैं, कभी–कभी ही उनकी अहैतुकी कृपा प्रकट होती है। उसमें भी वे आर्तजन के किसी पूर्व जन्म के पुण्यों को देखकर ही उसके पुण्य के फल बनाकर प्रस्तुत करते हैं। भगवान स्वयं तटस्थ और निष्पक्ष ही रहते हैं क्योंकि वे व्यक्ति नहीं हैं, साक्षी हैं– चैतन्य स्वरूप हैं, शक्ति हैं।

मैं जब–जब भी प्रार्थना करने की सोचता हूँ ऐसी परिस्थिति में किसी के लिये तो सदैव यह स्मरण रखता हूँ कि भगवान मंगल स्वरूप हैं और

सर्व मंगल के कर्ता हैं। किसे, किस समय किस बात की जरूरत है, किसका किस बात में कल्याण होना है उसे वे भली–भाँति जानते हैं और वही करते हैं, चाहे किसी को उनका ऐसा करना प्रिय लगे या अप्रिय, उसकी वे परवाह नहीं करते। क्योंकि उनकी दृष्टि अंतिम परिणाम पर होती है। लोगों की दृष्टि तात्कालिक सुख–दुःख पर होती है, ज्यादा दूर तक नहीं जाती, इसलिये लोग भगवान के कर्म को समझ नहीं सकते और विचलित हो जाते हैं। अभी अरूण वैसे ही विचलित हैं। अभी रतन सिंह वैसा ही विचलित है। इन लोगों के विचलित होकर मुझे पुकारने से कभी–कभी कम से कम, ऊपर, ऊपर से मन से तो मैं भी विचलित हो ही जाता हूँ। ऐसा ही विचलन अभी मेरे भीतर आ गया है।

मैं प्रार्थना में प्रविष्ट हुआ तो तत्काल ख्याल आया कि भगवान की तो सभी संतान हैं। जिस कन्या को किडनैप किया गया है। उसकी तकलीफ और उसके परिवार वालों की चिंता भी तो है। वे भी तो पीड़ित हैं। क्या मैं उन्हें भूलकर प्रार्थना करुँ। जिन लोगों ने यह काम किया, लड़की को किडनैप किया, क्या उन्हें भूलकर प्रार्थना करुँ– और फिर भगवान स्वयं ही सब देहों के माध्यम से घटना घटा रहे हैं– वे ही एकमात्र कर्ता हैं– क्या मैं उनके कर्म में दोष देखूँ, क्या मैं उन्हें यह कहूँ कि ऐसा करें– ऐसा नहीं करें, क्या मैं उनके मंगलमय स्वरूप को भूल जाऊँ– यह कैसे हो सकता है भला। अतः मेरी प्रार्थना सिर्फ शब्दहीन, मौन संभाषण होकर ही रह जाती है। मैं परमात्मा को पुकारता हूँ और नहीं भी पुकारता हूँ। मैं एक के कल्याण के लिये भी पुकारता हूँ और सबके कल्याण के लिये भी।

लेकिन मैं यह भी देखता हूँ कि लोग माया ममता से ग्रस्त हैं, हानि लाभ की भाषा में ही सोचने जीने के अभ्यस्त हैं– इसीलिये तो वे संसार में हैं– यही तो उनकी समझ में आ पाता है– संतजन और गुरु लोग चाहें लाख समझाएँ परमात्मा के स्वरूप के बारे में, परमात्मा की मंगल मूर्ति के बारे में फिर भी लोग अपना ही भला चाहते हैं और शत्रु की हानि चाहते हैं, मित्र–शत्रु की भावना से मुक्त नहीं हो पाते, सब रूपों में परमात्मा को महसूस नहीं कर पाते या कहो करना ही नहीं चाहते– क्योंकि यदि वे ऐसा करते हैं तो न सिर्फ जीवन से दुःख चिंता, हानि की आशंका चली जायेगी, सुख और खुशी तथा लाभ और लोभ भी चला जायेगा

तो फिर जीने को, खेलने को रह क्या जायेगा, मैं और मेरा का यह विस्तार है घर–परिवार, धंधा–व्यवसाय है वह सब गड़बड़ा जायेगा, उस ओर से आसक्ति छूट जाएगी तो इंद्रियों और मन के सब खेल गड़बड़ा जायेंगे– इसी डर से सामान्य आदमी सुन–सुनकर भी, समझ–समझकर भी परमात्मा के स्वरूप की ओर ध्यान नहीं दे पाता, या कहो देना नहीं चाहता, वह इसी से अपने और हर व्यक्ति के सच्चे स्वरूप को देख नहीं पाता क्योंकि इससे तो न्याय–अन्याय, दण्ड और पुरस्कार का मामला ही खत्म हो जायेगा, ऐसा आदमी सोचता है। हालाँकि यह सत्य नहीं है, यह सिर्फ ऊपर–ऊपर से निकाली गयी बौद्धिक निष्पत्ति (conclusion) है। सत्य तो यह है कि जिसने भी अच्छा किया, होश में जीया उसके जीवन में सुख, प्रसन्नता, स्वास्थ्य फलेगा और जिसने भी किसी का बुरा किया, बेहोशी में जीया उसके जीवन में दुःख आयेगा, तनाव आयेगा, बीमारी आयेगी यह कर्म का फल आयेगा ही आयेगा। यह एक स्वयं चलित प्रक्रिया (automatic process) है। जिसके जीवन में कोई अच्छा या बुरा, प्रसन्नता पैदा करने वाला या चिंता पैदा करने वाला कोई फल, कोई घटना आती है वह निश्चित ही इस जन्म में ज्ञात किसी कर्म के कारण हो या अतीत में किसी जन्म के अज्ञात कर्म के कारण होता है। लेकिन ऐसा कभी नहीं हो सकता कि कोई कारण ही न हो और फल आ जाये। चाहे कारण प्रत्यक्ष दिखलाई पड़ने वाला हो या न दिखलाई पड़ने वाला, लेकिन हर कार्य का कारण (effect and cause) होता ही है। यही नियम है– यही परमात्मा का प्रकृति रूप है– कर्म का सिद्धांत है।

मैं प्रार्थना करता हूँ और करता रहूँगा अरूण के लिये और सबके लिये, परमात्मा से कहता रहूँगा कि अपनी करुणा से, अहैतुकी कृपा रूप दिव्य प्रेम के वश में– जो उनकी संतानें हैं, अज्ञान में डूबे हैं, कुछ भी ऐसा–वैसा कर्म कर रहे हैं, उन संसार चक्र में फँसे दीन–हीन, मूर्च्छित जनों के भीतर उनके कल्याणार्थ होश की, भक्ति की, स्वरूप बोध की वर्षा करें, उन्हें आत्मघाती होने से बचायें, संसार को और सुंदर करें। भगवान से मैं नित्य यही प्रार्थना करता रहूँगा कि अपनी संतानों के अविवेक को कम करके उनमें विवेक की वृद्धि करें– सबका कल्याण करें ताकि पृथ्वी पर सत्य की, शिव की, सुंदरता की स्थापना हो सके, ताकि लोग परमात्मा के सच्चे स्वरूप की ओर आकर्षित हो सकें।

मैं ऐसी प्रार्थना इसलिये करता हूँ क्योंकि मैं अच्छी तरह जानता हूँ कि जीवों का वास्तविक कल्याण इसी बात में है कि जीव के समक्ष परमात्मा कहो या उसकी अपने आत्मा का ज्ञान स्पष्ट हो जाये, प्रकट हो जाये। यही किसी भी जीव का वास्तविक और आत्यंतिक (ultimate) कल्याण है। इसी से दुःख का समूल नाश होता है।

लेकिन संसार के प्रति आसक्त जीव, मैं और मेरे की मानसिक भावना से ग्रस्त जीव अपने वास्तविक कल्याण को नहीं चुनता है और तरह–तरह की गुलामी के चक्कर में पड़ जाने में ही (जानते–बूझते हुए भी यह सब चक्कर है) अपना हित समझ बैठता है– मोह, ममता के प्रबल आकर्षण के कारण और संतान का मोह तो सबसे प्रधान होता है। सद्‌गुरु और बुद्ध के होते हुए भी लोग तरह–तरह की बाबा–बाजी करने वाले पाखंडी लोगों, तंत्र–मंत्र, झाड़–फूँक करने वाले धंधेबाजों के आगे जाकर अपना माथा पटकते फिरने के चक्कर को ही चुन लेते हैं। मंदिर–मंदिर भटकते हैं। कभी–कभी ये काम भी आ जाते हैं– लेकिन यह एक दुःख से मुक्ति, एक परेशानी से छुटकारा मात्र साबित होता है, जीवन से दुःख नहीं जाता, जीवन में फिर–फिर दुःख आते ही रहते हैं– समूल नाश दुःख का नहीं होता उल्टे वे इन बाबाओं और मंदिरों से बंध जाते हैं, गुलाम हो जाते हैं।

मैं अरूण को ऐसी किसी भी गुलामी में पड़ने की सलाह नहीं दे सकता– लेकिन मैं जानता हूँ– वह एक पिता है, अपनी बच्ची की सुरक्षा के विषय में चिंतित है। अब यह तो उसी पर निर्भर है कि बुद्ध के वचन पर ध्यान दे, या किसी बाबा के चक्कर में फँसे। यह चुनाव तो उसका अपना है– वह स्वतंत्र है।

मैं जानता हूँ एक माता–पिता के लिए किसी सद्‌गुरु को चुनना अत्यंत कठिन बात है। जब तक मैं और मेरा, मेरा बच्चा, मेरा धन, मेरी देह आदि प्रकार के विचार हृदय में घर जमाये बैठा हो तब तक भयभीत होने से बचा नहीं जा सकता। और ऐसे व्यक्ति के लिये चिंता मुक्त होना संभव नहीं। आज ये चिंता है तो कल दूसरी चिंता। आज की चिंता से मुक्ति हो भी जाये तो कल दूसरी चिंता आयेगी, परसों तीसरी– जब तक जीवन है, संसारी मन है– जब तक देह की यह जनम–जनम की

यात्रा है तब तक चिंता फिकर की श्रृंखला बनी ही रहेगी। हजारों कारण हो सकते हैं। किस–किस के लिये, कितनी बार इन बाबाओं के चक्कर काटोगे– इसका तो कहीं कोई अंत नहीं। इस बात को समझ–समझ कर भी यदि कोई इन्कार करता रहे और चिंता के समूल नाश के पथ को छोड़कर जीता रहे– अपने वास्तविक पुरुषार्थ को भूला रहे या कहो स्थगित करता रहे तो कौन बचा सकता है ऐसे व्यक्ति को। यह तो आत्म प्रवंचना (Self deception) है और मनुष्य की आत्म प्रवंचना की क्षमता असीम है (man's capacity of self deception is infinite) अच्छा हो तो जो कल करना है, इस जन्म में या किसी अन्य जन्म में, चाहें दस जन्म बाद या हजार जन्म बाद करना तो वही होगा– उसे क्यों नहीं आज इसी जन्म में कर लिया जाये– क्यों दुःख और चिंता में पड़े रहने के जिद में पड़ा रहे, क्यों मोह–ममता यानी मैं और मेरा के इस भम्र को आज ही न छोड़ दिया जाये– और जीवन के सत्य को, अस्तित्व के चरम (Absolute) सत्य को देख लिया जाये, मान लिया जाये कि अपने हर सुख–दुःख के पीछे अपना ही कोई कर्म कारण होगा– और उस फल को कुछ दिन शांत रहकर, परमात्मा को साक्षी रखकर भोग लिया जाये, कुछ सगय उरा पके फल को भोगकर उससे मुक्त हो जाना ही विवेक युक्त होगा। लेकिन हड़बड़ी में आदमी अपने कर्तापन के अहंकार में होने के कारण यही सोचता है कि उसके या किसी अन्य व्यक्ति के द्वारा कुछ प्रयास करने से सब ठीक हो जायेगा। इसी विचार के बल पर संसार के खेल चल रहे हैं– लोगों का भ्रम बरकरार है और परमात्मा विस्मृत हो गया है और लोग आत्मस्वरूप से अपरिचित हैं तथा इसी भूल के कारण किसी को मित्र किसी को शत्रु मान रहे हैं, यही तो संसार है, यही तो सुख–दुःख का आधार है, यही सुरक्षा–असुरक्षा का भय है और लोग सतत् बेचैन रहते हैं– प्रसिद्ध जर्मन दार्शनिक फ्रेडरिक नीत्शे ने यहाँ तक कह डाला कि ईश्वर मर गया है और कार्ल मार्क्स ने घोषणा कर दी कि धर्म अफीम का नशा है। हाँ, यदि लोगों के द्वारा धर्म के नाम पर चल रहे ढोंग–धतूरे को देखा जाये, लोगों के भय और लोभ के कारण चल रहे पंडितों पुरोहितों और तांत्रिक–मांत्रिकों के व्यवसाय को देखा जाये तो अवश्य ही कहा जा सकता है कि धर्म अफीम का नशा है क्योंकि इससे बढ़कर गुलामी और कोई पैदा नहीं कर सकता और यह मान लिया जाए

कि ईश्वर मर गया है तो कोई आश्चर्य नहीं क्योंकि इतने पूजा–पाठों और अनुष्ठानों के बावजूद कहीं कोई सुनवाई नहीं, मानो ईश्वर बहरा अंधा हो गया हो– मरा हुआ पड़ा हो। लोगों को खुद के दिलों में झांकने का साहस तो होता नहीं ताकि वे देख सकें कि कितनी थोथी होती है उनकी पूजा–प्रार्थना और श्रद्धा। ईश्वर पर से, बुद्ध पर से श्रद्धा उठा लेने की जगह खुद के दिल में आधी–अधूरी नपुंसक श्रद्धा की जगह सौ फीसदी गहरी श्रद्धा लायें, प्रार्थना के मर्म को समझें तो ही समझ में और प्रत्यक्ष अनुभव में लोग जान सकेंगे कि ईश्वर मर गया है या सदैव जाग्रत है। प्रार्थना के ढंग को बदलो, प्रार्थना के पात्र को बदलो, ढोंगी पाखंडी लोगों के सामने झुकना छोड़ो, और अपने कर्मों की ओर ध्यान दो, अपनी जिम्मेदारी को स्वीकारों और भगवान के नित्य मंगलमय स्वभाव पर श्रद्धा करो तथा अस्तित्व के निष्पाप स्वरूप को समझो तो ही समझ में बात आयेगी कि प्रार्थना क्या है।

भगवान श्री रजनीश कहते हैं कि प्रार्थना करना नहीं होता, प्रार्थना में डूबना होता है– स्वयं प्रार्थना का जीवंत रूप बनना होता है। श्वाँस–श्वाँस प्रार्थना हो, धड़कन–धड़कन प्रार्थना हो। भगवान का स्मरण ही प्रार्थना है। बस। निःशब्द मौन स्मरण ही प्रार्थना है।

वही मैं करता हूँ और करता रहूँगा।

वही मैं हूँ– एक सतत् प्रार्थना।

शिर्डी के साईं बाबा महान् करुणावान सद्‌गुरु हैं। अपने अंतिम समय में वह कहा करते थे कि लोग मेरे पास आते रहें और कुछ न कुछ माँगते रहें और मैं उन्हें देता रहा– लेकिन इसी आशा में कि किसी दिन कोई ऐसा भी आयेगा और वह माँगेगा जो मैं अपने दिल के हिसाब से देना चाहता हूँ और अब तक कोई नहीं आया।

सचमुच अत्यंत कठिन है ऐसे व्यक्ति को पाना जो संसार से विरक्त हुआ हो और मुमुक्षा अर्थात् मात्र परमात्मा से अनन्य प्रेम की अभीप्सा (earnest and the only desire) रखता हो। मुमुक्षा ही प्रार्थना है।

## श्रीमती शांति शर्मा:–

कल टी.वी. स्क्रीन पर एक सीरियल 'परख' देख रहा था। उसमें एक शास्त्रीय गायन वाली श्रीमती शांति शर्मा को दिखाया गया। वे उस्ताद

अमीर खाँ साहब की शिष्या हैं। वे बताती हैं कि जब अमीर खाँ साहब को गाते हुए उसने सुना तो उसे लगा कि यह उसके भीतर के स्रोत को खोल रहा है। खयाल गायकी उस्ताद अमीर खाँ साहब की अप्रतिम थी। खयाल गायकी ही शांति जी का स्वाभाविक रुझान है।

शांति कह रही थीं कि संगीत में यद्यपि सुर और राग का ग्रामर होता है फिर भी भारतीय शास्त्रीय संगीत की यह विशेषता है कि जब भी गाने बैठो तो पहले कब क्या कैसा गाया था वह याद नहीं रहता– एकदम ताजा ही स्वर निकलता है उस क्षण का। वह भीतर से निकलता है अपने नये–नये Shades के साथ। जबकि पाश्चात्य संगीत में जो लिखा हुआ है उसी को देख–देख कर गाया बजाया जाता है– हर बार एक ही जैसा। भारतीय शास्त्रीय गायक जब गाने बैठता है तो उसे कुछ नहीं मालूम होता कि क्या निकलेगा–भीतर से स्वर उठता है अपने हिसाब से और गायक न सिर्फ उस सृजन को गाता है– बल्कि सुनता भी है और पहली बार ही सुनता है। यही विशेषता है भारतीय शास्त्रीय संगीत की– हमेशा ताजा।

शांति जी बताती हैं कि उन्होंने गुरु ओंकार नाथ ठाकुर से भी दीक्षा ली थी– लेकिन उनके हृदय की प्यास उस्ताद अमीर खाँ साहब को सुनने से ही बढ़ी और तृप्त हुई। शांति जी प्रचारादि से विरत एक विलक्षण प्रतिभा हैं जो संगीत के माध्यम से शब्द ब्रह्म की साधना में सतत् लीन हैं। अपनी विद्या को वे आगामी पीढ़ी को भी सिखा रही हैं। उस्ताद अमीर खाँ साहब की शिष्या होने के कारण मेरा ध्यान सहसा उनकी ओर खिंच गया क्योंकि अमीर खाँ साहब से मेरा गहरा हार्दिक लगाव है।

## चिंताः–

कुछ दिनों से मेरा मन उद्विग्न हो उठा है। वैसे तो मन का स्वभाव ही होता है, तनाव में होना– लेकिन मुझ पर मेरे सद्गुरु की कृपा है कि मेरा मन सुमन की भाँति भगवद् भजन में लीन भी रहता है किन्तु इस समय वह सामान्य मन की ही तरह हो गया है और मेरी आसक्ति और शायद कर्तत्वाभिमान के कारण अत्यंत व्याकुल हो उठा है। मेरी आसक्ति है उन लोगों के प्रति जिनकी सेवाओं से मेरा तन मन सुरक्षित है, जीवित

है। उनकी सेवा उनके ह्रदय के शुभ भाव दशा से प्रेरित है इसी से मैं ऋणी महसूस करता हूँ स्वयं को। शायद यही ऋणी होने की भावना ने मुझे उद्विग्न कर रखा है।

मैं भली–भाँति जानता हूँ कि हर व्यक्ति के सुख–दुःख उसके अपने ही कर्म और विचार के परिणाम होते हैं मेरा उनसे कोई संबंध नहीं लेकिन मैं उन लोगों के प्रति आसक्त हूँ और इस चाह से ग्रसित हूँ कि मैं उन्हें निश्चिंत और सुख सम्पन्न देखता रहूँ– शायद यही तृष्णा कारण हो मेरी चिंता का।

वैसे मैं भली–भाँति जानता हूँ कि सारा जगत यह सृष्टि विस्तार– ये असंख्य देह एक अनंत सच्चिदानंद परमेश्वर की अपनी ही आनंदमय लीला है– स्वयं भगवत्स्वरूप है– फिर भी यह सत्य है कि ऐसा बोध इन देहों के रूप में जीवन जीते जीवों को नहीं है और दुःखी हैं, संतप्त हैं, चिंतातुर हैं–कैसे मिटे उनकी यह पीड़ा– कैसे देखूँ उन्हें भगवद् भजन से प्राप्त सुख–शांति से भरे हुए, यह मेरे सामने बहुत बड़ी और एकमात्र चिंता है, कैसे इन जीवों को आत्मस्वरूप का बोध हो, कैसे इनके ह्रदयों में भगवद्स्वरूप का प्रकाश आलोकित हो और परमात्मा पर अटूट श्रद्धा हो– यही मेरी चिंता है।

लेकिन शायद इतना ही नहीं और ऐसा ही नहीं है मामला। जटिल है शायद स्थिति। मैंने संकल्पपूर्वक अपने इस जीवन को एक सामान्य मनुष्य के जीवन की भाँति जीने का चुनाव किया हुआ है– मैं विरक्त संन्यासी नहीं, अनुरक्त इंसान की भाँति जी रहा हूँ। मैंने स्वीकार किया है जीवन के अनन्त भाव–भंगिमाओं, ऊँचे–नीचे कर्मों को, परमात्मा की समग्रता को– संसार जिसे कहते हैं– नाते–रिश्ते के धागों से बुना हुआ यह मर्त्य जीवन, जमीन का जीवन– शायद इसी चुनाव में ही आज की चिंता समाहित है। मैं साक्षी होकर चाहे जितनी भी कोशिश करूँ कि मैं निर्लिप्त रखूँ स्वयं के आत्मस्वरूप बोध को– फिर भी लिप्तता अनुभव में आ रही है। शायद यह मेरे अपने विगत् और वर्तमान जन्म के कर्मों और मोह का परिणाम हो। मैं इसे करुणा कहूँ या कर्म बंधन सूझ नहीं पड़ता।

मैं समझ नहीं पा रहा हूँ कि संसार की ऐसी विषम परिस्थितियों के बीच उन्हें देखते–सुनते हुए भी कोई अपनी संवेदनशीलता की रक्षा करते हुए भी कैसे अनुद्विग्न और चिंतामुक्त रहकर जी सकता है।

हाँ, कोई मूढ़तापूर्ण हो, जैसे यह जन्मतः मूढ़ बुद्धि वाले जीव और हृदयहीन पाषाण वत् नेता–महात्मा लोग जो अपने ही स्वार्थ पूर्ति के घृणित खेल में मत्त हैं अपने–अपने पदों में, मठों और आश्रमों में और राजधानियों में –तो उनकी बात अलग है। लेकिन कोई संत, कोई विचारवान् व्यक्ति, कोई भाई, कोई पिता, कोई पति, कोई मित्र, कोई गुरु, कोई ब्राह्मण कैसे चिंतामुक्त रह सकता है। मैं इस बेबूझ पहेली से उलझ रहा हूँ जो सुलझने की बजाय और उलझती जा रही है।

यद्यपि मैं बुद्ध दृष्टि की शून्यता की हद तक अद्वैतवादी हूँ और कृष्ण दृष्टि की पूर्णता की हद तक भागवतवादी हूँ फिर भी मैं इस माया मय, अविद्या जनित संसार चक्र में फँसे अपने परिचित–अपरिचित समस्त जीवों के कष्टों से बुरी तरह आक्रांत हो उठा हूँ– यही मेरा कर्म है कि मैं उनकी सेवा को सतत् स्मरण रखता हूँ, उनकी भगवत बुद्धि युक्त भावना से प्रेरित व्यवहारों को भूल नहीं सकता, उनका मूल्य कम करके नहीं आँक सकता।

सद्‌गुरु मेरी रक्षा करें।

साईं मेरी रक्षा करें।

माँ मेरी रक्षा करें।

और मेरी रक्षा तो तभी है जब इन सब मित्रों को मैं सुरक्षित देखूँ। हालाँकि मैं जानता हूँ कि प्रभु की अपनी न्याय व्यवस्था और इच्छा ही सर्वोपरि है फिर भी प्रार्थना कर रहा हूँ कि प्रभु अपने अक्षय स्रोत से प्रेम की वर्षा करें, अनुकम्पा करें, सबको शांति, सद्‌बुद्धि और अपनी भक्ति प्रदान करें।

## स्वभाव–बोधः–

स्वभाव का बोध अनंत स्थिरता है और स्वभाव का विस्मरण अंतहीन भटकना बन जाता है।

कल कलकत्ता में अरूण के निवास पर मुझसे भेंट करने आये स्वामी प्रह्लाद भारती ने पूछा कि जो लोग अच्छाइयों और कोमल भावनाओं से रहित होकर कठोर हृदय युक्त तथा बुराइयों वाले आचरण भरा जीवन

जीते हैं क्या यही भटकन है देह धारण करने का और कह रहा था कि ऐसे लोगों को देखकर दया आती है।

प्रह्लाद और क्या सभी धर्म प्रेमी आदमियों को यह धारणा पकड़ लेती है कि वे शांत हैं, शांति के मार्ग पर काफी आगे बढ़ चुके हैं और वे सही हैं, उनकी बुद्धि निर्मल है। लेकिन यह सही नहीं है। सही होने और समझदार होने का दावा तो उन्हें भी होता है जिन्हें ये साधु संत और सज्जन लोग अपराधी और गलत राह पर चलने वाले समझते हैं। इन्हें देखकर वे दया खाते हैं और उन्हें देखकर ये तरस खाते हैं। दोनों समझदार मानते हैं स्वयं को और दोनों ही नासमझ हैं। यह बात गहराई से समझने की है। पहले तो समझना होगा कि भटकन क्या है– कौन भटका है। और स्थिरता क्या है?–कौन स्थिर होता है?

अभाव की प्रतीति और उस अभाव को भरने का उपाय–तरह–तरह की चेष्टा ही भटकना है – चाहे वह धन का– सामान्य रुपये–पैसों का अभाव हो कि परमधन का– चित्त की शांति का, मोक्ष का अभाव हो– अभाव की प्रतीति मात्र– बेचैनी पैदा करता है और कर्म की ओर उन्मुख कर देता है– और आदमी उन मार्गों पर पैर धर देता है जो उसे भटकाते तो बहुत हैं, आशा तो बहुत दिलाते हैं तृप्ति और शांति की लेकिन परिणाम उल्टा ही आता है, अतृप्ति और अशांति ज्यों की त्यों बनी रहती है।

ध्यान देने की बात यह है कि अस्तित्व का स्वरूप पूर्ण होता है उस पूर्णता का बोध ही अस्तित्व का स्वभाव है। और अस्तित्व अपने दृश्य श्रव्य स्पर्श रूप में अपने लघु से लघु रूपाकार में भी और वृहद से वृहद रूपाकार में भी अपने गुण धर्म की दृष्टि से एक जैसा और एक जितना ही उपस्थित होता है– वही पूर्णता का अहसास अणु और विराट दोनों में समान रूप से उपस्थित होता है। पूर्ण होना ही मनुष्य का स्वभाव है। हम उसी पूर्णता की अनुभूति के लिये तरस रहे हैं, उसे ही खोज रहे हैं अपनी प्रत्येक खोज के पीछे, अपनी प्रत्येक यात्रा के पीछे। कभी धन के द्वारा तो कभी शक्ति के द्वारा, कभी रूप के द्वारा तो कभी पांडित्य के द्वारा, कभी यश के द्वारा तो कभी तप के द्वारा, गृहस्थ होकर कोई खोज में लीन है उस बोध के लिये तो कोई संन्यासी होकर साधना रत है। कोई हिंसा के रास्ते से, अहंकार के रास्ते से तो अहिंसा के रास्ते से, प्रेम

और त्याग के माध्यम से उसी शांति को ढूँढ रहा है, उसी आनंद को, उसी पूर्णता के अहसास को।

और दूसरी ध्यान देने की बात है– जो चीजें जहाँ मिलनी हो वहीं मिलेंगी, किसी और दिशा में चले जाने से तो उससे दूर हो जाना होगा, चाहे किसी भी दिशा में चले जाओ। यह निश्चित है और कहीं नहीं मिलेगा वह क्योंकि जहाँ नहीं है वहाँ कैसे मिलेगा–इसलिये वहीं ढूँढो जहाँ वह है और मजा यह है कि जहाँ वह है उसे ज्यादा ढूँढने की जरूरत भी नहीं पड़ती–क्योंकि वह इतना immediate और immanant है– यहीं और अभी है– पल, पल है और सर्व व्याप्त है, इतना सघन है कि वह दिख ही जाता है फिर, ज्यादा देर नहीं लगती, वह बोध, उसका बोध, स्वरूप का बोध – स्पष्टतः प्रकट हो जाता है– वह परम तृप्ति और शांति स्वरूप स्वभाव बोध– स्वयं का स्मरण– अस्तित्व के स्वभाव का स्मरण– पूर्णता का स्मरण फिर सहज ही हो जाता है सदैव के लिये।

लेकिन यह होता है कर्म भार से मुक्त होने पर ही। जब तक व्यक्ति कर्म बंधन से भारी है तब तक उसका चित्त बार–बार विकार की ओर तामसिक राजसिक वृत्तियों से प्रेरित होकर भागता–फिरता ही रहेगा। अस्तित्व का यह एक अनिवार्य नियम है। जब वह जन्म–जन्म भटक भटककर भी उस पूर्णता को अनुभव करने में असफल ही रहेगा– क्योंकि जिन्हें वह कमा–कमाकर अपना शांति का साधन मानकर जियेगा– वे सब खंड़ और नाशवान होगा– खुद ही अमर और अजर नहीं होगा तो उस कमाई से अखंड और अमृत का बोध कैसे हो सकता है भला। इसीलिये ऐसे ही क्षण में वह व्यक्ति किसी संत, योगी, गुरु के संपर्क में आयेगा और उसके संपर्क में समय व्यतीत करेगा तो किसी दिन उसे यह बात दिखलाई देगी कि अरे जिसे मैं, कभी गृहस्थ होकर, कभी संन्यासी होकर, कभी इस रास्ते से तो कभी उस रास्ते से ढूँढता फिरा वह इस तरह मिलना ही नहीं था, इस तरह कभी किसी को नहीं मिला तो मुझे ही कैसे मिल जायेगा– यह ढंग ही गलत है वह खोने–पाने की बात ही नहीं है, वह हमेशा है और हर जगह है– वह किसी भी देह में होते हुए भी उस देह से सीमित नहीं होता, वह बँटता नहीं, वह विभक्त नहीं होता, वह सर्वत्र एक ही जैसा होता है उसका स्वरूप और स्वभाव कभी

परिवर्तित नहीं होता और अंतहीन तथा अजन्मा और अमृत स्वरूप है यह तथ्य उसके समक्ष सहसा प्रकट हो जाता है। भटकन रूक गयी, ठिठक गयी और स्थिरता, ठहराव, मंजिल आ गयी। न कोई बँटाव है, न मैं तू है, न ऊँच–नीच है, न बंधन है, न मोक्ष है, बस एक शास्वत उपस्थिति है किसी की वह आप्तकाम है, क्योंकि उसके सिवा, उसके अलावा कोई अन्य दूसरा है ही नहीं तो वह इच्छा किसी का कर भी कैसे सकता है। ऐसा स्वरूप है, स्वभाव है व्यक्ति का। पूर्णता का अहसास ही अंतहीन तृप्ति और अनंत शांति का साधन हो सकता है– स्वभाव का स्मरण।

तुम पूर्ण हो– इसे जिस दिन तुम देख लोगे' तुम एक बार अपने ऐश्वर्य को जान लोगे, तो ही तुम जान सकोगे कि शांति क्या है, स्थिरता क्या है– अभी जिस शांति को जानते हो वह दो अशांतियों के बीच की अवधि है– वह कालखण्ड है– सीमित है इसलिये वह सापेक्ष है, वह स्वभाव नहीं– वह मन है जो कभी शांत–अशांत महसूस करता है। द्वन्द्व में जीता रहता है। मैं जिस शांति की बात कर रहा हूँ वह निरपेक्ष है, वह अनादि अनंत है– काल का वहाँ नामो निशान भी नहीं होता, समय होता ही नहीं। वही अंतिम शांति है जो कभी कम ज्यादा नहीं होगी, अंतहीन होगी। उसी को तुम ढूँढ रहे हो, उसी को सभी ढूँढ रहे हैं।

उसे पाना उसे सिर्फ एक बार ही देख लेना है – एक बार दिख जाना ही उसका, अनंत और अमृत का अहसास करा देता है।

वह तुम हो ही, प्रत्येक दृश्य श्रव्य रूप आकार में वही है, तुममें भी वही है– वही पूर्ण तुम्हारा ऐश्वर्य है, तुम अद्वितीय हो।

**जैसी जस हो तब्यता तैसी बनै सहाय**
**आपन जाय जहाँ ताहि तहाँ लै आय।**
**– तुलसीदास**

आदमी अपने बुद्धिबल के कारण बहुत जटिल हो गया है। इसी बुद्धिबल के सहारे वह तरह–तरह के संकल्प विकल्पों को मूर्तरूप देता है, जैसा चाहता है वैसा जीता है – कभी वह प्रत्यक्ष फल पाता है तो कभी वह इसी बुद्धिबल के सहारे फल भोग को दूर भी कर लेता है– लेकिन आदमी का बल कितना ही बड़ा क्यों न हो, इस विराट् अस्तित्व में अंतहीन न्याय व्यवस्था के परिणामों को आज नहीं तो कल झेलना ही पड़ता है– कभी, कभी इस जन्म में किये कर्म का फल आने वाले किसी

अन्य जन्म में भोगना पड़ता है। पाप हो कि पुण्य, दोनों ही कर्त्ता भावना से संश्लिष्ट होने से कर्म ही होते हैं और उनके फल भी होते हैं।

अस्तित्व इतना विराट् है कि उसकी जटिल कार्य व्यवस्था किसी को समझ नहीं पड़ती चाहें कोई कितना ही प्रयास कर ले। इसीलिये आदमी के जीवन में जब भी कोई ऐसी घटना प्रत्यक्ष गोचर होती है तब मुँह से बरबस निकल पड़ता है कि होनी को कौन टाल सकता है, विधि का यही विधान है, यह सब कर्मों का भोग है आदि, आदि। आदमी को यदि किसी भाँति यह पता भी चल जाये कि इस–इस समय उस पर प्रारब्ध के रूप में ऐसी–ऐसी कोई दुर्घटना आने वाली है तो आदमी के द्वारा उस दुर्घटना को टालने और उससे बचने के सारे उपाय ही भीतर–भीतर उस भवितव्य, उस होनी के करीब पहुँचने के ही उपाय साबित हो जाते हैं, शिकार खुद शिकारी के पास जा खड़ा होता है। इसीलिये गोस्वामी तुलसीदास जी ने यह कहा है कि अपने कर्म के फल भोग से भागने वाले को उसके अपने ही बचने के सारे उपाय उस फल भोग को भोगने के लिये मजबूर कर देते हैं वह वैसा ही कदम उठाता चला जाता है जैसा उसका कर्मफल उसे प्रेरित करता है। यही अस्तित्व का अंतर्निहित सार्वकालिक सार्वभौम नियम है– न्याय है। आदमी कितना ही सोचे कि वह औरों से अलग है, दुनिया से न्यारा है, उसके पास जो बुद्धि बल है वह पर्याप्त है लेकिन सच तो यही है कि आदमी इस विराट् अस्तित्व का एक अंश है, अंग है, आदमी का बुद्धि बल अस्तित्व की न्याय व्यवस्था का पालन करने वाला एक यंत्र ही तो है– कुल मिलाकर सच्चाई यह है कि आदमी जानते हुए भी और अनजाने भी वही करता है जो अस्तित्व चाहता है– यह मैं औसत आदमी के विषय में कह रहा हूँ– बुद्धों को, सद्गुरुओं को छोड़कर। क्योंकि बुद्धों और सद्गुरुओं की देह रचना प्रारब्ध भोग के निमित्त नहीं होती– महाकरुणा प्रेरित होती है। बाकी सारा संसार– सारे लोग प्रारब्ध भोग से जन्मते मरते हैं और पल–पल कर्म फल भोग को भोगते हैं और नये–नये कर्म बीज आगामी देह रचनाओं को पैदा करते हैं। यही औसत आदमी की कथा है जिसे तुलसीदास ने कहा है।

जीव को उसके एक देह की मृत्यु के साथ–साथ उस देह के किये कर्मों की स्मृतियों से विस्मृति हो जाती है– लेकिन अस्तित्व तो एक देह में ही नहीं समाप्त हो जाता वह तो एक सातत्य है और चैतन्य है–

वह कुछ भी नहीं भूलता। अपने किसी अंश या अंग के प्रति किये हुए प्रीतिकर या अप्रीतिकर व्यवहारों को वह तब तक याद रखता है तब तक उन कर्मों का कर्ता अपने भोगों को पूरा–पूरा भोग न ले। अस्तित्व अदय है– न वह दयालु है न निर्दयी, वह नियम है, न्याय है।

## पुरोहित और संतः–

बुद्ध ने अपनी समाधि में देखा कि मनुष्य का जीवन दुःखी है, लोक में सर्वत्र दुःख ही दुःख है और आदमी सुख चाहता है। बुद्ध ने लोक कल्याण हेतु चार आर्य सत्य कहे और दुःख निवृत्ति हेतु द्वादश निदान– पुनः आदमी स्वाभाविक शांति में प्रतिष्ठित होने का क्रम समझाया। वेदों में ही यही प्रयोजन सिद्ध किया गया है– विभिन्न शक्तियों की उपासना हेतु ऋचायें गायी गयी हैं।

कुल मिलाकर कहने का अर्थ है आदमी के जीवन में दुःख हैं, अशांति हैं, बीमारियाँ हैं और संताप भरा पड़ा है।

लोग वैद्यों के चक्कर काटते हैं, ओझाओं, तांत्रिक और ज्योतिषियों के चक्कर काटतें हैं साधु–संतों की खोज करते हैं, गुरुओं के पास जाते हैं और अपना माथा रगड़ते हैं। इनमें दो तरह के लोग संपर्क में आते हैं– एक वे जो किसी पीड़ित व्यक्ति से कुछ धनादि की सेवा के बदले देवी–देवताओं की पूजा–पाठ आदि करते हैं अपने यजमान के लाभ हेतु प्रार्थना आदि किया करते हैं– उन्हें पुरोहित कहते हैं। दूसरे वे लोग संपर्क में आते हैं और किसी–किसी को ही मिलते हैं ऐसे लोग, बहुत मुश्किल से ही कभी ऐसे लोग मिलते हैं जो किसी यजमान विशेष के लाभ के लिये ही पूजा प्रार्थना नहीं करते बल्कि सर्व लोक–कल्याण हेतु पूजा प्रार्थना करते रहते हैं, ऐसे लोग किसी भी सेवा को पूजा–प्रार्थना का मूल्य नहीं मानते– न वे किसी से कुछ माँगतें ही हैं। पूर्ण निष्काम भाव से अपनी प्रार्थनाएँ करते हैं– ऐसे लोग संत होते हैं। इनका कोई पक्ष या विपक्ष नहीं होता। उनका प्रेम सबके लिये एक जैसा होता है।

ब्राह्मण जो कर्मकांडी है, जो शक्ति रूप विभिन्न देवी–देवताओं की उपासना करते हैं वे ही पुरोहिती कर्म करते हैं। संन्यासी जो निर्वाण का मुमुक्षु होता है– ब्रह्म की उपासना और ध्यान करता है वही संत होता

है– बुद्धत्व उसका स्वभाव होता है। करुणा उसके हृदय को लोक मंगल हेतु कर्म करने की प्रेरणा देती रहती है। पुरोहित सकाम पूजा प्रार्थना करता है तो संत निष्काम जीवन जीता है।

दुःखी लोगों को पुरोहित ज्यादा आकर्षित करते हैं क्योंकि वे आश्वासन देते हैं, वादा करते हैं और अपनी स्वार्थपूर्ति हेतु तरह–तरह के प्रलोभन देने वाली बातें बनाते हैं। वे तत्काल लाभ पहुँचा सकने वाली क्रियाएँ भी करते हैं। कभी लाभ होता भी है कभी नहीं भी होता। ऐसे लोग हर समाज में हर समय बहुतायत की संख्या में मौजूद मिलते हैं। समाज में ऐसे लोगों की प्रतिष्ठा होती है। लोग इन्हीं लोगों से आजीवन परिचित रहने के कारण साधु–संतों के रूप में जानते हैं। लेकिन ये न साधु होते हैं न संत– ये शुद्ध रूप से वेतनभोगी लोलुप कर्मकांडी होते हैं– कभी–कभी तो ये ब्राह्मण भी नहीं होते। लेकिन लोगों की भीड़ इन्हीं लोगों में उत्सुक होती है।

कभी–कभी कोई दुःखी आदमी किसी संत के संपर्क में आ जाता है। लेकिन संत के जीवन का ढंग, उसके बात करने का विषय और रंग ढंग आकर्षक होकर भी तत्काल लाभ मिल जाये ऐसा नहीं होता– इसलिये संतों के पास आकर भी अनेक लोग अपने अधैर्य एवं बेहोशी के कारण, अपने अच्छे–बुरे का सही–सही विवेक नहीं कर पाने के कारण संतों से दूर हट जाते हैं और झाड़ फूँक करने वालों के पास पहुँच जाते हैं। वे संतों से भी यही अपेक्षा करते हैं कि उनकी किसी सेवा को स्वीकार कर उनके लाभ के लिये संतजी कुछ पूजा–प्रार्थना कर दें, उन्हें आशीर्वाद प्रसादी वगैरह कुछ दे दें। संत ऐसा नहीं कर सकते– वे आदमी को दुःख के कारण, अशांति के पैदा होने के रास्तों को समझने का उपदेश करते हैं। लोगों के भीतर प्रबुद्धता और विवेक को जगाने का रास्ता सुझाते हैं। यह सब सामान्य बेहोश आदमी को सुहाता नहीं। इसलिये संतों के पास टिक पाना विरले ही लोगों के बस की बात होती है और जो टिक जाते हैं, वे रोज–रोज कभी इसके पास तो कभी उसके पास दौड़ने के चक्कर से मुक्त हो जाते हैं और इन अस्थायी लाभों से लाभान्वित होने की जगह स्थायी शांति तथा स्थिर सुख की उपलब्धि की राह पकड़ लेते हैं और जगह–जगह माथा रगड़ते रहने की गुलामी से छूटकर स्वनिर्भर

हो जाते हैं, किसी को अपने ऊपर निर्भर नहीं रखते, पराधीन होना या परधीन रखना– संत का स्वभाव नहीं। संत न किसी से बँधता है न किसी को बाँधता है। सचमुच ही, संत को पहचानना अति कठिन कार्य है। प्रत्येक संत का अपना अलग ही रंग–ढंग होता है। संत के पास उठने–बैठने का अलग ही ढंग होता है, संत की सेवा का अलग ही प्रकार होता है– संत के आशीर्वाद पाने का उपाय ही और है। बहुत धैर्य, हृदय की मासूमियत और पवित्र कमाई चाहिये उसके लिये। संत हर किसी से कुछ भी नहीं स्वीकार लेता। वह किसी से कुछ स्वीकार करने से पहले उसके हृदय में अपनी दृष्टि को भेधकर देख लेता है और जब पाता है कि इस व्यक्ति का हृदय दूषित नहीं है– भावना में शुद्धता है तभी कुछ स्वीकारता है अन्यथा चाहे कितनी बड़ी ही संपत्ति क्यों न रख दी जाये उसके सामने, वह उसे कचरा समझ कर उसे लेने से अस्वीकार कर देता है। पुरोहित तो धन का लोलुप होता है– उसे तो जितना बड़ा चढ़ावा होता है, उतनी ही प्रसन्नता होती है– उसी की सेवा में तत्पर हो जाता है चाहें उसका यजमान कोई कुटिल, निर्दयी, पाशविक कर्म करने वाला ही क्यों न हो। पुरोहित अक्सर ऐसे ही लोगों की सेवा बजाते हैं।

धन्य हैं वे लोग जो किसी संत को पहचान पाते हैं और संत के संग–साथ उठते–बैठते हैं और जिनकी सेवा संत स्वीकार लेते हैं। यही वास्तविक पुण्य है– यही वस्तुतः आत्मकल्याण का पथ है और यही दुःख विनाश का उपाय है। आत्यंतिक दुःख विनाश, निर्वाण का यही मार्ग है।

लेकिन आदमी अपने हृदय बुद्धि की मलिनता और अधैर्य के कारण गंडे–ताबीज, भभूत बाँटने वाले तमाशाबाज धर्म के नाम पर दुकानदारी करने वालों की ओर आकृष्ट हो जाता है, भूत प्रेत तक की पूजा–प्रार्थना करने में प्रवृत्त हो जाता है। ऐसे लोग अपनी ही दुर्बलताओं और दुष्कर्मों के भार के कारण संतों के समीप नहीं पहुँच पाते और पहुँच भी गये किसी तरह तो थोड़े समय में ही वहाँ से हट जाते हैं। पुरोहितों का बड़ा डर होता है लोगों को। जिससे लोभ होगा उसी से डर भी होगा ही। संत न डर जानता है न लोभ। संत सरल होता है। निष्पक्षता और धैर्य संत का स्वभाव होता है। समान धर्म वाले लोग एक दूसरे के प्रति आकर्षित होते हैं यह नियम है। स्वार्थी लोग महास्वार्थी पुरोहितों के

प्रति खिंच जाते हैं और निर्मल हृदय वाले लोग संतों को पकड़ लेते हैं। सामान्य लोगों के लिये पुरोहित और संत में फर्क कर पाना कठिन होता है– समय लगता है इस फर्क को महसूस करने में। लोग पुरोहितों को संत और संत को पुरोहित मान बैठते हैं और फिर वैसा ही व्यवहार करने लगते हैं, एक पुरोहित के ढोंग–धतूरों को दिव्य रहस्य समझते हैं और संत से पुरोहितों जैसी पूजा–प्रार्थना की अपेक्षा कर लेते हैं। एक संत को समझने के लिये बड़ी गहरी प्रज्ञा चाहिये जो अक्सर लोगों में नहीं ही होता। इसीलिये प्रायः संत अप्रतिष्ठित एवं एकान्त में ही रह जाते हैं– इक्के–दुक्के लोग ही उन्हें जान पाते हैं। वे ही लोग अपने जीवन में दुःख अशांति से मुक्ति का प्रकाश देख पाते हैं– थोड़े से लोग।

**कर्मः–**

भगवान श्री कृष्ण कहते हैं– कर्म करो और कर्म को कुशलतापूर्वक करो– फल भगवान स्वयं देंगे – मंगल सिद्ध होने वाला फल।

गीता में महाभारत युद्ध का जो विवरण है उसमें भगवान ने योद्धा अर्जुन से कहा है– 'माम् अनुस्मर युध्य च' और जब–जब श्रीकृष्ण के वचन आये हैं तब–तब यह नहीं कहा, कि कृष्ण कह रहे हैं, यह कि भगवान ने कहा– "भगवान उवाच"। अर्जुन से श्रीकृष्ण ने कहा कि तुम सिर्फ अपना स्वधर्म करो और ऐसी कुशलता से करो कि वह कर्तापन भुला दे– भगवतापन आ जाये– यही कुशलता है कर्म की कि मैं नहीं, स्वयं भगवान ही कर रहे हैं। तब उस कर्म के फल की जिम्मेदारी स्वयं विराट् भगवान की हो जाती है। करते हुए दिखलाई पड़ने वाले व्यक्ति की नहीं। हो सकता है सफलता हाथ लगे, हो सकता है जीत मिल जाये फलस्वरूप लेकिन यह भी हो सकता है कि असफलता मिले, हार हो जाये। दोनों स्थितियाँ प्रत्यक्षतः प्रीतिकर और अप्रीतिकर दिख सकती हैं लेकिन चूँकि भगवान स्वयं मंगल स्वरूप हैं स्वभाव से ही– इसीलिये उनके हाथों मिलने वाला फल चाहे वह यह हो या वह हो– व्यक्ति के लिये इसी में कल्याण निहित होगा। अहंकार जीत कर भी हार जैसे अकल्याण की ओर अग्रसर होता है और निरहंकारिता हार कर भी जीत जैसी खुशी– और भगवद् भक्ति की ओर बढ़ जाती है। यही भगवान के द्वारा प्रदत्त

का स्वरूप है। निरहंकारिता स्वयं फल है। भक्ति स्वयं फल है। कुशलता यही है कि स्वयं के कर्ता होने का भ्रम भंग हो जाये और परमात्मा के कर्त्ता होने, लीलाधर होने का सत्य, अखंड बोध, सम्यक् स्मृति के रूप में प्रतिष्ठित हो जाये– सत्य दिख जाये। इस कुशलता से किया हुआ कर्म, इस बोध से संयुक्त कर्म भक्ति बन जाता है। भक्ति यानी तेरी इच्छा पूरी हो– फिर भगवान की वह इच्छा सृजन करने की हो या विध्वंस की, कि वह इच्छा सफल करने की हो या विफल करने की, कि सुख देने की या दुःख देने की, भक्त हर फल को प्रसाद समझता है, आनंद से, अहोभाव से उसे अंगीकार करता है। प्रसन्नता और पीड़ा (Pleasure and pain) दोनों सुंदर दोनों कल्याणप्रद, दोनों में अपना कोई हित दिखलाई पड़ने लग जाता है। यही भक्ति का फल है– भक्ति रूपी फल है। यही समर्पण है– यही भगवान के साथ एक हो जाना है। कर्म भगवान के साथ एक हो जाना है। कर्म भगवान के साथ एक हो जाने, भगवान में खो जाने– तल्लीन हो जाने का साधन है। कर्म अपने स्वभाव से न बंधनकारी होता है, न मुक्तिदायी। कर्म का बंधनकारी होना हमारी कुशलता–अकुशलता का परिणाम होता है। जो कर्म अकुशलता से करने पर बंधन पैदा करता है– पाप–पुण्य पैदा करता है – गठरी बन जाता है– वही कर्म कुशलतापूर्वक करने पर मुक्तिदायी हो जाता है– न पाप पैदा करता है, न पुण्य, कोई गठरी नहीं कोई भार नहीं– उल्टे हल्का कर देता है, धो देता है। मेरा कहना यही है कि कर्म को दोष मत दो, जीवन को दोष मत दो, संसार को दोष मत दो– यह तो दिव्य है– अपने में मासूम है– विशुद्ध है निष्पाप है। जीवन का यह खेल परम पवित्र है। बस थोड़ी सी कुशलता चाहिये बोध की। वही श्रीकृष्ण ने, भगवान ने गीता में अर्जुन से कहा है। "योगः कर्मषु कौशलम्"– "माम् अनुस्मर युद्धय च"।

## शान्ति–अशान्तिः–

मैं लोगों को कहते सुनता हूँ कि वे शांति ढूँढ रहे हैं, वे शांति पाना चाहते हैं।

मैं यह भी देखता हूँ कि लोग नित्य प्रति ऐसी ऐसी हरकतें करते रहते हैं, रोज–रोज, नयी–नयी हरकतें जो दिखाई पड़ती हैं सुख देने वाली लेकिन अशांति और तनाव को ही पैदा करती हैं। आदमी के कर्म करने

का ढंग ही ऐसा है– इंद्रियों और मन को तृप्त करने के सब प्रयास ऐसे ही हैं कि अशांति और तनाव ग्रस्तता पैदा होती और बढ़ती है।

मैं यह भी देखता हूँ कि लोगों का यह समझना कि शांति को ढूँढना होता है, शांति को पाना होता है– वह मौलिक रूप से ही गलत दिशा में गलत कदम उठाने जैसी भ्रामक धारणा है।

मैं जानता हूँ कि शांति को पाना नहीं होता, अशांति के पैदा होने के रास्ता को छोड़ना होता है। शांति विधायक स्थिति है– वह तौ सदैव उपस्थित है। अशांति के आवरणों को हटाना होता है– शांति तो स्वभाव है– वह प्रकट हो जाती है– उमड़ पड़ती है।

## सदा समः–

परमात्मा ही 'वह' कहलाता, परमात्मा को ही 'तुम' कहकर संबोधित करते हैं और परमात्मा ही 'मैं' कहकर स्वयं को व्यक्त करता है।

पल–पल परमात्मा अपने स्वरूप को जानता है अहर्निश निमग्न रहता है अपने स्वभाव में।

परमात्मा जानता है कि वह अद्धितीय है।

परमात्मा जानता है कि वह आप्तकाम है।

इसीलिये परमात्मा अभय होता है,

इसीलिये परमात्मा परितुष्ट होता है, आनंद स्वरूप होता है।

परमात्मा ऐसा है यही नहीं, परमात्मा जानता है यह बात ज्यादा महत्त्वपूर्ण है। यह प्रत्यभिज्ञा काल के प्रभाव से मुक्त है। यह सनातन है।

वह ऐसा है, ऐसे जीता है।

तुम ऐसे हो, तुम ऐसे ही जीते हो जीवन को।

मैं ऐसा ही हूँ, मैं ऐसे ही जीता हूँ।

अद्वितीय, अभय, आप्तकाम, सदा आनंद में डूबा हुआ। परितोष से भरा है जीवन। यह समग्र जीवन का विराट् खेल।

## पल पल भगवत्ता– भागवत् जीवनः–

अनादि – अनन्त,<br>
तुम रज़िया माँ,

अजन्मी सदा कुआँरी,
कन्यारूपिणी जगन्माता— जगत्प्रसविनी।
नित्या आह्लादिनी,
आनंद स्रोत रूपिणी,
आप्तकामा सर्वमंगला,
सर्वान्तर्यामिनी माँ।।

अनंत प्यार–अमृत प्यार और दुलार, सर्व कल्याणेश्वरी करुणामयी वात्सल्य मूर्ति जगज्जननी सर्व देव–देवी आराध्या परम गुह्य, खुद ही खुद को जान सकने वाली सबकी माँ।। माँ तुम सदा वर्तमान।। पल–पल भगवत्ता— भागवत् जीवन।।

गिरिडीह 21 नवंबर, 1995

## पी. जयराज स्मरणः—

'सिनेमा के सौ वर्ष' समारोह,
हैदराबाद, 1995

आज टी.वी. पर हैदराबाद में सिनेमा उद्योग की शत् वार्षिकी समारोह का कार्यक्रम प्रस्तुत किया जा रहा था। उसमें हिन्दी फिल्मी दुनिया के सबसे पुराने कलाकार पी. जयराज को देखा।

पी. जयराज मेरा प्रिय कलाकार है। संयोग से अपने बंबई प्रवास के दिनों में सन् 1971 में उनके साथ थोड़ी देर के लिये जहाँगीर आर्ट गैलेरी के ऊपर बने कुमार गैलरी में बैठने का मौका मिला था। परिचय प्रसिद्ध चित्रकार चेतन ने कराया था। जयराज की (कलाकारों की) विशेष सरलता–सहजता ने मुझे प्रभावित किया था। कलाकार के स्टूडियो का सरल माहौल और हम लोगों का सहज बैठना— सब बहुत सुंदर था। इसके पीछे मेरे सद्गुरु भगवान श्री रजनीश की कृपा ही थी।

वुड्लैण्डस में रहते हुए मेरे बाल्यकाल के प्रिय कलाकार महीपाल से परिचय हुआ था जो धीरे–धीरे गहराई पकड़ रहा था।

कलकत्ता में मोइरा स्ट्रीट में रहते हुए बंगाल के चहेते कलाकार उत्तम कुमार से परिचय हुआ था जो हमारे फ्लैट में ही सुप्रिया राय चौधरी के साथ रह रहे थे। वहीं एक बार विश्व प्रसिद्ध फिल्मकार

सत्यजित रे को देखा। बहुत ही आकर्षक भव्य देह यष्टि थी उनकी। एकदम कोई ग्रीक दार्शनिक लगते थे।

वास्तव बात यह है कि फिल्म और फिल्मी दुनिया के प्रति मेरा बहुत आकर्षण रहा है अपने बचपन के दिनों से ही। हिन्दी, अंग्रेजी या बंगला का भेद नहीं था। सभी फिल्में अच्छी लगती थीं।

मेरा सौभाग्य मेरे भगवान हैं। वे मेरे प्रति मेरे जन्मकाल से ही कृपावान् रहे हैं और शायद मेरे अतीत के जन्मों में भी यह कृपा बनी रही है। अनादि काल से उन्हीं की महान् और अंतहीन कृपा से जीवन में मुझे अपनी पूर्ण अपात्रता के बावजूद भी सुविख्यात कलाकारों और योगियों के साक्षात् होते रहे। और उन महात्माओं के आशीष को भी मैं पाता रहा।

जैसे किसी बगीचे के एक–एक पौधे पर उस बाग के माली का हस्ताक्षर होता है वैसे ही प्रत्येक शिष्य के पल–पल जीवन में उसके सद्गुरु के हस्ताक्षर होते हैं। मैं स्वयं को इसी तथ्य का उदाहरण मानता हूँ।

## सुख में सुमिरन जो करै तो दुःख काहे होयः–

जब तन स्वस्थ होता है तब मन के शांत होने की संभावना बढ़ जाती है और जब मन शांत होने की स्थिति में होता है तब आत्मा का स्मरण– आनंद की अनुभूति, तृप्ति का एहसास ज्यादा संभव हो पाता है, ध्यान संभव हो पाता है। इसी को श्रीकृष्ण गीता में समत्वयोग, स्थिति प्रज्ञता कहा है।

क्योंकि स्वास्थ्य प्राण है, ऊर्जा है, शांति ऊर्जा है। यही परमात्मा का भजन बनता है, यही स्वयं की दिव्यता का, अमृत होने का स्मरण बनता है– यही ऊर्जा एक नया जन्म बनती है– मिट्टी के दीये पर आलोक बिखेरती अंतहीन ज्योति बन जाती है।

सुख की अवस्था में भगवान को याद कर लेगा जो बाहर भीतर अंतहीन विस्तार होकर मौजूद है उसका स्मरण हो आना बहुत सरल होता है– परमात्मा को धन्यवाद देना, उसकी कृपा को याद करके अनुगृहीत महसूस करना आसान है सुख में।

और जो ऐसा करता है उसे भगवान को याद रखने की आदत सी पड़ जाती है– तब आम स्थिति में जिन परिस्थितियों में पड़ जाने से लोग परेशान हो उठते हैं, किंकर्त्तव्यविमूढ़ हो जाते हैं, विलाप करने लगते हैं–

अपने भाग्य को कोसते हैं, भगवान को गालियाँ तक देने लग जाते हैं, उन परिस्थितियों में भी परमात्मा के स्वभाव और स्वरूप का प्रज्ञान होने से, उनकी लीलाओं का स्मरण रहना दुःखी नहीं होने देता, दुःख की तरंगों से अस्पर्शित बचा ले जाता है।

**सुख में भी स्मरण, तो सुखी ही सुखी**
**दुःख में भी स्मरण तो दुःखी कभी भी नहीं।**

सदा परमात्मा का भजन करो, गुरु का स्मरण करो, भगवान की लीलाओं को याद करो, उनका पठन– पाठन करो– पाठ करो।

सुख क्या है, सुख के क्षण क्या हैं? सुख थोड़ा सहज होना है, देह में स्थित प्राण धारा का सहज प्रवाह होना है जिससे देह और मन को थोड़ी देर के लिये तृप्ति और तनाव मुक्ति का अहसास पैदा होता है। ये क्षण बहुत कीमती होते हैं क्योंकि देह में उर्जा पैदा हुई होती है, देह और मन ऊर्जस्वित और **rejuvenated** हो उठता है। यही ऊर्जा शांति की अनुभूति बनती है। इसके दो ही उपयोग संभव हैं– एक योग के लिये, भजन के लिये, उस शांति को और बड़ी शांति में रूपांतरित एवं परिवर्धित करने की दिशा में कदम उठाकर और यह नहीं किया गया तो अतीत के जन्मों–जन्मों के पशु संस्कारवश भोग–वासना में प्रवृत्ति तो इस ऊर्जा की होगी ही होगी। और यह ऊर्जा नष्ट हो जायेगी– देह और मन सुख की आशा में पड़कर पुनः धोखा खा जाते हैं और भोग में वह ऊर्जा जलकर नष्ट हो जाती है, शांति खो जाती है। यही दुःख का अनुभव है। एक दुःख के दूसरे दुःख की यात्रा यूँ ही चलती रहती है। जो ऊर्जा, जो शांति और बड़ी ऊर्जा और बड़ी शांति में रूपांतरित हो सकती थी वहीं और बड़ा पछतावा पैदा हो जाता है। इसी पछतावे को लोग, इसी तौबा करने को लोग भगवान का स्मरण, प्रार्थना आदि समझते हैं जो एक बहुत बड़ी भूल है इसी से दुःख में स्मरण करना भगवान और भगवान की कृपा को अनुभव नहीं होने देता– यह मन का एक खेल होता है, मन की ही एक चाल होती है– भविष्य में और भोग प्रवृत्त होने की वासना के बचे रहने के कारण।

भगवान का सही स्मरण भगवान को धन्यवाद देने के रूप में होता है न कि किसी भूल के लिए पछतावा करने के। भगवान का सही स्मरण भगवान की करुणा और कृपा के लिये अनुग्रह बोध के रूप में होता है न कि किसी भूल के लिये क्षमा माँगने के।

इस भेद को समझो।

जीवन क्या है? जीवित होने, जीवंत होने का अहसास क्या है? जीवन समग्र होना है, जीवंश होना है। पूरा–पूरा होने का अहसास जीवंत होना है। पूरा–पूरा होना तृप्त होना है, संतुष्टि है।

जो बँटा है, आधा–आधा है, वह मरा–मरा होने के अहसास से गुजरना है। पल–पल असंतोष, प्यास और बेचैनी को भोगना ही मन है। यह पाखंड है– खंड–खंड होना, खंड–खंड जीना।

जो पूरा–पूरा जीता है उसका ध्यान पूरा–पूरा पाने पर नहीं होता, पूरा–पूरा होने पर, पूरा–पूरा करने पर होता है– फलतः वह पूरा–पूरा पाता है– यही नियम है–

जो खंड–खंड जीता है उसका ध्यान पूरा–पूरा पाने के सपने में लगा होता है, स्वयं पूरा होने पर नहीं होता वह यूँ जीता है जैसे निपटा रहा हो– फलतः वह पूरे के स्वाद को कभी भी जान नहीं पाता– यह शास्वत नियम है।

पूरा होना आत्मतृप्ति है, आप्तकामता है, Contentment है, fulfillment है। यही जीवन है।

बँटा होना सतत् प्यासा होना, अतृप्ति की आग में जलते रहना है restless होना है, पल–पल गरना है।

जीवन स्वभाव से पूर्ण और स्वरूप से अनंत है।

इसलिये तृप्ति है– परितुष्टि है। यही जीवन का स्वाद है? यही जीवंत होने का अहसास है। पूर्ण आप्तकाम और अनन्त होना–हल्का–फुल्का हो जाना। आकाश में तैरते बादलों की तरह, सरोवर में खिले कमल की तरह। न होकर होना। होकर भी न हो जाना।

## Ma Razia:–

Ma,
Thou art mother, thou art father,
Yet you are without sex.
Thou art friend and thou art master,
Yet you are quite indifference.
Truely, thou art all in all,
Yet you are nothingness.

Every name is thy name,
Yet you are nameless utter silence
Every quality thy quality,
Yet you are attribute lessness.
Every form Thy form indeed,
Yet you are formless - Maha Shunya

Ma, You are everything and Yet nothing.
Alone you are
Alone you Exist, Ma.
Ma, Ma, Ma
Thou art I, Thou art Thou, Thou art He

## हलीम जाफर अली खाँः–

कल टी.वी. स्क्रीन पर एक संगीतकार गायक को सुना– कुछ कहते हुए, कुछ गाते हुए।

उस्ताद जाफर अली खाँ एक अच्छे गायक होने के साथ–साथ एक मितभाषी, हास्य व्यंग्य की पुट से सने अनुभव सुनाने वाले व्यक्ति हैं। वे कह रहे थे कि एक बार किसी जगह (शायद कानपुर) उन्हें गाने के लिये बुलाया गया था। जन्माष्टमी के दिन। वहाँ जाकर वे देखते हैं कि कोई ऐसी सभा नहीं थी जिसे संगीत प्रेमी कहा जा सके– बच्चे यहाँ, वहाँ कूद फाँद रहे थे, लोग मूँगफलियाँ खा रहे थे और आपस में गप्पे लगा रहे थे।

जाफर अली थोड़े असमंजस में पड़े– लेकिन गाना था तो बैठ गये अपने साथियों के साथ मंच पर। वहाँ जो व्यक्ति आया माइक पर इनका परिचय लोगों के सामने प्रस्तुत करने हेतु, वह कहने लगा– अब आपके सामने काफिर अली जी गाना गायेंगे।

जाफर अली खाँ साहब तो मानों सोते से अचानक जाग पड़े हों– चौंक पड़े– तभी उस परिचय देने वाले व्यक्ति ने फिर अपना संगीत प्रेम का परिचय देते हुए घोषणा की कि अब आपको गायक महोदय राग शेरवानी प्रस्तुत करेंगे, राग किरवानी के स्थान पर और एक बार बोले अब आपके सामने राग चमन गाया जायेगा– यमन की जगह चमन। उस्ताद जाफर अली तो मानो आसमान से पटक दिये गये धरती पर– फिर ले

दे के गायन शुरू किया– "रसिया मत जा, मत जा.........." और देखते क्या हैं कि जितने बार वे कहते रसिया मत जा, मत जा उतने बार ही चार–चार छह–छह की तादाद में लोग उठ–उठ कर जाने लगे। ऐसी विनोद प्रियता देखकर मैं मुग्ध हो उठा– फिर उनका गायन तो और भी रोमांचकारी– एकदम अमीर खाँ साहब की याद दिलाने वाला।

यद्यपि मैं खुद तो शास्त्रीय संगीत तो क्या गीत संगीत से भी– कोई रिश्ता कायम नहीं कर सका– तथापि मेरे ह्रदय में संगीत और संगीतकारों की ओर खूब आकर्षण रहा है– एक चित्रकार होने के कारण शायद।

आज ही कलकत्ता के श्रीकांत बाकरे का गायन सुना टी.वी. पर। उनके अनुभव भी सुने। श्रीकांत जी कह रहे थे कि उन्होंने अमीर खाँ साहब से गंडा बँधवाया। गुलाम अली खाँ साहब से भी सीखा। बाकरे जी बता रहे थे कि सन् 1965 से 1969 के बीच अमीर खाँ साहब उन्हीं के घर में रहे। इस प्रकार सुबह शाम चौबीसों घंटे का गुरु सान्निध्य का लाभ उन्हें मिला। वे कह रहे थे कि गुरु का, अमीर खाँ साहब का अहसान उनके ऊपर है और सदैव रहेगा वे न उस अहसान को उतारने की बात सोच भी नहीं सकते और उतार भी नहीं सकते– इतनी अनंत है गुरु की कृपा। बाकरे जी बता रहे थे कि वे गुलाम अली खाँ साहब के घर पर रहे उनके साथ बैठकर खाना खाया। उनसे सीखा वर्षों पास रहकर।

बाकरे जी, मेरे पास कलकत्ता में हमारे ध्यान केंद्र में कुछ एक बार आते रहे। मुझसे अच्छा परिचय हो गया था। पास ही एक अन्य गायक श्री किचलू (श्रीमती कुंती किचलू के पति) भी रहते थे मोईरा स्ट्रीट के पास, उनके घर आते–जाते वे मेरे पास चले आते थे। वैसे ही मेरे पास बंगाल के वयोवृद्ध चित्रकार श्री रथिन मित्रा जी आ जाते थे। उनका मेरे प्रति बड़ा स्नेह था। यह मेरा सौभाग्य रहा है अपने सद्‌गुरु की कृपा के कारण कि अनेक स्वनाम धन्य कलाकारों का और योगियों को देखने–सुनने का लाभ मिला–सामीप्य लाभ मिला, उनका स्नेह मिला।

मैं इन महान् विभूतियों का ऋणी हूँ उनका वारिस होना चाहता हूँ– एक सेवक की तरह, एक शिष्य की तरह।

मेरे प्रणाम।

## संगीतः–

घराने के बारे में पूछे जाने पर उस्ताद हलीम जाफर अली साहब ने कहा कि सब घराने ऊपर–ऊपर, सतह पर ही हैं– असली घराना तो सामवेदी घराना है– आधार पर सामवेद है। मैं तो सामवेदी घराने का हूँ।

आगे उस्ताद कहते हैं कि किसी उस्ताद ने टोपी ऐसी पहन ली तो उसके शागिर्द वैसी ही टोपी पहनने लगे– अब लो हो गया एक घराना पैदा।

एक बार सुबह चार बजे वे राग यमन गाने लगे रियाज़ में– उधर उस्ताद अमीर खाँ साहब और उस्ताद नासिर हुसैन खाँ साहब आ गये और कहा कि क्या कर रहे हो, इस समय यमन?

उस्ताद जाफर अली बोले हाँ, यह गुस्ताखी तो मुझसे हुई है उसके लिये माफ करें लेकिन यह भी तो सच है कि संगीत यूनिवर्सल होता है और अभी कहीं तो रात होगी– बस यह तरंग वहीं से आ उतरी है– मैं क्या करूँ।

एक बार एक उस्ताद से पूछा गया कि संगत क्या है वे बोले– मन पर काबू रखना संगत है। मन पर काबू रखने से संगत में प्रवेश होता है और संगत से मन पर काबू होता है।

एक उस्ताद से पूछा गया अपनी संगीत साधना में कितना समय देते हैं तो जवाब मिला– संसार का बंधन सबसे बड़ा बंधन है और प्यारा बंधन है उसमें से जो समय बच जाता है– वही संगीत की साधना में लगा देते हैं। संसार में रहकर जो हो जाये।

## बोधः–

"It is the notion of 'you' and 'I' by which your mind has been held captive all along."

माँ आनंदमयी कहती हैं कि वैसे तो परमात्मा ही है केवल– उसके सिवा कहीं कोई नहीं, कुछ नहीं जो है– वही है।

लेकिन जब तक तुम व्यक्ति की तरह स्वयं को समझते रहते हो– individual की तरह part की तरह तब तक तुम उस अखंड अनंत परमात्मा को जो whole है– पूर्ण है– Absolute है उसे नहीं जान पाते।

भगवान श्री रजनीश अक्सर कहा करते थे कि मनुष्य परमात्मा को जानना चाहता है और साथ ही जैसा वह है वैसा ही बना रहना चाहता है – यह हो नहीं सकता। जब तक तुम, तुम रहोगे– जैसे हो वैसे ही

बने रहने की जिद करोगे– स्वयं को बदलने का श्रम नहीं उठाओगे– तब तक परमात्मा को तुम नहीं जान सकोगे।

सद्गुरु कबीर दास कहते हैं कि ''जब मैं था तब वह नहीं, जब वह है तब मैं नहीं।''

''प्रेम गली अति सांकरी जामे दो न समाहिं।।''

परमात्मा के प्रेम में पड़ना ही उपाय है। परमात्मा के दर्शन की अभीप्सा ही उपाय है। एकमात्र वासना यही रह जाये, आदमी **single minded** होकर एक धुन में रम जाये– व्याकुल हो उठे तो यही प्यास, यही श्रम, यही प्रेम किसी शुभ क्षण में **(Great Moment)** परमात्मा दर्शन का सौभाग्य बन जाता है।

आदमी शांति चाहता है, सुख–चैन से जीना चाहता है और इस चाह को वह व्यक्तियों और वस्तुओं से पाने की इच्छा करता है उन व्यक्तियों और वस्तुओं से जो काल के प्रवाह में, क्षण–क्षण परिवर्तन से गुजर रहे होते हैं, परिवर्तनशील होते हैं और आज हैं कल नहीं होंगे– ऐसे नाशवान हैं। मृत्यु और बदलाव संसार सृष्टि के प्रत्येक रूप आकार की नियति है– स्वभाव है। मनुष्य इसीलिये सुख चैन की जो इच्छा पाले बैठा रहता है– वह मिलता नहीं, जिस व्यक्ति से आज सुख मिला वही कल दुःख का कारण भी बन जाता है, जिस वस्तु से सुख की आशा की, सुख मिले जैसा लगा भी वही कालांतर में दुःख का कारण भी बन जाता है।

शांति तो सिर्फ परमात्मा को जानने से ही मिल सकती है, सुख–चैन तो सिर्फ सदा एक जैसा रहने वाले और कभी भी हमसे जुदा नहीं होने वाले से ही मिल सकता है– वही भरोसा करने लायक है। वही सच्चा है, सच्चा साथी है, सच्ची संपदा है।

भ्रांतियों से, मानसिक मान्यताओं से शांति नहीं मिलती' सच से, 'जो है'– उसे देखने से ही शांति मिल सकती है।

शांति यदि सच में ही चाहते हो, सुख चैन से जीना सच ही चाहते हो तो सच को जानो– सच्चे को पहचानो, परमात्मा को पहचानो जो तुम्हारी मानसिक धारणाओं के गिरने से ही– संभव हो सकेगा। जो–.जो प्रतिपल बदल रहा है, एक दिन नष्ट होने को बाध्य है, मृत्यु जिसे हमसे छीन लेगी, कोई छीन लेगा– उसके प्रति जाग जाओ– उससे शांति और सुख–चैन पाने की भ्रांति से मुक्त होओ– वह तुम्हारा है ही नहीं। उस

पर तुम्हारा वश नहीं– उसके प्रति लगाव दुःख देगा ही देगा।

जिसे कोई तुमसे छीन नहीं सकता, जो तुम्हारे साथ सदा–सदा है– एक जैसा होकर ही है– वही तुम्हारा है– उसे ही पकड़ो– उसी को अपना मानो, उसी से प्यार करो– प्रेम बढ़ाओ। सच्चे से प्यार करो, अमृत से प्यार करो। उसी प्रेम से शांति और सुख चैन आयेगा तुम्हारी जिंदगी में।

उसी सच्चे और अमृत का नाम परमात्मा है। सद्गुरु है।

"Having gone beyond all imaginations, there is the revelation of That, which you really are."

– Ma Anandamayee

"The beauty of it is that man's very nature is to long for Reality, Supreme wisdom, Divine Joy, as it, his nature to return home when the play is over."

"To long for the cessation of want is your very nature, and to explore and penetrate to the root of what ever you perceive. When you buy clothes, you choose durable material, which is an indication of your innate tendency to seek the Everlasting. It is your nature to crave for the revelation of that, which is, for the Eternal, for truth. Your true nature is to yearn for the revelation of what you are."

– Ma Anandamayee

सार बात यह है कि ever changing को everlasting मान लेना ही समस्याओं की जड़ है, दुःखों का आधार है, मौलिक भूल है और जो everchanging है eternal है उसे ही everchanging जान लेना, ऐसा साफ–साफ देख लेना ही समाधान बन जाता है, समाधि लग जाना है, आनंद का स्रोत है सत्य के प्रति जाग जाना है। जो सनातन है वही नित्य नूतन रूपाकार ग्रहण कर रहा है– वही है– वही है– वही है।

जागो और देखो,<br>
समाधि लग गयी।<br>
शांति स्थिर हो गयी।<br>
सुख चैन बस गया पल–पल में।

## माँ आनंदमयीः–

**(Goddess Mother or The Mother of Gods)**

मैं आज जिस विषय पर कुछ कहने जा रहा हूँ वह स्वयं श्री भगवान हैं जो सर्वरूप सर्वान्तर्यामी हैं।

माँ आनंदमयी कोई व्यक्ति ही नहीं बल्कि व्यक्ति होकर भी समष्टि हैं। सच तो यह कहना होगा कि माँ आनंदमयी समष्टि होकर भी व्यक्ति की तरह रूपायित होकर हमारे समक्ष उपस्थित हुई हैं।

ऐसा इसलिये हुआ क्योंकि हम मनुष्य अपने जन्म–जन्म के संस्कार (आदत) वश मन के द्वारा संचालित इंद्रियों के माध्यम से ही कुछ जान सकते हैं, महसूस कर सकते हैं– देख–सुन सकते हैं। हम स्वयं को रूप आकार मानते हैं इसीलिये हम जो भी अनुभव करते हैं उसका भी कोई रूप आकार होना जरूरी है।

"माँ कहती भी हैं कि मैं किसी प्रारब्ध के कारण देह नहीं बनी हूँ– यह प्रारब्ध देह नहीं हैं। तुम लोगों की कामना थी (या वे सभी जीव अजीव जो माँ के समीप आये– उन सबकी कामना) कि मुझे देह रूप में देखो तो मैं अव्यक्त– अरूप– अनाम होते हुए भी व्यक्त, रूप और नाम युक्त दिखलाई पड़ रही हूँ।"

माँ आनंदमयी के विषय में सभी संत महात्माओं की एक मत से यह भावना है कि वे वह सत्ता है जिसका ध्यान स्वयं ब्रह्मा, विष्णु और महेश और तमाम रिद्धि सिद्धि आदि देव–देवियाँ नित्य निरंतर करते रहते हैं। सभी जीवधारी चर–अचर जगत जिस परम धाम, परम पद, परम सम्पदा, परम शांति की ओर पल–पल गति कर रहे हैं– उसको पाने–जानने के लिये प्यासे हैं– उस परम सत्ता का नाम माँ आनंदमयी है।

माँ आनंदमयी कहती हैं– मेरा कोई लक्ष्य नहीं। वे एक ही बात को बार–बार दुहराती हैं कि जो भी हैं वह वही है– परमात्मा है– स्वरूप है– सत्य है– मैं हूँ– तुम हो।

माँ कहती हैं कि तुम स्वयं को जान लोगे तो भगवान को भी जान लोगे और यदि भगवान को जान लो तो स्वयं को भी जान लोगे। एक में सब और सब में एक का ही वास है।

वही है – केवल वही है।

माँ कहती हैं कि मेरी कोई उम्र नहीं। मैं ही अपनी माता, मैं ही अपना पिता। मैं न आती हूँ, न जाती हूँ। उपस्थिति–अनुपस्थिति दोनों वही हैं। जो कुछ भी है वही हैं, सब कुछ वही हैं। संसार प्रभु के अंग प्रत्यंग (limbs) हैं जैसे समुद्र की तरंगे। समुद्र भी वही, तरंग भी वही समुद्र हो तो तरंगे हैं। प्रभु ही तो संसार बनकर तरंगित हो रहे हैं। सब वही है– भगवान के अलावा कहीं कोई दूसरी सत्ता नहीं– वह एक और अकेला है। वह किसी दूसरे को नहीं जानता– स्वयं से पृथक किसी को भी नहीं। जो भी दृश्य अदृश्य है– वही है– उसी का है।

माँ आनंदमयी को देखने का अवसर मुझे कुछ एक बार मिला और समीप बैठने के अवसर भी मिले। एक बार मेरे व्याकुल होने पर तत्काल प्रकट होने की कृपा भी उन्होंने की।

माँ की महिमा का बखान और कीर्ति का गान उसकी आरती पूजा के रूप में भले ही कोई कर ले– उससे उनका सम्पूर्ण विवरण या प्रकटन कभी नहीं हो सकता। अनन्त–अनन्त शब्द राशि– और पांडित्य कवित्व सब बाल चेष्टावत् होकर रह जाते हैं। और माँ को समझाने के लिये व्यवहार में लायी गयी समस्त उपमाएँ कभी भी सटीक या समर्थ नहीं हो सकतीं– वह अनिर्वचनीय (inexplicable) और अनुपम (uncomparable) हैं।

माँ शास्त्रों और भगवान के ध्यान की उपयोगिता को मानती हैं फिर भी कहती हैं कि बहुत सी बातें शास्त्रों में नहीं हैं और नहीं हो सकतीं, शास्त्रों में कल जोड़ दी जायेंगी, तब भी शास्त्रों में जोड़ने को बहुत सारी बातें शेष रहेंगी। शास्त्र सदा अपूर्ण होंगे। सत्य के उन्हीं हिस्सों को शास्त्र में लिखा जा सकता है जो शब्दों के माध्यम से समझाया जा सकता है– या जो किसी माध्यम से समझाया जा सकता है, लेकिन सत्य का बहुत बड़ा हिस्सा प्रत्यक्ष अनुभव करके ही जाना जा सकता है– वह सदा शेष रहता है– जान, जानकर भी अनजाना, (unknown and unknowable) अज्ञेय ही रह जाता है– जिसका कभी अंत नहीं आता।

शास्त्रों के आधार पर चलने वालों और शास्त्रों से हटकर अपने ही ढंग से चलने वालों– सबको माँ सही ठहराती हैं। किसी बाह्य गुरु को मानकर चलने वाले या बिना किसी बाह्य गुरु को माने चलने वाले दोनों ही किस्म के साधकों को माँ सही कहती हैं।

माँ एक ही बात पर जोर देती हैं कि यदि कोई भगवान को जानने की प्यास रखता है, सत्य को खोजता है तो वह जिस राह से भी चले, जिस ढंग से भी चले– एक महान् क्षण में भगवान या सत्य प्रत्यक्ष होकर रहेगा अपनी समग्रता में।

माँ उसी क्षण को, महान् क्षण कहती हैं क्योंकि उस एक क्षण में अनंत का बोध होता है– सनातन का– भूत, वर्तमान और भविष्य का एक साथ दर्शन होता है। वह क्षण स्वमय होता है इसीलिये उसे समय कहते हैं। माँ ऐसा समझती हैं।

माँ को जब जैसा 'ख्याल' यानी विचार स्फुरणा होती हैं– वह वही और वहीं हो जाती हैं। माँ एक जगह होकर भी सब जगह हैं और एक रूप देह होकर भी सब रूप देह हैं। इस सच्चाई को माँ से परिचित हजारों हजारों भक्तों– साधकों ने प्रत्यक्ष किया है।

माँ को पूर्णावतार ही नहीं– पूर्ण कहा गया है– वही जो हैं– जिससे सब उत्पन्न होते हैं और जिसमें विलीन होते हैं– जो अवतारों का भी उद्‌गम स्रोत है– इसीलिये उसे माँ कहा गया है। जो हैं– उसकी माँ। जो हैं– वही माँ हैं।

माँ आनंदमयी सिर्फ आनंदमयी ही नहीं वात्सल्यमयी और सर्व गुणमयी– कल्याणमयी हैं– निर्गुण–सगुण सब वही हैं।

आज भी भारत में ऋषि परंपरा विद्यमान है। ऋषि कहने से हमारे मानस् पटल पर जंगलों में और पहाड़ों पर गुफाओं में तपस्या करने वाले वृद्ध साधु संतों की छवि उभरती है– यह एक मान्यता मात्र है। सच्चाई यह है कि गृहस्थ धर्म का पालन करने वाले चातुवार्णीय लोगों के रूप में बाल बच्चेदार लोग भी ऋषि हुए हैं। उन्हीं के अनुरूप आज भी भारत के लगभग सभी हिस्सों में अनेक व्यक्ति हैं जो मंत्र दृष्टा हैं– जीवन के शास्वत नियमों को जानने वाले हैं। वे धर्म के मर्म को और शास्त्रों में वर्णित ऋत् को प्रत्यक्ष करने वाले लोग हैं– उस महासत्ता को आत्मसात् कर भागवत् जीवन जीते हैं। ऐसे लोगों ने माँ आनंदमयी को साक्षात् पराम्बा भगवती के रूप में देखा है। दस महाविद्याओं का पुंजीभूत रूप उनके रूप में महसूस किया है। माँ ही काली, माँ ही लक्ष्मी, माँ ही सरस्वती हैं। समय–समय पर धराधाम पर अवतीर्ण होकर माँ ही धर्म की स्थापना, संतों की रक्षा और दुष्टों का संहार करती रही हैं। इसीलिये

तो वे कहती हैं मेरी कोई उम्र नहीं और मैं न पैदा होती हूँ न मरती हूँ। मेरा आना–जाना अनिर्वचनीय है, मानव मन के लिये दुर्बोध है। सिर्फ जो स्थिति और गति के भेद से मुक्त दृष्टामात्र हो गये हैं– स्थिति में गति और गति में स्थिति को पहचान गये हैं– वे ही देख पाने में समर्थ हैं। यह स्थिति अनंत–अनंत संभावनाओं को लिये हुई है।

माँ कहती हैं– मैं उतनी ही कहती हूँ जितना तुम समझ सकते हो।

और माँ कहती हैं कि मैं तो एक बाजा हूँ जिसे जो जैसा बजाता है– वैसा ही सुनता है। कहने का तात्पर्य है कि माँ स्वयं अपनी ओर से कुछ भी नहीं कहतीं– सिर्फ सम्मुख उपस्थित श्रोता को उसके अधिकारानुसार प्रति संवेदित होती हैं– **respond** करती हैं। हर श्रोता वही सुनता है जो वह समझ सकता है और जो उसके काम का होता है। जैसे परमात्मा अपनी चर–अचर सृष्टि में प्रत्येक को उसके अपने–अपने हित के हिसाब से जो–जो, जितना–जितना जरूरी होता है– उसे वही–वही देते हैं– चींटी को कण भर और हाथी को मन भर, कामी को काम, ध्यानी को ध्यान, ज्ञानी को ज्ञान और भक्त को भक्ति, कर्मठ को कर्म और आलसी को आलस्य जिसका जो अधिकार और रुचि उसे वैसा ही। सबका भरण–पोषण परमात्मा करते हैं। वैसे ही माँ का हमारे साथ व्यवहार है। माँ का प्रेम सबके लिये समान होकर बहता रहता है। वे सच्चे झूठे, का भेद नहीं करतीं।

माँ नित्य प्रतिपल अखण्ड सत्ता होकर ही अपना व्यवहार करती हैं जिसके लिये दूसरा कोई नहीं, सब स्वयं हैं– अपना है। माँ के लिये कोई पराया नहीं, स्वयं ही हैं सब।

मां अनादि काल से अनंत काल तक सनातनी लीला स्वरूप लीला सृष्टि स्वयं है और एकमात्र सर्वसाक्षी भी वे ही हैं। वे महारास हैं। यह एक प्रतीक शब्द है।

मेरे अपने अनुभव से माँ आनंदमयी को कोई भी पूरा–पूरा जानने में समर्थ नहीं। माँ को प्रणाम किया जा सकता है, माँ को प्रेम किया जा सकता है, माँ की शरण में रहा जा सकता है– उन्हें जानना असंभव है– उन्हें पाना असंभव है– हाँ कृपा के सहारे तले जीवन जरूर बिताया जा सकता है– और माँ की कृपा नहीं, प्यार है, वात्सल्य है अपनी प्रत्येक संतान के लिये– समान रूप से।

माँ को प्यार दो।

माँ की शरण में रहना सीखो।

माँ के प्यार को महसूस करो।

माँ तुम्हारे ह्रदय में नित्य वास कर रही हैं– तुम्हारा सबसे करीबी साथी हैं। तुम स्वयं माँ हो। तुम्हारा स्वरूप माँ होना है। सबका स्वरूप माँ होना है।

माँ स्वरूप है।

## Ma Anandmayi —

1. An Irish journalist asked Ma, "Why are you here in this world?"

Ma answered, "I am not anywhere. I am myself reposing within myself."

2. Just as rivers merge into the ocean so all trends of thought come to rest in Ma. Just as the ocean neither increases nor decreases with the waters of the rivers, so does Ma remain the same under all circumstances. Nothing disturbs her serenity.

Ma is an immeasurable as the ocean................

Nobody has recongnised Ma for What she is.....

— Shri Trivenipuri Ji

ॐ

# डायरी संख्या-१९

"अनन्त में अन्त, अन्त में अनन्त है।"

– माँ आनन्दमयी

## तुम ही हो

**जो कुछ किया सु तुध किया,**
**हौं कियो कछु नाहिं।**
**जो कहो कछु मैं कियो,**
**तुम ही थे मुझ माहिं।।**

– कबीर

परमात्मा ही प्रत्येक देह–पिंड के जन्मदाता, पालन–पोषण कर्ता और उस देह–पिंड के संहार कर्ता हैं। प्रत्येक देह–पिंड के आयु काल में उसके माध्यम से पल–पल के हर कर्म– शारीरिक मानसिक– भावनात्मक– प्रत्येक घटना के एकमात्र संचालक मालिक ही हैं– श्री भगवान ही हैं।

यदि मैं कभी कहता हूँ कि मैं कर रहा हूँ तब भी मैं नहीं– वही परमात्मा मेरे मुख से बोलते हैं। अब मैं यह जान गया हूँ। मेरे रूप में श्री भगवान ही, जी रहे हैं।

सोइ जानइ जेहि देहु जनाई, जानत तुम्हहि तुम्हइ होइ जाई।

– राम चरित मानस

आश्चर्यवत्पश्यति कश्चिदेन, माश्चर्यवद्वदाति तथैव चान्यः।
आश्चर्यवच्चैनमन्यः शृणोति श्रुत्वाप्येनं वेद न चैव कश्चित्।।

– श्रीमद्भगवद्गीता

## शांति – अशांतिः–

"स्थिर में स्थित रह तो ही स्थिर–
अडोल– शांत रह सकोगे।
अस्थिर में स्थित होओगे तो अस्थिर–
काँपते हुए अशांत ही होओगे।"
"अपरिणामी पर ध्यान रखो।"

यह भागवत् वाणी है– सद्गुरु प्रसाद है।

मैं संसार चक्र में प्रारब्ध वश शांति–अशांति के थपेड़ों को भोगता हूँ। भीतर हृदय में मेरे गुरु भगवान श्री रजनीश परमात्मा का प्रकाश विराजता हैं। वही नियंता हैं मेरे जीवन के– उन्हीं की रचना हूँ– वे ही रख–रखाव करते हैं। वे पल–पल अंग–संग हैं।

जब–जब मैं त्राहि माम् कहकर उन्हें पुकारता हूँ तो वे परमात्मा मुझे मेरा स्वरूप दिखा कर मुस्कुराते हैं। मैं अपने स्वरूप– उन परमात्मा को दर्शन श्रवण कर निहाल हो उठता हूँ। परमात्मा, मेरा सद्गुरु ही सर्वस्व है मेरा। मेरी यह प्रारब्ध कथा उन्हीं की लीला है– वे स्वयं हैं। भगवान ने यही बताया है।

## "योगः कर्मशु कौशलम्":–

योग शब्द से अत्यंत गूढ़ और व्यापक अर्थ निकलता है। यह एक गंभीर और वृहद् विज्ञान है।

लेकिन भगवान कहते हैं कि जीवन में पल–पल एक विशेष कुशलता चाहिये– कोई भी कर्म हो– कर्म फल नहीं बनना चाहिये– कोई भविष्य, कोई प्रारब्ध बीज नहीं अंकुरित हो ऐसी कुशलता चाहिये। कर्म संपन्न हो जाये और कोई व्यक्ति– कर्ता न हो– कोई वैयक्तिक मैं न हो उसके पीछे। परमात्मा ही खेलते हैं इन विविध कर्मों को– यह नित्य बोध ही वह कुशलता है।

भगवान होना सबसे गुह्य कौशल है। भगवान यानी पूर्ण– अखण्ड होना। व्यक्ति का (मनुष्य का) मन ही उसके सभी कर्मों का नियामक व प्रेरक शक्ति होता है– और मन कभी भी दुविधा मुक्त– द्वन्द्व रहित नहीं होता, वह अपने स्वभाव से ही हर पल बँटा–बँटा सा (divided) होता है इसी से व्यक्ति कभी भी अपने किसी भी कर्म में उस स्वाद को नहीं

पाता जिसे आत्मा की तृप्ति कहते हैं– पूर्णता का, द्वन्द्व–रहितता का स्वाद आदमी जानता ही नहीं। यही अतृप्ति प्रारब्ध बीज यानी तृष्णा को उत्पन्न करती है।

भगवान सदा ही आप्तकाम है– यही तृप्ति कर्म का सच्चा फल है। भगवान में तृष्णा कभी भी नहीं होती। यही तृष्णा मुक्त चेतना भागवत चैतन्य है। इसी चेतना की नियामक व प्रेरक शक्ति से सम्पन्न कर्म कुशल कर्म होता है। यही सच्चा व सहज योग है।

**सद्गुरु तत्व – व्यक्ति और स्वरूप**

**सब पर्वतस्याही करूँ घोलूँ समुंदर माहि।**
**धरती का कागज करूँ गुरु गुण लिखा न जाहि।**

– कबीर

**साध मिले साहिब मिले, अंतर रही न रेख।**
**मनसा वाचा कर्मना, साधु साहिब एक।।**

– कबीर

**शब्द अनहद होत जहाँ तँ, तहाँ ब्रह्म का बासा।**
**गगन मंडल में करत कलौले, परम जाति परगासा।।**

– मलूक दास

**गुरु वाणीः–**

**वाणी गुरु, गुरु है वाणी, विचिवाणी अम्रितु सारे।**
**गुरु वाणी कहै सेवकु जनु माणै परतखि गुरु निसतारै।।**

गुरु संदेश है परमात्मा है– जीवित पैगाम है ईश्वर का।

दिखने में गुरु हमारे तुम्हारे सामान्य मनुष्यों जैसा ही एक रूप आकार होते हैं। गुरु भी सब उठना–बैठना, बोलना–सुनना हमारे जैसा ही करते– लेकिन फर्क होता है। सामान्य मनुष्य मनोमुखी होते हैं– अपने मन और प्रारब्ध संस्कारों के वशीभूत होकर आचरण करते हैं और गुरु ईश्वर मुखी होते हैं– गुरु अपने भीतर हृदय में आसन जमाये परमात्मा और उस परम गुरु के वशीभूत होते हैं– परमात्मा स्वभाव से आविष्ट होते हैं।

गुरु के रूप में वह अखंड ब्रह्म अद्वैत प्रभु–परमात्मा ही जिंदा होते हैं। गुरु सामान्य संस्कार बद्ध प्रारब्ध में बँधे हुए जीवों को उनके सच्चे स्वरूप

का बोध कराने हेतु ही, जीवों के परम कल्याण हेतु ही ये सब आचरण– और उपदेश आदि लीला के कर्म करते हैं। गुरु की वाणी सामान्य जन के लिये प्रकाश स्वरूप होती है, प्रेरणा स्त्रोत होती है – साहस और शक्ति प्रदान करती है। इसलिये गुरु वाणी गुरु ही है– गुरु वाणी में गुरु समाये रहते हैं। गुरु वाणी सद्गुरु की जिंदा देह है। वह अमृत है।

गुरु वाणी की सिर्फ पूजा ही मत करो– उसे आहार बनाओ, उसे पीयो– अपनी आत्मा का उससे पोषण करो– उस अमृत से अपने हृदय को सींचो। ऐसे तब तुम अमृत लोक के वासी हो जाओगे। गुरुवाणी को सिर्फ पढ़ो–सुनो ही नहीं, अपने हृदय–आत्मा की अतल गहराई तक उस गुह्य आसन तक उतर जाने दो फिर तुम देखोगे– महसूस करोगे कि वाणी की नाव पर सवार होकर– वाणी देह के रूप में तुम में प्रवेश करके तुम्हारे सम्पूर्ण अस्तित्व में स्वयं गुरु–गुरु का प्रकाश, गुरु का स्वरूप– स्वयं परमात्मा तुम्हें साक्षात् हो उठेंगे– भीतर–बाहर– सर्वत्र–सभी देहों में, सभी रूप–आकारों में – बस वही–वही दिखेंगे। यही बैकुंठ है– यही अमृतलोक है– भगवान का घर है– स्वयं भगवान ही है। और तुम भगवान से अभिन्न हो, अनन्य हो।

गुरु वाणी तुम्हें गुरु के साथ–साथ तुम्हारे स्वरूप से साक्षात् करा देती है– यही तो गुरु का काम है– गुरु के होने का– देह धारण करने का प्रयोजन है। गुरु वाणी की यही महिमा है कि वह गुरु की महिमा के साथ–साथ तुम्हारी महिमा को भी दिखा देती है।

## शब्द–धुनकार और सद्गुरुः–

**"The word was made flesh and dwelt amongst us."**

**– Holy Bible.**

न सत् था, न असत् था– परमात्मा प्रशांत– निजानंद में लीन था– फिर वह आनंद ही प्रकट हो गया– एक भाव जगा कि अनेक हो जाऊँ, खेलूँ– गाऊँ नाचूँ – रचना सहज ही प्रकट हो गयी– यह सृष्टि उत्पन्न हो गयी– श्री भगवान ही नटराज हो गये और दृश्य जगत अस्तित्व में आ गया यही भगवान की लीला है, दिव्य महारास है। दिव्य ध्वनि, दिव्य नृत्य चलने लगा– विस्तार हो गया। कर्मों की श्रृंखला में परमात्मा आबद्ध हो गये।

कर्म से कर्म उत्पन्न होते गये– व्यक्ति से व्यक्ति और असंख्य व्यक्ति उत्पन्न होते हैं– फिर प्रारब्ध चक्र बने। उस प्रारब्ध को भोगते–भोगते अपरिणामी, अविकारी परमात्मा स्वयं को बद्ध जीव समझने के भ्रम में पड़ गया– मोहाविष्ट हो गया– आत्म सम्मोहन में फँस सा गया। फिर अपने सच्चे स्वभाव को पहचानने के लिये व्याकुल हो उठा।

ऐसे ही जीवों की आर्त पुकार को सुनकर हृदय गुफा में गुप्त वास करता हुआ परमात्मा जीव के भीतर जाग गया किसी विशेष जीव में। वही गुरु कहलाया, बुद्ध कहलाया। उसके हर आचरण में, वाणी में फिर वही प्रशांति, वही मूल सहज आनंद प्रकट होने लगा। बद्ध जीवों के बीच उनके उद्धारक, शरणदाता बनकर जीने लगा। इन्हें हम संत, सद्‌गुरु, भगवान कहते हैं।

सद्‌गुरु परमात्मा का दिव्य संगीत है, दिव्य नृत्य होता है। सद्‌गुरु के माध्यम से परमात्मा हमारे बीच जीवन को जीकर हमें परमात्मा को पहचानने और जीवन को परमात्मामय बनाने की राह दिखाते हैं।

परमात्मा को (में) यह धुन जगी कि अकेला हूँ– अनेक हो जाऊँ और वह अनन्त–अनन्त व्यक्ति के रूप में बँटा सा दिखाई पड़ने वाली सृष्टि बन गया। फिर व्यक्ति के भीतर बैठे परमात्मा ने सोचा, याद किया स्वयं को कि वह तो अखंड है, एक–अकेला है, कभी भी बँटा नहीं है, व्यक्तित्व हीन है– अनूठा है– परमात्मा है– और ऐसी धुन जागते ही वह परमात्मा हो गया। शब्द से देह और देह से शब्द में सहज रूपांतरण हो जाता है– बस यह सब धुन की बात है। वही दिव्य धुन कृष्ण की बंशी और महादेव के डमरु का संगीत।

वह ध्वनि सद्‌गुरु की देह है। शब्द देह बन जाता है और सद्‌गुरु कहलाता है। यह शब्द की मौज भी है और यह शब्द की कृपा भी है।

गुरु ही वाणी और शब्द बनते हैं और वाणी ही गुरु बनती है। वही गुरु है और वही वाणी है।

## "सर्व धर्मान् परित्यज्य मामेकं शरणं ब्रज":–

"नष्ट मोहः स्मृतिलब्ध्वा तत्प्रसादात्"

– श्रीकृष्ण

मोह नष्ट हो गया– भ्रम टूट गया – अंधेरा छँट गया, उस महाप्रकाश में सच दिख गया– जो अभय है, अमिट है, अकाल है– अनंत है–

पावन ही नहीं, पतित पावन भी है वही परमात्मा साक्षात् हो गये और वे अपने इस दृश्य–अदृश्य सृष्टि के कण–कण– सभी देहों के भीतर–बाहर आलोकित होकर विराजमान हैं– यह पाया– अपने सर्वस्व, अपने घर की याद इस तरह आ गयी– स्वयं की प्रत्यभिज्ञा हो गयी।

यह ऐसी घटना है जो किसी भी प्रकार से मनुष्य की शक्ति–सामर्थ्य से, संभव नहीं होती– यह लौकिक उपलब्धि नहीं है, यह अलौकिक घटना है– इसका होना बिना गुरु कृपा के नहीं होता। परमात्मा के स्नेह मिलने से ही यह अनादि मोह नष्ट हो सकता है– और अनंत परमात्मा का अंतहीन नित्य दर्शन–श्रवण –स्पर्श मिल जाता है। स्वयं की याद आ जाना– स्वयं की याद बना रहना परम सौभाग्य है।

## आत्मरतिः–

**सुमिरन की सुधि यों करौ, ज्यों गागर पनिहार।**
**हालै डोलै सुरति में, कहै कबीर विचार।।**
**हरि आपे सबदु सुरत धुनि आपे,**
**हरि आपे वेखे विगसै आपे।**
**हरि आपि जपाई आपे हरि जापे।।**

जब तक 'मैं' की धारणा होती है तब तक 'तुम' का भी ख्याल रहता है। जब 'मैं' और 'तू' का द्वैत है तब तक 'वह' का विचार सहज ही आ जाता है। वह यानी परमेश्वर का।

जब मैं नहीं तो तू भी गया। अपने अहंकार या अहं बुद्धि के नष्ट हो जाने से किसे तू कहें– अद्वैत के बोध से मैं के साथ–साथ तू भी चला जाता है। और जब मैं नहीं, कोई कहने वाला नहीं, तू नहीं यानी सुनने वाला कोई नहीं तो किसके विषय में कुछ कहा जाये – यानी वह भी नहीं बचा– सारे संबोधन– मैं, तुम वह के गिरते ही क्या बच जाता है?– निःशब्द, अनिर्वचनीय, महामौन, महापूर्ण, अखंड, अलख आनंद सागर – गुह्यतम अलौकिक सुख ही शेष रहता है।

ऐसा नित्य बोध जिस चेतना में रच बस जाये वह योगी चाहे जैसा उठे–बैठे, हर स्थिति में एक ही रस, एक ही सुख वर्तमान रहता है– भगवत्ता का सुख। फिर व्यक्ति का व्यक्तित्व समाप्त हो जाता है– भगवान

ही श्वाँस लेते हैं– वही उठते–बैठते हैं, वही बोलते–सुनते हैं– वही जपते हैं – वही जपते हैं।

यह स्वयं ही स्वयं के साथ खेलना है। यह आत्मरति है। यही असली सुख है। यही सत्संग है। परमात्मा खुद को ही देखता है, खुद ही सुनाता, खुद ही सुनता है, खुद को ही खाता है, पीता है। इधर भी वही– उधर भी वही– ऐसा रमण करता है परमात्मा। वही माँ होकर खुद को ही शिशु रूप में उत्पन्न करता है। वही प्रकट होता, वही लुप्त होता, खो जाता है। ऐसा दिव्य खेल है प्रभु का। यही सुमिरन है– नित्य और सर्वत्र परमात्मा – परमात्मा और परमात्मा – लीला, लीला और लीला। यही खेल है योगी का, भक्त का। स्वयं गुरु– स्वयं चेला– यही है मेरा खेला।

बुद्ध ने कहा है– **"यस्सांरः तन्निर्वाणम्"** यानी जो संसार है वहीं और वही निर्वाण भी है। संसार और निर्वाण, गति और स्थिरता, सृष्टि और परमात्मा, देह और आत्मा, नाम और नामी दो नहीं, एक ही है। वही है, सिर्फ वही है, उसके सिवा, उससे रिक्त, उससे पृथक, उससे बाहर कुछ नहीं है, जो कुछ है वही है।

अकथ कहानी प्रेम की, कछु कही न जाये।
गुँगे केरी सरकरा, खाइ और मुसकाय।।

– कबीर

समग्रता का नाम है समाधान– समाधि। समग्रता का नाम है जीवन। समग्रता का नाम है परमात्मा। समग्रता का नाम है सच्चिदानन्द। सच्चिदानन्द ही मेरा तुम्हारा प्रत्येक का स्वरूप है। लहर में जैसे सागर समाया हुआ होता है। हर लहर में समुद्र ही खेल रहा है। यही आत्मरति है।

खुद ही खुद का ही भोग लगाना और खुद को ही पान करना। खुद से ही पुष्टि– संतुष्टि पाना। खुद के सिवा और अन्य कुछ भी न जानना, न मानना। स्वयं की स्मृति बने रहना ही आत्मरति है। तब जीव शिव है। तब सर्वत्र शिव ही हैं। यही आत्मरति है। अर्धनारीश्वर शिव, नृत्य मग्न शिव– सर्वत्र हैं। जगत् भी है– जगदीश ही जगत् होकर हैं।

जगत् जगदीश का नृत्य है, भंगिमा है। नटवर को देखना– स्वयं भी नृत्य रस में लीन होना हो जाता है। यही आत्मरति है।

11 दिसंबर, 99
भगवान श्री रजनीश का जन्मदिन

**धुनि महि धिआन धिआन महि जानिआ गुरुमुखि अकथ कहानी।**
**जिन अंतरि सबदु आप पछाणहि, गति मिति तिन ही पाई।**

—रामकली— 3, पृ. 910

**नव दरवाजे काइया कोटु है दसवे गुपतु रखीजै।**
**बजर कपाट न खुलनी गुरु सबदि खुली जै।**

"कोई गुरुमुख जीव ही इस धुन में ध्यान को जोड़कर मालिक के दरबार में पहुँचने की अनिर्वचनीय अकथनीय कथा को समझ लेता है।"

— संत शिरोमणी बाबा सावन सिंह महाराज
(ध्वनिमय प्रकाश— प्रकाशमय ध्वनि)

## प्रणव ज्योतिः—

"सर्वभूतों में भगवान और भगवान में सर्वभूत"

संसार यानी पल—पल बदलते हुए दृश्य—क्षण—क्षण चेहरे बदलते रहते हैं — ऐसा अंतहीन सा चक्र ही संसार है। इसी बदलते संसार के स्वभाव के कारण कभी शांति स्थिर नहीं हो पाती, सुख स्थायी नहीं हो पाता— सामान्यतः मनुष्य की यही कथा है।

लेकिन कोई मनुष्य इस संसार के स्वभाव को पहचान कर उत्तप्त हृदय से जब किसी ज्योति पुरुष, किसी गुरु की शरण में आ जाता है तब गुरु उस बद्ध जीव के सारे भार— योग क्षेम अपने ऊपर ले लेते हैं और सद्‌गुरु की अपार कृपा से एक दिन ऐसे शरणागत जीव को ऐसे तत्त्व का लाभ करा दिया जाता है जिसकी कथा जितनी कही जाये— कथा कभी भी पूरी नहीं होती। ऐसी अकथ कहानी होती है उस परमतत्व की, ऐसा अतुलनीय है वह तत्त्व। वह तत्त्व ही मालिक का घर है, साईं का दरबार है। वह तत्त्व सद्‌गुरु का स्वरूप होता है और वही उस धन्य हो उठे जीव का भी स्वरूप होता है। वह जगमग करता परम चैतन्य शब्द धुन है — परम प्रकाश — परम संगीत है वह तत्व है। वही परमात्मा की वाणी है— जीव को अपनी गोद में ले लेने के लिये व्याकुल पुकार है। वही सद्‌गुरु के हृदय में बसा प्रबल प्रेम है। वही कृष्ण है, वही राम है, वही शिव है, वही सती माता है। उस तत्व को अनुभव तो किया जाता है किंतु शब्दों में समा नहीं सकता— छलकता रहता है— ब्रह्म तत्व है वह अनुभव। निराकर होकर भी वह पूजा की, प्यार करने की सत्ता है।

वही रस है, वही बोधि है। यह परामुक्ति है, पराभक्ति है, महामिलन है। राधा–कृष्ण, उमा–महेश्वर, राम–सीता का नित्य संयोग– बस प्रेम, प्रेम और सिर्फ प्रेम– चैतन्य और संवेदनशीलता की पराकाष्ठा– अनंत आत्म स्मृति – खुद को पुनः पा लेना। आत्म विभोर हो जाना। यही वह अकथ कथा है। यही अलख, अजूनि, अमम, निरंजन, अकाल पुरुष है– एकमात्र सत्ता है। वह प्रकाश स्रोत है– वह प्रकाश का सागर है और दिव्य धुन है जो गुरु वाणी बन जाता है– देह धारण कर लेता है। गुरु के रूप में प्रकट होता है। हमारे बीच जीवन को जीता है– हमारे जैसा। उस बोधि की कथा सचमुच अकथ ही है। जय माँ।

गुरु नानक देव जी फरमाते हैं–

आदि सच, जुगादि सच, है भी सच, नानक होसी भी सच।

नित्य स्वरूप, नित्य स्वभाव, नित्य आनंद, नित्य चैतन्य, नित्य सर्वतंत्र स्वतंत्र, सर्वसाक्षी है वह सच। उसी का जलवा है। वही ज्ञाता, वही ज्ञेय। वह खुद को ही जानता–पहचानता, व्यवहार करता है, जीता है। वह परम जीवन है– निरपेक्ष सत्ता है। निरपेक्ष यानी उसकी कोई तुलना नहीं क्योंकि उसको छोड़कर उससे अलग कुछ भी नहीं है– जो भी है या नहीं है जैसा लगे– वह सब मात्र वही ब्रह्म सत्ता है। अनन्त लोगों ने अनन्त–अनन्त ढंग से अनंत–अनंत बातें कही हैं लेकिन वह कभी कहा नहीं जा सका– ऐसी विलक्षणता, वह ऐसी विचित्रता है।

"यतो वाचो निवर्तन्ते अप्राप्य मनसा सह"– उस कथा, उस परम तत्व की विलक्षणता, उसका यश–कीर्ति, उसके विषय में कुछ भी कह पाना असंभव है। वाणी चुप हो जाती है। कहते–कहते, और वह विचार और तर्क बुद्धि से भी नहीं समझा जाता। उसका ज्ञान, उसका अहसास वही करता कराता है।

"ब्रह्मैव जानाति सः ब्रह्मैव भवति"– उस परम तत्व को जो जान लेता है– वह बुद्ध वही बोध स्वरूप ही हो जाता है। जानने वाले और जिसे जाना गया है उनमें कोई भिन्नता नहीं होती, ज्ञान के प्रकाश सूत्र से दो नहीं– अखंड अद्वैत् परमात्मा ही की सत्ता है।

"अणोरणीयान् महतो महीयान्"– और वह परमात्मा एक साथ एक ही समय में अणु से भी अणु– ऐसा लघु है तो विराट् से भी विराट्– ऐसा महान है।

सर्वत्र उसी का विस्तार है, उसी की गूंज है।

## कलकत्ता प्रवास (सन् 1974–1983):–

लेडी राणो मुखर्जी, मोहिभ रुद्रा, अभिताभ बैनर्जी, भीलू बैनर्जी, शरबरी राय चौधरी, रथीन मित्रा।

कलकत्ता में मेरा सन् 1974 से 83 तक रहना हुआ था। वहाँ रजनीश ध्यान केन्द्र नाम से एक आश्रम था– मैं वहीं था।

कलकत्ता में मेरा मन कला और कलाकारों के बीच प्रसन्न था। एक दिन आश्रम में रजनीश साहित्य की खोज करते हुए एक चित्रकार आया वह उस समय यूरोप में रह रहा था– भारत आया हुआ था। वह श्री मोहिभ रुद्र थे। उनका मेरे साथ स्नेह संबंध हो गया। फिर कई बार आये– कभी अकेले कभी किसी अन्य कलाकार को साथ लेकर। उन्हीं के साथ एक बार अमिताभ बैनर्जी, प्रसिद्ध ग्राफिक पेंटर और एक बार प्रसिद्ध शिल्पी शबरी राय चौधरी भी आये।

कलकत्ता में मैं प्रायः अकादमी ऑफ फाइन आटर्स की गैलरियों में प्रदर्शनियाँ देखने जाया करता था। वहाँ मेरे चित्रों की एक प्रदर्शनी भी थी। उस प्रदर्शनी का उद्घाटन श्रीमति राणो मुखर्जी (उस अकादमी की संस्थापिका) ने किया। उनका मेरे प्रति अतिशय स्नेह था। वहीं वरिष्ठ चित्रकार श्री रथिन मित्रा भी मिल जाते थे। रथिन मित्रा जी मेरे निवास पर भी आते रहते थे– बहुत प्यार करते थे मुझे।

## कैसा अनोखा खेल है यह जीवनः–

तुम ही थी,
तुम ही हो,
तुम ही रहोगी।

मेरी जीवन संगिनी माया के लिये प्रेम, और दिव्य शक्ति चिन्मयी माँ योग माया के लिये प्रणाम।

माँ, तुम कौन हो–क्या हो, यह कोई नहीं बता सका।

तुम्हारी ही सत्ता
हम तो सेवक।
हाँ, माँ।

तुम ही हो
तुम ही थी
और तुम ही रहोगी।

## विरासत–बुद्ध –अशोक–महेंद्र; संघमित्राः–

विरासत में संसारी लोग अपने पीछे अपनी संतानों को घर, जमीन, जायदाद, मान–सम्मान के संस्कार, मित्रता–शत्रुता आदि छोड़ जाते हैं। खुद भी मर खप गये इन्हीं में डूबते–उतरते और अपनी संतान को भी तैयार कर गये– यही कथा है एक बुद्ध जीव की।

भगवान बुद्ध जब अपने बुद्धत्व के बाद कभी कपिलवस्तु आगमन हुआ तो– यशोधरा के द्वारा राहुल को सामने करके कहा गया कि यह तुम्हारे पिता हैं– इनसे अपनी विरासत की संपत्ति माँग लो– तब बुद्ध ने कहा कि, लो यह भिक्षापात्र हमारी यही विरासत है। बुद्धत्व हमारी संपदा है। ध्यान हमारी संपत्ति है, ध्यान हमारा धन है– लो – स्वीकार करो।

सम्राट अशोक अत्यंत वीर थे– कलिंग विजय किया लेकिन विजय के बाद युद्ध स्थल को देखकर उन्हें ऐसी हिंसा से, ऐसी हिंसक वीरता से वितृष्णा हो गयी, वे पश्चाताप की अग्नि में जलने लगे। फिर भगवान बुद्ध और उनकी शिक्षाओं की ओर उनका ध्यान गया। प्रकाश मिल गया अशोक को। फिर न केवल स्वयं ही उसके प्रचार–प्रसार में जुट गये, उन्होंने अपने पुत्र राजकुमार महेंद्र को और पुत्री राजकुमारी संघमित्रा को भी इस पुण्य कर्म में लग जाने की प्रेरणा दी। उन्हें इस काम के लिये सुदूर श्रीलंका, सिंहल द्वीप भेजा।

यह है एक पुण्यात्मा की विरासत दान की कथा। जीवन को जीकर मानव जीवन की सच्ची कमाई को पहचानना, कमाना और अपने बच्चों को वह दीया– वह प्रकाश सौंप देना। जो बुद्ध ने राहुल को दिया वही अशोक ने महेंद्र और संघमित्रा को दे दिया। बोध का दान–प्रेम का अंकुर। यही वस्तुतः विरासत है– प्रत्येक माँ–बाप के लिये जो अपने बच्चों का कल्याण चाहते हैं।

## सापेक्ष–निरपेक्ष (Relative and Absolute):–

देश और काल से आबद्ध प्रत्येक बात– वस्तु, व्यक्ति या विचार, भावना या अवस्था या घटना– ये सब सापेक्ष होते हैं। इसमें संसार की सभी बातें आ जाती हैं। जिसका आदि और अंत होता है– प्रारंभ व समाप्ति होती है वह सापेक्ष होता है। इसमें सांसारिक, भौतिक जगत् की बातों से लेकर योगियों–साधकों का तथाकथित समाधि– या ब्रह्म अनुभव भी आ जाता है। जिस अनुभव का कोई प्रारंभ व समाप्ति हो जाए उसका समाधि या ब्रह्म साक्षात्कार से कोई संबंध नहीं– वह मन की ही एक अवस्था है– वह विशुद्ध रूप से मानसिक घटना है। अच्छे–अच्छे साधक भी धोखा खा जाते हैं।

मेरे गुरु भगवान श्री रजनीश कहा करते थे कि संसार का आदि नहीं दिखता लेकिन अंत हो जाता है और समाधि का आदि होता है लेकिन अंत नहीं होता। यह साधना की दृष्टि से साधक का अनुभव होता है। यही साधक थोड़े ही समय में यह जान जाता है कि जिस स्वाद को वह समाधि कह रहा है और जिसे साधना के क्रम में प्रारंभ हुआ सा समझ रहा था वह तो अमृत है– अकाल है– वह तो इस अस्तित्व का स्वभाव और स्वरूप है– और जिसकी कोई तुलना नहीं क्योंकि उसके अतिरिक्त कहीं कुछ है ही नहीं – ऐसा निरपेक्ष स्वरूप है समाधि का। न स्थान, न स्थिति, न आचार व्यवहार, कोई भी शर्त नहीं– समाधि ऐसा सहज स्वभाव बन जाये तभी वह निरपेक्ष होती है। वह कोई अवस्था नहीं है। सब अवस्थाएँ मन–देह की होती हैं– देश काल से बाधित होती हैं– जो आती–जाती हैं। समाधि एक बार हो जाये तो देश–काल नष्ट हो जाते हैं– होकर भी नहीं जैसे हो जाते हैं– क्योंकि देश काल के मालिक की स्थापना जो हो जाती है– अनंत, अनंत स्वभाव है उस अनुभव का।

जब तक कोई भी अनुभव या ज्ञान देश–काल सापेक्ष है, सीमाबद्ध है तब तक जानना कि मन ही सक्रिय है और वह अनुभव संसार और अहं केंद्रित ही है। अध्यात्म में ध्यान का क्षणिक स्फुरण भले ही हो– वह ब्रह्म अनुभूति या समाधि तो कतई नहीं। साधकों के लिये यह जानना बहुत जरूरी है। जापान में इसे ही सातोरी कहते हैं। एक बार ही नहीं जीवन

में सैकड़ों बार ऐसे अनुभव आ सकते हैं— यह एक प्रकार से खिंचाव या झटके हैं— उसी निरपेक्ष सत्ता की ओर— समाधि की ओर। निरपेक्ष सत्ता अर्थात् सत्य का एक बार साक्षात् हो जाये तो वह सब सीमाओं को तोड़ देता है— न देश बचता है न काल का बोध, न मन बचता है, न चित्त— सब द्वैत नष्ट हो जाते हैं। मोह का नाश तभी होता है, संशय तब ही छिन्न भिन्न हो जाते हैं। वह निरपेक्ष अनुभव— वर्णनातीत है।

**पंच—मकारः—**

**मद्यं मांस च मीनं च मुद्रा मैथुनैव (मैथुनमेव) च।**
**मकार पंचकं प्राहुर्योगिनां मुक्तिदायकम्।।**

—कुलार्णव तंत्र

मद्य – सहस्रार से झरती हुई धारा जिसे जीभ को उल्टाकर गले में (गला का द्वार) पीता है।

मांस – पाप वृत्ति रूप पशु को योग बल से मारना ही मांस भक्षण है।

मीन – इड़ा—पिंगला के नीचे कुंभक करना— श्वाँस—प्रश्वाँस की विषमता रूपी मीन को समाप्त करना और सम अवस्था को प्राप्त होना। सुषुम्ना में प्रवेश करना।

मुद्रा – कुमार्गियों से स्वयं की रक्षा करना, हमेशा सत् का संग करना— मुक्ति पथ पर अग्रसर होना, स्थित रहना।

मैथुन – जीव का सुषुम्ना से संयोग होने, रति होने को ही तंत्र में मैथुन कहते हैं।

"सा वामा शक्तिरूपाच सा शिखा चित्कला परा"— यही कुंडलिनी शक्ति का स्वरूप है।

तंत्र भारत में सहज योग का ही नाम है— सहज यानी जीवन को जैसे एक सामान्य इंसान जीता है— भोग रूप— वैसे ही जीना – कुछ विशेष बाह्य तपस्या, यम—नियम आदि, विधि निषेध आदि को महत्त्व नहीं देना जैसा कि पतंजलि योग दर्शन के साधक योगियों द्वारा जीया जाता है। इसीलिये तंत्र साधना समझ में आ जाये ऐसी साधना नहीं है— यह भीतर साक्षी को जगाना है— भीतरी जागरूकता की साधना है— संसार में गुप्त सुप्त परमात्मा या ब्रह्म के साथ एकात्म होने की साधना है जैसे

भगवान सदाशिव रहते हैं– जिनके श्वाँस–श्वाँस में राम बसे हैं। उन्हीं महान् सद्गुरु शिव के समान मति–गति को प्राप्त करना ही एक तंत्र साधक का चरम लक्ष्य होता है। संसार में रहना लेकिन खुद में संसार को प्रवेश नहीं करने देना। यही संन्यास है। संन्यास तंत्र का सोपान है।

गुरु शिष्य संबंध और शिष्य की दीक्षा प्रारंभ है तंत्र का। तंत्र सार है अध्यात्म का। बहुत जटिल है, बेबूझ है तंत्र का विज्ञान। शिवजी ने जिस प्यार से सती देवी को इसका उपदेश किया है– अंतरंगता के साथ–वही गुरु–शिष्य संबंध का प्रत्यक्ष उदाहरण है– प्रेममय गुरु के द्वारा शिष्य को प्रेम से भर देना– जीवन के प्रति, सृष्टि के कण–कण से प्रेम– समस्त भेद दृष्टि को त्यागकर– बलपूर्वक स्वयं को दबाकर नहीं, बल्कि उस परम एकता के आधार ब्रह्म सत्ता को– उस सद्गुरु सदाशिव को, सब योगियों, भक्तों के परम आराध्य श्रीराम को, अद्वैत स्वरूप परमात्मा को पहचान कर– प्रेममय हो जाना– यही तंत्र की साधना है।

तंत्र परमात्मा के प्रति अनुग्रह, धन्यवाद, अहोभाव की स्थापना का ढंग है।

तंत्र में 'पंच मकार' एक जटिल विषय है, कोई विरला ही इसे जानता है। बाकी सब तो ज्ञानियों की व्याख्याएँ ही हैं। कोई इसे जैसा शब्दों से दिखता है– वैसा ही मानते हैं तो कोई इसमें प्रतीक ढूँढ कर इनके अर्थ बताता है। सच तो अनुभव से जाना जाता है। अनुभव पार लगा देता है। अनुभवी का कोई आग्रह नहीं रह जाता– सत्य अव्याख्येय होता है– शब्दों से मुक्त जीवन को जीना मात्र है। तंत्र प्रेम के दिव्य भाव को जीने का ढंग है। पल–पल दिव्यता, और अखंड भगवत्ता का भाव और कण–कण में आराध्य इष्ट के दर्शन–स्पर्शन से आनंदित रहना ही तंत्र साधक का जीवन होता है। विधि में भी यह भाव, निषेध में भी यही भाव। विधि निषेध सब बाहर–बाहर और परमात्मा भीतर–भीतर। हर कर्म भजन बन जाये, हर बात सुमिरन बन जाये– ऐसी अखंड सुरत धारा बह चले जीवन में यही तंत्र है। यह अनुभव वर्णनातीत है– बोलते को चुपकर देने वाला अनुभव है। मौन में मुखर, मुखरित में मौन– विलक्षण है यह गंभीरतम अनुभूति। इसे साधक नहीं जान सकते– साधक अवस्था में ही तो तमाम विचार हैं, मत–मतांतर है, झगड़े–विवाद हैं। तंत्र के चरम अनुभव को सिर्फ सिद्ध सद्गुरु ही जानते हैं– जहाँ कोई विचार, मत

मतांतर, मेरा–तेरा विवाद आदि द्वन्द्व नहीं हो सकते– प्रेम–महाप्रेम की स्थापना जो हो जाती है हृदय में।

तांत्रिक वह होता है जो स्वाद लेता हुआ सा होकर भी अस्वाद से भरा होता है और अस्वाद से भरा होकर भी स्वाद लेता है। समस्त द्वन्द्वात्मक रुचियाँ और यह हो– यह न हो, ऐसा हो–ऐसा न हो जैसी वृत्तियाँ भले ही ऊपर–ऊपर से जीवन में– व्यवहार में दिखलाई पड़ें या इनकी जगह अद्वैत ब्रह्म आवेश मय अवधूत जीवन– विधि निषेध का ऐकांतिक अभाव दृष्टि गोचर हो– कोई रुचि न दिखे, सब बराबर हो जाये– तांत्रिक पहचाना नहीं जा सकता। एक प्रामाणिक तांत्रिक को पहचानना कठिन ही नहीं, असंभव भी है। ऐसा घुल–मिल जाता है उसका होना परमात्मा में। एक सिद्ध तांत्रिक देह में स्वयं सदाशिव खेलते हैं। रस–स्वरूप वे भगवान आशुतोष रसेश्वर ही विद्यमान होते हैं तांत्रिक देह में– बौद्ध जिन्हें अवलोकितेश्वर कहते हैं–

The manifested God – The God in form – The Godly Life – Godly living – The incarnated God.

तंत्र का शाब्दिक अर्थ तो होता है technique, जिसका सामान्य अर्थ होता है तरीका, तरकीब, ढंग– अंग्रेजी में skill कहते हैं जिसे, जिसे efficiency कुशलता कहा गया है।

भगवान ने गीता में उस कुशलता के बारे में कहा है– "योगः कर्मषु कौशलम्" यानी कर्म में कुशलता ही योग है। वह कुशलता क्या है जिसे अपना कर कोई योगी हो जाता है, योगारूढ़ हो जाता है। वह कुशलता है स्वयं का खो जाना, खुद का हट जाना, शून्य हो जाना, खाली हो जाना– यही कहलाता है साधना में– पात्र बन जाना जिसमें परमात्मा– शुद्ध अस्तित्व जगह बना सके, भागवत सत्ता घर बना सके। इसे ही ब्रह्माविष्ट होना कहते हैं। तब जो भी होता है– उसके करने वाले, कर्ता एक भगवान ही होते हैं जो अलख निरंजन हैं, सदा पतित पावन हैं, अकाम हैं, मासूम हैं– शुद्ध बुद्ध हैं, पूर्ण हैं, आत्मतृप्त हैं। यही एक सिद्ध तांत्रिक का जीवन होता है– जहाँ अस्तित्व मात्र– सिर्फ उसका आराध्य है अस्तित्व का हर रूप सदाशिव है– प्रेम का पात्र है। यही तंत्र है।

## रस– रसो वै सः

### निपट संसारी, कलाकारी, योगी, श्री भगवान।

परमात्मा (और जीव का भी जो परमात्मा में ही आ जाता है, समाया हुआ है) का स्वभाव ही आनंद है। आनंद यानी फैलना– बँटना– बाँटना है। आनंद और रस का स्वभाव का कार्य यह भी है कि दो को या सबको उनकी पृथक सत्ता अर्थात् व्यक्तित्व को भुलाकर एक कर देना– सामंजस्य, समरसता पैदा कर देना– एक सूत्र से सबको भर देना। उसी रस पर कुछ कह रहा हूँ।

रस तो वैसे प्रत्येक कण–कण में, प्रत्येक जीव में मौजूद होता है– सृष्टि का कोई भी हिस्सा रस से रिक्त नहीं है। फिर भी उसे जानना, महसूस करना, पैदा करना, प्रसारित करना सबमें एक जैसा नहीं होता। यह चेतना के स्तर पर निर्भर करता है।

जड़ पदार्थ– मूक होते– जड़ ही होते हैं – खुद होकर मुखरित नहीं होते – प्रकट नहीं हो पाता उनका आनंद।

पेड़–पौधों में वही रस अपने ढंग से प्रकट होता है। जब उन्हें प्यार–दुलार मिलता है या मौसम आता है तब।

पशु–पक्षी अपने रस को नाच–कूदकर, बोल–गाकर प्रकट करते हैं। अब आदमी पर आते हैं।

आदमी जब निपट संसारी होता है तब प्रकृति प्रदत्त (या प्रारब्ध या कोई कर्म) आघातों, संवेगों से उसे अनेक भावों–भय, संकोच, सुख–दुःख, हास्य या रूदन, क्रोध या विनय को भोगना पड़ता है। परमात्मा अपने इस सामान्य मनुष्य की स्थिति में अनेकानेक भावों को रस रूप में जीता है किंतु यह रस अस्थायी तनाव के रूप में मानसिक उतार–चढ़ाव मात्र होता है– आनंद नहीं, मात्र आनंद की तलाश में भटकाव ही होता है– कभी यह तो कभी वह लेकिन आनंद या रस नहीं होता। संसारी लोगों ने पदार्थ सुख का रस पान किया है।

परमात्मा मनुष्यों में कलाकारों के रूप में कुछ–कुछ ध्यानी जैसा स्वभाव वाला होता है– इसीलिये सामान्य मनुष्यों जैसे ही प्रकृति व प्रारब्ध के आघातों को भोगता तो है, आहत होता, उत्साहित होता है किंतु मात्र इतना ही नहीं होता– ये बाह्य तरंगे 'कलाकार' के भीतर एक रहस्यमय कीमिया (alchemy) के द्वारा स्थिरता, शांति, आनंद उत्पन्न करते हैं–

वह विचार करता है, चुप बैठता है परेशान सा होता है, ठीक गर्भवती युवती की तरह और फिर स्वतः वह सृजन के लिये प्रवृत्त हो जाता है।

कुछ स्फुरण होता है– और रस प्रवाह प्रारंभ हो उठता है। परमात्मा का स्वाद पा लेता है, कलाकार थोड़ी देर के लिये– सृष्टा होकर। यही रस प्राण है कला और कलाकार का जिसके लिये संसार के थपेड़े, तनाव आदि जागतिक घटनाएँ उपादान कारण का काम करते हैं। कलाकारों ने ध्यान रस, कभी–कभी समाधि रस का भी पान किया है– फिर परमात्मा जब एक योगी व्यक्ति की भाँति जीवन को जीता है तब आध्यात्मिक साधना आदि के द्वारा ब्रह्म रस, समाधि रस को अनुभव करता है– आनंद को उपलब्ध करता है और फिर उसे अपने प्रेम पूर्ण उपदेश, व्यवहार आदि के रूप में सबको बाँटता है। योगी में ज्ञानाग्नि का प्रकाश और भगवद्भक्ति की निर्मल गंगा के रूप में यह रस भर जाता है और छलकता रहता है। योगियों ने समाधि रस का पान किया है।

परमात्मा जब सद्गुरु के रूप में जीवन को जीता है या यों ही प्रशांत, कहीं गुप्त रूप से एकाकी– लोगों से अपरिचित सा जीता है जब वह उन्हीं आघातों के बीच होता है जो एक संसारी व्यक्ति या कलाकार या योगी के जीवन में आते हैं लेकिन सबसे भिन्न ढंग से। उसे अपने परमात्मा होने का, भगवत का, स्वरूप का बोध अखंड भाव से बना रहता है। सद्गुरु–स्वरूप रस का पान करते हैं।

परमात्मा स्वयं रस स्वरूप हैं। वे स्वरूप रस का और समाधि रस, व पदार्थ रस और अनन्त–अनन्त भाव रस का पान नित्य करते हैं। परमात्मा का चैतन्य अखण्ड है– उसमें कोई स्तर भेद नहीं होता। चेतना का स्तर भेद मनुष्य बुद्धि निरुपित एक धारणा मात्र है। जब तक मन है तब तक द्वैत है, तब तक बंध मोक्ष है। जब तक मन है तब तक भेद है, स्तर हैं– तरह–तरह के निष्पत्तियाँ, निष्कर्ष, निर्णय, व्याख्याएँ, मत–मतांतर वाणी की गतियाँ हैं।

रस तो अखंड है, अक्षर है, अद्वय, अकाल, अमृत है। अनंत रस है। सार–सार नौ रस हैं। और सार में एक रस–भक्ति रस है। जब तक मन है तब तक भक्ति रस, एक रस है। ज्योंहि मन गया– वह एक रस भी गया– मात्र रस रह जाता है– स्वरूप रस। रसौ वै सः। परमात्मा अपने अनन्त–अनन्त रूपों–देहों से, अनन्त–अनन्त भावों के माध्यम से निरंतर

रसपान कर रहे हैं। वे रसेश्वर हैं। रस भोग और रस दान ही उनका जीवन है। यही सद्गुरु श्री भगवान का आह्लादमय जीवन क्रीड़ा है।

## चेहरा और वहः–

जैसे तुम कभी प्रसन्न होते हो तो तुम्हारा चेहरा प्रसन्नता की मूर्ति बन जाता है और जब तुम क्रोधी होते हो तो क्रुद्ध–क्रोध की मूर्ति बन जाते हो, कभी आसक्ति–मोह की मूर्ति तो कभी वैराग्य शून्यता की, कभी थकावट झलकता है तो कभी विश्रांति – ऐसे तुम बदलते रहते हो– तुम अलग–अलग, अनेक–अनेक रूप धारण करते हो– कभी बालक, कभी वृद्ध, कभी दयावान् तो कभी हिंसक – हत्यारा– ऐसे तुम्हारे अनंत–अनंत चेहरे, मूर्तियाँ बनती रहती हैं– लेकिन तुम तो वही का वही होते हो, तुम तो जो हो, उससे भिन्न कुछ और कभी भी नहीं होते, इन सब रूपों को जानने वाले, देखने वाले, जीने वाले ही होते हो वही के वही रहते हो–

वैसे ही इस सृष्टि के हर रूप, हरेक चेहरा, प्रत्येक देह में वही अपरिणामी, सदा पावन– सदा निर्लेप, सदा शुद्ध ताजा ही रहने वाला परमात्मा है–

'वही' तुम हो। इस सत्य को, परम सत्य को जो जान लेता है– जी लेता है, वह वही तो है। चाहे उस जीवन को अपना कहो या परमात्मा को एक ही बात है।

तुम वही हो– हाँ, तुम परमात्मा ही हो।

गुर्जियेफ नाम के एक गुरु हुए रूस में। उसके शिष्य सामने बैठे हुए एक ओर उन्हें गुर्जियेफ का चेहरा प्रसन्न–आशीषें देता हुआ सा दिखता था तो दूसरी ओर लोगों को लगता था कि गुरु जी अत्यंत क्रुद्ध हैं। ऐसा वह अपना चेहरा बना लेता था– ऐसा बना लेना उसकी कोई मजबूरी या परवशता हो, ऐसा नहीं, यह वह अपने आनंद में करता था। एक संकेत करता था अपने शिष्यों को प्रत्यक्ष दिखाता था कि जीवन कैसे एक साथ, एक ही पल में विरोधाभासी सा है। लेकिन गुर्जियेफ इससे बँट तो नहीं जाता था– वह तो वही का वही ही रहता था– परमात्मा की ओर संकेत करता था वह गुरु– सत्य की ओर संकेत करता था– अंतिम सत्य की ओर जिसे आज नहीं तो कल प्रत्येक को जानना ही है, जीना ही है। वही तुम्हारा सनातन स्वभाव है। यही तुम्हारी नियति है–

परमात्मा ही तुम्हारी नियति है–
तुम वही हो सकते हो जो तुम हो,
तुम जो नहीं हो– वह कभी भी नहीं हो सकते।
तुम परमात्मा ही हो– तुम परमात्मा ही हो सकते हो।

## महिषासुर मर्दिनी माँ–मर्यादा रक्षण शक्ति माँः–

इस सृष्टि में जीव योनि और इन चौरासी लाख जीव योनियों में मनुष्य योनि गुह्यातिगुह्य रचना है। यही वह संधि स्थल है, दोराहा है, अवसर है जहाँ यह निर्भर करता है जीव अपने जीवन यात्रा– जन्म जन्मांतरों की श्रृंखला में, अपने गंतव्य, स्वरूप संधान में गति करते–करते अपने स्रोत– अपने जनक, अपने मालिक– परमपिता की ओर चलते हुए एक निर्णायक बिंदु पर आ जाता है जहाँ से या तो वह सतर्क रहे तो सीधे परमात्मा तक उड़ान भर लेता है या थोड़ी चूक हो गयी, थोड़ी बेहोशी पकड़ ले तो पुनः नीचे गिरकर पशु योनियों की ओर गति पकड़ लेता है। इसी तथ्य की ओर यह महिषासुर प्रसंग ध्यान दिलाता है। इतिहास में कभी ऐसा हुआ या नहीं यह अलग बात है– हुआ भी हो, न भी हुआ हो– लेकिन मनुष्य जीवन में प्रत्येक मनुष्य के साथ ऐसा होता आया है और होता रहेगा। अब मैं कथा पर आता हूँ।

कथा कहती है कि – मनुष्य देह पिता था और मातृ देह एक शापित मनुष्य देह था जो दिन में भैंस (महिषी) में परिवर्तित हो जाती थी। इनके संयोग से महिषासुर का जन्म हुआ अर्थात् मनुष्य देह में पशु आत्मा के संस्कारों का होना। वह इतनी तामसिक शक्ति से संपन्न था कि इंद्रलोक पर भी आधिपत्य कर लिया। स्वर्गलोक से समस्त देवगण ब्रह्मा, शिव और विष्णु के पास गये, उनकी प्रार्थना की, लेकिन वे भी असमर्थ हो गये। अलग–अलग उनकी कोई क्षमता नहीं थी कि उस असुर को परास्त कर सकें, तब उनकी शक्तियों और देवताओं की शक्तियों को एकत्र कर एक पुंजीभूत महाशक्ति का सृजन किया गया– इस सृष्टि की सर्वाधिक शक्तिशाली– अनंत, अनंत शक्ति– संपूर्ण लोक–लोकांतरों में व्याप्त शक्तियों का स्वरूप– आद्याशक्ति माँ जगदम्बा का आवाह्न किया गया– वही दुर्गा है– वही शक्ति स्वरूपा सबकी माँ है, वही अनुशासन

शक्ति है– स्वयं शासक है– वह सर्वोपरि, अतुलनीय, अपराजेय नारी रूपा अलौकिक सत्ता है जिसके हाथों फिर महिषासुर का पराभव हुआ, संहार हुआ। पशु हारा और देवी जीती।

कथा कहती है कि महिषासुर को ब्रह्मा जी से वरदान प्राप्त था। ब्रह्मा या ब्रह्म का अर्थ होता है मर्यादा की सीमा से मुक्त– अमर्यादित होना। यही वह बल है जिसके प्रभाव से पशु और देव दोनों अमर्यादित हो जाते हैं एक नीचे की ओर, और नीचे की ओर गतिमान हो जाता है तो दूसरा ऊपर की ओर गति पकड़ लेता है। महिषासुर ने विध्वंस का मार्ग पकड़ा– विनाश की ओर बढ़ चला। आग की भाँति जो पहले जो पास आता है– उसे नष्ट करता है फिर अंत में स्वयं भी जल कर नष्ट हो जाता है–वैसे ही अंत में महिषासुर ने उसी अमर्यादा के कारण स्वयं के विनाश का भी रास्ता खोल दिया और पराभूत होकर मारा गया।

मनुष्य में पशु भाव प्रवेश कर जाता है, तो उसकी तमाम अच्छी सृजनात्मक शक्तियाँ, उसकी इंद्रियाँ तमोगुणी होकर उसे विनाश की ओर ले जाती हैं– उसके भीतर का दैवत्व ''त्राहिमाम्–त्राहिमाम्'' कह कर – पुकार उठती हैं। मनुष्य में पशुत्व के प्रवेश से जीवन अशांति मय, तनाव ग्रस्त, भयातुर और अहंकार व दर्प से भर जाता है और उसकी शक्तियाँ बिखर–बिखर जाती हैं, बेलगाम हो जाती हैं, तब मनुष्य के भीतर के अच्छे गुण, मनुष्य की उपेक्षित शांति समृद्धि की शक्तियाँ हाहाकार कर उठती हैं– अपने को विवेक के द्वारा–शिवत्व के द्वारा एकत्र करने में लग जाती हैं। संतों के उपदेश, सत्संग, ध्यान, पूजा, प्रार्थना, योग आदि उपायों के द्वारा मनुष्य स्वयं की शक्तियों को संगठित करता है– एक हुंकार भरता है, और परमात्मा की शरण लेकर, सद्‌गुरु श्री श्री माँ जगदम्बा हैं– वही महाशक्ति हैं– वही सकल विश्व की अनुशासन शक्ति है– महानियम है ऋत् हैं– ऋतम्भरा प्रज्ञा है– अलौकिक सत्ता है – अल्लाह है, वासुदेव श्री कृष्ण हैं– माँ दुर्गा हैं– वही समाधि हैं– अंतिम समाधान – सबको अपनी गोद में दुलार देने वाली माँ हैं। उसके स्पर्श से, उसके दर्शन से, उसके सम्मुख आने मात्र से महापातकी भी त्राण पा जाते हैं – माँ मय हो जाते हैं– आमूल चूल रूपांतरित हो जाते हैं।

इस कथा को कहने का तात्पर्य यही है कि ठीक है माना कि मनुष्य में पशुभाव सिर उठाता है, काम– क्रोधादि विनाशकारी विकार घर कर लेते हैं– आदमी दिशाहीन होकर अशांति में पड़ जाता है, अहंकार और बेलगाम मन उसे बहका देता है लेकिन तब भी वह पूर्णतः अशरण, असुरक्षित, बेसहारा नहीं हो जाता, उसके लिये शांति, सुरक्षा और आनंद का एक द्वार सदैव उपस्थित रहता है और वह है किसी संत– सद्गुरु की शरण जाना, अपने भीतर बैठे परमात्मा को पहचानना, स्वयं के स्वरूप को जानना– अपने परम सुहृद, एकमात्र शरण स्थल वात्सल्यमयी माँ की कृपा को महसूस करना– विवेक को जगाना– और उस विवेक शक्ति के प्रकाश में जीवन को जीना। यही सद्ज्ञान, यही आत्मबोध रूपी अमृत संजीवनी शक्ति से आप्लावित होकर स्वयं के जीवन को– बचे हुए क्षणों को अलौकिक के हाथों सौंप कर दिव्यता से भर लेना त्रिगुणातीत हो जाना– जन्म–मृत्यु के अंतहीन चक्र से मुक्त हो जाना– बुद्ध हो जाना। यही बोधि– माँ दुर्गा हैं। ब्रह्मा, विष्णु, महेश भी उसे माँ–माँ कह कर पुकारते हैं और उसकी शरण में रहते हैं। उसके सम्मुख कर्मों का कोई हिसाब नहीं उठता। मनुष्य की दृष्टि में पापी–पुण्यात्मा के जो भेद हैं वही नहीं होता। उस माँ के सम्मुख सब समान हैं– सबको अपना प्यार देती है माँ, सबको अपनी गोद में स्वीकारती हैं। उस बोधि तारा माँ को जान लेने से सारे कर्म, संपूर्ण पाप–पुण्य भस्मीभूत हो जाते हैं– अहंकार और शत्रु–मित्र विगलित हो जाते हैं– कालनष्ट हो जाता है सिर्फ माँ रह जाती है और माँ का खेल बच जाता है– सच्चिदानंद मय जीवन ही शेष रह जाता है। अपने इन संभावना, इस सौभाग्य को पहचान सको इसी आशा में यह प्रसंग तुम्हें सुना रहा हूँ। अब उठो, हुंकार भरो और खड़े हो जाओ प्रसन्न हो जाओ। तुम अविजय हो– स्वयं को पहचानों – माँ को जानों– बस यही मार्ग है, यही द्वार है अमृत का। प्रेम को जीयो, सेवा को जीयो, वही मार्ग है अपने भीतर माँ को जगाने का। सर्वरूप परमात्मा से प्रेम की निरंतरता ही उस बोधि तारा माँ की उपासना है– वही महिषासुर वध है– घृणा और वैमनस्य पर प्रेम और मैत्री की विजय।

गिरिडीह 25 जनवरी, 2000

प्रेम की तपः साधना से कोई आत्मा कृष्ण होने की ऊँचाई तक पहुँच गयी, प्रेम की परिपूर्णता से कोई आत्मा राधा रानी बनकर दुनिया भर के भक्त हृदयों में जगन्माता के रूप में विराज रही है। प्रेम से ही जीव शिव में रूपांतरित हो जाता है, और एक नारी सती बनकर हमेशा–हमेशा के लिये अमर हो जाती है। प्रेम की समग्रता ही बुद्ध अवतार और ईसा मसीह होकर मनुष्यता के इतिहास में परमात्मा की ज्योति के रूप में अलौकित हो गये। प्रेम ही नानक है, कबीर है, प्रेम की पराकाष्ठा ही मीरा और चैतन्य महाप्रभु हैं। प्रेम ही सर्वविजयी शक्ति है।

प्रेम इस मृत्यु लोक पृथ्वी पर अलौकिक शक्ति का अवतरण है– प्रेम दिव्य लोक का पृथ्वी वासियों को दिया गया उपहार है। प्रेम ही माँ का, परमात्मा का प्रसाद है– स्वयं परमात्मा है।

गिरिडीह 26 जनवरी, 2000

## मर्यादा रक्षणः–

महिषासुर मर्दन यानी गर्व गलन, अपनी सीमा भूलकर उसका अतिक्रमण करने की प्रवृति का दमन – यहीं मर्यादा रक्षण है।

देव–देवियों के और भगवान की शक्ति की सम्मिलित समग्र शक्ति ही महादेवी महिषासुर मर्दिनी सती माँ ने प्रकट होने के बाद पहले यही सलाह दी– कल्याणकारी मार्ग सुझाया कि महिषासुर अपने असुर समुदाय को लेकर पाताल लोक चला जाये– वहाँ अमरत्व का सुखोपयोग करें और अपनी प्रजा का पालन–पोषण करें। यही महिषासुर की मर्यादा थी। लेकिन उसने तमाम अन्य लोकों के जीवन पर जीवों पर अपना आधिपत्य स्थापित करना चाहा, उन्हें उनके नैसर्गिक अधिकारों से वंचित करना चाहा और इस लक्ष्य के लिये जिद्द ही पकड़ ली थी– इसीलिये माँ के द्वारा महिषासुर को बार–बार चेताया गया फिर भी महिषासुर न माना– उल्टे माँ का ही अंत कर देना चाहा, उसे दंड देना चाहा, उसके मर्यादा का स्पष्ट उल्लंघन किया– वह भूल ही गया तमाम नियम कानूनों को, वह उन्मत्त और विक्षिप्त हो गया। ऐसी स्थिति में ही माँ को महिषासुर का नाश करना पड़ा। यह एक प्रकार से महिषासुर का आत्मघात ही था। वह अपनी नाश का कारण स्वयं ही बना। यही नियम है, यही नियति है, यही कर्म का अकाट्य सिद्धांत है– यही प्रारब्ध का निर्माण है– अपने ही हाथों अपने भविष्य का चुनाव यही है। महिषासुर पगला गया था–

उसने यही चुना। अब यह तो माँ ही जानें, कि ऐसा करके उसने माँ की अचिंत्य लीला में अच्छा किया या बुरा। क्योंकि अंततः सत्य तो यही है कि जो भी हुआ, जो भी हो रहा है और भी होगा – सब माँ की अपनी ही लीला है।

## रज़िया माँ:–

हे महाभाव, हे रज़िया माँ, हे महाबोधि, हे रज़िया माँ।
नमो नमो हे रज़िया माँ, नमो–नमो हे रज़िया माँ
तुम ही शब्द, शब्दातीत भी तुम,
तुम ही वेद, वेदातीत भी तुम– परम रहस्या – रज़िया माँ।
सत्–रज–तम रूपा, सच्चिदानंदा,
त्रिगुणमयी, गुणातीत। – रज़िया माँ।
विश्व प्रसविनी, जगन्माता,
जगद्धात्री – रज़िया माँ।
प्रेमा भक्ति, शरणागत वत्सला,
अनन्त श्रद्धा – रज़िया माँ।
सर्व चरा चरा – सर्व व्यापिनी,
सर्व साक्षी – रज़िया माँ।
सर्व रूपा, सर्वान्तर्यामिनी,
सर्व आत्मा – रज़िया माँ।
दिव्यानंदा, आह्लादिनी शक्ति,
आद्याशक्ति – रज़िया माँ।
सर्व मंगला, सर्वेश्वरी,
पतितपाविनी रज़िया माँ।
सृष्टा–सृष्टि – लीला स्वरुपिणी,
ब्रह्मानन्दा– रज़िया माँ।
सगुण–निर्गुण – आत्माराम,
ब्रह्मो नारायण रज़िया माँ।
तू ही मुक्ति, तू ही कृपा – परा–अपरा रज़िया माँ।
तू ही शांति, तू ही तृप्ति– आप्ताकामा रज़िया माँ।

नमो नमो हे जगत् जननी,
भुवनेश्वरी – मेरी रज़िया माँ।
तू ही सत्य, तू ही प्रेम– तू ही भक्ति रज़िया माँ।
तू ही शिष्य, तू ही सद्गुरु– तू ही गोविंद रज़िया माँ।
तू ही रजनीश, तू ही साईं– तू ही ईश्वर रज़िया माँ।
तू ही जीसस, तू ही मूसा,
तू ही नानक – रज़िया माँ।
बुद्ध भी तू ही, महावीर भी तू–कबीर भी तू ही रज़िया माँ।
नमो नमो हे विश्व मोहिनी,
आनंदमयी मेरी रज़िया माँ।
नमो नमो हे सर्व मंगलमयी,
पूर्ण ब्रह्म हे रज़िया माँ।

## नाम लोः–

ओम्
हरिः ओम्
नाम लो
नाम लो
चारों वाणी से
तीनों गुणों से
सातों शरीरों से
पाँचों कोषों से
पाँचों प्राणों से
पाँचों इंद्रियों से
सातों दिन
बारहों मास
जीवन भर
नाम लो
तब तुम देखोगे–
समस्त लोक – सातों लोक – तीनों भुवन –

आकाश पाताल सर्व चराचर, गोचर–अगोचर
कण–कण, भीतर–बाहर, दशों–दिशाओं में
नाम हो रहा है,
कीर्तन हो रहा है,
जीवन भर और मृत्यु के साथ–साथ तुम देखोगे
नाम हो रहा है– अखण्ड, अभंग
अह्लाद मय नाम हो रहा है
गुंजार हो रहा है,
झंकार हो रहा है– ओंकार हो रहा है।
इसलिये कहता हूँ – नाम लो, नाम लो।
ओम् हरिः ओम् ........................।

## Aloneness and loneliness

तुम्हें अपना अकेलापन सताता है क्योंकि तुम उस समय स्वयं को इस जगत् से कटा हुआ पाते हो– या कहूँ कि मानते हो। किसी और को पाने की इच्छा सताती है– अपने को आधा–अधूरा, अपूर्ण, अभावग्रस्त समझते हो– ऐसा है तुम्हारा यह अकेलापन। तुम खंडित महसूस करते हो खुद को– यही दुःख है तुम्हारा।

मैं भी अकेलापन महसूस करता हूँ, लेकिन मैं स्वयं को जगत् से कटा हुआ नहीं – बल्कि जर्रा–जर्रा से जुड़ा हुआ देखता हूँ। मैं स्वयं को ही सर्व में और सर्व को मुझमें समाया हुआ ही देख रहा हूँ– मैं खंड नहीं अखण्ड हूँ– अभाव तो विचार में भी नहीं– मेरे सिवाय कहीं कोई नहीं– ऐसा भाव है मेरा। यही सुख है मेरे अकेलेपन का।

## अवस्थाएँ और नित्यताः–

## (Relative and Absolute)

## सापेक्ष और निरपेक्ष

मैं पहले भी बता चुका हूँ कि इस अध्यात्म मार्ग पर अनेकों को कैसे भ्रम हो जाता है कि उसने जो अवस्था जाना है, जो अनुभूत प्राप्त किया

है वह आध्यात्मिक नहीं, मानसिक ही होता है क्योंकि वह समय में आता और जाता है– ठहराव नहीं होता। मुझे यह देख सुनकर कि कोई समाधि में जाता है और समाधि से आता है– बहुत आश्चर्य होता रहा है। ऐसी समाधि मन की ही एक अवस्था है– क्योंकि वह नित्य नहीं – बेशर्त नहीं है। तन और मन निरंतर परिवर्तनशील है इसलिये उनके अनुभव भी समय के भीतर पैदा होते एवं चले आते हैं। इसलिये ये अनुभव और अवस्थाएँ सापेक्ष होती हैं– खंड, खंड होती हैं। नित्य होता है– एक जैसा–वही का वही होता है इन्हें देखने, जानने, अनुभव करने वाला। ऐसे ही वह जानने वाला जन्म को देखता है, मृत्यु को देखता है– संसार को देखता है और साधना की तमाम अनुभूतियों को तथा समस्त आवागमन को देखता है, वही नित्य है वही निरपेक्ष है। समय उस पर अपना कोई प्रभाव नहीं उत्पन्न कर सकता– क्योंकि समय मन की ही सृष्टि है– मन का ही अनुभव है। समय को वह नित्य नहीं जानता–नहीं पहचानता। वह समय–सीमा से मुक्त है। अनंत–अनंत कालों में भी वह समाता नहीं। ऐसा अनंत है वह नित्य वह निरपेक्ष। उसे ही जानो, उसे ही पहचानो, उसे जानने–पहचानने में ही मुक्ति है, शांति है आनंद है–जीवन है।

कितना प्रेम, कितनी कृपा, करुणा होती है संतों के हृदय में, कितना तप करते हैं वे हमारे लिये। काश, हम देख पाते इस तथ्य को। आओ, इसी क्षण हम नयी शुरूआत करें– मैं इसी आशा से यह सब तुम्हें सुना रहा हूँ।

गिरिडीह 15.02.2000

## लीला सृष्टि और सृष्टि लीला–नित्या नित्य वस्तु विवेक

### योग माया, काल माया:–

सृष्टि दो प्रकार की, दो स्तर की होती है। एक नित्य और दूसरी अनित्य। एक लीला से और दूसरी कर्म से। कर्म से उत्पन्न सृष्टि में काल का प्रभुत्व होता है– उसमें पृथ्वी लोक का यह जीवन विस्तार की श्रृंखलाएँ हैं और उससे स्वर्ग, नर्क आदि का भोग होता है। काल का प्रभुत्व पृथ्वी लोक, स्वर्ग लोक और नरक के वासियों पर होता

है। यही काल माया की सृष्टि लीला है। अनित्यता, परिवर्तनशीलता, परिणाम, विकार, अविद्या दृष्टि आदि इसके गुण हैं– सतत् द्वन्द्वमय होना इसका स्वभाव है। इससे ठीक विपरीत योग माया की सृष्टि का नित्य, अपरिणामी, अविकारी और विद्या दृष्टि – बोध इसका स्वभाव है। ऐसा मैंने जाना है। मैं दोनों सृष्टियों को देख सुन रहा हूँ। मेरे जीवन में मैं लीला को भी, कर्म को भी देख रहा हूँ। ऐसा विलक्षण बोल है मेरा। अकथनीय है यह बोध। वस्तुतः तो योग माया और काल माया – दोनों ही श्री भगवान की ही सृष्टियाँ हैं। ऐसा जो जान लेता है वह द्वैत–अद्वैत दोनों के पार उठ जाता है– श्री भगवान के स्वरूप पर उसकी दृष्टि टिक जाती है– परमात्मा का स्वभाव ही उस धन्यभागी के हृदय में स्थिर होकर अपना आसन जमा लेता है। यही परा–मुक्ति है– सही अर्थ में सुख–शांति समृद्धि यही है। यही भक्ति है। यह भगवत है। मनुष्य योग माया की लीला सृष्टि और काल माया की सृष्टि लीला का अद्‌भुत संगम है– संयोग है। मनुष्य चेतना में धरती की पकड़ मजबूत है तो आकाश का कशिश भी कम नहीं है। यही मानव जीवन का रहस्यपूर्ण सत्य है।

काल माया सृष्टि लीला करती है। सृष्टि खंड–खंड अनन्त रूप आकारों पृथक–पृथक व्यक्तित्व युक्त होती है। अपने–अपने अहंभाव से युक्त कर्मों के फलस्वरूप जन्म, मृत्यु की अंतहीन सी लगने वाली श्रृंखला चक्र में फँसे ये व्यक्ति सुख–दुःख भोग करते हैं। निरंतर परतंत्रता और बंधन की अनुभूति से ग्रस्त– अभिशप्त सा जीवन जीते–जीते किसी शास्वत सुख, शास्वत जीवन, अभंग स्वतंत्रता की कामना करते हैं।

योग माया लीला सृष्टि करती है। योग माया की सृष्टि में चाहे दैहिक स्तर पर खेल के लिये अनन्त–अनन्त देह बन जाते हैं तब भी अनुभव नहीं होता पृथकता का, बोध अखंड स्वरूप का ही बना रहता है। अहंभाव का स्मरण भी नहीं होता और न ऐसा कोई कर्म ही होता है जिसका कोई फल भविष्य में उत्पन्न हो– न अतीत का भार न भविष्य की कोई कामना – ऐसा काल बोध होता ही नहीं– वहाँ अकाल का साम्राज्य होता है। न जन्म का कोई कारण होता है न मृत्यु ही होती है। सिर्फ प्रकट होना और लोप होना ही होता है– एक स्वप्न की तरह– आनंद से प्रकट हो जाना और आनंद से लोप हो जाना। जीवन को जीना कोई परतंत्रता नहीं होती, पूर्ण स्वतंत्रता होती है इस खेल में। न सुख होता

है जो चुक जाये, न दुःख होता है जिससे मुक्ति की कोई कामना उठे। निरंतर धन्यता और अनुग्रह बोध होता है– एक महान् आश्चर्य युक्त शास्वत जीवन बोध–शास्वत अस्तित्व का अनुभव ही होता है योग माया की लीला खेल में।

व्यक्ति की चेतना अपनी–अपनी प्रार्थनाओं, तप और अनुशासन पूर्ण जीवन जीने से इसी काल माया के जीवन को जीते हुए एक दिन योग माया के खेल को जान जाता है– देख लेता है–समझ जाता है। योग माया की लीला को वह प्रत्यक्ष देखता है– खंड, खंड जीवन में अखंड को पहचान लेता है। क्षण में अकाल को, शुद्ध वर्तमान को और प्रत्येक कण में श्री सद्‌गुरु भगवान को पा लेता है। अब वह स्वयं को सब में और सब को स्वयं में पाता है। यही योग माया की लीला में प्रवेश है– श्री भगवान की लीला में सहकारिता भगवान के संग खेलना शुरू हो जाता है।

मैं ऐसा ही जीवन को खेल रहा हूँ। सब समय और सब जगह मेरे संग मेरे प्रभु होते हैं। भीतर भी मैं होकर और बाहर भी तू होकर। अब श्री भगवान ही हैं और उनका यह परम रहस्यमय खेल है।

## व्यक्ति इच्छा और महाइच्छा (Collective consciousness)

## कारण और महाकारणः–

कल मैं योग माया की लीला सृष्टि और काल माया की सृष्टि लीला के विषय में कह रहा था। आज पुनः आगे कहता हूँ।

हम जो यह कहते हैं, हम सोचते–मानते हैं कि मैं यह कर रहा हूँ, मैं वह कर रहा हूँ या कोई ऐसा करता है– यह काल माया के प्रभाव से ही कहते हैं। हम स्वयं को एक व्यक्ति मानते हैं और खुद की इच्छा को हम खुद के भीतर के व्यक्तिगत समझते हैं इसलिये उसकी सफलता या असफलता के लिये स्वयं को जिम्मेदार भी मानते हैं। लेकिन यह पूरा–पूरा सच नहीं है– भले ही वह कानून की दृष्टि से एक ठोस तथ्य क्यों न हो। काल माया की सृष्टि में अनंत व्यक्ति हैं– प्रत्येक के भीतर प्रति पल कोई न कोई इच्छा जागती ही है और उसी के अनुसार व्यक्ति कर्म में प्रवृत्त हो जाते हैं। ये इच्छाएं परस्पर विरोधी भी होती हैं। एक व्यक्ति किसी पल में हँसता है तो उसी पल कोई रोता होता है। कोई जागता हुआ होता है तो कोई सोता हुआ, कोई सुख में तो कोई दुःख में

डूबा होता है। यह काल माया की अनन्त सृष्टि है– अनंत–अनंत व्यक्ति और अनन्त–अनन्त पल और अनन्त–अनन्त भाव दशा।

मैं देख रहा हूँ कि जैसे व्यक्ति की इच्छा होती है– यह इच्छा उसके मन में उत्पन्न होती है– वैसे ही सम्पूर्ण पृथ्वी तल पर या कहो जहाँ तक लोक– दृश्य–अदृश्य लोक है– उसमें जो चेतना है वह सामूहिक चेतना– वह विराट् मन होता है और उस विराट् के मन में कोई इच्छा जागती है तो वह इच्छा क्या है और कैसे पूरी होती है यह ढूँढा तो पाया कि कालमाया की इस अनन्त–अनन्त व्यक्ति सृष्टि में ही वह विराट् समाया हुआ है और व्यक्ति की इच्छा के रूप में विराट योग माया की इच्छा ही उदित होती है। उसे योग माया में श्री वासुदेव भगवान की इच्छा यानी लीला रस ही ओत–प्रोत होता है जिसे नियम सत्ता– न्याय व्यवस्था का सत्य संचालित करता है। इसी से काल माया की इस सृष्टि–लीला में व्यक्ति व्यक्ति के पल–पल के जीवन में कर्म आधारित कारण–कार्य (cause and effect) का वैज्ञानिक तार्किक तथ्य दिखलाई पड़ता है– जीव जैसा बोता है– वैसा ही काटता है। कर्म से ही जीवन की यह श्रृंखला– जन्म–मृत्यु बन–बन कर अनेक बार अनेक–अनेक कथाएँ बनकर एक चित्र पट के खेल की भाँति– स्वप्न की भाँति बीतती चली जाती है– बनती–मिटती हैं– फिर, फिर बनती मिटती हैं। यह काल माया की सृष्टि है– लेकिन उसके भीतर श्री भगवान की लीला– महाकारण के रूप में मौजूद रहता है। यही महाकारण योग माया की इच्छा है। प्रत्येक व्यक्तिगत इच्छा में श्री भगवान का आनंद ही मूल कारण होता है– जिसे हम न्याय कहते हैं। जीव अपने कर्मों के रूप में अपने प्रारब्ध को ही जीता है। अपने कर्मों के फल को जीव खुद बुलाता है, जाने–अनजाने उधर ही गति करता है। यही महाकारण की शक्ति लीला का रहस्यपूर्ण खेल है। यह योग माया का खेल है। हर दृश्य घटना में कार्य कारण का न्याय और उस न्याय को ठीक जगह ठीक समय पर ला खड़ा करने वाली अदृश्य शक्ति 'ऋत्' – यानी भगवान का स्थिर नियम होता है। वह नियम शास्वत, अखंड, सत्य, शिव और सुंदर रस है। वही जीवन है– अविकारी सत्ता है जो आदि और अंत रहित है– नित्य होता है। घटनाएं किसी कर्म या कारण या इच्छा–वासना द्वारा प्रारंभ होती हुई सी दिखती हैं फिर कार्य यानी विकार रूप–भोग रूप–

सुख–दुःख पैदा होते हैं तो समय मिलते ही पककर समाप्त भी हो जाते हैं। इस तरह घटनाएं कार्य कारण रूप में अनित्य होती हैं– सभी व्यक्ति, सभी सुख–दुःख, हानि–लाभ अनित्य होते हैं। इन्हीं अनित्य घटनाओं के भीतर सतत् प्रवाहमान जीवन – नित्य होता है घटनायें खंड–खंड होती हैं लेकिन उनके भीतर स्थित जीवन सतत्– अखंड होता है। कर्म फल के पीछे का नियम ऋत् अखंड और सुंदर होता है। वही कर्म की प्रेरणा शक्ति बनता है उसी से यह जीवन का सातत्य श्रृंखला है–संसार है। यही सतत् जीवन योग माया की लीला सृष्टि है। इसके सूत्राधार वस्तुतः परमात्मा ही हैं। व्यक्ति में परमात्मा ही जीता है। व्यक्ति हँसता है तो उसके द्वारा परमात्मा ही हँसता है, व्यक्ति रोता है तो उसमें परमात्मा ही रोता है, व्यक्ति जागता है तो परमात्मा जागता है। व्यक्ति में परमात्मा ही जीता है। प्रत्येक अनित्य और खंड–खंड दिखलाई पड़ने वाली बातों में नित्य और अखंड परमात्मा ही उठता–बैठता है– उसी का समस्त खेल है यह। काल माया की सृष्टि लीला में अनंत–अनंत व्यक्ति और उनमें से प्रत्येक की अनन्त, अनन्त स्थितियाँ– ही श्री भगवान की अनंतता है– और उनकी अनंत–अनंत भाव अभिव्यंजनाएँ हैं– हर पल अनंत होना। अनंत परमात्मा का अनंत होना इसी भाँति प्रकट हो रहा है सनातन रूप से अनंत ही रहना प्रभु का स्वभाव है– नित्य होना स्वरूप है। इस समय को देख पाना सचमुच ही बड़ी धन्यता है। उसको जो खोजता है – चाहता है – उसे एक–एक दिन किसी पुण्य घड़ी में यह सच–महासच दिख ही जाता है। मैंने ऐसा ही जाना है।

गिरिडीह 22.02.2000

## एक फकीर की बात सुनाता हूँः–

एक फकीर के पास एक युवक एक दिन आकर बोला कि गुरु जी, मुझे अपना शिष्य बना लें, मैं अध्यात्म और योग सीखना चाहता हूँ, आप कृपा कर मुझे स्वीकार लें।

फकीर उस समय कहीं बाहर जाने के लिये तैयार ही हो रहे थे– तो उस युवक से बोले कि, चलो थोड़ा बाहर से कुछ काम कर आयें– तुम साथ चलो।

दोनों खेतों की ओर निकल पड़े। तभी अचानक वह फकीर रुक गये और उनके साथ वह युवक भी वहीं खड़ा रहा। तभी फकीर ने युवक से कहा कि उधर देखो, वह किसान खेत में काम कर रहा है। अब देखना कि कैसे मैं यहाँ इतनी दूर खड़ा उस किसान को आदेश और सुझाव देता हूँ और कैसे वह क्रमशः उनका पालन करता चला जाता है। ध्यान से देखना।

फिर फकीर ने कहा कि– अब तुम काम बंद कर दो और किनारे पेड़ के नीचे चले जाओ।

युवक ने देखा कि वह किसान काम छोड़कर किनारे पेड़ के नीचे चला आया। लेकिन उसने सोचा, अरे यह तो संयोग हो सकता है। धूप जरा तेज हो गयी है तो किसान थक जाने के कारण किनारे चला गया होगा, इसमें क्या चमत्कार है। ऐसा युवक सोच ही रहा था तभी फकीर ने कहा कि नहीं–नहीं, यह संयोग नहीं है, संदेह मत करो। वह सचमुच ही मेरे आदेश से ही ऐसा कर रहा है। युवक चुप रहा।

फिर फकीर ने कहा– अब तुम सो जाओ। वह किसान पेड़ के नीचे सो गया।

उधर एक कुत्ता दिखाई पड़ा – उसे देखकर फकीर ने कहा– तुम उस किसान के पास चले जाओ। वह कुत्ता इधर–उधर न जाकर सीधे उस किसान के पास चला गया। उसे देखकर फिर फकीर ने किसान की ओर लक्ष्य करके कहा कि इस कुत्ते को कंकड़ से मारो किसान ने वैसा ही किया।

यह सब युवक देखता रहा और सोचता रहा कि फकीर उसे प्रभावित करने के लिये यह सब कर रहा है– यह कोई चमत्कार है। यह सब संयोग ही है। तभी फकीर के मुँह से निकला– नहीं, यही चमत्कार है– यह किसान और वह कुत्ता दोनों उसी के आदेश से सब कुछ कर रहे हैं। श्रद्धा करो। श्रद्धा करो।

फिर फकीर ने कहा– अब उठ जाओ खड़े हो जाओ। किसान उठकर तत्काल खड़ा हो गया– तभी फकीर ने युवक की तरफ देखकर पूछा कि बोल अब उस किसान को कौन सा हाथ ऊपर उठाकर रखने के लिये कहूँ– दायाँ या बायाँ। तब युवक ने सोचा कि अब यदि फकीर उसके कहे अनुसार आदेश दें और वह किसान वैसा ही करे तब वह भरोसा कर लेगा। उसने कह दिया बायाँ हाथ। तब फकीर ने कहा– अपना बायाँ हाथ ऊपर की ओर उठाकर खड़े रहो– वह किसान वैसा ही करके खड़ा रहा।

अब फकीर ने युवक से कहा कि चलो अब तुम्हें एक तमाशा दिखायें।

दोनों उस किसान के समीप पहुँचे। किसान ने उन्हें देखा और वैसा ही खड़ा रहा। किसान ने मुँह से बोलकर ही फकीर को प्रणाम कहा।

फकीर ने पूछा– कि वह खेत में काम कर रहा था, बीच में ही काम छोड़कर सो क्यों गया, फिर कुत्ता उसके पास क्यों पहुँचा, फिर उसने कंकड़ ही उठाकर क्यों फेंका और अब बिना नींद लिये तुरंत उठकर अब क्यों खड़ा हो गया और खड़ा होकर अपना बायाँ हाथ ऊपर उठाकर क्यों खड़ा है?

इतने सारे प्रश्नों को सुनकर वह किसान भड़क उठा और उस फकीर को बुरा भला कहा फिर युवक की ओर देखकर डाँट लगायी कि क्यों इस पागल के संग होकर अपनी जिंदगी बर्बाद करने जा रहा है।

किसान ने झल्लाकर कहा कि अरे, हाथ मेरा है, दायाँ उठाऊँ या बायाँ– इससे उसे क्या, उठाये रहूँ या नीचे कर लूँ इससे उसे क्या लेना–देना।

फकीर ने मुस्कुराकर युवक से कहा– चलो यहाँ से। दोनों कुटी में वापस लौट आये। युवक ने तब फिर पूछा कि गुरु जी कब शिक्षा शुरू करेंगे।

फकीर ने तब कहा कि बेटा शिक्षा तो शुरू हो गयी है– वह जो किसान के साथ जो कुछ हुआ वही आध्यात्म की सबसे पहली शिक्षा है। कैसे वह किसान माने जा रहा था कि हाथ उसका, नींद उसका, काम उसका, उठना–बैठना, सब निर्णय, सब कर्म उसके– जबकि सच यह था कि कोई अन्य सत्ता के सुझावों के हिसाब से ही वह उठ–बैठ रहा था। यही जानना– अध्यात्म का सबसे पहला पाठ है। युवक भौंचक रह गया– सोच में पड़ गया– श्रद्धा ने जड़ जमाया इस सत्य पर। वह शिष्य बन गया सही अर्थ में। उस फकीर में उसने सद्गुरु को पा लिया जिसने चुपके से उस शिष्य के सोच को, चित्त को परम सत्ता परम नियम की ओर – श्री भगवान और उसकी माया की ओर मोड़ दिया।

## अवतार मेहेर बाबाः–

ईश्वर के अस्तित्व का बौद्धिक सबूत माँगना ईश्वर को अपने कानों से देखने की सुविधा मांगने जैसा है।

मैं कभी योजनाएँ नहीं बनाता, और न ही उन्हें बदलता हूँ, यह सब एक अनंत योजना है, ताकि लोग जान लें कि कहीं कोई योजना नहीं है।

ईश्वर को पाना इतना कठिन क्यों है? क्योंकि तुम उसे ढूँढ रहे हो जिसे तुमने कभी खोया ही नहीं।

जो मेरे लिये कार्य करता है– वह मुझ पर कोई उपकार नहीं करता, क्योंकि वह अपने लिये ही सब कार्य कर रहा है।

जो अपने लिये जीता है वह वास्तव में मृत है– और जो ईश्वर के लिये मरता है वही वास्तव में जीता है।

## ऊँ ही जीवन है–जीवन का सार है–जीवन का विस्तार है:–

सृष्टि के भी पहले शब्द था, फिर शब्द ही सृष्टि बना और सृष्टि के प्रत्येक अंश में शब्द ही समाया हुआ है। ऐसा जीसस क्राइस्ट ने कहा है। वेदों का भी यही कहना है। ओम् ध्वनि शब्द ही नहीं, अक्षर है – शब्द के रूप में वह आहत् नहीं अनाहत्, अनहद है– अर्थात् अपनी उत्पत्ति, अपने अस्तित्व के लिये किसी अन्य की आवश्यकता नहीं, स्वयं भू है। स्वयं से स्वयं की उत्पत्ति है यह ध्वनि। अनादि है– अनन्त है– इसी से अक्षर ब्रह्म है ओम्। यही नाम है– यही संज्ञा है– यही ज्ञान है, यही पूजा है– यही वासुदेव है। ओम् ही सत्य है, ओम् ही समाधि, ओम् ही भगवान है– सद्‌गुरु है। ओम् ही सदाशिव है– ओम् ही आद्याशक्ति–भगवती है, माँ है– जगद्धात्री– विश्व प्रसविनी जगन्माता है– विश्वरूपा महामाया है। ओम् पूर्ण है, परात्परा है– स्वरूप है– आत्मा है– परमात्मा है। ओम् ही जीवन है। परमात्मा की ओर उर्ध्व गमन करने में इसी सुर झंकार की आकर्षण शक्ति जीव को क्रमशः ऊपर उठाती है। यही नाद हैं– अनहद नाद। जगत् वर्णात्मक नाद है – वर्णों और व्यंजन के रूप में भिन्न भिन्न होकर अनन्त सृष्टि में बदल जाता है और साधक को साधना करते करते ये ही भिन्न–भिन्न सृष्टि खंड अपने स्रोत की ओर समष्टि की ओर ले जाते हैं– जो सबका मूल है– मौलिक स्वरूप है– ओंकार की ओर। उसी अजपा जप को जानना–जीना साधक की सिद्धि है। उसी ध्वनिहीन ध्वनि को सुनने के लिये अपनी संवेदनशीलता को समृद्ध करना साधक की चेष्टा होती है। ओम् को सुनना–जपना सिद्धों का ही काम है ओम् सिद्धों का जीवन है। ओम् ही राम है, ओम् ही अल्लाह है।

**घर महि घरु दिखाइ देइ सो सतिगुरु पुरखु सुजाणु।**
**पंच सबद धुनिकार धुनि, तह बाजै सबदु नीसाणु।।**

– श्री गुरु ग्रंथ साहिब

इस गुरु वाणी पर ध्यान करो– सारा राज समझ जाओगे।
नाम साधना– ओंकार साधना का रहस्य है इस वाणी में।

अब ओंकार की छोटी सी व्याख्या– अ–उ–म पर। उत्पत्ति स्थिति और प्रलय के प्रतीक हैं ये अक्षर। ब्रह्मा, विष्णु और महेश भी उत्पत्ति, स्थिति और संहार के स्वामी हैं। ओंकार में ब्रह्मा, विष्णु और महेश –तीनों की समग्रता totality है। ओंकार अखंड है।

ओंकार की साधना में इस तरह समग्र अस्तित्व का सार समाया हुआ है। नाम साधना, सबद साधना, सुरत सबद योग सामवेद, स्वर ब्रह्म की साधना– पंच सबद धुनिकार धुनि यही ओंकार की पूजा उपासना है। ओंकार का ही साकार विग्रह सद्‌गुरु होते हैं – जैसे हमारे भगवान श्री रजनीश हैं। उनकी उपस्थिति में ओंकार ही झंकृत हो रहा था। एक ओंकार अनेक–अनेक गुरुवाणी बनकर प्रवाहित हो रहा था– कभी नानक, कभी कबीर, कभी मीरा कभी लाओत्सु– कभी गोरख कभी स्वयं शिव, कभी तंत्र, कभी योग, कभी गीता, कभी धम्मपद, कभी ध्यान तो कभी भक्ति बनकर– हजार, हजार गंगा बनकर एक ओंकार गंगोत्री से ही निःसृत हुए– बह चले– ओंकार रजनीश वाणी बनकर अनंत–अनंत दिशाओं में बिखर कर फैल गया– स्थापित हो गया। उस ओंकार को जानो–पहचानो। वही सद्‌गुरु की आत्मा है। वही माँ है।

## जीवन की कर्म व्यवस्थाः–

मैं तुम्हें देखता हूँ। तुम दुःखी हो, तुम कष्ट में हो। मैं प्रेम हूँ– मैं प्रेम ही कर सकता हूँ– यही मेरा स्वरूप – मेरा स्वभाव है।

मैं तुम्हें प्रेम करता हूँ– मैं तुम्हारे लिये परमात्मा से प्रार्थना करता हूँ, जो बन पड़ता है, हाथ–पैर से सेवा करता हूँ, हृदय मन–बुद्धि से प्यार करता हूँ। जो भी संभव है अपनी इस दैहिक लीला की सीमा में वह सब करता हूँ। फिर भी देखता हूँ कि तुम दुःखी ही रहते हो कष्ट से भरे हुए हो। मैं आदमी हूँ। इसीलिये सीमा है, इसीलिये पहचान नहीं पा रहे हो।

सोचता हूँ तो पाता हूँ जीवन के नियम को, जीवन के स्वभाव को। जीवन आदमी होकर दया–सहानुभूति, प्यार सेवा करता है। लेकिन जीवन जीवन होकर न दुयार्द्र होता है न निर्दयी या दयाहीन होता है। जीवन दया–दया हीनता से मुक्त अदय होता है– तटस्थ होता– भावना शून्य होता है। जीवन व्यक्ति देह नहीं होने से किसी व्यक्ति देह के प्रति अपनापन और परायापन नहीं रखता– जीवन इसी से भावना शून्य सा लगता है। लेकिन जीवन एक महान् व्यवस्था है– विराट को संचालित करने वाले नियम से आबद्ध एक क्रम सातत्य है। कारण–कार्य का विज्ञान है इस क्रम व्यवस्था के पीछे। इसीलिये जीवन अदय है। तुम अपने कर्मों के परिणाम हो, अपनी सोच के प्रतिफल हो। आज जो कुछ भी तुम हो जैसे भी हो– जो भी स्थिति है, दशा है– उसकी जिम्मेदारी तुम्हें स्वीकारनी ही होगी। उसी स्वीकार में मुक्ति की राह है। सत्य को जानना ही तमाम कष्टों से मुक्ति का एकमात्र उपाय है। तब तुम हल्के हो जाओगे, सुख–शांति के घर बन जाओगे। आत्म मंथन करो।

मैं यदि तुम्हारी देखरेख करता हूँ, यदि चाहता रहता हूँ कि तुम सदैव स्वस्थ, सुखी, शांतिमय, जीवन जीओ तो वह मुझ आदमी रूप परमात्मा का प्रेम ही है और यदि जीवन तटस्थ है, भावना शून्य सा होकर नियमतः कर्मफल भोग कराता है– तुम्हारी हर वर्तमान दशा को लाकर तुम्हें कभी सुखी तो कभी दुःखी करता है– कष्टों में डालता है तो वह भी नियम व्यवस्था रूपी परमात्मा का प्रेम ही है– जो कुछ कह रहा होता है, सिखाने आता है, तुम्हारा निर्माण करने, शुद्ध बुद्ध करने हेतु ही यह प्रेम होता है। मैं मनुष्य रूप भी हूँ और जीवन की व्यवस्था रूप भी मैं ही हूँ। परमात्मा ही हर स्थिति में प्रेम करते हैं। प्रेम सिर्फ परमात्मा ही कर सकते हैं। यही उनका स्वरूप व स्वभाव है– काम करने का, जीने का ढंग है। हर हाल में प्रेम ही मेरा ढंग है– प्रेरणा शक्ति है। इसे पहचानो और तुम धन्य हो उठोगे। जीवन अपने शिक्षक रूप में कठोर सा दयाहीन सा प्रतीत होता है लेकिन वह हमारे ही कल्याण का मार्ग प्रशस्त करने के लिये और कोई व्यक्ति हमारे जीवन में प्रेमी रूप में हमारी सेवा सहयोग कुछ करता है वह भी हमारे कल्याण के लिये ही। प्रेम के इस तत्त्व पर विचार करो, प्रेम के इन तरीकों पर ध्यान करो तब तुम अपने सौभाग्य

को पहचान सकोगे कि वह सद्‌गुरु भगवान कितने रूपों में तुम्हें प्यार कर रहे हैं, तुम्हारी सेवा कर रहे हैं। मुझे समझने देखने का तो और कोई उपाय है नहीं। प्रेम को महसूस करो– प्रेम की अनंतता को महसूस करो तो ही मुझे और मेरे तुम्हारे– सबके भीतर बैठे उस परम प्रभु को पहचान सकोगे– तभी तुम स्वस्थ और सब प्रकार से हल्के, सुखी, शांत हो सकोगे। यही एकमात्र मार्ग है। मैं प्रेम हूँ। मुझे देखो ठीक से। प्रेम ही मेरा नित्य स्वभाव है। प्रेम ही मेरा ज्ञान, ध्यान, कर्म, पूजा–प्रार्थना और परामुक्ति है और यह मेरा ही नहीं तुम्हारा भी यही स्वरूप है– प्रत्येक जीव का यही स्वभाव है। प्रत्येक आत्मा में एक ही भूख है, एक ही प्यास है– प्रेम तुम जानो या न जानो, कोई समझे या न समझे– लेकिन जाने–अनजाने हमारी एक ही मंजिल है – प्रेममय हो जाना– प्रेम स्वरूप हो जाना– यानी सब ओर तुम्हारे प्रेम को लोग महसूस करें और सब ओर से तुम्हें प्रेम मिले– यही चाहते हो न?

## ऐश्वर्य तो सब–ईश्वर के ही हैं।

लेकिन आदमी ऐश्वर्य के पीछे भागता है, ऐश्वर्य को तो पकड़ लेता है और ईश्वर को भूल जाता है, ईश्वर को छोड़ देता है।

– परमहंस श्री रामकृष्ण जी

एक राजा यात्रा पर निकलने वाला था। सुदूर देश की यात्रा थी। राजा ने अपनी रानियों से पूछा कि किसे क्या चीज चाहिये– तो एक–एक रानी ने अपनी–अपनी पसंद की चीज को ले आने की इच्छा प्रकट की। लेकिन सबसे छोटी रानी चुपचाप खड़ी रही। राजा ने जब उससे उसकी इच्छा पूछी तो उसके आँखों में आँसू उमड़ आए और वह बोली– "बस आप जल्दी से जल्दी आ जाइये– और कुछ नहीं चाहिये।" राजा ने सुना और मुस्कुरा दिया।

फिर राजा तब यात्रा के बाद अनेक दिन बाहर रहकर अपने महल में वापस लौटे तो सभी रानियों ने स्वागत किया और अपने–अपने मन की इच्छा के अनुसार माँगी गयी चीजों को पाकर प्रसन्न हो रही थी तब ही राजा ने एक किनारे आनंदाश्रु से भीगी पलकें लिये खड़ी उसे छोटी रानी को वे सारी वस्तुएँ दीं जो अन्य रानियों के लिये एक–एक लाये थे– और उन सब वस्तुओं के अलावा अपना प्यार भी दिया।

सच ही तो है मालिक की कृपा, मालिक का प्यार जो पा ले– उसे सारा राज्य ही मिल गया समझो।

लेकिन आदमी की बुद्धि को क्या कहें– आदमी को जिंदगी भर दौड़ा–दौड़ा कर पागल कर देती है और मिलता कुछ भी नहीं। भिखमंगा का भिखमंगा ही रह जाता है आदमी। अहंकार को भरने की लाख कोशिश करो वह तृप्त होता ही नहीं, अतृप्त रहना उसका स्वभाव है। एक फकीर के पास एक मानव खोपड़ी थी उसी में वह खाता–पीता था। एक दिन वह एक महल में पहुँचा। राजा उस समय दान में सामान वितरित करने हेतु तैयार खड़े थे। माँगने वालों की कतार खड़ी थी। जब फकीर ने अपना भिक्षा पात्र वह खोपड़ी सामने की तो राजा ने उसमें अन्न डाला– वह गायब हो गया, राजा ने मिठाइयाँ डालीं– वे भी गायब हो गयीं, भिक्षापात्र खाली का खाली था। फिर राजा ने सोना चाँदी, हीरे–जवाहरात डाले– सब गायब हो गये। तब राजा परेशान हो उठा, थक सा गया। तब उस फकीर ने कहा– राजन् इसे तुम कभी भी भर न सकोगे– यह मन है, यह मानव खोपड़ी है– कितना भी दो, यह कितना भी पा ले खाली का खाली ही रहता है, सदैव और–और चिल्लाता है।

राजा ने संकेत समझ लिया और उसी दिन से उसकी तमाम वासनाएँ गिरने लगीं– वह वासना शून्य होता गया। जैसे–जैसे उसकी माँगे कम होती गयीं, कामनायें मरने लगीं वैस–वैसे वह राजा शांति महसूस करने लगा– तमाम तनाव कहाँ चले गये– पता न चला और एक दिन वह आया जब उसे इस दुनिया के मालिक का पता चल गया जो आप्तकाम हैं, सदा तृप्त हैं।

परमहंस देव कहते हैं कि लोग अपने मन अहंकार की सुनकर कहाँ–कहाँ किस–किस चीज के लिये भागते–फिरते हैं– दुनियाभर की चीज़ें बटोरते हैं– ऐश्वर्य बटोरते फिरते हैं और चीज़ें हैं अनन्त, कुछ पा लेते हैं और बहुत कुछ बिना पाये– चाहत अधूरी रखकर मर खप जाते हैं। इसके बदले जो इस सब चीज़ों के, तमाम ऐश्वर्यों का जो स्रोत है, जो स्वामी है इनका– उस ईश्वर को, उस परम लाभ को कमा लेता है उसकी सब इच्छाएँ, सब जरूरतें आप ही आप पूरी हो जाती हैं। भक्त की इच्छा मात्र होने से असंभव से असंभव कार्य भी पूरा हो जाता है–

यह भारत के योगियों और भक्तों– शिष्यों का अनुभव रहा है। यह राज की बात है– यह अनुभवियों की बात है। ठाकुर रामकृष्ण परमहंस देव अपने अनुभव के आधार पर कहते हैं कि पाना है तो ईश्वर को पाओ, भागना है तो ईश्वर के पीछे पागल हो।

सदा–सदा के लिये सम्राट हो जाओगे। क्योंकि जीसस ने कहा है– मैं और मेरे पिता ईश्वर एक ही है। जैसा पिता वैसा पुत्र। पिता भी मालिक– पुत्र भी मालिक। फिर तो सब ऐश्वर्य उसके हुए।

## रज़िया माँ:–

माँ आद्याशक्ति – दशमहाविद्या रज़िया माँ,
राम–रहीमा, ईश्वर करीमा रज़िया माँ। रज़िया माँ।
सद्गुरु–शिष्या– अध्यात्म प्रभा माँ रज़िया माँ,
सृष्टि सृष्टा– सर्व चराचरा रज़िया माँ।
माता–पिता, बंधु सखा सब रज़िया माँ।
अनादि– अनन्ता सर्व अवतारा रज़िया माँ।
रार्वनाम अनामा रज़िया माँ– सर्व रूपा रज़िया माँ,
सर्वान्तर्यामी साक्षी रूपा पूर्णा परात्परा रज़िया माँ।
गंगा जमुना नर्मदा– जीवन धारा रज़िया माँ,
प्रेमा–भक्ति अनहद ओंकारा सन्तान वत्सला रज़िया माँ।
बुद्ध अवतारा निर्वाण स्वरूपा पतित पावनी रज़िया माँ,
कृष्ण, मुहम्मद, जीसस, मूसा, नानक महावीरा रज़िया माँ।
साईं, कबीरा, रजनीश आत्मा–विश्व प्रसूता रज़िया माँ,
महाकाली, महालक्ष्मी, महासरस्वती रज़िया माँ।
उद्धार करें जो बोधि तारा वही भवतारिणी रज़िया माँ,
नित गोद खिलावै, लाड़ करै जो आनन्दमयी रज़िया माँ।
ज्ञान अनन्ता, प्रेम अनन्ता, ध्यान अनन्ता रज़िया माँ,
नाम अनन्ता, रूप अनन्ता, अनन्त–अनन्ता रज़िया माँ,
कृपा अनन्ता, वात्सल्य अनन्ता परमानंदा रज़िया माँ,
कण–कण वासिनी, त्रिभुवन मोहिनी, माँ आह्लादिनी रज़िया माँ।
सत् की शक्ति, सती माता, जगद्धात्री रज़िया माँ,

सत्, शिव सुंदर– सच्चिदानंदा महामाया रज़िया माँ।
ब्रह्मा, विष्णु, महेश, संत जन नित नाम जपते जै रज़िया माँ,
ऋषि मुनि योगी, संन्यासी– और शिष्य सभी ध्यान धरते रज़िया माँ।
स्वयं–स्वयं का नाम जपती, स्वयं–स्वयं का ध्यान धरती
नित नूतन लीला करती महाअवतारा रज़िया माँ।

गिरिडीह 07 मार्च, 2000

## हुकुम रजाई चलणा धर्म धारणा– नियम का आचरण – सत्य नारायण गोयनका की दृष्टि में।

धर्म एक फल की तरह है जिसमें रस होता है, गूदा होता है गुठली होती, छिलका भी होता है। धर्म में बाह्य कर्म–कांड भी है और समाधि भी। तमाम, रीति रिवाज, पर्व त्योहार, व्रत उपवास, पूजा प्रार्थना, नाच–गान और ये तमाम कर्म कांड गुठली और छिलकों जैसे ही हैं। इन्हीं में जो उलझ कर रह जाते हैं, इनसे ही आसक्त हो जाते हैं– इन्हें ही धर्म समझ बैठते हैं और किसी मत–दार्शनिक विचारधारा और बुद्धि विकास को जो धर्म ज्ञान मान बैठते हैं वे धर्म के गुठली छिलकों में ही तृप्त होने की असंभव चेष्टा करते हैं। ऐसे लोग धार्मिक दिखकर भी अधार्मिक हो सकते हैं।

शुद्ध धर्म तो रस और गूदा की तरह तृप्ति–पुष्टि–तुष्टि दायक होता है। धर्म बोध, धर्म धारण ठीक से हृदय में जाग जाये तो मंगल ही मंगल होता है। शुद्ध धर्म अंतिम समाधान (Master key) है। शुद्ध धर्म क्या है? शुद्ध धर्म सार्वकालिक, सार्वभौमिक, एक नियम है– जिसका प्रभाव प्रत्येक व्यक्ति व वस्तु या स्थिति में हमेशा एक ही होता है– इसी से धर्म को सनातन भी कहते हैं। धर्म सनातन ही होता है। उस सनातन नियम को ही ऋत् कहा गया है– all pervading and all governing law perrenial and universal law है वह ऋत्।

गुरु वाणी में नानक देव उसे 'हुकुम रजाई' कहते हैं। जो उस हुकुम रजाई के अनुकूल आचरण करता है वही धार्मिक होता है। वही शुद्ध धर्म को जानता, जीता है। वही समाधि को जीता है।

शुद्ध धर्म का आचरण क्या है? शुद्ध धर्म है– हुकुम रजाई को सुनना, निर्मल हृदय की आवाज को सुनना, चित्त को निर्मल रखना निसर्ग के नियम को देखना–सीखना, उसके अनुकूल, उठना–बैठना, निर्णय लेना, निर्मल हृदय से आचरण करना, अहम्–मम्, मैं मेरा के आग्रह से मुक्त होना, स्वयं को, और खुद के ही मत्त–संप्रदाय, गुरु आदि को अन्य सबों से महान् मानने के धोखे के घेरे से बाहर आ जाना, धर्म को सब प्रकार की सीमाओं और विशिष्टताओं से मुक्त शुद्ध कर देखना, यही शुद्ध का आचरण है। धर्म बुद्धि विलास, चर्चा, वाद–विवाद, तर्क का विषय नहीं है, धर्म मनोरंजन नहीं है, अहंकार का विषय नहीं है। धर्म अहम्–मम् की सीमा में कैद नहीं होता। धर्म आचरण का विषय है– जीने की चीज है– पल–पल जो ऐसा जीता है वही धार्मिक है।

जैसे आग का जलाना–जलना स्वभाव है, बर्फ का शीतल होना शीतलता पैदा करना स्वभाव है– वैसे ही प्रेम में होना, प्रेम करना आदमी का स्वभाव है, निसर्ग का भी यही स्वभाव है– प्रेम करना ही हुकुम रजाई है। प्रेम करना ही शुद्ध धर्म का आचरण है। प्रेम ही खुद शुद्ध धर्म है। यही महाबोधिचर्या है। प्रेम से ही मंगल हो सकता है– प्रेम ही सर्व मंगल का स्रोत है– आदि शक्ति है। यही आदि शक्ति माँ है। प्रेम ही माँ है।

जिसके हृदय में प्रेम का वास हो जाता है वहाँ जीवन सहज–स्वाभाविक, सदा संतोषी, सहनशील, साधु और सेवा पूर्ण हो ही जाता है। यही शुद्ध धर्म का आचरण है– यही नियम को जीना है– यही हुकुम रजाई चलणा है।

हुकुम रजाई यानी नियम, नियम यानी धर्म और धर्म यानी प्रेम ही है। यह नैसर्गिक प्रेम ही हृदय आसन पर माँ को बिठाना है। माँ ही धर्म है– सर्व मंगल, सर्व सुरक्षा है, माँ ही मेल–मिलाप है सबको एक में मिलाकर रखना, सबको सम दृष्टि रखकर पालन–पोषण प्रदान करना है।

भगवान श्री रजनीश कहते थे The moment you understand, you are transformed और सुकरात ने कहा था knowledge is virtue ज्ञान आचरण बन जाता हो तभी समझो जाना है।

भगवान रजनीश यह भी कहते थे कि अस्तित्व पुरुष जैसा कम, माँ जैसा, नारी जैसा ज्यादा है। ईश्वर प्रेम है– (Tell) ने यही तो कहा था। धर्म परमात्मा प्रेम, बोध– जो शब्द देना चाहो– एक ही बात है और

वह है समानता की भावना– सबको आत्मवत् जानना– सबको स्वयं जैसा, ही मानना। जैसे खुद को प्यार करता है वैसा ही अपने पड़ोसी से भी प्यार का व्यवहार रखना। यही हुकुम रजाई चलणा है। अपने हृदय को अबोध शिशु के समान बना लेना ही धर्म है– ध्रुव, प्रह्लाद, शुकदेव जैसा निर्मल बना लेना ही धर्म है। यही शुद्ध धर्म और शुद्ध धर्म का आचरण है।

## ययाति–सुख की तलाशः–

श्रीमद्भागवत् कथा में शुकदेव ने परीक्षित को क्षत्रिय वंश का वर्णन करते हुए स्वर्ग पर अधिकार कर लेने वाले राजा नहुष के विषय में बताया और उसी प्रसंग में उनके पुत्र ययाति के विषय में कहा कि वह राजा कामांध हो गया था– उसने अपने गुरु शुक्राचार्य की पुत्री देवयानी से विवाह किया। उसकी एक और पत्नी शर्मिष्ठा नाम की थी जो दैत्यराज वृषपर्वा की कन्या थी। शर्मिष्ठा छोटी थी तथा वह देवयानी की सेवा करती थी– सेविका के रूप में थी।

ययाति की चर्चा संत लोग इस रूप में करते आये हैं कि भोग वासना का अंत नहीं आता भले ही भोगी का अंत आ जाये। राजा ययाति के साथ ऐसा ही हुआ था। भोग लिप्सा में रात–दिन लिप्त रहने के कारण वह जल्दी ही वृद्ध सा हो गया। वह मृत्यु के सन्निकट पहुँच गया लेकिन उसकी अतृप्ति ज्यों की त्यों ही बनी रही। वह मायूस हो गया।

कथा कहती है कि तब ययाति ने मृत्यु देव के कहे अनुसार अपने लिये अपने पुत्रों की आयु भी एक–एक पुत्र करके माँगता चला गया– वे पुत्र मृत्यु को प्राप्त होते रहे और ययाति पुनः पुनः आयु पाकर भोग में लीन रहा। ऐसा घृणित पाप पूर्ण कार्य वह भोगी राजा अपनी कुबुद्धि के कारण करता रहा। अंत में सब पुत्र खप गये– पुनः मृत्यु का आगमन हुआ और अब की बार कोई रास्ता न देख राजा के हृदय में किसी पुण्य के उदय होने से चिंतन उत्पन्न होने लगा– आत्म विचार पैदा हो गया। इस प्रकार वह भोग लिप्सा से गिरा हुआ जीव पुनः परमात्मा अर्थात् अपने सच्चे स्वरूप की ओर आकृष्ट हुआ तथा मुक्ति कामी आत्मा हो गया। वह सन्यस्त हुआ और वन में रहकर जीवन के अंतिम काल में तपोलीन हुए– सद्गति को प्राप्त हुए। यह हुआ सन्मार्ग पर चलने से– सात्विक जीवन

धारा से। यह मार्ग अमृत का मार्ग है– परमार्थ का मार्ग है– जीवन का मार्ग है। अपने सुख के लिये जहाँ किसी अन्य पर निर्भर रहने की बाध्यता से मुक्ति का मार्ग है। इस भाँति आत्मसुख को ययाति ने तप से प्राप्त किया– तप से आत्मस्वरूप यानी खुद को जानकर ऐसा वह हो सका।

ययाति की कथा से जो दो बातें, दो इशारे ऋषि वेद व्यास जी हमें दिखला रहे हैं वे हैं– एक तो यह कि इंद्रिय सुख इंद्रिय भोग की लिप्सा– ऐसे ही है मानों अग्नि को शांत करने उसे बुझाने का जैसे कोई सपना देखे, चेष्टा करें– तो वह सफल नहीं होता–उल्टे उत्तरोत्तर वासना भड़कती ही जाती है, और अधिक बढ़ती जाती है। ययाति ने हजार वर्ष भोग किया– वासना में अंधा होकर वह पुत्र हत्या जैसे महापाप कर्म भी करता रहा– फिर भी नहीं जागा, सोया का सोया रहा, इतना नीचे गिर गया– फिर भी वह नहीं चेता। अंततः मृत्यु के आगमन पर, अपने सारे 'मैं और मेरे' के अभिमान से हीन होने पर ही, अकिंचन हो जाने पर ही उसे सुधि आयी। यहीं वह दूसरी बात है, इस सृष्टि रचना के सृष्टा इस संसार यानी समस्त जीवों के स्वामी की रचना व्यवस्था की खास बात कि कोई जीव अपनी अल्पमति, कुमति और कुकर्मों से कितना ही नीचे गिर जाये, चेतना को मलिन कर ले, अपने ही स्वामी, सृष्टा, स्वरूप, स्रोत से दूर चला जाये, दूर भटक जाये– लेकिन भगवान उसे नहीं छोड़ते, मालिक उससे कभी बेखबर नहीं होते, गुरु सदैव उस भ्रष्ट जीव की ओर अपनी दृष्टि जमाये हुए होते हैं और अंततः जब वह जीव लुट–पिटकर, रो–रोकर शरण याचना करता है, समर्पण कर प्रपन्न हो जाता है– ''त्राहिमाम्, त्राहिमाम्''– पुकार उठता है तो– प्रभु अपने अहैतुकी वात्सल्य स्वभाव के वशीभूत होकर– हाथ बढ़ाकर उस जीव को अपने गोद में बिठा लेते हैं और सदा–सदा के लिये शांत, तृप्त और निश्चल कर देते हैं। कहने का तात्पर्य है प्रभु की लीला प्रभु ही जानें। उन्हीं का सब खेल है यह– गिरना–उठना, गिराना–उठाना और कभी क्षण भर के लिये भी अपनी जगह से कहीं आना न जाना, निश्चल आसन पर एक रस लीन रहना। यह सब विचित्र है। सम्पूर्ण आध्यात्मिक वाङ्मय परमात्मा की इसी अचिंत्य लीला– इसी विचित्रता– इसी अकथनीय कथा को कहता है– कह–कहकर थक जाता है और अंततः चुप हो जाता है– यह चुप्पी

भी उसी तथ्य को कहती है। सम्पूर्ण आध्यात्मिक साहित्य सृष्टि में कर्म के विधान और सृष्टा की कृपा व्यवस्था को ही प्रकाशित करता है– और फिर गहन चुप्पी।

## संत सद्गुरु और उनकी करुणा भावना:–

सत्य और सपना को एक साथ रखो तो करुणा पैदा होती है।

भगवान और इंसान को एक साथ रखो तो संत–सद्गुरु प्रकट होता है।

मैं आज एक पहेली पर कुछ कहूँगा। वह पहेली है संत जीवन, करुणा का जीवन।

मैंने अपनी संन्यास पश्चात् जिन्दगी के विषय में जब तय करने गया कि क्या हो– क्या किया जाए, कैसे जीया जाये, क्या खोया जाये और क्या पाया जाये। क्या हो पहचान।

मैंने देखा एक ओर आम आदमी की जिंदगी है– सपनों से भरी, सपनों के पीछे भागती जिंदगी और दूसरी ओर है विचारवानों की जिंदगी, तत्वज्ञानियों की जिंदगी – जिनका ध्यान एक शास्वत सनातन शून्य तत्व– सत्य पर लगा रहता है। जहाँ कोई अपना नहीं पराया नहीं, हेय नहीं, प्रेय नहीं। सत्य पर अपना ध्यान अडोल बनाकर जीने वाले भगवान कहलाते हैं, बुद्ध कहलाते हैं। सपनों को जीने और भटकने वाले इंसान कहलाते हैं। ये दो ही प्रकार होते हैं। तीसरा प्रकार नहीं होता, वह चमत्कार होता है, पहेली सा लगता है– अकथनीय, अकल्पनीय। मैं संसार में संसारी होकर जीने के लिये तो पैदा ही नहीं हुआ हूँ, इस बात का अहसास तो मुझे अपने बचपन से ही हो गया था– मेरा कोई भौतिक सपना नहीं था, जिसके पीछे मैं पागल होता। दूसरी ओर मैं योग साधना के नाम पर, मोक्ष साधना के नाम पर, ब्रह्म ज्ञानी होकर संसार के अलिप्त, दूर, तटस्थ होकर एकांतिक जीवन जीना भी मुझे प्रिय नहीं था। अतः मुझे कुछ सोच–विचार करना पड़ा– इन दोनों विकल्पों से अलग अपनी जिंदगी जीनी थी। एक ऐसी जिंदगी जिसमें ध्यान भले ही ब्रह्म पर, सत्य पर, निराकर, शून्य पर टिका रहे– आकाश में रमण करे लेकिन मेरा संग साथ अपने मित्रों, परिचितों, रिश्तेदारों के बीच ही बना रहे मेरे पैर धरती पर हों, मैं इसी लोक में रमण करूँ।

मैं अच्छी तरह जानता था कि एक ब्रह्म ही सत्य है और बाकी सब जिंदगी का ताना बाना सपना मात्र ही है। मैं सत्य की निर्मलता और सपने की मधुरता दोनों से परिचित था और दोनों ही को संभालना चाहता था। संसार यद्यपि अज्ञानियों से भरा हुआ है– चारों ओर बेहोश लोग विचरण कर रहे हैं– जिन्हें खुद का होश नहीं, उनसे ही नाता रिश्ता पैदा कर उन्हीं के बीच उनके ही जैसा होकर जीना था। असत्य को स्वीकारना था, सपनों से भरी आँखों वाले व्यक्तियों को स्वीकारना था। इसके पीछे प्रेम है– मैं अपने हृदय को ज्ञान के नाम पर, सूखने देना नहीं चाहता था– मैं अपने हृदय को प्रेम से लबालब भरा रखना चाहता था– आर्द्र–स्निग्ध, कोमल। यही प्रेम एक इंसान को संत बना देता है– यही प्रेम एक इंसान को पहले साधक फिर एक गुरु बना देता है। यह एक महान् जिम्मेदारी को जीना है। यह एक जटिल खेल को खेलना है। लोग जिन्हें अपना प्रेम बाँटना है, लोग जिन्हें अपना ज्ञान बाँटना है– वे अपने ही समान समझेंगे– आधे–अधूरे– अपवित्र जीवन। दोष ढूँढेंगे, दोष मढ़ेंगे। मैं यह सब जानता था। फिर भी मैंने वही मार्ग चुना वैसा ही जीना चाहा। यही करुणा है। करुणा यानी असंभव को संभव करने का दुस्साहस करना। खुद जिसे असत्य व स्वप्नवत समझ रहा हो उसके प्रति भी अति संवेदनशील, अति गंभीर, अति जिम्मेदारी पूर्ण जीवन जीना। यही करुणा है, यही प्रेम है एक संत का। यही प्रेम, यही संत जीवन एक पहेली है। बूझ सको तो बूझ लो।

लेकिन एक बात कह दूँ कि जिसका अपना हृदय प्रेम और करुणा से भर न गया हो वह व्यक्ति इस पहेली को नहीं समझ सकेगा। एक संत के हृदय की थाह कोई नहीं पा सकता जब तक वह खुद इस चुनौती को अपने जीवन में न जीया हो। यह नितांत अनुभव की बात है। ज्ञानी को लोग पहचान लेते हैं, अज्ञानी को पहचान लेते हैं लेकिन ज्ञानी होकर भी अज्ञानियों जैसा जीवन बिताने वाले संत की कोई पहचान नहीं बन पाती– लोग हमेशा ही चूके हैं। इस चुनौती को जो स्वीकार ले वही कुछ जान सकते हैं। मोह को लोग जानते हैं, त्याग को लोग देखते हैं लेकिन त्यागी होकर भी मोहग्रस्त सा आचरण जो करे उसे पहचान पाना असंभव सा ही है। असंभव इसलिए क्योंकि लोगों को अपना जीवन ऐसी अद्भुत

अवस्था, ऐसी चित्त दशा को जीने जानने से रिक्त होता है। बिना खुद जिये संत जीवन और करुणा को जाना नहीं जा सकता। एकमात्र यही उपाय है इस पहेली को हल करने का। तो चुनौती स्वीकारो। तब ही मुझे जानने का अधिकार तुम्हें मिलेगा। नहीं तो तब तक मैं एक पहेली–सा लगूँगा। यही नियम है। संत होना एक चमत्कार है। और एक संत को पहचान लेना उससे भी बड़ा चमत्कार है।

संत न ज्ञानी होते हैं न अज्ञानी और दोनों ही होते हैं। सुकरात अपने को अज्ञानी ही कहते थे क्योंकि वह जानते थे कि कितना भी जान लो– हमेशा जानने को बहुत–बहुत बचा ही रहता है– 'अनन्तम् ज्ञानम् ब्रह्म'– वेद वचन है– ज्ञान तो अन्तहीन रहता है। और स्वयं को ज्ञानी इसलिये समझते थे क्योंकि उसे जान लिया था जिसे जान लेने पर और कोई प्रश्न ही नहीं बचता– प्रश्नों का अंत हो जाता है। स्वयं को जानना ही अंतिम समाधान होता है इसी को वे औरों से कहते थे कि– "know Myself". क्योंकि इसी से, इसी ज्ञान से जीवन शुभ से, विवेक से अलोकित हो जाता है।

मैं ऐसे ही आलोक को देखता हूँ– पूर्ण परात्पर ब्रह्म का प्रकाश, स्वरूप का प्रकाश। वही मेरा ज्ञान, ध्यान और पूजा, प्रार्थना है। मैं ज्ञान को भी जीता हूँ अज्ञान को भी जीता हूँ। हाथ लगे होते हैं संसार में और दिल लगा रहता है अपने इष्ट में– सद्गुरु तत्व में– प्रकाश में–सच्चिदानंद में– माँ में। वहीं से मुझे शक्ति, उत्साह, सामर्थ्य, शांति सुख सब मिलता है। शरीर संसार में लिप्त रहता है और आत्मा–परमात्मा में लीन। सच कहता हूँ– यह चमत्कार है। एक संत का जीवन अति रहस्यपूर्ण होता है। इस सृष्टि का सबसे बड़ा चमत्कार, सबसे दुरूह रहस्य होता है संत जीवन।

**धर्म या धारणा शक्ति–माँ की गोद यानी माँ–मातृशक्ति**

**धर्म या भावना शक्ति– सर्व को धारण करने वाली–**

जिसने सबको धारण किया हुआ है और जिसे सब ने धारण किया हुआ है– वही तो धर्म है।

धर्म माँ है– उसी की यह क्षमता है कि उसके क्रोड़ में उसकी गोद में, उसके बाहों में सकल सृष्टियाँ समा जाती हैं– इतनी क्षमता और

किसी में नहीं। धर्म यानी मातृशक्ति या शक्ति माँ– जगद्धात्री माँ। विश्व प्रसूता– जगत् जननी माँ। योनि स्वरूपा–अक्षत् योनि– संकल्प मात्र से प्रजनन करने वाली लीला धरी– आह्लादिनी शक्ति। अमल, अनूप, अनंग, अनाम, अदेह, अगेह, अभय, अभेख, अटल, अकाम, अनंत रूप– अनंत नाम, अनन्त गुण, अनन्त धाम, अगम, अपार, निर्लेप, निरंजन, पूर्ण, परात्पर, सर्व रक्षक, सर्व भक्षक, सर्व पालक, सर्वहन्ता– अनन्त वात्सल्यमयी माँ। धर्म माँ है। धर्म आत्मा है। धर्म जीवन है। धर्म प्राण है। धर्म हृदय है, चेतना है।

जो भी अस्तित्व है– जिसका भी अस्तित्व है– वह अस्तित्व वह होना– इसी धर्म के होने से है। धर्म को धारण कर या कहो धर्म जिसमें होता है– बसता है– वही अस्तित्ववान होना है– एक कण से लेकर मानव देह तक, जो भी अस्तित्ववान है दृश्य् जगत हो कि अदृश्य जगत, पदार्थ या विचार या भावना, देह या अदेह – कुछ भी हो, अगर उसका अस्तित्व है तो निश्चय जानो कि जरूर उसके केन्द्र में, उसके हृदय प्रदेश में धर्म का वास है। वही जब जाग्रत होता है तो व्यक्ति उसी की प्रेरणा से, उसी की शक्ति से ऐसा हो जाता है कि उसकी छाया तले अनेक–अनेक लोग, दृश्य–अदृश्य जीव शरण लेते हैं, धन्य–धन्य होते हैं और अपने–अपने हृदय में बसे धर्म तत्व को पहचानते हैं और अपने सद्गुरु का अनुसरण करते हुए जीवन जीते हैं। धर्म की महिमा जितनी गायी जाये, कम ही होगा। अपने भीतर वास कर रहे उस धर्म को पहचानो उस मातृशक्ति को पहचानो जिसकी बाहों में समूची सृष्टि समा सकती है। आँख खोलो।

गिरिडीह 29 मार्च, 2000

जानने वालों ने, सयानों ने धरती को भी माँ कहा है क्योंकि वह धरित्री है। हमें, इस जीव जगत् को धारण किया है– सब संतानों को न सिर्फ जन्म दिया है– बल्कि भरण–पोषण भी देती है और अंत में सब को अपने गोद में परम विश्रांति की नींद सुलाती है। धरती माँ है, धरती धर्म का ज्वलंत उदाहरण है धारण शक्ति की मूर्तिमंत प्रतिमा है– जीवंत मूर्ति है– वही धर्म, वही मातृशक्ति तुम में बसी हुई है, उसे जगाओ– वह

क्षमता तुममें प्रतीक्षारत् विद्यमान है– उसे प्रज्वलित करो– उसे अपना काम करने दो– इस धरती माँ की तरह उसे इस लायक बनने दो कि सभी को अपने प्यार दुलार से तृप्त कर सके– सर्व चर अचर को सुख शांति स्वास्थ्य प्रदान कर सके। यही धर्म को जानना है धर्म को जीना है। धर्म को जियो, धर्म को जीने दो– विराट् को जीने दो–तुम धर्म की देह हो– धर्म के उपकरण हो। तुम धर्म हो। तुम्हारे भीतर–बाहर धर्म ही है। धर्म ही जीवन जी रहा है। उसे पहचानो। उसके जीने के रंग–ढंग को पहचानो। तुम निहाल हो जाओगे।

## जाति और संस्कारः–

मेरा अनुभव– संस्कारों से जाति बनती है और जाति से संस्कार बनते हैं। यह यंत्रवत् होता है।

दुनिया में, विशेषतः भारतीय उपमहाद्वीप में बहुत समय से एक विवाद का विषय रहा है कि जन्म से ही जाति तय होती है और यह प्रारब्ध के हिसाब से तय होता है, ऊपर से, भगवान के घर से तय होता है। यह एक दृष्टि है– दूसरी दृष्टि के हिसाब से कर्म से जाति बनती है– जन्म से नहीं– प्रारब्ध से नहीं। कर्म मनुष्य के चुनाव पर निर्भर करता है– अतः जाति भी मनुष्य के कर्म पर कहलाना चाहिये। ये दोनों विचार हैं– विवाद हैं।

एक पक्ष परंपरावादी, ब्राह्मणवादी, मनुवादी माना जाता है दूसरा पक्ष क्रांतिकारी, विद्रोही, आधुनिक और विकासवादी माना जाता है। दोनों पक्षों का यह विवाद विचारोत्तेजक होता है। दोनों के अपने–अपने तर्क हैं– मैं तो कहता हूँ कि इनके पास तर्क ही होते हैं– कोई गहरा आध्यात्मिक अनुभव नहीं होता।

संस्कार और जाति, बीज और वृक्ष और मुर्गी और अंडा जैसी बातें हैं। पहले कौन–से तय करना असंभव सा प्रश्न लगता है।

## पुरुषार्थ, पुण्य, सेवाः–

पॉल ब्रंटन एक मिशनरी थे और जिज्ञासु भी थे। उसकी जिज्ञासा जब वह रमण महर्षि के पास भारत में थे तब– मुमुक्षा की सीमा तक

बढ़ गयी– फलस्वरूप महर्षि का सत्संग किया और अपने प्रश्नों का समाधान प्राप्त किया।

महर्षि से पॉल ब्रंटन ने पूछा था कि दुनिया की अधिकतम सेवा वह कैसे करें? तब महर्षि ने कहा था कि पहले उस 'मैं' को जानो–पहचानो जो यह इच्छा कर रहा है, जो यह प्रश्न पूछ रहा है। महर्षि ने कहा कि पहले यह जान लो कि "मैं कौन हूँ"– क्योंकि जिसने स्वयं को जान लिया उसी ने सच्चा पुरूषार्थ किया, जिसने यह जान लिया कि "मैं कौन हूँ"– उसी ने सबसे बड़ा पुण्य कमाया और जो स्वयं को जान लेता है तो यही आत्मज्ञान मानवता की सबसे बड़ी सेवा बन जाता है। आत्म बोध ही सबसे बड़ा पुरूषार्थ, सबसे उत्तम पुण्य व सबसे बड़ी सेवा है।

आत्मबोध का प्रकाश सर्वमंगलकारी होता है– सर्व चर–अचर जगत्, समस्त देव–देवीगण, सभी पितर गण सभी शरीरी–अशरीरी आत्माओं को तृप्ति देने वाला होता है। यह महान् पुण्यकर्म, यह विलक्षण सेवा अनायास ही, आप ही आप होती है– यह मनुष्य का कृत्य नहीं, अस्तित्व का प्रसाद होता है। एक जाग्रत आत्मज्ञानी अपने निवास से बाहर भी न निकले– कोई इच्छा न करे, कोई प्रवृत्ति न हो, तब भी समस्त भू–मंडल उसके महानपुण्य, उसकी महान् उपलब्धि में बराबर का लाभ प्राप्त करता है– ऐसे बँटता है उसका सुख– ऐसे बिखरती है उसकी शांति– ऐसे बरसता है उसका प्रेम। सब चुपचाप होता है– अनियोजित, बिना किसी उपक्रम के। यह ईश्वरीय कृत्य है– यही होना है– यही तथाता है, भगवत्ता है, समाधि है– यही सेवा है।

भारतीय अध्यात्म शास्त्रों में कहा गया है कि चार पुरुषार्थ होते हैं– अर्थ, काम, धर्म और मोक्ष। इनमें मोक्ष यानी मुमुक्षा परम पुरुषार्थ है परम उपलब्धि है, परम संपदा है। यही आत्मबोध भी कहलाता है। यह ऐसा पुण्य फल है कि जिसे वह आत्मज्ञानी अपनी जिंदगी भर जितना बाँटता है– उतना ही बढ़ता जाता है– ज्योति से ज्योति जलती है– उस धन्य भागी आत्मा का पुण्य प्रभाव का प्रकाश अनेक–अनेक आत्माओं में ज्योति बन कर जगमगा उठती है– सारा संसार आलोकित हो उठता है। इसी से तो कहा जाता है कि यह सबसे बड़ा पुरुषार्थ है। ऐसे भी धन होते हैं जिन्हें आदमी कमाता है बड़ी मेहनत कर–करके लेकिन उसके कम हो

जाने, छिन जाने, नष्ट हो जाने का भय भी साथ–साथ में पैदा हो जाता है– आदमी तनाव ग्रस्त हो उठता है। दरिद्र का दरिद्र ही सा रह जाता है आदमी। लेकिन यह आत्मबोध का धन अक्षय होता है– आदमी तमाम भयों से मुक्त होकर अभय पद पर आसीन हो जाता है। अभय अकंप शांति बनकर उसके हृदय में आसन जमा लेता है। इसी से इसे सर्वोत्तम पुण्य कहा गया है। इस आत्मबोध रूपी पुण्य को पा लेने के बाद फिर कुछ और पाने की इच्छा ही नहीं रह जाती, न शोक करने की कोई गुंजाइश होती है न हर्ष की कहीं कोई जगह ही बचती है– हर्ष–शोक से मुक्त हो जाता है आत्मज्ञानी। न कुछ पाने के बाद की खुशी न कुछ खो जाने के बाद का गम– सब खोना–पाना– स्वप्न में खोने–पाने सा हो जाता है– जीवन के हर उतार–चढ़ाव स्वप्न ही हो जाते हैं। जीवन सपना ही है तो फिर कैसा हर्ष और कैसा गम। हँसी आ जाती है। जैसे कोई किसी सम्राट से कहे कि आपकी एक कौड़ी खो गयी है अथवा आपकी एक कौड़ी मिल गयी है। राजा क्या करेगा– हँसेगा, और क्या! ऐसा, अक्षय धन होता है यह खुद को जान लेना। मैं और मेरा, अहम् और मम् की भावना निर्भूल हो जाती– सदा–सदा के लिये खो जाती है। बचा रहता है– शुद्ध परमात्म भाव– भगवद्दर्शन ही। बचा रहता है आत्मस्वरूप सच्चिदानंद– पूर्ण आप्तकाम भाव दशा। यही उस लीलाधर परमात्मा का स्वभाव है– परिपूर्णता, अकर्त्ता, अभोक्ता, अहंशून्यता– निरंजन प्रभु।

सेवा तो लोग करते हैं संसार में, लेकिन सेवा करने का अहं भी साथ ही पालते–पोषते हैं– मैं और मेरा को ही पुष्ट करते हैं। यह सेवा सशर्त होता है। यह चेष्टा से होता है, सोच–विचार के बाद होता है– शुभ–अशुभ, हानि–लाभ को ध्यान में रखकर होता है। यह सेवा क्षणिक आवेश से होता है– इसी से चिरंजीवी नहीं होता– यह एक दिन खत्म हो जाता है, रुक जाता है। इस अहं प्रेरित सेवा के बदले में कुछ पाने का ख्याल रहता ही है– यही दोष है।

आत्मज्ञानी की सेवा बेशर्त होती है– अनवरत चलती जाती है– अंतहीन होती है। कोई सोच–विचार नहीं होता, कोई अहंकार नहीं होता– कोई कर्त्ता भोक्ता नहीं होता इस सेवा के पीछे। यह अनायास, बिना किसी फल की इच्छा के होता है। स्वयं को तो जो पाना था, पा

लिया– अब और क्या पाना बचा। अतः यह सेवा उस महाभाग का सिर्फ खेल होता है– खेल, खेल में सेवा। आत्मज्ञानी की सेवा में बदले में कुछ पाने का कोई विचार होता ही नहीं– बल्कि सेवा पाने वाले के लिये धन्यवाद का भाव होता है, जो उसकी सेवा से लाभान्वित होते हैं उनके प्रति अनुग्रह का भाव होता है। यही सेवा, सेवा है– शुद्ध सेवा, निर्दोष सेवा। आत्मज्ञानी कभी थकता नहीं बल्कि आनंदित होता है, धन्य–धन्य होता है सेवा करके। सेवा उसकी पूजा होती है– घट–घट में बैठे उस नारायण की पूजा। आत्मबोध की ऐसी महिमा है।

यही महर्षि ने पॉल ब्रंटन को दिया, यही मैं तुम्हें दे रहा हूँ। स्वीकारो मेरी सेवा और मैं स्वयं को धन्य–धन्य मानूँगा। क्योंकि तुम में मेरा अराध्य वास कर रहा है, तुम मेरे भगवान के मंदिर हो। भगवान के साक्षात् श्री विग्रह हो। तुम्हारी सेवा नहीं, मैं उसी परम प्रभु की सेवा कर रहा हूँ।

एक आत्मज्ञानी के द्वारा संसार की जो सेवा होती है वह ऐसे ही है जैसे सूर्य की रोशनी बिखरना, जैसे मेघों का पानी बनकर बरसना, जैसे किसी फूल की सुगंध का चारों ओर फैल–फैल जाना। कोई भेद दृष्टि नहीं होती, कोई अपना पराया नहीं होता, कोई अच्छा–बुरे का भेद नहीं होता। आदमी के बनाये हुए तमाम भेद व सीमाओं से मुक्त व्यापार होता है ब्रह्मज्ञानी का बर्ताव। सूर्य की रोशनी, वर्षा का पानी, फूल की सुगंध यह नहीं देखती कि यह एक साधु का खेत है इसलिये बरसूँ और यह एक दुष्ट का खेत है इसलिये न बरसूँ, ऐसा भेद नहीं होता। निंदा स्तुति से निर्लिप्त, लाभ–हानि के विचार से मुक्त व्यवहार होता है। यही सेवा है। मिशनरी के लोग भी सेवा करते हैं और जीसस भी सेवा करते रहें लेकिन दोनों का गुणात्मक अंतर भी समझना होगा। जीसस बिना किसी को अपना कहे जाने लायक मकसद से सेवा लीन होते रहे जबकि मिशन की सेवा के पीछे अपने संप्रदाय का विकास, प्रचार–प्रसार का उद्देश्य सन्निहित होता है, खुद के विकास का, पुण्य कमाने का उद्देश्य भरा होता है। यह मनुष्य का कर्म है, मन–बुद्धि का हाथ होता है इस सेवा में– सफलता की चेष्टा होती है। यह सेवा नहीं, स्वयं की ही भलाई, खुद को मिलने वाले लाभ की वासना होती है इसके पीछे यह स्वार्थ है–सेवा नहीं। यह अहंकार है, भगवान की पूजा नहीं। बिना अहंकार के नाश

हुए सेवा हो ही नहीं सकती। अहं शून्यता, अहिंसा और प्रेम का साकार रूप है सेवा। भगवत्प्रीति ही सेवा बनकर प्रकट होती है। वही सेवा एक आत्मबोधि संपन्न व्यक्ति के द्वारा ऐसे निकलती है जैसे दीपक से प्रकाश विकीर्ण होता है– बुद्ध का प्रेम ऐसे ही बँटता है। बँटता ही चला जाता है खेल खेल में– और बढ़ता ही चला जाता है। यही उस लीलाधर परमात्मा की लीला व्यवस्था है।

सुख को बाँटों और वह बढ़ेगा – यही शास्वत ईश्वरीय नियम है। यह ध्यान रखना कि आत्मबोध, खुद को जान लेना परम पुरूषार्थ है और किसी व्यक्ति में मुमुक्षा की ज्योति जला देना, भगवत्प्रीति पैदा कर देना परम पुण्य है, और अपने भीतर से अहम्–मम् की भावना को विसर्जित करके जीवन को जीना ही सबसे उत्तम सेवा है।

इसलिये याद रखो– सतत् याद रखो कि जिंदगी की इस आवश्यक भाग दौड़ को जीते हुए भी, जीवन की जो प्रकृति प्रदत्त अनिवार्य कर्म धर्म हैं– उन्हें जीते हुए भी एक और अकेला एक प्रश्न है जो जीवन की सर्वाधिक महत्त्वपूर्ण समस्या है। उस प्रश्न को सदैव ध्यान में रखो कि तुम कौन हो, तुम्हारी असलियत क्या है, स्वरूप क्या है, स्वभाव क्या है, जीवन की सहजता क्या है। तुम्हारे साथ क्या आया था और तुम्हारे साथ क्या जायेगा– इस बात पर पुनः–पुनः ध्यान करो। खोजते चले जाओ, पूछते चले जाओ। वहीं तुम्हारी शांति, तुम्हारे आनंद, तुम्हारे स्वास्थ्य का राज छुपा हुआ है। वह प्रश्न जिस क्षण हल हो गया– तुम सब जान लोगे, तुम सब पा लोगे। तुम्हारी भाग–दौड़ पूरी हो जायेगी– मंजिल पर तुम पहुँच गये। तुम चैन की बंसी बजाओगे– न कहीं कोई गंतव्य, न कहीं कोई भवितव्य, न कहीं कोई कर्त्तव्य–अकर्त्तव्य। अविचल, विश्रांत, संतृप्त और अकाम ही जीवन होगा फिर। यही खुद को जान लेने की महिमा है। सबके कल्याण मित्र होना ही स्वभाव है तुम्हारा वही अहिंसा बनकर, प्रेम और सेवा बनकर फूल की भाँति बिखर जायेगा चारों ओर उठते–बैठते, सोते–जागते, वही अमृत का झरना बनकर फूट पड़ेगा और फैल जायेगा चारों ओर। सहज सरल होगा यह सब। यही सेवा है। अस्तित्व कभी नहीं थकता, कभी नहीं रुकता। अस्तित्व अक्षर है, अक्षय है। यही एक जागे हुए आत्मा का स्वभाव है। सतत् याद रखना इस

प्रश्न को और खोजना स्वरूप को। यही पुरूषार्थ है, पुण्य है और सेवा है विश्व का।

यही स्थिति तीर्थ है– तीर्थवास है। यही जीवन बैकुण्ठ है– बैकुण्ठ वास है। तीर्थ का अर्थ होता है– इस लोक से, दुनियावी जीवन से अध्यात्म लोक में– परमात्मा लोक में– प्रवेश करने की जगह यानी घाट और जो व्यक्ति इस स्थिति को उपलब्ध हो जाता है वही तीर्थंकर कहा जाता है। सम्पूर्ण रूप से जो कुण्ठाओं से मुक्त हो गया है– ऐसा कुण्ठा शून्य जीवन जीने वाला बैकुण्ठ वासी जीवन का अधिकारी व्यक्ति ही हमारे लिये प्रेरणा स्त्रोत बन जाता है– वही गुरु कहलाता है।

आत्मबोध सम्पन्न आत्मा ही हमारे लिये गुरु का स्थान ग्रहण करता है– हमें शिक्षा देती है– हमें इस कुण्ठा पूर्ण जीवन से मुक्त कर कुण्ठा मुक्त होने की राह दिखाती है– हमें अपने साथ लेकर अपने ही जैसा दिव्य और भगवत्त जीवन जीने की कला सीखा देती है। रमण महर्षि ऐसे ही सद्‌गुरु, तीर्थंकर थे। आओ, आज उनकी सुनें, उनका अनुसरण करें और अपने चरम लक्ष्य को प्राप्त करने की दिशा में अपने कदम बढ़ायें। जो खुद ऐसे महाभाव को पा चुका है वही दूसरों को रास्ता दिखा सकता है। महर्षि रमण ऐसे ही महात्मा थे।

जो लाभ पॉल ब्रंटन को हुआ, हमें भी हो, इसी आशा में यह सब तुमसे कह दिया। अब यह तुम पर ही निर्भर करता है कि इस जगत् के कुण्ठा भरे जीवन को जीते रहना है या इससे मुक्त होकर बैकुण्ठ में रमण करना है।

– अथातो स्वरूप जिज्ञासा

आओ, स्वरूप के संधान में लगें।

आओ, अपने को पहचानने की प्यास को जगायें।

आओ, सद्‌गुरु का अनुसरण करें।

## महिषासुर प्रसंग– बूँद समाना समुंद्र में:–

इसके पहले भी मैं तुम्हें इस प्रसंग पर कुछ कह चुका हूँ– आज पुनः कुछ कहूँगा।

तुम मेरे पास आते हो, पूछते हो कि कोई गलत विचार या कार्य तुमसे हो गया और तुम चिंतित हो। मैंने इस बात पर विचार किया तो पाया

कि आदमी से ये भूलें, ये गलतियाँ क्यों हो जाती हैं, तो पाया कि इसके पीछे परमात्मा का हाथ है— उसी की लीला है। परमात्मा जब किसी जीव को प्रेम करता है और चाहता है कि उसे वह जीवात्मा स्मरण करे— उसे पुकारे तो परमात्मा उस जीव से कोई गलत आचरण करवा देता है— उसे दुःख व दुश्चिंत्ता में डाल देता है यानी परमात्मा थोड़ी देर के लिये उस जीव से स्वयं को छिपा लेता है, विस्मृत करा देता है, जैसे मछली को पानी से बाहर निकाल दिया जाये ऐसी हालत खड़ी कर देता है— उसी में व्यक्ति कोई गलत कर्म कर बैठता है फिर दुःख व कष्ट का अनुभव करता है— पछताता है, तौबा करता है और परमात्मा को पुकार उठता है। यही प्रयोजन है गलत कर्म के पीछे और यह स्वयं भगवान ही करते करवाते हैं। अतः मैं तुमसे कहना चाहता हूँ कि तुम ऐसे समय घबराओ नहीं— ऐसे समय तत्काल उस परमात्मा के पतित पावन नामों का जाप करो, ऐसे समय यह याद करो और महसूस करो कि एक नारायण के सिवा, एक अल्लाह के सिवा कुछ और तो है ही नहीं, वही सब रूपों में है, वही सब गुणों में है, वही सब क्रियाओं में है— ऐसे उस पतित पावन प्रभु को याद करो— उसे देखो, उसे सुनो, उसे महसूस करो, तुम पाओगे कि तुम हल्के होने लगे, भक्ति भाव, शरणागति और बालवत् सरलता के आ जाने से तुम अनुगृहीत हो उठोगे, धन्यवाद दोगे उस गलती को जिसके कारण परमात्मा की बरबस याद आ गयी, प्रभु ने अपना नाम यश तुम्हारी वाणी से सुना, तुम्हें इस लायक बनाया कि तुम उसे गा सके— उसे याद कर सके— उसे महसूस कर सके। यही तो प्रभु चाहते हैं, यही तो प्रभु को प्रिय है— यही प्रभु का प्रिय भोग हैं। एक भक्त का निर्मल प्रेम ही तो भगवान का प्रिय भोग हैं जिससे भगवान तुष्ट होते हैं— प्रसन्न होते हैं।

पश्चाताप के दो बूँद निर्मल आँसू भगवान को गंगा स्नान सा प्रिय होता है— 'त्राहिमाम्' को सुनना ही भगवान के लिये अमृत पान सा तुष्टि दायक होता है। सन्तान ने पुकारा— बस इतना सा कृत्य ही जीवात्मा के उद्धार का आधार बन जाता है। फिर भगवान उस भक्त जीवात्मा के हृदय में उतर आते हैं और उस जीव को अपने पावन स्पर्श से पावन बना देते हैं— यही पतितोद्धार है— यही महिषासुर मर्दन है— यही पशुभाव का नाश है। ऐसा करके भगवान अपने भक्त को अपने ही जैसा दिव्य बना लेते हैं— जैसे भगवान वैसा ही भक्त भी। ज्योति में ज्योति समा जाती है।

महिषासुर ने जब से उस भुवन मोहनी भुवनेश्वरी के अवतरण के विषय में सुना तब से ही तैलधारावत् अखंड अहर्निश उसी का ही ध्यान करता रहा– कभी सोते में भी क्षणभर को भी भूल नहीं सका– ऐसी सतत् स्मरण की धारा बह चली, जिसकी पूर्णाहुति हुई भगवती के सत् स्वरूप के दर्शन से। जब महिषासुर ने माँ के रूप में जान लिया– पहचान लिया और धन्य–धन्य हो उठा, गद्गद् हो उठा– आत्म विभोर हो उठा, गा उठा माँ की स्तुति के गीत तब महिषासुर की ज्योति माँ की ज्योति में समा गयी– माँ मय हो गया महिषासुर। इस भाँति महिषासुर जैसा पतित भी माँ को जान–पहचान लेने से, उसकी शरणागति और अनंत वात्सल्य को पाकर सचमुच ही अमर पद का अधिकारी हो गया। यही तो माँ की अचिंत्य लीला है। इसे जानो।

पशुभाव क्या है, पाप क्या है? और दिव्यता क्या है, पुण्य क्या है?

परमात्मा का विस्मरण ही पशुभाव है, स्वरूप की विस्मृति ही पाप है। यही अहंकार है, भयंकर भूल है।

जब तक महिषासुर अहंकार से ग्रस्त रहा– परमात्मा को अस्वीकार करता रहा तब तक पाप पर पाप कर्म करता रहा, अपने को पशु सा हिंसक व आक्रामक बनाये रहा और जब उसने जान लिया कि वह इतने समय तक भयंकर अज्ञान से घिरा रहा और भूलें करता रहा और जब जान लिया कि वस्तुतः अस्तित्व तो सिर्फ जगतजननी का, माँ का ही है। परमात्मा ही अस्तित्ववान हैं और जब उनसे स्वयं को अहंकार नहीं, स्वरूप भगवान के रूप में देख लिया, माँ की एक पवित्र संतान के रूप में जब उसने खुद को पहचान लिया तब दिव्य हो गया, महापुण्यवान हो गया। माँ की सत्ता को स्वीकारते ही वह पूज्य हो गया, अमर पद का अधिकारी हो गया। यही बोध तुम्हें भी हो, तुम भी समस्त भय और भूलों से मुक्त होकर परम पुण्य हो सको– इसी प्रयोजन से यह सब तुमसे कह रहा हूँ।

जब–जब पुरानी आदत के कारण मूर्च्छा घेरने लगे– कोई भूल, कोई गलत काम तुमसे हो जाये तो भयभीत, चिंतित मत होना, तुम भगवान के नामों का जाप करो, बार–बार उनके गुणों का, उनकी कृपा का, उनकी लीला का स्मरण करो, उन्हें पुकारो– आर्त होकर कहो "त्राहिमाम्"– तो वे तुम्हारी रक्षा करेंगे। वे पतित पावन हैं, गिरे हुए को उठाने वाले हैं।

वे अपनी स्मृति जगाकर तुम्हें अपने गोद में उठा लेंगे– अपने कीर्तन को तुम्हारे द्वारा गंवा कर तुम्हें शुद्ध कर देंगे और तुम धन्य–धन्य हो उठोगे। इसे आजमाओ, करके देखो– परमात्मा तो हर क्षण तुम्हारे साथ ही है। यही तुम पाओगे फिर भय कैसा।

महिषासुर ने माँ को पाकर अभय पद को पा लिया। यही तो मैं कहना चाह रहा हूँ कि भगवान को महसूस करने रूपी जागरण के पश्चात् तुम भी सदा–सदा के लिये भय मुक्त हो जाओगे। अहंकार को जाने दो अहंकार की मोह निद्रा से जागो और देखो अमृत का द्वार तुम्हारे लिये खुला हुआ है। विकारों से मुक्ति का एकमात्र उपाय है विचार का जागना। जहाँ प्रभु का ख्याल है, विचार है वहाँ विकार नहीं टिक सकता। विचार करो और विचार को बनाये रखो। यही जप है– यही जिक्र है– यही प्रभु को याद करना है– भजन है। यही सब समझा रहा हूँ तुम्हें। भजन करो और तुम शांत होने लगोगे। यही सनातन उपाय है। चैतन्य महाप्रभु की जीवनी में दो पियक्कड़ जगाई–मधाई भाइयों का वर्णन आता है जिनके जीवन में भजन के प्रवेश से कैसा परिवर्तन आया यह बताया गया है। संत तुलसीदास के जीवन में, कैसे नाम जप से दिव्य बदलाव आया यह सभी जानते हैं। बुद्ध के दर्शन प्रवचन से अंगुलिमाल कैसे बदल गया यह तो तुम जानते ही हो। तो हमेशा याद रखो उस पतित पावन को, उसके नामों और गुणों को– हर क्षण याद करते रहो फिर कोई भय नहीं होगा– धीरे–धीरे कब बदल जाओगे पता भी नहीं चलेगा। उनके हाथों में स्वयं को छोड़ दो। बात–बात में दुःख चिंता में डाल देने वाले इस मैं पन इस अहंकार को छोड़ दो– उसकी जगह हमेशा सुख देने वाले परमात्मा के विचार को भर लो हृदय में, फिर देखोगे कि जीवन भगवन्नाम से अमृत रस से भर उठा है– शांत, शीतल आनंद रस से तुम्हारा जीवन नहा उठा है। यह तुम अपने अनुभव से जानो।

## ईसा इयाह (Isaiah) – The Prophet

Born in Jerusalem 750 B.C.
Married about 740 B.C.
Two sons – Shear-Jashub (born in 738 B.C.)
– Maher-Shalal-hash-baz (born in 734 B.C.)
Died a Martyr's death- by his people

"I will cause the arrogancy of the proud to cease, and I will lay low the hanghtiness of the tyrants."

"All the nations shall be unto Me for a blessing for all of them are my children, the work of my hands."

"Be strong, fear not, for mine eyes have seen the glory of the coming for the Lord."

"Seek justice- cease to do evil, learn to do well, seek justice and relieve the oppressed."

"For the earth shall be full of the khowledge of the word, as the waters cover the sea."

"Let us go up to the mountain of the Lord, and he will teach us of this ways, and we will walk in his paths."

"Nations shall not lift up sword against each other; neither shall they learn any more war."

ईसा इयाह एक सपने का नाम है, एक आशा, एक आकांक्षा, एक संभावना, एक स्वर्णिम भविष्यत् का नाम है।

यह सपना, यह आकांक्षा, यह भविष्यत दर्शन इतिहास में मनुष्य ने कई बार देखा है। हजार–पाँच सौ वर्षों में कोई न कोई भविष्य दृष्टा ऐसा सपना देखता ही आया है। यही शुभ संभावना का स्वप्न दर्शन ही मानवता की, इस धरती पर जीवन की एकमात्र आशा है– एक अनागत् संभावना है।

बुद्ध ने, ईसा मसीह ने, नानक–कबीर ने, रामकृष्ण परमहंस ने, अरविंद ने, बहाउल्ला शाह और गांधी ने सबने यही सपना देखा था। अभी–अभी भगवान रजनीश ने यह सपना दोहराया। यही सपना मेरे भी हृदय में पल रहा है।

अभी तक तो यह सपना ही है– पूर्वानुमान मात्र है। फिर भी आशा कैसे छोड़ दें, शुभ की संभावना कैसे न ढूँढे–कर्म पर अपना अधिकार है फल परमात्मा देंगे – कब? यह तो वे ही जानें।

हाँ, यह जरूर सच है कि ईसा इयाह से गांधी तक जो इतिहास है उसमें हम देखते हैं कि मानव स्वतंत्रता और सभ्यता ने जरूर कुछ कदम उठाये हैं, विज्ञान और विचार उन्मुक्त हुए हैं। अभिव्यक्ति की स्वतंत्रता– यह लोकतांत्रिक विचारधारा, सुकरात से लेकर माओत्से तुंग तक– कार्ल मार्क्स तक एक विकास की धारा है। आदमी ने जो सपना देखा

है उसे रूप देने की एक system बनाने की पुरजोर कोशिश हुई है। संयुक्त राष्ट्रसंघ बना, गुट निरपेक्ष देशों की एक सभा बनी, रोज–रोज विश्व शांति और भाईचारे की बात अब केवल प्रोफेट लोगों की, केवल मसीहाओं की ही साहस की बात नहीं रह गयी है– आज हर देश में युवक–युवतियाँ, विचारवान कलाकार–लेखकों और मजदूरों के द्वारा भी कही जा रही हैं। आज वह सपना किसी एक व्यक्ति का ही नहीं समूचे विश्व का ही सपना हो गया है।

लेकिन साथ ही यह भी सच है कि आदमी ने इन्हीं वर्षों से अपने नाखून और दाँत को और तेज कर लिया है– परंपरागत अस्त्र, शस्त्रों से लाखों करोड़ों गुणा ज्यादा घातक हथियार अब पैदा कर लिये हैं– पृथ्वी को जीवन से शून्य करने के लिये नये–नये विनाशक– प्रलयंकारी उपाय ईजाद कर लिये हैं। पहले लड़ाई–झगड़े होते थे, मतभेद होते थे, खून–खराबा तक हो जाता था जिन्हें हम युद्ध कहते हैं– तलवारें चलती थीं– लेकिन अब जो विनाश होगा उसके सामने ये लड़ाई–झगड़े, ये युद्ध भी खेल जैसे हो गये हैं– निर्णायक युद्ध की संभावना तो अब ही खड़ी हुई है– जो लड़ाई–झगड़ा नहीं, प्रलय होगा प्रलय– समूची पृथ्वी के जीवन– मनुष्य ही नहीं, पशु–पक्षी और पेड़–पौधे तक ग्रास बन जायेंगे मौत के जबड़े में।

विचित्र स्थिति है– आदमी के पास अतीत के भयंकर अनुभव भी हैं– फिर भी होड़ जारी है स्वयं को अन्य राष्ट्रों से ज्यादा सबल बनाने की और शेष विश्व पर अपना प्रभुत्व कायम करने की। इधर विश्व शांति की लगातार बातें भी हो रही हैं और ठीक उसी समय पर्दे के पीछे किसी न किसी को निगल लेने की साजिश भी चल रही है। अभी देखा न, इराक का क्या हाल हुआ। बड़ी विचित्र स्थिति है यह तारीख की। इतिहास एक संक्रमण से गुजर रहा है। अब एक ही प्रश्न रह गया है– भगवान रजनीश के शब्दों में "या तो आत्मघात या आत्म रूपांतरण" बस यही दो विकल्प हैं। बड़ी दुरूह स्थिति है।

ईसा इयाह के पीछे चलो, गांधी के पीछे चलो या हिटलर के पीछे चलो– किसी विक्षिप्त राष्ट्र–नेता के पीछे चलकर कूद पड़ो मौत के कुएं में आत्मघात कर लो। या तो लोकतंत्र को, विचार को, प्यार मोहब्बत को बचा लो या मृत्यु को चुन लो– मौत के खेल में शिकार बन जाओ।

अब बातें बहुत हो गयीं। सपने देखना बहुत हो गया, केवल सपनों से बात नहीं बनेगी– अब दोगलेपन से उबर कर चुनाव करना पड़ेगा। राष्ट्रों को दोहरे व्यक्तित्व को छोड़कर एक चरित्र अपनाना होगा– विश्व को बचा लेने का चरित्र।

आओ हम अपना काम करें और परमात्मा को अपना दायित्व पूरा करने दें। आम बोयेंगे तो आम ही फलेगा– बबूल बोयेंगे तो कांटे ही हाथ लगेंगे। सब कर्म पर निर्भर है– चुनाव पर निर्भर है। हिंसा और अहिंसा के बीच किसी एक को चुनना ही पड़ेगा। अब क्या होगा यह तो सबके नियति विधाता ब्रह्मा जी को ही पता होगा आदमी तो सपना देख सकता है, कर्म कर सकता है, कोशिशें कर सकता है– अंत क्या होगा यह तो कोई भविष्य वक्ता भी नहीं बता सकता।

लेकिन आदमी का विश्वास है कि जीवन ही जीतेगा, मृत्यु नहीं, सृजन ही जीतेगा, विध्वंस नहीं। यही मेरी भी आशा है, सभी विचारवानों का भरोसा है यह। स्थिति तमाम आशाओं के बावजूद भयावह है और तमाम भयों–आशंकाओं के बावजूद ईश्वरीय विधान मनुष्य के हृदय में बैठे परमात्मा की उपस्थिति से आशा भी बँधती है। हमें आशा और निराशा में चुनना है तो आशा को ही क्यों न चुनें। यही चुनाव मनुष्य की रक्षा बनेगा, यही चुनाव भविष्य के मनुष्य इतिहास की नींव बनेगा। मनुष्य व्यक्ति के रूप में तो मृत्युंजयी है, लेकिन अब collective consciousness मृत्युंजयी होगा, सामूहिक–विश्व स्तर पर मृत्यु के बदले जीवन को चुनकर यह सच कर दिखाना होगा। यही होगा–यही होगा। ईसा इयाह का सपना साकार होगा, आज नहीं तो कल देर–सवेर यही होना है– चाहे जितनी देर हो जाये– अंततः यही होना है। जीवन को ही चुनना होगा– यही आत्म–रूपांतरण होगा– धर्म की जय होगी। क्योंकि धर्म के साथ, न्याय के साथ परमात्मा होते हैं। ईसा इयाह के साथ परमात्मा हैं– ईसा इयाह का सपना परमात्मा ही पूरा करेंगे– भक्त का बल तो भगवान ही होते हैं। उचित समय आने पर भगवान ही सब व्यवस्था कर देते हैं। अतीत के साक्ष्य ही भविष्य की गारंटी हैं। अतः राह देखो, तैयारी जुटाओ और प्रतीक्षा करो।

आओ हम प्रार्थना करें– अपने हृदय को प्रार्थना से भर लें– रोज–रोज प्रार्थना, रोज–रोज कीर्तन, पल–पल पुकारें। यही पुकार हमारी तैयारी होगी। वह अकाल पुरुष अवश्य ही सुनते हैं– जब वे देखेंगे कि समय आ गया है तो किसी न किसी रूप में अवश्य प्रकट होंगे– सारी पृथ्वी इस अलौकिक सत्ता को देखेगी– यही सत्य है, यही सत्य है।

Zoroaster – 650 B.C. – of a noble family

- everlasting struggle between Ahuramazda

- the lord of light and Ahriman - the lord of Darkness

The book- Avesta – Zend-Avesta

Good thoughts, Good words, Good deeds are the three cornered foundations.

Saint Francis of Assisi – 1181 A.D. – 1226 A.D.

Befriended leper and life of poverty.

Works - Order of friars of Saint Francis.

- Order of the Nuns of Saint Clara.

"If you would go any where or make any pilgrimage," he said, "return always to your home for this is the holy house of God."

John Huss - 1369 A.D. in Bohemia – 1415 A.D.

- From poor parents.

Inspired by – John Wycliffe's works. Wyclifee's heresy.

"Blind leaders of the church, you worship the dead and you persecute the living."

"If I ceased to preach, I would be a traitor on the day of Judgement."

"The troubles with my tormentors is that they have proved unworthy of their faith."

"Thou shall not prevent any man from interpreting God's teaching in his own way."

At last He was burnt at stake, fastened him firmly with an iron chain.

It was the end.

And he prayed, "Oh God, Forgive them, Father, they know not what they do."

Martin Luther – 1483 A.D. – 1546 A.D.

## यज्ञस्तोम्ः—

(नाद, शब्द, लीला, क्षोभ, स्फुरणा, अस्मिता, अहम्, संकल्प, योनि, स्पंदन, आनंद, रस, आत्मरमण, संज्ञा, नाम, प्रणव)

"एकोऽहम् बहुस्याम्"

ततः प्रजायेत् अचक्रेत्।

काम और खेल— अविद्या और विद्या
चेष्टा और कृपा
साधना और भजन
कर्म और क्रिया — करना और होना
जीव और परमात्मा— रमण और राम
क्षर और अक्षर
उत्क्रमण और अवतरण
रसोद्रेक—आविर्भाव और स्वरूप स्मरण— तिरोधान
लीला और लीला संवरण
भोक्ता और सर्व साक्षी- स्वप्न और सत्य
जीवन और ज्ञान स्वरूप (बोध) महाभाव
संसार और समाधि— लहरें और महासागर

राम रमण में प्रवृत्त
और फिर रमण से राम में निवृत्त।
प्रतीत्य समुत्पाद से महापरिनिर्वाण।।
स्वप्न से सत्य में पुर्नप्रतिष्ठा।।
अब महाविद्या है— माँ है बस।
तृष्णा मुक्त शुद्ध बोध है बस।

आत्मबोध स्वरूप— स्वभाव का निस्तंरग महासागर है— अनाम, अरूप, निशब्द और आप्तकाम होना— अनहोना—होना।

निःशब्द माँ— माँ—माँ।

सहज समाधि श्री भगवान का नित्य स्वभाव है। यह जाग्रत् सुषुप्ति है— स्वयं में लीन, प्रशांति। आप्तकाम, परितृप्त, अपने होने से बेखबर आत्म विस्मृत सा, गहन गंभीर स्वरूप में खोया—खोया सा। निस्तब्धता, चुप्पी का अखंड साम्राज्य है। वह अकेला है— निपट अकेला।

## महाविद्या– शक्ति पात और दीक्षा:–

खुजली का उठना, खुजलाना, खुजलाने में मज़ा लेना फिर खुजलाना, कष्टप्रद होना, हाथ का अपने आप रुकना, खुजलाने की सजा से बचना, धीरे–धीरे, रुक–रुककर खुजलाना–सहलाना, यही संसार है, यही खेल है। फिर हाथ खींच लेना, चुपचाप पड़े रहना। खुजली आयी और गयी। सृष्टि और प्रलय हो चुके। अब देह का पता नहीं, मन का मान नहीं। तू भी गया– मैं भी गया– सिर्फ होना बाकी रहा।

अब महाबोधि है बस,<br>
  महारस है– आत्मकामता है।<br>
अब पूर्ण है– पूर्णता है<br>
  अन्तहीन– विकार शून्य– पतित पावन प्रेम है।

## प्रथम क्षोभ:–

सृष्टि की उत्पत्ति व लय होना योग माया का काम है। यही मन है। यही इच्छाशक्ति है। (यह खुजली मन का उदय होना, मस्त–मत होना और मन का ऊब जाना है।) यही उस अव्याकृत परमात्मा में रस का उद्रेक है– अहंता का जन्म लेना है– जीव भाव में पड़ जाना है– एकोऽहम् बहुस्यामि की भावना पैदा होना है– यही संसार है– और दृश्य मान जीवन विस्तार है। यह परमात्मा की लीला है– मासूम व अविकारी खेल है। लेकिन यही जीवन कर्मों की श्रृंखला है– जन्म–मरण सुख–दुःख का अंतहीन सा लगने वाला भोग है।

## प्रतीत्यसमुत्पाद और महापरिनिर्वाण:–

जिसे मैंने खुजली का उठना कहा है उसे ही शास्त्राकारों ने क्षोभ, स्पंदन, लहर, मौज, विचार मात्र कहा है उस बहिर्मुखता को जो बिना अपनी अंतर्मुखता को खोये, सिर्फ विस्मृति मात्र होती है। सिर्फ स्वयं की ओर लक्ष्य किया ध्यान (तैल धारावत् अखंड स्मृति) भंग हो जाता है और अनंत–अनंत सृष्टियाँ, अनंत–अनंत देह–पिण्ड प्रादुर्भूत्–प्रकट हो जाते हैं, खेल–खेलते हैं– रसलीन होकर जीते हैं, जन्मते हैं, मरते हैं। फिर प्रज्ञोदय होता है।

फिर स्वयं में ठहर जाते हैं– फिर कामना–वासना शून्य, परितृप्ति है– विशुद्ध प्रेम है– अन्तहीन प्रेम– बेशर्त प्रेम– अहैतुकी कृपा प्रसाद– भगवत्ता है। प्रज्ञोदय हो जाता है– प्रत्यभिज्ञा हो जाती है, सत्य जगमगा उठता है। यही होना है, क्रिया है जो अपने आप– अकारण ही होता रहता है। यही खेल है, विद्या है, भजन है, प्रभु का हृदय में अवतरण है, यही महाभाव है, समाधि है– सम्मा संबुद्धः, यही लीला को समेटना लीला संवरण है। यही महापरिनिर्वाण है। यह दीक्षाओं और शक्तिपातों का चरम फल है। जैन बौद्ध जिसे सातोरी कहते हैं, गहरा ध्यान कहते हैं– वे ही उत्क्रमण दीक्षा कहलाती हैं– वे ही कृपायें शक्तिपात् कहलाती हैं।

**माँ हो जाना चरम व परम है।**
**माँ का होना ही होना है।**
**होना यानी माँ।**

वह जो अकेला ही है वह एकोऽहं वह माँ, वह आदि स्रोत ही बहुस्याम् होकर– वह मूल अर्द्ध मात्रा ही शब्द बन जाती है– सृष्टि बनकर प्रकट हो जाती है– उस एक नूर से, एक अखण्ड ज्योति की किरणों से सब जग, अनन्त–अनन्त सृष्टियाँ अनन्त–अनन्त देह पिण्ड बनकर प्रकट हो जाती हैं और एक विराट् खेल चल पड़ता है– कर्मों का, फलों का, नियम का, व्यवस्था का– इस सम्पूर्ण खेल की उत्पत्ति, रचना, संचालन और अंततः पुर्न विश्रांति सब व्यापार मां योग माया करती हैं। भगवान और जीवों के बीच योग माया ही हैं वही दूरी भी हैं और वही समीपता भी हैं – वही दूर हटने का कारण भी है। भटकना भी वही है– पहुँचना भी वही है। योग माया ही समस्त वाणी विस्तार है परा से वैखरी तक– योग माया ही शब्द है वाक् है– अक्षर से शब्द बनते हैं। अक्षर नित्य अक्षर ही रहता है। सन्नाटा से शब्द निसृत होते हैं। यह अति विचित्र और परम गोप्य व्यापार है– इसे समझने–बूझने की हर चेष्टा निष्फल रही है। इस परम रहस्यमयी शक्ति और लीला को प्रणाम ही कर सकते हैं हम। क्योंकि उसके होने से कोई इन्कार नहीं कर सकता है– वह अनुभव में आता है– पल–पल वही दिखता है, क्या करें, वही है। संत जन उसे माँ कहते हैं क्योंकि वही सबकी आदि स्रोत है– आद्याशक्ति है। शिष्य जगत् उसे सद्गुरु कहता है क्योंकि वही आदिशक्ति माँ देह धारण कर

उपदेश और प्रेम से जीवों को उनके स्वरूप का बोध कराती है– वही देह सद्गुरु कहलाती है। योगीजन उसे सम्यक् समाधि कहते हैं क्योंकि वह समस्त तृष्णा मूलों का, तनावों का, विचारों का – समस्याओं का, उच्छेदन उन्मूलन हो जाना है– संसार के खेल को खेल चुकने के बाद पूर्ण विश्रांति में, अपने मूल स्वरूप–आदि स्रोत से जुड़ जाना है– वह माँ ही योगियों की सम्यक समाधि है। बौद्धों का परिनिर्वाण है। सब द्वन्द्वों, तृष्णाओं और सुख–दुःखों का जलकर राख हो जाना, संसार अग्नि का बुझ जाना। अद्वैतवादी वेदांती उसी माँ को अद्वैत ब्रह्म कहते हैं और जिसे यतो वाचो निवर्तन्ते अप्राप्य मनसा सह कहकर सम्बोधित करते हैं– वहीं पूर्ण परात्पर ब्रह्म है।

भगवान बुद्ध ने योगमाया के इस जगत् विस्तार–संकोच को द्वादश निदान नाम से समझाया है। ध्वनि शास्त्रियों ने बैखरी से लौटकर पुनः परा में स्थिति कहा है इस महाविश्रांति को। यही माँ सर्वसाक्षी भी हैं अपने आधार परमात्मा में लीन होकर। तुरीयातीता है माँ। माँ कोई अवस्था नहीं है– सभी अवस्थाओं को जन्म देने वाली, पालन–पोषण देने वाली, फिर उन्हें स्वयं में मिला देने का संहार रूप क्रिया करने वाली ही नहीं है बल्कि उन सब दृश्यों की साक्षी हैं– अलेप, निरंजन, अविकृत, जस की तस, सदा एक रस रहती है। प्रेम ही माँ है। माँ प्रेम होकर अनंत अमृत है। जब तक खेल है, सपना है, संसार है तब तक रमण है और जब खेल से उपरति है, सपना तिरोहित हो गया, समाधिस्थ हो गये तो राम है। माँ ही रमण है और माँ ही राम। माँ तो हमेशा माँ ही है।

गिरिडीह 16 जुलाई, सन् 2000

## शब्द और शब्द स्रोतः–

शब्द का यह स्वभाव है कि वह अपने स्रोत की ओर हमें खींचता ही है। यही सुरत सबद योग साधना का मूल है। आदि शब्द इसीलिये सब जीवों को अपनी ओर आकर्षित किये हुए है। यही नाम–साधना है। बैखरी वाणी से परा वाक् तक यही आकर्षण शक्ति जीव को संसारी भावनाओं से मुक्त कर शिव स्वरूप स्वभाव की ओर खींचती है और अंततः परा–अपरा के द्वैत से भी ऊपर अचिंत्य महाभाव में स्थिर कर देती है। यही आकर्षण शक्ति राधा–कृष्ण की लीला है और वह स्रोत राधा और कृष्ण

का महामिलन है– जिसे शब्दों से, वाणी से कह पाना असंभव ही है। ब्रह्मा, विष्णु, महेश भी उसका ध्यान करते हैं– वही आद्याशक्ति माँ है– परम–प्रेम है। वही हमारा तुम्हारा सबका होना है– सबका वही स्वरूप है। परम आत्म तृप्ति है वह–अखण्ड शांति है। वही आत्मरति बनकर शब्द बनकर प्रणव–ओंकार होकर जब प्रकट होता है तब वह हमारा होना बन जाता है। समस्त वाङ्‌मय–अविद्या और विद्या का संयुक्त खेल होता है– वेद, उपनिषद, धर्मशास्त्र और गुरुवाणी बनकर स्रोत फूट पड़ता है। वह झंकार ही सृष्टि है– वही मैं, तुम, सब हैं– यह जीवन लीला है।

ऐसी अद्‌भुत है लीलाधर और उसकी लीला। जिसे वह बताते हैं वही उसे जान पाता है। ऋषियों ने उसे जाना है– प्रत्यक्ष देखा सुना है, उसके संग साथ उठे–बैठे और अपने समस्त क्रिया कलाप किये–जिये–मरे। उसे सुना–गाया– अनवरत् पाठ किया, उसका ध्यान किया, वह मंत्र रूप होकर प्रकट हुआ। वही पुकार रहा है अहर्निश जीवों के हृदय गुहा में। वह झंकार सृष्टि के कण–कण देह में झंकृत हो रहा है। सुनो उसे। सुनों और सुनो। उधर ध्यान दो तो वह सुनाई देगा। सुनों मंत्र को– अपने ही स्वरूप को। सुनों उस अमृत झरने की अलौकिक कलकल– हर हर को, ओंकार को। परमात्मा तुम्हें पुकार रहा है। सुनों।

## गुरु पूर्णिमा
## 16 जुलाई सन् 2000
## स्व. श्री पुरुषोत्तम भट्टाचार्य जीः–

सन् 1972 की बात है। संन्यास पश्चात् कुछ अन्य संन्यासियों के साथ कलकत्ता जाना हुआ था मेरा। मैं एक दिन कार से कालीघाट की ओर से निकल रहा था। ट्रैफिक के कारण गाड़ी थोड़ी देर के लिये रुक गई थी। तभी मेरी दृष्टि राह किनारे मोड़ पर एक छोटी–से मंदिर पर पड़ी। मंदिर के बाहरी हिस्से में देहलीज पर एक महिला बैठी थी सीढ़ी पर और उसके साथ बात करता हुआ सड़क की ओर पीठ किये एक योगी सा दिखता युवक (सिर पर बड़े–बड़े बाल और दाढ़ी मूँछ भी थीं उसकी) खड़ा था। न मालूम क्या विशेषता थी उसमें– मेरी दृष्टि अटक सी गई उस युवक पर और मन में आया कि यदि वह मुड़े पीछे की

ओर तो मैं उसका चेहरा भी देखूँ। लेकिन तब तक ट्रैफिक सिग्नल मिल चुका था और गाड़ी चल पड़ी– गाड़ी थोड़ा ही आगे बढ़ पायी थी तभी वह युवक पलटा और मेरी ओर नजर पड़ते ही प्रसन्न होकर दोनों हाथ ऊपर उठाकर जोड़ते हुए उसने प्रणाम किया।

बस उसी क्षण हमने एक दूसरे को पहचान लिया और हमारा जन्मों का रिश्ता फिर से जाग उठा। तब से हमारा मिलना–जुलना जारी रहा और प्रेम बढ़ता ही रहा।

वे एक श्रेष्ठ ज्योतिषी व तांत्रिक परिवार से थे– विद्वान् व माँ काली के उत्तम भक्त थे। मेरे प्रति उसका प्यार अद्‌भुत था– बहुत आदर करते थे मेरा। मैंने एक दिन कहा– आप सबके सामने मेरा ऐसा सम्मान न किया करें– अहंकार से मैं डरता हूँ। तो वे बोले– वीतराग जी, वह जो आप में ब्रह्माग्नि की ज्योति जल रही है न, उसमें जल कर सब ब्रह्ममयी हो जायेगा। आप एकदम निश्चिंत रहें– आपको कभी कुछ नहीं होगा ऐसी ज्योति मैंने कहीं नहीं देखी है– मैं उसी को प्रणाम व उन्हीं का सम्मान करता हूँ। ऐसी श्रद्धा थी उनकी मुझ पर। मैं भी उतना ही प्रेम व आदर करता रहा। हम एक दूसरे को भाई कहते रहे। पूर्वजन्मों के संस्कार जाग गये थे हम में। यह सब सद्‌गुरु कृपा से संभव हो पाया था वरना हम एक दूसरे को कहाँ ढूँढ पाते।

अभी अप्रैल माह में (सन् 2000) उन्होंने देहत्याग दिया। देर सबेर मैं भी देह त्याग करूँगा। फिर मिलेंगे हम। भगवान् फिर मिला देंगे हमें। हमारा बंधन अटूट है, अखंड है। हमारा संबंध ब्रह्ममय है– बीच में सद्‌गुरु हैं। एक ही लक्ष्य है, एक ही भावना है, एक ही खेल है जन्मों जन्मों से हमारा। फिर–फिर मिलना, फिर–फिर बिछुड़ना यह चलता ही रहेगा और पुनः पुनः हम हरि कीर्तन करेंगे– सद्‌गुरु के, माँ के, परमात्मा के गीत गायेंगे।

अपने बंधु श्री पुरुषोत्तम को मेरे बार–बार प्रणाम, पुनः पुनः अभिनंदन– पुनः पुनः पुलकित आलिंगन।

प्रेम अमृत है। वही अमृत संबंध है हमारे बीच।

श्री पुरुषोत्तम भट्‌टाचार्य का परिवार अपने ज्योतिष ज्ञान के लिये प्रसिद्ध था–जिसकी पराकाष्ठा इन्हीं के रूप में हुई। वे किसी भी

आगंतुक के विषय में पहले ही जान–जाते थे तथा उसके प्रत्यक्ष होने पर उसका जीवन वृत्त सुना देते थे। वे स्वभाव से ही साधु–सेवक, साधु प्रशंसक और असाधु का संग साथ क्षण भर भी बर्दाश्त नहीं कर पाते थे।

उनके हृदय में संन्यास और संन्यासी के लिये अद्भुत आकर्षण था किंतु साथ ही पौरोहित्य का कर्म और तंत्र–मंत्र की क्रियाओं में सदैव लिप्त रहे– वे ज्ञान को समझकर भी शून्य माँ को जानते हुए भी कर्म कांड से उलझे रहे। यही उलझन एक बहुत बड़ी बेड़ी थी उनके संन्यास धर्म में, प्रवेश में। वे चाहकर भी संन्यासी का विरक्त जीवन न जी सके। शायद इसके पीछे माँ की कोई मांगलिक योजना ही हो।

एक बात तय है कि वे साधना की दृष्टि से सद्गुरु भगवान के हाथों सदैव सुरक्षित रहेंगे और हमारा प्रेम संबंध भी सुरक्षित रहेगा, अक्षय, अखण्ड रूप से बना रहेगा– यही मेरी श्रद्धा है। हम दो शरीर एक आत्मा ही हैं। माँ ही हमारी आत्मा है।

जय माँ, जय माँ, जय माँ।

## परमात्मा की प्यास–सत्य की जिज्ञासाः–

मनुष्य में जिज्ञासा की वृत्ति आदिम है– अदम्य है। यह जिज्ञासा तब तक होती रहती है जब तक सत्य का सूर्य अपनी पूरी जगमगाहट के साथ प्रकट नहीं हो जाता। परमात्मा के साक्षात् दर्शन श्रवण तक यह जिज्ञासा बनी ही रहती है। जिस–जिस ने सत्य को जाना–पहचाना, उसके चित्त में सारे पक्ष–विपक्ष, सारे आग्रह भस्मीभूत हो जाते हैं– वह अनाग्रही हो जाता है। अब यह हुआ जिसने सत्य या कहो परमात्मा को जाना। उनकी बात फिर उनके चित्त में यह सूत्र उभरता है कि यदि लोग जिन्होंने सत्य को अभी नहीं जाना है लेकिन अभीप्सा है, जिज्ञासा है, जो साधक हैं– यदि वे अनाग्रही होते जायें, आग्रह मुक्त होते जायें तो एक दिन क्रमशः बढ़ते–बढ़ते यह अभ्यास उन्हें सत्य तक पहुँचा देगा, ऊपर उठा देगा। इसी दृष्टि के आवेश में उनके हृदय में मनुष्यों के लिये प्रेम, करुणा, वात्सल्य की भावना जागी और गुरुवाणी, ऋषि वाणी, बुद्ध वाणी,

भागवत आदेश–निर्देश, योगशास्त्र, भक्ति धारा, तंत्र–मंत्र। तरह–तरह के अनुशासन और नीति नियम बनकर प्रकट हुआ।

आदमी ने उन वचनों के आधार पर अपनी साधना की– फिर इस लगातार अभ्यास के परिणामस्वरूप एक दिन उन साधकों को लगने लगा कि वे सिद्ध हो गये हैं, अभ्यास पक्का हो गया है। आग्रह मुक्त होने के लिये अनाग्रह की साधना की। फिर अनाग्रह की धारणा पक्की हो गयी– यह पक्का हो गया कि अनाग्रह एक मात्र मार्ग है और सब अन्य मार्ग भटकातें हैं मार्ग नहीं हैं। यह अनाग्रह की सिद्धि हुई कि आग्रह की– यह जरा सोचने की बात है। ऐसा ही सब साधनाओं, नीति नियमों, सब क्रिया–कांडों में आदमी के बनाये सब तरीकों में होता है– साधना से आदमी सत्य तक कभी नहीं पहुँचता उल्टे बहुत अभ्यास से उसकी पकड़ और अस्मिता अपनी धारणा को मजबूत करने में ही लग जाती है वह अभ्यास, वह पकड़ ही उसके और सत्य के बीच अभेद्य दीवार सी बनकर खड़ी हो जाती है। यह सिद्धि, यह अहंकार, यह तप, यह दृढ़ता उसके किसी काम नहीं आता, उल्टा हथकड़ी बेड़ी सा उसको बाँधकर एक खूँटे से मानो बाँध दिया हो ऐसा प्रतीत होता है, ऐसा बोध होता है।

आज सब अनुशासन छोड़ दिये, सारे शास्त्र, सब प्रार्थना पूजा, सब आसन प्राणायाम, सभी कोशिशें त्याग दिये, सारे व्रत, नियम आदि विसर्जित कर दिये। सब बंधनों को, सब ज्ञान, अपना श्रम, अपना किया सब 'मैं और मेरे' को भूल गया, विश्रांत हुआ। कोई आशा नहीं, कामना नहीं, माँग नहीं, चाह नहीं, असंतोष नहीं, कोई विचार नहीं, कोई कल नहीं, काल (समय) नहीं। कहीं नहीं जाना है, कुछ नहीं करना है आज। बस बैठे या लेटे हैं– चेतना की लौ अकम्प है– न कोई जिज्ञासा है, न कोई खोज, न कोई धारणा, न सिद्धांत, न कोई थकान है– पूर्ण विश्रांति है। एक अखंड अनंत आकाश है जगमगाता हुआ और झंकार से ओत–प्रोत– जो झंकार इन कानों का विषय नहीं है और जो प्रकाश इन आँखों के लिये अगोचर है।

अब साफ दिख रहा है– अनाग्रह का अर्थ। सच में अब कोई आग्रह भी नहीं, सभी आग्रह गिर गये। अनाग्रह की साधना से सत्य तक तुम

नहीं पहुँच सकते– क्योंकि यह तुम्हारा कृत्य है, तुम्हारा श्रम है, तुम्हारा कर्तापन है– इससे तुम अहंकार को बनाते, पालते पोषते हो इसीलिये थक जाते हो। लेकिन जो सत्य सूर्य को देख लिया उसको अनाग्रह साधना नहीं पड़ता, उसे सत्य के सिवा कुछ नहीं दिखता। और देखता है कि सत्य को कोई आग्रह नहीं होता क्योंकि वह कोई व्यक्ति नहीं है।

यह बोध परम विस्मय से विमुग्ध कर देता है– अंतहीन तृप्ति से कंठ भर गया है– आज धन्य हुए। आज सब पंथ, सब समुदाय उसके हैं और वह सभी पंथो का पथिक, सभी पूजा स्थलों में उपस्थित, सभी पक्षों–विपक्षों में आनंदित है। आज उसके लिये अपने सिवा, सत्य के सिवाय, दूसरा कोई नहीं, अन्य कोई भी नहीं। आज वह साक्षी है, सबका साक्षी है। आज वह सच में आप्तकाम हुआ, तृप्त हुआ, विश्रांत हुआ, हल्का हुआ, स्वयं हुआ। आज धन्य हुआ। आज वह धर्म मेघ हुआ। अब कभी मौन होकर निश्चल समाधि रस में लीन होकर तो कभी नाच–गाकर तालियाँ पीट–पीटकर, कभी हँस–हँसकर तो कभी रो–रोकर उत्सव मनाता है– प्रभु का कीर्तन करता है। इस अद्‌भुत लीला की व्याख्या कौन कर सका है भला। यह अचिंत्य महाभाव मनुष्य के कर्तव्य की क्षुद्र सीमा से नहीं आता– यह स्वयं उस लीलाधर की इच्छा या कहो कृपा से ही संभव हो पाता है। यह उसी का खेल है– दिव्य खेल है– रास है, महारास है जो नित्य है, कालातीत है–अनादि– अनन्त है यह रसानुभूति। यही प्रभु का स्वभाव है। यह सिद्धि है। "नष्ट मोहः–स्थित प्रज्ञः।"

ईश्वरो गुरुरात्मेति मूर्तिभेदा विभागिने,<br>
व्योम्‌वद्‌ व्याप्त देहाय दक्षिणामूर्तये नमः।

## साधना और उपासनाः–

भगवान श्री रजनीश कहते थे कि परमात्मा और तुम्हारे बीच और कोई बाधा नहीं है, तुम ही बाधा हो। अहंकार ही बाधा है, कर्त्तापन ही बाधा है। एक बात निश्चित है कि जैसे सूर्य और अंधकार दोनों एक साथ आमने–सामने नहीं हो सकते वैसे ही अहंकार और परमात्मा दोनों एक साथ नहीं सधते। परमात्मा को जानना है तो अहंकार को ही सभी

धर्मों ने, सभी ज्ञानियों ने बाधा कहा है। आज नहीं तो कल इस अहं बुद्धि को छोड़ना ही पड़ता है।

साधक उसे अपनी साधना की चरम ऊँचाई पर पहुँच कर त्यागता है– सब छोड़ देता है– शिथिल हो जाता है तब प्रभु उसके सम्मुख आते हैं। उपासक अपनी साधना की शुरूआत ही प्रभु के चरणों में शारणापन्न होकर करता– अपना सर्वस्व चढ़ा देता है, खुद को भी चढ़ा देता है– मिट जाता है तब कीर्तन आनंद में लीन किसी क्षण में परमात्मा उसके समक्ष आने को विवश हो उठते हैं– उपासना भक्ति किसी कर्त्ता या साधक का खेल नहीं, बल्कि भक्त रूपी भगवान और ईष्ट रूपी भगवान के बीच का छुआ लुकौवल का खेल बन जाता है।

अहंकार के जाते ही प्रभु का दिव्य रूप व उसका दिव्य खेल प्रकट हो जाता है। यही लक्ष्य है साधक हो कोई या उपासक हो– सबका यही लक्ष्य है, सभी खोजियों का यही ईष्ट है। उपासना और साधना दोनों ही ढंग से चलने वालों को यही तो अभीष्ट होता है कि प्रभु का दर्शन हो जाये। और यह उपासना या साधना की किसी विधि–विधान से नहीं होता चाहें कितना ही कर लो– यह होता है अहंकार के जाने से, स्वयं की अस्मिता के मिटने से– सत्य और खुद के बीच की इस अभेद्य दीवार अहंकार के जाते ही परम सत्य परमात्मा प्रत्यक्ष हो उठते हैं। तब जो भी है चाहे वह सापेक्ष हो या निरपेक्ष– सब परमात्मा ही है। देह भी, अहंकार भी, मन भी, वृत्तियाँ भी, संसार भी, निर्वाण भी– सब एक अखंड प्रभु ही तो हैं। जो भी है ब्रह्ममय होकर है। यही बोध किसी साधक या उपासक भक्त का अभीष्ट अमृतपद है।

This very body – The Buddha

This very earth – The Lotus Paradise.

माँ आनंदमयी से एक प्रश्न– "जो बच्चा समय की प्रतीक्षा न कर खाने की वस्तु के लिये माँ से जिद्द करे, माँ को व्याकुल कर डालता है वही जल्दी–जल्दी खाने की वस्तु पाता है।''

तब माँ ने कहा– ''और जो बच्चा माँ को नाराज नहीं करता, चुपचाप बैठकर माँ की प्रतीक्षा करता है, माँ का ध्यान अधिक उसी की ओर रहता है, उसे यथा संभव शीघ्र खाना देती है। इसीलिये साधना दो प्रकार की होने पर भी फल तो एक ही है।"

**सत्यः–**

सत्य तो एक अखंड सत्ता है। उसी को ज्ञानी 'वह', भक्त 'तू' और योगी 'मैं' कहकर जानते–मानते हैं।

ज्ञानी सत्य का वर्णन करते हैं, भक्त संबोधन और योगी अपने भीतर–बाहर अनुभव करते हैं। बोध तीनों का प्रखर व स्पष्ट होता है– संशय हीन बोध।

बोध जब पूर्णतः स्पष्ट हो जाता है तब जगत् का कण–कण ब्रह्ममय हो जाता है (ऐसा तो पहले भी था, नित्य ही था, दृष्टा पर अविद्या की गांठ जो लगी थी वही खुल जाती है और ब्रह्म दर्शन हो जाता है।)

ब्रह्म मायामय है और माया ब्रह्ममयी। सत्य में सभी सत्य है चाहें उसे ब्रह्म कहो या जगत्, जाग्रति कहो या स्वप्न– परमात्मा कहो या पदार्थ, आत्मा कहो या देह इंद्रियाँ– सब सत्य ही हैं।

ऐसा बोध– ज्ञान, भक्ति और योग तीनों को समाविष्ट कर लेता है। यही प्रबुद्ध जीवन है। यही ऋषि जीवन है।

"दृष्टिं ज्ञानमयी कृत्वा पश्येत् ब्रह्ममयं जगत्।"
"निमिषार्द्धं न तिष्ठति वृत्तिं ब्रह्ममयीं विना।"

– तेजोबिंदु उपनिषद

"स्व स्वरूपानुसंधानं भक्तिरित्यमिधीयते"
स्वरूप आत्मा का बोध ही परा भक्ति भी है।

**गायत्रीः–**

ॐ = प्रणव स्वरूप साक्षात् परम ब्रह्म
भूः = पृथ्वी लोक
र्भुवः = अंतरिक्ष लोक– आकाश
स्वः = स्वर्गलोक– सभी दिव्य लोक
तत् = वह (He) – वही
सवितु = आदित्य, सूर्य, प्रकाश
र्वरेण्यं = वरण करने, अपनाने योग्य, प्राप्त करने योग्य
भर्गो = यश, कीर्ति, महिमा

देवस्य = देवताओं की ऊँचाई को प्राप्त आत्माएँ

धीमहि = धारण करें, धारण करना चाहिये

धियो = बुद्धि, भावना

यो न प्रचोदयात् = की ओर आकर्षित करें, की ओर ले चलें।

यह धरती, यह अंतरिक्ष और यह स्वर्ग लोक आदि समस्त लोक जिसके (होने से) प्रकाश से प्रकाशित होते, दृश्यमान होते हैं, उस प्रकाश स्रोत प्रज्ञान सूर्य अथवा इन्हें प्राण देने वाली अग्नि या ज्योति स्वरूपा बोधि ही वरेण्य है, अपनाने लायक सत्ता है।

जो इस ज्योति स्वरूप ब्रह्मज्ञान से स्वयं आलोकित हो गये हैं– ऐसे देव तुल्य महात्माओं की महिमा– यश का ध्यान करना चाहिये।

हमें अर्थात् हमारी चित्त वृत्तियों को अपनी ओर आकर्षित करें – अपनी ओर ले चलें– उस ब्रह्म अर्थात् पुराण पुरुष से हम ऐसी प्रार्थना करते हैं। अपनी ओर हमारे ध्यान को प्रेरित करें– हमें धर्म का ज्ञान करायें, हमें आत्मबोध प्रदान करें और अपने स्वरूप रहस्य से हमारे समक्ष अनावृत्त करें– यही उस सत्ता से हमारी प्रार्थना है।

गायत्री मंत्र में अभ्युदय और निःश्रेयस् दोनों समाये हुए हैं– ऋषियों ने ऐसा ही कहा है। उपनिषदों में वर्णित अविद्या और विद्या रूपी ज्ञान संपदाओं की उपलब्धि ही इस मंत्र का आशय है।

ब्रह्म स्वरूपा भगवती गायत्री माँ ने समय–समय पर अपने सच्चे भक्तों के सम्मुख स्वयं को वात्सल्यमयी माँ के रूप में प्रकट होकर साक्षात् दर्शन भी दिया है– वही माँ हम पर भी कृपा करें। यही इस परम गुह्य मंत्र में कहा गया है।

## स्मृतियाँ–संस्कार–संकल्पनाएँ

### हंसा बेन–

### माँ आनंदमयी प्रसंग

सन् 1976 अप्रैल–मई का समय। स्थान–कलकत्ता। तब मैं कलकत्ता में भगवान श्री रजनीश के नाम पर एक ध्यान केंन्द्र नं. 3 मोयरा स्ट्रीट में चलाता था। वहीं पास ही एक संगीतकार श्री राजेन्द्र किचलू जी रहते

थे। उनकी धर्मपत्नी श्रीमति कुन्ती किचलू मेरे पास यदा–कदा आया करती थीं। वह दिन उनका पहली ही बार आना हुआ था और मुँह से जो बोल फूटे तो मुझे सहसा माँ आनंदमयी की याद बहुत जोर से आयी। असल में उन दिनों मुझे माँ की याद वैसे ही आ रही थी। कुन्ती जी से मैंने अपने हृदय की भावना को प्रस्तुत किया तब वे भी आश्चर्य में पड़ीं लेकिन संयत होकर बताने लगीं कि माँ तो उनके घर आती भी हैं और उनके प्रति माँ का बहुत स्नेह है। कुंती जी ने सुझाव दिया कि अभी मई के पहले हफ्ते में माँ का जन्मोत्सव है कनखल में– जाने पर दर्शन हो सकते हैं। यही अच्छा अवसर है अतः जरूर जायें।

मैं, मायाजी, शम्भुनाथ सिंह, उनकी माँ और अन्य दो व्यक्ति– हरिद्वार पहुँच गये। माँ के दर्शन कर अपनी भावना को तृप्त किया। हम लोग रोज दोपहर वहाँ पहुँच जाते थे और दो घंटे माँ के पास रहकर वापस लौटते थे। पाँच–छः दिन का मुकाम था। यह सब अकस्मात् किसी दैवी इच्छा के अधीन हुआ– ऐसा प्रतीत हो रहा था। उसी ने याद जगाया, पुकारा, संदेशवाहक भेज दिया और अपने पास बुला लिया।

मैं, माँ जिस चौकी पर आसीन होती थीं, उसके एक पाये को पकड़कर बैठता। मैं नीचे दृष्टि किये बैठता लेकिन कभी–कभी जब दृष्टि ऊपर माँ की ओर करता तो पाता कि माँ मुझे देख रही हैं। मुझे अह्लाद होता। यह रोज होता रहा। यही उनका प्रेम था, आशीर्वाद था, सबकुछ था जो वे मुझे दे रही थीं।

वहीं एक दिन माँ की सेवा में रत एक ब्रह्मचारिणी पर मेरी नजर पड़ी, उसने भी मुझे देखा। अति सौम्य, सुशील, सुकुमारी, एक निष्ठ सेविका, शांत, सरल थी वह। फिर न कभी मेरा ध्यान गया न याद ही आयी वह। काल प्रवाह में विस्मृत ही हो गयी वह। हाँ, एक ख्याल जरूर उठा था कि हो न हो यह ब्रह्मचारिणी गुजराती परिवार से है।

सन् 1999, कनखल, माँ आनंदमयी आश्रम, माँ का जन्मोत्सव, अप्रैल 30 से मई 5 तक। अभी माँ के जन्मोत्सव में सम्मिलित होने के लिये हरिद्वार आना हुआ। आनंदमयी माँ के आशीर्वाद स्वरूप– अपने हृदय में आनंद विभोरता युक्त होकर मैं वहाँ गया।

पहले ही दिन एक ब्रह्मचारिणी मुझे देखकर मेरे पास आयी आरती की ज्योति वाला थाल लेकर, मैंने उस ज्योति के और उस महिला के चरण छूए। वे माँ ही तो हैं।

फिर दूसरे दिन वे सुबह ही आरती के बाद मेरे पास आयीं और नाम, गाँव पूछा। अपना नाम भी बताया। वह भद्र महिला वही माँ की सेविका हैं जो 1976 में दिखी थीं। वही सौम्यता, वही शांति, वही त्याग, वैराग्य और वही प्रेम– और ये सब और पके हुए– माँ का रूप लेकर सेवारत्। माँ की आरती के फूल तैयार करना, हार बनाना, सजाना, आरती में सर्वभावेन तल्लीनता की मूर्ति और आरती पश्चात् सबको प्रसाद बाँटना। कोई न छूटे इसका ख्याल रखते हुए बाँटना–सबकी फिकर रखना। यही उनकी दिनचर्या है। साधना की जाग्रत प्रतिमा बन गयी है वे, श्रद्धा और तृप्ति का भंडार हैं वे। माँ की सेवा में उनकी दो बड़ी बहनें वसुधा बेन व एक अन्य बड़ी बहन भी जुटी हुई है। वे तीनों बहनें धन्य–धन्य हैं। लेकिन तीनों में हंसा बेन तो सेवा, सरलता और सादगी की मानो प्रतिमा ही हैं– यह सभी का मत है।

एक दिन उन्होंने मेरे हाथ में प्रसाद के अलावा एक पैकेट और डाल दिया। टॉवेल था। भेंट स्वरूप प्रेम–प्रतीक, स्नेह स्वरूप। माँ का स्नेह, माँ के आशीष। मैं धन्य हुआ। मेरा भी हृदय उसके लिये धन्यवाद के साथ–साथ प्रेम और आशीर्वाद से भर उठा।

यह समस्त व्यापार माँ के हैं। माँ ही लीलाधर हैं और वे ही यह लीला स्वरूप संसार भी हैं। वे ही हम जन्मों–जन्मों के बिछड़ों को मिलाती हैं– हमारी प्यास वे समझती हैं और उन्हें पूरा भी करती हैं।

हमारे बीच एक सद्भावना का संबंध था और है। हम चाहते हैं एक दूसरे के लिये और भक्ति भाव बढ़े, और प्रेम बढ़े और प्यार तथा सेवा कर सकें इस संसार की, माँ की। और चाहते हैं कि और माँ का सान्निध्य लाभ कर सकें। एक दूसरे के लिये हमारे हृदय में यही प्रार्थना है। मैंने हंसा बेन के रूप में अपने पूर्व जन्मों के बिछुड़े किसी अनन्य मित्र को देखा और पुनः प्राप्त किया– माँ की मध्यस्थता से यह सब कितना रोमांचक, कितना विस्मयकारी अनुभव है। क्या यह एक चमत्कार से कम है। हम पुनः–पुनः ऐसे ही जन्म लेंगे, देह धारण करेंगे और हमारी प्यास तृप्त होती रहेगी, कोई अनंत रहस्यमयी शक्ति हमें पुनः–पुनः जोड़ेगी और

हमारा प्यार इस भाँति प्रभु प्रेम को बढ़ाता रहेगा तथा स्वयं भी बढ़ेगा जब तक कि हम, हम होकर न बचें– एक दिन अपने मूल स्वरूप– उस माँ में घुल मिलकर स्वयं माँ ही न बन जायें तब तक यूँ ही हमारी यात्रा चलती रहेगी। माँ – माँ – माँ।

## स्वरूप– सत्य– आत्मा–आत्म रमणः–

कोई उसे– 'वह' जैसा है उससे भिन्न 'ऐसा' या 'वैसा' नहीं बना सकता– कभी भी नहीं।

जो 'उसे' जानने–पहचानने की बात कहते हैं– वह उनकी निष्ठा, प्यार और भावना को देखता है, उनके हृदय को महसूस करता है और उनके वाद–विवादों को सुनता भी है– लेकिन स्वयं चुप रहता है, बेखबर सा होता है, बेपरवाह होता है और निज महिमा में आप्तकाम और आनंदित रहता है। कोई उसे कैसा भी वर्णन करे– वह अप्रभावित ही रहता है– समर्थन में न ही कभी हाँ कहता है और न विरोध में नहीं कहता है। सबको आत्मसात् कर लेता है– सब उसमें लीन हो जाते हैं और वह जैसा है वैसा ही रहता है। केवल वही जानता है कि वह क्या है, कैसा है। उसे जानकर अति आश्रमी हो जाना होता है। अति आश्रमी अर्थात् सर्व मर्यादा, मत–मातांतर आदि से मुक्त– परम साक्षी का जीवन। वह ज्ञान–अज्ञान से परे होकर व्यक्तित्व शून्य हो जाता है। यह व्यक्तित्व शून्य हो जाता है। वह खो जाता है। वह व्यक्तित्व का खोना ही सत्य का होना है। ऐसा ब्रह्मज्ञानी वह निर्मल आत्मा सत्य की ही भाँति लोक दृष्टि में ही नहीं, ज्ञानियों की दृष्टि में भी बेबूझ हो जाती है और अपने तथा परमात्मा के विषय में प्रकट किये जा रहे वाद–विवादों से सर्वथा अप्रभावित हो चुप्पी में लीन रहता है– प्रशांत गंभीर हो जाता है। देखा गया है कि निज आत्मा स्वरूप में रमण करने वाले ये योगी कभी बालकों जैसा तो कभी उन्मत्त या पिशाच जैसा जीवन जीना चाहते हैं। वह अविकारी व अपरिणामी, अपरिवर्तनशील होता है– पतित पावन हो उठता है। इन्हें हम भगवान कह उठते हैं– दत्तात्रेय और रमण महर्षि ऐसे ही भगवान हैं। शुक देव और ऋषभदेव ऐसे ही भगवान हैं। ये भी किसी न

किसी रूप में लोगों द्वारा पहचाने, पूजे गये– छिपाये न छिपी सच्चाई। किन्तु अनेक घर गृहस्थी संभाले हुए संत होते हैं जो सच ही पहचाने नहीं जा सकते– उनकी जो वे हैं, जैसे वे हैं– अनिर्वचनीय सत्य को स्वयं में समाहित किये हुए– उनकी पहचान नहीं हो सकी– सचमुच वे बेबूझ ही हैं। सरल होकर भी वे बेबूझ हैं। ऐसे अज्ञात् कल्याण मित्रों–बुद्धों को प्रणाम के साथ अपनी आज की बात समाप्त करता हूँ। यद्यपि बोलने में कोई कष्ट नहीं फिर भी प्रायः चुप्पी में लीन रहना अच्छा लगता है।

जीसस क्राइस्ट और अन्य सभी बुद्धों ने, सभी धर्मों ने कहा है कि यह पुनर्जन्म है अनन्त जीवन में– पुनः बच्चों जैसा निर्दोष हो जाना है। सत्य को जीना ही समाधि है– भगवत्ता है– निर्वाण है। यही सहज निर्विकल्प समाधि है। यह ईश्वरीय जीवन है। अलौकिक आनंद है यह– सब कुछ आत्मा के प्रकाश से प्रकाशित हो आत्ममय हो उठता है। सर्वत्र प्रेम ही प्रेम का रस धार बह उठता है। यही अमृत सत्य का अनुभव है– सत्य हो जाना है। सब व्याख्याएँ थोथी हो जाती हैं– सब वर्णन बचकाने हो जाते हैं। योगी इन्हें सुन–सुनकर चुप रहता है, हँसता है। क्या कहे वह अब। चुप ही रहना अच्छा लगता है। मौन ही सर्वोत्तम अभिव्यक्ति है– ऐसा लगता है। सत्य को जी रहे ऐसे धन्य भागी की महिमा, उनकी रहस्य गाथा को, यदि धरती को कागज और समुद्र को स्याही बना कर लिखा जाये तो भी वह पूरा–पूरा नहीं लिखा जा सके– ऐसा अनिर्वचनीय हो जाता है सत्य का भोक्ता– कौन है जो इस अति आश्रमी योगी के विषय में अधिकारपूर्वक निश्चयात्मक कथन कर सके। बुद्धि से परे होते हैं सत्य के भोगी ऐसे महात्मा। शास्त्र चुप हैं, ऋषि मौन हैं। बुद्धि ठिठक जाती है। सब मापदण्ड धरे के धरे रह जाते हैं। फिर कौन समझे समझाये। बस चुप हो जाओ और तब उसे जान सकोगे कुछ–कुछ– पूर्णतः तो कभी भी नहीं यही सच्चाई है। सत्य के ज्ञानी होने का दावा तो सुकरात भी नहीं कर सके सामान्य मानव की फिर क्या गति हो सकती है। उपनिषद कहते हैं "यतो वाचो निवर्तन्ते अप्राप्य मनसा सह"– सत्य को जानने के प्रयास में वाणी और मन थक जाते हैं, चुप हो जाते हैं।

नायमात्मा प्रवचनेन लभ्यो
न मेध्या न बहुना श्रुतेन
यमेवैष वृणुते तेन लभ्य स्वस्यैव विवृणुते तनूं स्वाम्।। (कठ)

**महर्षि रमणः–**

चाहे कोई भी जिज्ञासु हो– सबको एक ही उपदेश कि आत्म विचार करो– स्वयं को पहले पहचानो फिर अन्य सब प्रश्न। स्वयं ही सुलझ जायेंगे।

मेरा अपना अनुभव भी यही है कि कोई चाहें वह किसी भी योग पंथ का अनुसरण करता हो– उस पद्धति की जटिलता और विस्तृत शर्तों को पूरा करने में सुलझाव की जगह स्थिति और उलझती सी ही लगती है– प्रयास करते–करते क्रमशः अहंकार की वृत्ति ही पुष्ट होती जाती है और यात्रा अंतहीन सी प्रतीत होती है। इतना दुरुह और दुर्बोध होती है योग की यह यात्रा। न अहिंसा सधता है, न सत्य, न लोभ जाता है, न क्रोध ही जाता है। काम का तो कहना ही क्या। साधक दिशाहीन सा दिङ्मूढ़ सा हो जाता है।

इसके विपरीत आत्म विचार करके उस मूल स्रोत को पा लेना– जिसके प्रकाश से सूर्य चंद्र और हमारी इंद्रिया प्रकाशित होती हैं– उस बाह्याकाश और मनोकाश प्रकाशित होते हैं– उस मूल स्रोत, नित्य प्रकाश स्रोत को पहचान लेना और यह देख लेना कि वह मूल प्रत्येक की आत्मा है, में है– उस मूल सत्ता को स्वयं के रूप में पा लेना सब द्वन्द्वों, सब प्रश्नों, सब समस्याओं का सब उलझावों का अंतिम समाधान मिल जाता है और उस आत्मलाभ के परिणामस्वरूप सब नियम संयम, सब अनुशासन आदि आप ही आप सध जाते हैं। सब तरह से जीवन सरल और निर्भार हो उठता है। फिर शुभ और कर्तव्यों को साधना नहीं पड़ता, वे अपने आप होते चले जाते हैं। त्याग, अपरिग्रह, संतोष, आप्तकाम सब अपने आप सध जाते हैं। तब कर्म–कर्म नहीं रहकर खेल जैसे बन जाते हैं। कोई बंधन कोई क्रियामान फल नहीं बन पाते, कोई पाप–पुण्य, हेय–प्रेय नहीं रह जाता, सब श्रेय हो जाता है।

आत्मज्ञानी का जीवन आत्मा का जीवन, परमात्मा का जीवन बन जाता है। वैसे तो जीवन परमात्मा का ही है चाहें कोई अज्ञानी होकर जिये या ज्ञानी होकर– इससे कोई फर्क नहीं पड़ता। इस बात का इस चरम सत्य का, स्वयं के अकर्त्ता होने का और परमात्मा का एकमात्र जिम्मेदार होने का बोध उसे सब भारों से मुक्त कर देता है।

## "भिद्यते हृदय ग्रंथिः, छिद्यंते सर्व संशयाः"

मनुष्य अपनी अविद्या ग्रस्त वर्तमान स्थिति से रोज–रोज क्षुब्ध होने से जब तनाव असहनीय हो उठते हैं तब पुनः अपनी शिशु सदृश् शांति व सरलता को पाने हेतु जो चेष्टायें, जो प्रयास करता है वह सब अपनी बुद्धि के प्रकाश से और शास्त्र निर्देश से करता है। अपने करने अपने सामर्थ्य पर भरोसा करते हुए आदमी जो–जो कृत्य करता है उसे ही साधना कहते हैं। योग के एक–एक अंग को साधते–साधते एक दिन वह पाता है कि शास्त्र अब कोई सहायक नहीं रह गये, खुद की बुद्धि अपनी शक्ति की सीमा आ गयी, मानकर थकती सी प्रतीत होती है। बुद्धि की एक सामर्थ्य सीमा होती है क्योंकि वह स्वतंत्र सत्ता नहीं है, उसका प्रकाश उसका नहीं, बल्कि किसी अन्य स्रोत का परावर्तित प्रकाश ही होता है– वह एक दिन चुक जाती है, यह बुद्धि नामक ऐसा यंत्र होता है।

तब आदमी रोता, अपने को असहाय, अकेला महसूस करता है उसका दर्प चूर–चूर हो जाता है– वह हार जाता है, निश्चेष्ट हो जाता है। सारे प्रयास वह कर चुका जो–जो वह कर सकता था। यह संक्रांति की मध्यम वेला है।

फिरे ऐसे ही किसी क्षण अनायास उसे वह मूल स्रोत दिख जाता है। मनुष्य ज्योंहि उस मूल स्रोत को जानता है– उसे सर्व जन्मों को, सर्व लोकों को, सर्व वाङ्मय को, सर्व इंद्रियों को प्रकाश देने वाले और सबको जीवंत बनाने वाले प्राण स्रोत का, प्राणों के प्राण आत्मा का बोध हो उठता है। यह विलक्षण आत्मा निज का स्वरूप और जगत् का भी स्वरूप है, मैं और जगत् का ही है– एक अखण्ड, परिपूर्ण, आत्मतृप्त, भाव–अभाव, ज्ञान–अज्ञान, प्रकाश–अंधकार, जन्म–मृत्यु, हर्ष–शोक, हानि–लाभ से परे परम विस्मयकारी सत्ता है– जो सदैव सुषुप्ति के भेद शून्य आनंद भी हैं

और जागृति के समस्त भेद पूर्ण जागतिक व्यवहार भी हैं।

यह बोध ही प्रकाश स्रोत है– शक्ति स्रोत है, शांति स्रोत है। यही बोध–विवेक लाभ है। इसीलिये विवेक को प्रकाश, ज्योति, दृष्टि, दीपक कहा गया है।

तब सारे तनाव कहाँ चले गये, ढूँढने से भी नहीं मिलते, जिधर जाओ, जिधर देखो– एक वही आत्म सत्ता–आत्मा ही सर्वरूप में दृष्टिगोचर होता है। सब अतीत स्वप्नवत् हो जाते हैं। भविष्य का तो ख्याल ही उड़ जाता है– सारे स्वप्न समाप्त हो गये क्योंकि जो प्राप्तव्य था जो अंतहीन तृप्ति है, तृप्तिदायक है वह संग–संग हो गया– अंतहीन सुख का स्रोत का, निर्भर कर देने वाले अमृत का, हमेशा–हमेशा के लिये स्वस्थ कर देने वाली औषधि का पता चल गया, तुष्टि–पुष्टि प्रदान करने वाले आहार का ज्ञान हो गया– ऐसा हल्का–फुल्का हो जाता है जीवन। इसी को विवेक का प्रकाश कहते हैं। इस प्रकाश में आत्मा ही दृष्टा, आत्मा ही दृश्य और आत्मा ही दर्शन बन जाता है। वह आत्मा के सिवाय कुछ नहीं देखता।

अब उसी मूल प्रकाश से प्रकाशित होकर सब व्यवहार होते हैं, जगत् का सब भेद पूर्ण व्यवहार होते हैं, जगत् का सब भेद पूर्ण व्यवहार, धर्म–अधर्म, मेरा–तेरा, सुख–दुःख, सब बातें फिर आत्मा के प्रकाश में ही उससे होती चली जाती हैं। वह करता भी है और होते हुए देखता भी है– यह देह यंत्र को कर्मरत् वह करता ही नहीं, कर्मरत् होते हुए देखता भी है– अनंत क्षण, अनंत–अनंत अभिव्यंजनाएँ होती हैं। जीवन को ऐसे ही वह जीता है– हल्के–फुल्के होकर, हर बात में दृढ़, स्पष्ट दृष्टि होकर, प्रेम से भरा हुआ होकर वह जीवन की हर स्थिति को, हर कृत्य को जीता है। यह विवेक अर्थात् आत्मा को जान लेने का सुपरिणाम है– यह सत्य को जान लेने का फल है। यह आत्म विचार से ही संभव होता है।

"नष्ट मोहः, स्थित प्रज्ञः"

परमात्मा ही गुरु है। परमात्मा गुरु बनकर हमारी आत्मा में विराजमान हो जाते हैं– आत्मा ही हमारी गुरु है। हमारी आत्मा ही गुरु है अतः आत्मा ही परमात्मा भी है।

**आत्मा–परमात्माः–**

समस्त शास्त्र और गुरुवाणियाँ एक ही संदेश देती हैं या तो आत्म–दर्शन कर लो या परमात्मा को जान लो। उन्होंने आत्मा का निरूपण करते हुए एक बात को सर्वमान्य सा माना है वह है आत्मा का पूर्ण होना, अखण्ड होना, अनंत होना, अव्याकृत, अचल, अलिप्त, निर्दोष होना और समस्त ज्ञान–अज्ञान, प्रकाश–अंधकार, भेद–अभेद, उद्भव–लय का स्रोत होना। एक मात्र अस्तित्व आत्मा को ही माना गया है चाहे वह अकर्त्ता, कर्त्ता हो या कर्म रूप जगत् हो वह आत्मा ही का प्रकाश है– वह आत्मा ही है। आत्म दर्शन अद्वैत दर्शन है, अद्वैत ब्रह्म ही हो जाना है। आत्मा अद्वैत है। फिर कोई दूसरा है ही नहीं जिसे पाना हो, जानना हो, या जहाँ जाना हो जिसे देखना–सुनना–स्पर्श करना हो सब एक आत्मा ही है। कोई दूसरा अस्तित्ववान् हो ही नहीं सकता यहाँ तक कि इस आत्मा को जानने वाला कोई पृथक अनुभवकर्त्ता भी नहीं होता– आत्मा ही आत्मा को जानता है। खुद को खुद का ही बोध रहता है सदा–सर्वदा। और यह कहा गया है कि बुद्धि, मन, विचार और शास्त्र तथा मनुष्य के प्रयासों से वह प्राप्य नहीं है।

परमात्मा का निरूपण भी इसी भाँति किया गया है लेकिन एक भेद के साथ और वह यह कि परमात्मा– मात्र ज्ञान या बोध से जान लिया जाये इतना ही पर्याप्त नहीं, परमात्मा की भक्ति भी होती है अतः जीव को भक्त बन कर जीना चाहिये। आत्मा ज्ञानी जीवन को ही, कर्म को ही पूजा जान लेता है–पृथक किसी नारायण या अवतारी भगवान की जरूरत वह महसूस नहीं करता पूजा के लिये। प्रार्थना तो वह करता ही नहीं। उसका स्वयं को सतत् स्मरण रखना मात्र ही उसके लिये पर्याप्त होता है। आत्मस्मरण ही प्रार्थना हो जाती है।

परमात्मा के बोध में भक्ति सन्निहित है, द्वैत सन्निहित है– फिर जहाँ द्वैत का स्वीकार है तो परमात्मा को ही एकमात्र अस्तित्ववान् सत्ता कहने से भक्त की सत्ता पृथक से कैसे संभव है। अतः परमात्म दर्शन भी आत्मदर्शन ही होता है– यानी अद्वैत दर्शन। गुरु भी वही है, शिष्य भी वही है, भगवान भी वही है और पूजा करने वाला भक्त भी वही है, दृष्टा

भी वही है और दृश्य भी वही है। अखंड है, अनंत है, एकमेव है, जस का तस, एक रस आप्तकाम है। परमात्मा और आत्मा दोनों को अनंत, अद्वितीय कहा गया है तो दो अनंत तो हो नहीं सकते अतः दोनों दो नामांतर मात्र हैं।

आत्मा को जानो या परमात्मा के दर्शन पाओ–अद्वैत होकर रहो, आत्मा को पाकर ही आनंदित रहो कि उसे परमात्मा कहकर उसे रूप आकार में ढालकर नाम देकर पूजा पाठ करो– ऊपरी व्यवहार से कोई फर्क नहीं पड़ता। जो आत्मा है वही तो परमात्मा है। जो आत्मा को जानता है वही परमात्मा को जानता है। बुद्ध की गति मति की कोई भविष्यवाणी नहीं हो सकती। उसकी मौज– जैसा चाहे वैसे जियें– आत्मा या परमात्मा सदा ही अव्याकृत है, निर्दोष है। वैसे ही आत्मज्ञानी होकर जियें कि परमात्मा का भक्त होकर जियें, एक ही बात है। अंत में शुद्ध ज्ञान और शुद्ध भक्ति एक ही है।

कुल मिलाकर अभिप्राय यही है कि मनुष्य द्वारा अपनी देह को ही अपना अस्तित्व मान बैठने की आदिम भ्रांति को समझना होगा और इस प्रकार अपने व्यक्ति मानने की सीमा का समझपूर्वक परित्याग करना होगा। यह परित्याग करना नहीं पड़ता– जब आत्मा का बोध होता है तब समस्त सीमाएँ और व्यक्तित्व अपने आप ही नष्ट हो जाते हैं– सब साफ हो जाना है– सच सम्मुख होता है। और सच है अपने अस्तित्व का अखंड होना, पूर्ण होना। यही निर्दोषता है– अविकारी होना है। यही ज्ञान है, यही भक्ति है।

इसलिये आत्मदर्शन कर कोई अद्वैतवादियों की भाँति निर्गुण, निराकार स्वरूप में ही स्थिर हो रहे या परमात्मा कहकर उसे सगुण साकार मानकर उसकी पूजा पाठ करें– उसके साथ हँसे, रोयें– दोनों ही ढंग में वह ज्ञानी या भक्त अविकारी और मस्त रहता है। इस बोध में ही मुक्ति है, समाधि है, तृप्ति है और अंतहीन निश्चिंतता है। यही सहज समाधि कर्म होते रहते हैं, जीवन चलता रहता है और है। कोई कर्त्ता नहीं होता, कोई भार नहीं, कोई भय नहीं, सब यथावत् होता है लेकिन हर्ष शोक का कोई स्थान नहीं, द्वन्द्वातीत हो जाता है, मोहातीत हो जाता है और सदा सर्वदा प्रसन्नता–अह्लाद बना रहता है– परमात्मा

का प्रकाश उसकी आत्मा में जगमगाता रहता है। वह अनंत प्रेम में डूब जाता है। यही सहज समाधि है। यही शास्त्रों और गुरुवाणियों का संदेश है– जिसे वह पा लेता है और जीकर धन्य–धन्य हो उठता है। वह जान जाता है कि परमात्मा ही आत्मा है। सब भेद ओझल हो गये– अद्वितीय अस्तित्व मात्र ही जीवन के इस विस्तार के रूप में अहम् से लेकर जगत् तक विस्तीर्ण फैलाव बनकर प्रकट हो जाता है। अब कहीं कोई अन्यत्व नहीं– सब अनन्य हो जाता है। सब आत्मरूप हो प्रकट हो जाता है। यही सत्य दर्शन है– यही अंतिम समाधान है। अभिमान शून्य होकर भगवद्भाव से गद्गद् होकर निष्काम कर्मों को करता हुआ एक सा बुद्ध पृथ्वी पर विचरण करता है। इसे जानो, यह बोध पतित पावन है, स्वयं परमात्मा है। यही मैं तुम लोगों से कह रहा हूँ। आत्मज्ञान से युक्त होकर सबके मालिक उस परम आत्मा का कीर्तन करो, उसकी महिमा गाओ, उसे सतत् अपना स्मरण कुसुम अर्पित करें। उसे याद रखना ही उसकी पूजा है। उसे याद रखना स्वयं को याद रखना है– यही आत्मपूजा भी है। आत्मा ही मालिक है– जाग्रत, स्वप्न, सुषुप्ति का। आत्मा ही आधार है जगत् का– जीवन का। अपनी निज सत्ता– आत्मा में रमण करो– यह आत्म रमण ही परमात्मा की परिक्रमा है। वह आत्मस्थिति ही परमात्मा का आसन है। तुम परमात्मा ही हो, यह जगत् परमात्मा ही है– जीवन परमात्मा है– वही ऐसे भी कह सकते हैं कि परमात्मा ही जीवन है– ऐसे बोध से वह बुद्ध आनंद ही आनंद में रहता है। सदा–सर्वदा परितृप्त हुआ वह जीता है। वह धन्य हुआ। विश्वप्रसूता जगतजननी माँ की गोद में खेलते हुए शिशु समान वह आनंद मग्न होता है। उस परमस्वामी की शरण में वह सदा प्रफुल्लित फूल की तरह खिल उठता है। "मामेकं शरणं व्रज" का गुंजार सुन–सुनकर वह सर्व अभावों से मुक्त हो जाता है– वह भगवद् भावापन्न होकर अपने सद्गुरु का प्रिय बन जाता है– सबको आनंदित करता है। यही जीसस क्राइस्ट के शब्दों में पुनः शिशु बन जाना है– पवित्र हो जाना है ब्रह्मज्ञानी भेद–अभेद से परे होकर स्वयं में ठहर कर सबको अपने जैसा ही देखता है।

## कुमारी–मूल स्रोत–माँ–अज्ञेय के प्रति जिज्ञासाः–

एक बार भक्तों ने भगवान विष्णु से (ब्रह्मा, विष्णु, महेश तीनों) पूछा कि प्रभु हम लोग जो आँख मूँदकर आपका ध्यान करते हैं, लेकिन लगता है कि आप लोग भी आँख मूँदे रहते हैं तो क्या आप लोग भी किसी का ध्यान करते हैं, और यदि ऐसा है तो वह कौन है, कैसा है जिसका आप ध्यान करते रहते हैं?

भगवान ने कहा– हाँ, जैसे तुम लोग ध्यान करते हो, वैसे ही हम भी किसी का ध्यान करते हैं– हम अनुभव करते हैं कि कोई है जो हमसे भी पहले से ही अस्तित्ववान् है– परम सत्ता है– वही हमारा स्रोत है, हमारी माँ है क्योंकि उसी से हम उत्पन्न होते हैं, उसी में स्थित हैं और एक दिन उसी में लीन हो जाते हैं– तुम लोगों का भी, और जो भी अस्तित्ववान होकर जीवन को जीते हैं, उनका भी वही मूल स्रोत है– वही सबकी माँ है।

भगवान ने आगे बताया कि लेकिन हम आज तक उसकी झलक मात्र भी पाने में समर्थ नहीं हो सके– वह कौन है, क्या है, कैसा है, हम कह नहीं सकते– वह सर्वथा अज्ञेय ही है– हमने बहुत चेष्टाएँ की हैं कि उसे देख लें किंतु वह सर्वथा अगम्य ही है– किन्तु अपने होने का पूरा–पूरा बोध वह हमें कराती रहती हैं– ऐसी विलक्षण है वह परम सत्ता। गुणमयी होकर भी वह गुणातीत है, प्रेममयी होकर भी वह आसक्ति शून्य है, सर्वथा उदासीन है, सतत् क्रियाशील होकर भी वे परम शांत हैं, अनंत सृष्टि बनकर भी वह अव्याकृत ही हैं।

वह हम सबकी माँ हैं– वह मातृसत्ता हैं। अनन्त–अनन्त ब्रह्माण्डों को, चर–अचर जगतों को जन्म दे–देकर भी वह अक्षत्योनि– कुआँरी ही है–सदैव कुमारी है वह माँ। इसी के प्रकाश में समस्त सृष्टियाँ प्रत्यक्ष व लोप होती हैं। वही हमारी बुद्धि शक्ति, क्रियाशक्ति है, हमारा प्राण ही वही हमारी और तुम सबकी आत्मा है– हमारा, तुम्हारा सबका जीवन है। उस माँ का हम बोध ही कर सकते हैं– लेकिन उसे जानते नहीं। वह कुमारी सत्ता सर्वथा अज्ञेय है– उसके विषय में बुद्ध चुप्पी साध लेते हैं– ऋषि मुनि मौन का अवलम्बन ले लेते हैं, वेदादि शास्त्र नेति–नेति कहकर वाणी को बंद कर लेते हैं।

भगवान ने कहा कि बस, हम इतना ही जानते हैं कि वह माँ है और किस संतान का कल्याण किस बात में है, किसे क्या चाहिये इसे वह क्षण–क्षण जानती है और वैसा ही, तदनुरूप ही अपनी प्रत्येक संतान का पालन–पोषण करती है और किसी न किसी रूप में अपना ध्यान हम में बनाये रखती हैं– हमें आकर्षित किये रखती हैं– ऐसी कृपामयी– परम वात्सल्यमयी है वह माँ।

मैं उसी मातृसत्ता को रज़िया माँ कहकर संबोधित करता हूँ। वही मूल सत्ता हमारा तुम्हारा मूल स्वभाव है, नित्य स्वरूप है। वस्तुतः वही हैं हम। हम एक दृष्टि से स्वयं का ही ध्यान करते हैं किन्तु तत्वतः यह उस विश्व प्रसूता जगतजननी माँ का ध्यान है। उसका आदि–अन्त, रूप–गुण, कोई नहीं जान सका है। वह सदैव ही बोधि गम्य होकर भी जिज्ञासा का विषय बनी रहती है– उसी को सब ढूँढ रहे हैं– उसी की प्यास है सबको– उसी के प्रेम में पागल हैं सब। उसी की धुन में मस्त है अस्तित्व। वह परम सौंदर्य है, परम प्रकाश है।

भगवान ने फिर एक रहस्य की बात कही कि वह आदिशक्ति मातृ सत्ता वैसे तो परम स्वच्छंद है किंतु वात्सल्य वश वे अपनी संतान के प्रेम में परतंत्र हो जाती हैं– अपना बड़प्पन खो देती हैं। यही उनकी स्वतंत्रता है कि उनके विषय में "क्यों" नहीं पूछा जा सकता – वे सर्वतंत्र स्वतंत्र हैं। हम लोग तो कहने मात्र को ही स्वतंत्र हैं। वस्तुतः हम तो उसी के शासनाधीन हैं। हम सबका योगक्षेम उन्हीं के हाथों सुरक्षित है।

भगवान ने कहा कि भक्तों– उन्हीं को पुकारो, उन्हीं की शरण जाओ, उन्हीं को प्यार करो– वस्तुतः तुम लोग हमारा भी ध्यान करते हो तो वह उन्हें ही समर्पित हो जाता है– एकमात्र वही तो हम सबके आराध्या जो हैं– सबकी माँ होकर।

मैंने उस मातृसत्ता को माँ आनंदमयी के रूप में महसूस किया है। वही मुझे माँ रज़िया के रूप में कुमारी माँ के रूप में प्रकट होकर झकझोर गयीं। मैं बह गया उस भक्तिरस की बाढ़ में। मैं डूब गया उस भगवत् प्रेम के समुद्र में। उस रस को सद्गुरु भगवान श्री रजनीश के चरण स्पर्श पाकर मैंने निरंतर बढ़ते हुए ही महसूस किया है। मैं कह रहा हूँ महसूस किया है, जाना नहीं है। ज्ञान और प्रतीति में बहुत अंतर होता

है। मुझे ज्ञान नहीं, मैं अभी भी अज्ञानी ही हूँ किंतु रस चखा दिया गया हूँ यही प्रतीति है मेरी। रस वही है। स्वाद लग गया है– गूँगे के गुड़ की तरह भीतर ही भीतर वह घुल रहा है– मेरा होना पग रहा है। मैं धन्य–धन्य हो गया। उस मातृसत्ता की यही भक्त वत्सलता है– यही दिव्य प्रेम है जो नित्य ही है। कोई जीव इस सत्य को महसूस करे या न करे किंतु है यह अबाधित सत्य कि उस माँ को यह सन्तान–वत्सल्यता। यह प्रेम नित्य ही वर्तमान है, सदैव उपलब्ध है। बस उधर ध्यान दो, चित्त में उसके आकर्षण को महसूस करो तो तुम्हें यह स्पष्ट हो जायेगा– इसमें संदेह नहीं।

माँ का यह बेशर्त दिव्य प्रेम– वात्सल्यमय अमृत ही उनकी उपस्थिति का प्रत्यक्ष प्रमाण है।

जो जीव जिस भावना और कामना से उनकी आराधना करता है, उनसे माँगता है वह प्रत्येक संतान को उसी की इच्छानुरूप चीजें देर–सबेर अवश्य प्रदान करती हैं– सबकी कामना पूरी कर ही देती हैं। यह सत्य है।

## जाग्रत–सुषुप्तिः–

**"या निशा सर्वभूतानां तस्याम् जाग्रति संयमी"**

जीव की चार अवस्थायें क्रमशः जागृति, स्वप्न, सुषुप्ति और तुरीय कहलाती हैं। इनमें जागृति और सुषुप्ति परस्पर विरोधी सी है। जागृति में जीव अभिमान युक्त हो जाता है– अपने बारे में और सम्पूर्ण जगत् के विषय में वह व्यक्तित्व की धारणा बना लेता है। अनेक–अनेक रूप आकारों को देखता मानता है– यह अहंकार दोष कहा जाता है– स्वयं को देह मानने से ही अन्यों को भी देह रूपा में ही वह अस्तित्त्ववान् जानने– मानने लगता है–चारों ओर देह ही देह दिखते हैं। जिन्हें सुख–दुःख सताता है, जिन्हें जन्म–मृत्यु, संयोग–वियोग भोगते देखता है और नाना प्रकार की चिंताएँ करते देखता है। यही जागृति की अवस्था है। जागृति सापेक्ष अनुभव से पूर्ण होती है।

सुषुप्ति की दशा में जागृति से ठीक उल्टा होता है। अभिमान शून्यता होती है वहाँ। न खुद का पता होता है, न जगत् का–न मैं, न तू, न कोई सुख, न दुःख, न खोना, न पाना, न कोई चिंता फिकर– न कोई

जन्मता है न मरता है– गहन अंधकार में लीनता होती है– मन की कोई गतिविधि नहीं–गहन शांति होती है, अज्ञान होता है– ज्ञान–अज्ञान दोनों ही नहीं होते, कोई सापेक्ष अनुभव नहीं– कोई मेरा–तेरा नहीं, कोई द्वन्द्व नहीं– द्वन्द्वातीत दशा है सुषुप्ति में जीव निर्दोष और गहरी शांति में होता है। यह तामसिक स्थिति है फिर भी आनंद का साम्राज्य है वहाँ। भेद–अभेद की व्यावहारिक अनुभूति से शून्य–पाँच भौतिक देह और जगत् के मान से मुक्त है यह दशा– इसी से कहा गया है– आनंद की दशा। यह जाग्रत समाधि का आनंद नहीं है। यह प्राप्ति का सात्विक आनंद बोध नहीं है किंतु खो जाने का तामसिक सुख है। जागृति जहाँ सापेक्ष अनुभवों से पूर्ण होती है सुषुप्ति सापेक्ष अनुभवों से शून्य होती है– यानी जागृति में मन जागता है– सुषुप्ति में मन निष्क्रिय हो जाता है।

गीता में श्रीकृष्ण कहते हैं कि जो सभी जीवों के लिये रात्रि है– गहन अंधकार है– अज्ञान है– खो जाना है, वहीं संयमी अर्थात् साधक जीव जागा हुआ होता है, वहाँ प्रकाश होता है, बोध युक्त होता है और वह सो नहीं जाता, सुध बोध को खो नहीं बैठता– बल्कि परम चैतन्य को देखता, सुनता, जानता है।

श्रीकृष्ण कहते हैं कि सभी जीवों के लिये जो जागना है– मैं और मेरे का खेल बाह्याकाश में चारों ओर फैले हुए, बिखरे हुए इस अनेक–अनेक शरीर धारियों का संसार है, जगत् है– उसके प्रति और भीतर मन के आकाश में जो विभिन्न विचार और भावनाएँ भरी हैं उनके प्रति प्रिय–अप्रिय और आसक्ति–विरक्ति रूपी तृष्णा का होना– सुख–दुःख की द्वन्द्वमय दशा में पड़ जाना है– वहीं मुमुक्षु साधक इन सब बातों के प्रति पूर्णतः उदासीन होता है। चुनाव रहित चित्त दशा होती है– प्रेम–हेय का मानसिक आवेग नहीं होता। जिन बातों का सामान्य जीव का जागृतावस्था में उदय होता है– उनके प्रति योगी आँख मूँद लेता है, साक्षी होकर उन्हें सिर्फ आता–जाता देखता है– जरा भी प्रभावित नहीं होता।

सामान्य जीवों को जो ज्ञान, जो बोध इस जाग्रत अवस्था में नहीं होता, जिस तत्त्व का बोध नहीं होता उसी के प्रति योगी जगा होता है– अनेकता में एकता, देहों में व्याप्त ब्रह्म या आत्मा, सृष्टि के सृष्टा– उस

मालिक को देखता–सुनता है– द्वन्द्व रहित जीता, सुख–दुःख शून्य परम आनंद की भाव दशा में उठता–बैठता है– मैं–मेरे की आसक्ति रहित भावना और प्रिय–अप्रिय की तृष्णा से शून्य होकर जीवन को– इसी जागतिक जीवन को जीता है– परमात्मामय होकर ब्रह्ममयी ज्ञान दृष्टि पाकर अद्वैत स्वरूप का भोग करता है।

सार बात यह है कि भोगी जिस सच्चाई को नहीं देखता– जिसके प्रति वह सोया रहता है, आँखें मूँदे रहता है– उसी सच्चाई में योगी उठता–बैठता, अपने समस्त आचरण करता है– वह सच्चाई उस योगी में जागी रहती है। या भोगी जिसे सच्चाई माने बैठा रहता है, जिस ज्ञान ऐंद्रिक को ज्ञान समझे बैठा रहता है उसके प्रति योगी सोया रहता है– उस ऐंद्रिक ज्ञान को, माप जोख को– माया का खेल, मन की तरंगे, और स्वप्नवत् महसूस करता है– निराधार, बेबुनियाद समझता है।

लेकिन बाहरी तौर पर अज्ञानी और ज्ञानी दोनों के आचरण एक जैसे ही होकर भी भिन्न स्वाद वाले होते हैं।

मैंने महर्षि रमण, माँ आनंदमयी और बाबा सावन सिंह की बातें देखीं तो वे जीवनमुक्त के विषय में यही कहते हैं कि योगी सुषुप्ति की मनःशून्य दशा– जगत् शून्य दृष्टि– हानि लाभ बोध रहित सुख की शांति का भोग करते हुए भी, भेद–अभेद बुद्धि से मुक्त अपने सिर्फ होने 'अहम्' में में आनंदित होते हुए भी सुषुप्ति की भाँति नींद में सो नहीं जाते हैं– मूर्च्छित नहीं होते, निष्क्रिय मन के साथ मृतवत् निष्क्रिय देह के साथ नहीं होते, उल्टे अति संवेदनशील, सृष्टा और सृष्टि के एक–एक भावों के प्रति जागे हुए होते हैं और तद्नुरूप **respond** करते हैं– आचरण करते हैं। कहना चाहिये उनके ये आचरण किसी व्यक्ति के आचरण न होकर स्वयं समष्टि रूप अद्वैत परमात्मा या ब्रह्म के ही आचरण होते हैं। यही तत्वतः ब्रह्मचर्या या ब्रह्मचर्य है। यही जागृत–सुषुप्ति है। जिसके प्रति उदासीन रहना है उसके प्रति सोये रहना और जिसके प्रति संवेदनशील होना, जागे रहना है– उसकी अहर्निश स्मृति बने रहना– उस पर ध्यान को टिकाकर ही रखना और यह ध्यान जिसका अनायास स्वभाव ही हो जाये ऐसे जीना– यही जागृत–सुषुप्ति है। यह महाभाव है– भाव–अभाव से अतीत और भाव–अभाव में समाविष्ट– परम अह्लादमयी आत्मरति

है यह। अब आत्मा अर्थात् स्वयं के अन्य कुछ भी नहीं दिखता। यह आत्मानन्द ही जागृत–सुषुप्ति का निर्मल सुख है। सुषुप्ति से बाहर आने और जागने से पहले की यह मध्यावधि उसका वास स्थान है। जहाँ न नींद है न जागरण–बस निर्दोष अहम् मात्र है।

वही तुम हो–महसूस करो। उसी मध्यावधि में सूत्र छिपा है आत्मबोध का। यह गुह्य विषय है– साधकों के लिये ही है। लेकिन मैंने ऐसी कोई साधना इस जन्म में तो नहीं ही की है। यह तो सद्गुरु कृपा है– संतों की कृपा दृष्टि है कि जो वे कहते या इशारा करते हैं वह मंत्र की भाँति भीतर अपना काम कर जाता है। यही परंपरा है हमारी।

जब से उसे देखा सुना है– वही जागता– वही सोता, वह न जागता है न सोता है, वह जागते हुए भी सोया होता, सोते हुए भी जागा होता है। जगत् को ब्रह्म जानता है और ब्रह्म को जगत् रूप देखता है। एक ही प्रकाश है– बोध का– स्वरूप स्मृति का। उसी बोध स्वरूप प्रकाश में इस जागृत सुषुप्ति का रहस्य खुल जाता है।

## मायावादः–

वैसे तो यह शब्द मायावाद दर्शन शास्त्र का है और दार्शनिकों ने जिसकी जैसी मति हुई वैसा ही प्रतिपादित कर दिया किंतु मुझे उन मत–मतान्तरों से और आग्रहों से कुछ लेना–देना नहीं। मुझे तो मनुष्य के हृदय में भगवत्प्रीति उत्पन्न हो– जीवन हल्का–फुल्का हो जाये, जीवन तनाव मुक्त हो जाये– बस यही आकांक्षा है।

इसे लोग आदि शंकराचार्य द्वारा प्रतिपादित कहते हैं जो व्यास कृत ब्रह्मसूत्र पर उनके भाष्य से उद्भूत मानते हैं।

हाँ, ब्रह्म और जगत् की व्याख्या करते हुए अवश्य यह जगत मिथ्या है कि "ब्रह्म सत्य जगतमिथ्या" है जगत् को माया कहा गया है, मिथ्या कहा गया है। लेकिन आचार्य शंकर ने माया को विद्यामाया और अविद्यामाया– ऐसे दो शब्दों से विशेषित कर कहा है। ब्रह्म को अद्वितीय सत्ता 'अद्वैत' कहकर शेष सब वाङ्मय को, जिसमें ईश्वर, ज्ञान, भक्ति, वेद, मंत्र, साधना–उपासना आदि जीव और जगत् के साथ माया अर्थात् मिथ्या ज्ञान ही कहा है। ईश्वर, ज्ञान, भक्ति, वेदादि को उन्होंने विद्या मायामय कहा और जीव तथा जगत् को अविद्या मायामय कहा है। विद्या उसे

कहते हैं जो परम सत्य या सत्ता की ओर हमें ऊपर उठाये और अविद्या उसे कहा है जो हमें उस परम सत्य से विमुख करे– जिंदगी को नीचे की ओर गिरा दे। माया दोनों है किंतु यात्रा भिन्न दिशा में होती है। माया को ही आम बोल–चाल में मन कहते हैं।

मन है तभी एक बंधन है, मोक्ष है, प्रयास है। यह मन ही बंधन और मोक्ष दोनों ओर मन जब तक चंचल है, संकल्प–विकल्प युक्त है, तब तक वह कुटिल चालें चलता है– इंद्रियों में वासनाएँ कर्मों का, कर्म भोगों को पैदा किये चला जाता है। लेकिन वही मन जब शांत होने लगता है– तनावों से मुक्ति हेतु जो चेष्टाएँ करता है– अहंकार के कारण पाये दुःखों से निवृत्ति चाहता है और अंतर्मुखी होता है तो सात्विक भावों का उदय होता है– धीरे–धीरे सत्संग, स्वाध्याय और चिंतन–मनन द्वारा भगवद् प्रेरणा से इस संसार के रचयिता के विषय में सोचने–समझने लगता है तो वही मन विद्या मायामय हो जाता है– सुमन बनकर किसी संत–सद्गुरु के सान्निध्य लाभ के रूप में फलीभूत होता है और तब साधक अपने स्वरूप की ओर, सत्य की ओर अबाध गति करने लगता है। आचार्य शंकर बंधन की धरणा और मुक्ति के तमाम इस उपायों को भी मायामय, मिथ्या ही जानते हैं– ये सब स्वप्न में देखें उतार–चढ़ाव के समान ही हैं– ये स्थितियाँ भ्रम मूलक हैं– असत्य है, अज्ञान ही है। आचार्य शंकर के लिये एकमात्र सत्य या सत्ता ब्रह्म की है– अद्वैत कहकर वर्णन करते हैं उसका– क्योंकि ब्रह्म अद्वितीय है। ऐसा ही शंकर के अद्वैतवाद अथवा मायावाद को लोगों ने समझा–समझाया है।

मैं एक बिलकुल भिन्न बात कह रहा हूँ मैं अद्वैतवाद के बदले आस्तिकता कह रहा हूँ आस्तिकता में इस सृष्टि का रचयिता ब्रह्म या ईश्वर न केवल रचयिता ही है बल्कि वह रचना भी है, सृष्टि भी वही है– उसी की अभिव्यंजना है– मात्र वही है। यह संसार परमात्मा की देह है, प्रभु का घर है। वही खेल रहा है जगत् बनकर– सब रूप–आकार–सब गुण, सब स्थितियाँ, सब क्रियायें वही है। ऐसा गहन बोध ही आस्तिकता है। ब्रह्म सिर्फ निराकर, अनाम, अरूप, अजोनि, शून्यवत् तटस्थ, साक्षी मात्र ही नहीं है, वह हम मनुष्यों की भाँति ही हृदय वाला भी है–प्रेम स्वभाव है उसका और वह सर्वतंत्र–स्वतंत्र है– वह अपने प्रेमी के सम्मुख उसकी चाहत के अनुसार कोई भी रूप आकार युक्त होकर प्रकट हो

जाते हैं। वे हर घड़ी प्रत्येक जीव के हृदय में विराजमान हैं– सदा संग साथ हैं– वही सबकी आत्मा है–स्वरूप है। ज्ञानी उसे आत्मरूप में पाकर अहं ब्रह्मास्मि कह उठते हैं और भक्ति रस में पगे जीव उसे अपने आराध्य, ईष्ट भगवान या भगवती के रूप में पाकर 'तत् त्वम् असि' कहकर "सिया राम मय सब जग जानी" कहकर उसका कीर्तन गान करते हैं। उसके सिवाय वे कुछ नहीं देख पाते– न माया, न जगत्, न बंधन, न मुक्ति, न मन ही– जो भी है बस वह वही है जो अंतिम सत्य है–परम पद है– अद्वैत है–अद्वितीय है। आचार्य शंकर भी ऐसा ही जानते देखते थे। जिसने भी उसे जाना है, ऐसा ही जाना है। ब्रह्म ही सत्य, जगत् उससे अन्य नहीं है अतः जगत् भी सत्य ही है– शब्दों से कहने के लिये लगता है कि कोई दो पृथक सत्ताएँ हैं लेकिन यह विवाद पंडितों के बुद्धिवाद का कुपरिणाम है। सच्चाई यह है कि सत्ता दो नहीं– एक और अखंड, अविभाज्य और अव्याकृत ही है इसीलिये बुद्ध ने कहा था "यस्संसारः तन्निर्वाणम्" जो संसार है वही निर्वाण है– जो जगत है वही तो श्री भगवान का साकार विग्रह है। यही आस्तिकता है– यही भगवान को पा लेना है– आत्मरूप में भी, जगत रूप में भी। ऐसा अखंड बोध, ऐसा नित्य बोध ही ब्रह्मानंद रस बोध है– अद्वैत रस बोध है। मधुराति मधुर है यह बोध। यह शास्त्रों में वर्णित मोक्ष से भी श्रेष्ठ है। मोक्ष इसके सम्मुख शुष्क, मूल्यहीन सा हो जाता है। इसलिये मुक्तिकामी जो जन्म–मृत्यु को चक्कर कहता है और उससे सदा–सदा के लिये छुट्टी पा लेने की सोचता है जगत् से, माया से डरता है वही इस आस्तिकता रस का रसिक जीव सर्वथा अभय पद का लाभ करके न जन्म से डरता है, न मृत्यु से, न देह से, न रूप से–वह एक ही बात जानता है– प्रेम, प्रेम और सिर्फ प्रेम। उसके प्रेम की कोई सीमा नहीं, कोई शर्त नहीं। ईश्वर से वह उतना ही प्रेम करता है जितना ईश्वर की इस मरण धर्मा सृष्टि से। समस्त शास्त्रों का सार उसे समझ में आ जाता है– एक ही आवाज उसके हृदय में गूँजती है– प्रेम करो, प्रेम करो– परमात्मा, परमात्मा, परमात्मा।

और तब जीवन का रस मिल जाता है उसे– इस अमृत को छककर वह अमृतमय ही हो जाता है।

माया शब्द की व्याख्या 'मा या' जो नहीं है, या 'मियते अनेन इति माया' यानी जिससे माप–जोख निश्चित होता है वह माया या मन है– ऐसा करते हैं। भगवान को पा लेने वाला तमाम माप जोख से 'अखण्ड' को जान कर सदा–सदा के लिये मुक्त हो जाता है और 'जो है' को जानकर जो नहीं है उसे देखना सुनना बंद ही कर देता है। यह रूपांतरण किसी मतवाद के वाद–विवाद में पड़कर नहीं– बौद्धिक उहापोह से नहीं– किसी मुक्ति कामना के लिये किये गये उपायों से नहीं– बल्कि सरल हो जाने, शांत हो जाने, आग्रह मुक्ति से–प्रेम में पड़ जाने से–और गुरु कृपा से, संत सेवा से अचानक एक दिन घट जाता है। वह परम प्रिय अपनी इच्छा से प्रकट हो जाता है और सदा–सदा के लिये अपने प्रेमी जीव को निहाल कर देता है–रसमय बना देता है। हृदय में अमृत का, मधुरता का, परमानंद का अजस्र स्रोत, एक दिव्य झरना फूट पड़ता है और समग्र जीवन ब्रह्ममय, ईश्वरमय हो उठता है। मन और माया अपना अस्तित्व खो देते हैं क्योंकि वे होते ही हैं अनित्य धर्मा, भ्रामक और अनस्तित्ववान। मात्र मानने ही से वे अस्तित्ववान प्रतीत होते हैं– वस्तुतः होते नहीं हैं। मन, माया, संसार, आवागमन, ये सब अविद्या जनित, आभास मात्र हैं। यह ज्ञान स्वतः हो जाता है– यह स्पष्ट दिख पड़ता है। माया को मोह भी कहते हैं– मोह यानी तम, अंधेरा। उस अंधेरे में जो प्रतीति होती है– वह यथार्थ नहीं, सम्मोहन का प्रभाव है। सिर्फ कल्पना मात्र है स्वप्न मात्र है। ये सब मन अथवा माया के इंद्रजाल हैं– वे सब सत्य के साक्षात् होते ही स्वतः तिरोहित हो जाते हैं जैसे सूर्य के उदय होने से अंधेरा भाग खड़ा होता है। हृदय में मधुरामृत रस स्वरूप भगवान के आ विराजने से, प्रेम का झरना फूट जाने से मोह और तमाम मोह जनित आसक्ति विरक्ति सहसा लुप्त ही हो जाते हैं। सच दिख गया भ्रांति नष्ट हो गयी– फिर अब कैसा विवाद, किससे मतभेद। फिर तो प्रेम ही शेष होता है– एकमेव प्रेम ही का साम्राज्य स्थापित हो उठता है। वही प्रेम एक सुलझे हुए सच्चे ज्ञानी–भक्त का आचरण बन जाता है। इसी को मैं आस्तिकता कह रहा हूँ– यही सच्चा अद्वैत बोध है। यही विवादों का अंत है। समाधान हो गया।

एक बार जीसस क्राइस्ट को उसकी प्रसिद्धि सुनकर उस समय के पुरोहितों पंडितों द्वारा मंदिर में शास्त्रार्थ हेतु बुलाया गया ताकि वे जीसस

को लोगों के सामने हरा कर अपना वर्चस्व साबित कर सकें। जीसस ठीक समय पर आये जरूर लेकिन भवन के बाहर एक बीमार वृद्ध को जमीन पर पड़े कराहते हुए देखा तो भवन में प्रवेश करने के बदले वे वहीं रुक गये और झुककर बैठ गये उनके पास और उसकी सेवा टहल करने लग गये।

तब भीतर भवन में बैठे उन पंडितों ने यह देखकर कहना शुरू कर दिया कि देखा–देखो उस पाखंडी को जो कंगले (भिखारी) की सेवा का बहाना करके यहाँ आने से बच रहा है। लेकिन इन सब बातों को अनसुना करते हुए जीसस ने अपनी सेवा प्रीति जारी रखी।

सच्चे भगवद् भक्त का धन उसमें उमड़ता प्रेम ही है, नाम–यश–प्रतिष्ठा नहीं– ये सब तो उसके ध्यान में ही नहीं आते–क्योंकि अभिमान शून्य होने से उसका ध्यान सतत् अपने प्रभु के श्रीचरणों में लीन रहता है। यही अद्वैत बोध है–सब रूप आकारों में उसी प्रभु को विराजते देखता है–पुकारते देखता है। इसी से प्रेम और सेवा ही उसका जीवन हो जाता है। पंडित पुरोहित इस सत्य को नहीं देख पाते हैं। वे अपने–अपने संप्रदाय और परंपरा के हिसाब से भक्त के लक्षण ढूँढते हैं– अतीत से वर्त्तमान के मूल्यांकन का वृथा प्रयास करते हैं। यह कैसे होगा? असंभव ही है। सरल हृदय श्रद्धालु हृदय वाले लोग ही उस वर्तमान को पहचान पाते हैं– वे ही देख पाते है सत्यमूर्ति को, भक्त को। शेष सब अटकलें ही लगाते रह जाते हैं–निंदा आलोचना में फँस जाते, उलझकर रह जाते हैं। अनेक उसके साथी बनकर कालांतर में उसका साथ छोड़ देते हैं।

ब्रह्म को जो जानता है वह ब्रह्म ही हो जाता है। उसकी देहात्म बुद्धि, पृथक कोई व्यक्ति सत्ता–व्यक्तित्व बच नहीं जाता– अब जो भी है सिर्फ एक ब्रह्म ही शेष है– अद्वितीय सत्ता है। कौन व्याख्या करेगा उसकी– कौन वर्णन करेगा–उसके अलावा पृथक कोई उसका ज्ञाता बचता नहीं– और वह स्वयं मौन हैं तो ब्रह्म किसी निश्चित पहचान वाला व्यक्ति तो है नहीं कि कहा जा सके, बताया जा सके। ब्रह्म की भाँति ब्रह्म को जीने जानने वाला भी अव्याख्येय हो जाता है। जीसस अव्याख्येय है जैसे उनके पिता परमात्मा अव्याख्येय हैं क्योंकि जीसस और उनके पिता परमात्मा एक ही हैं– अन्य नहीं। जीसस ने कहा प्रेम ही परमात्मा है। प्रेम और सेवा ही ब्रह्म बोध लाभ का प्रत्यक्ष प्रमाण है।

अस्तित्व के नित्य, अव्याकृत, सरल, निर्दोष, अखंड, सत् स्वरूप (Reality); सत्य को जान लेने के उपरांत जीवन के आधार भूत सत्य को देख लेने के बाद असत् अव्याख्येय आवरण, विक्षेप शक्ति वाली माया का लोप हो जाता है। शास्त्रों ने माया को ही प्रकृति, अविद्या, अज्ञान, अक्षर, अव्यक्त, असत्, तम, मोह, अव्याकृत आदि नामों से कहा है। माया ही त्रिगुणः सत्, रज, तम है। माया ही ज्ञान की त्रिपुटी–ज्ञाता, ज्ञेय और ज्ञान है। यही प्रवृत्ति है। इस प्रवृत्ति से निवृत्त सुषुप्ति सा मोह शून्य, अभिमान शून्य भाव, और जागृत् सब लोक व्यवहार सम्पन्न करता हुआ आनन्दोल्लास से परिपूर्ण हृदय वाला योगी जीवन को, जगत् को जीता है। माया से मुक्त ब्रह्म बोध सम्पन्न संन्यासी प्रवृत्ति में भी निवृत्त रहता है– निर्बीज कर्म करता है– कहीं कोई कर्ता नहीं होता और कर्म होते रहते हैं। यही मायावाद को जानना है और ब्रह्मवाद की प्रतिष्ठा है। तमाम माप–जोख, विशिष्ट नाम रूप तिरोहित हो गये, सब अभिमान जनित द्वैत समाप्त हो गये, इस प्रकार जो नहीं होकर भी है जैसा लगता था वह जगत् भावना लुप्त हो गयी और जो है वह प्रकाशित हो गया, उस अखंड चित्सुख विलास में रमण हो गया। यही ब्रह्मवाद की प्रतिष्ठा है, वास्तविक ब्रह्मचर्य है, ब्रह्म का आचरण है। यही प्रेम है, ज्ञान है, भक्ति है, मोक्ष है– आत्मलाभ है– परम पुण्य है। "तरति शोकमात्मवित्"– इस प्रकार वह ज्ञानी समस्त कलेशों से दुःख मूल से मुक्त हो जाता है और सुख का सागर ज्ञान स्वरूप परब्रह्म ही हो जाता है।

**श्रद्धाः–**

एक बार किसी गाँव में वर्षा नहीं हो रही थी–लोग गर्मी के मारे परेशान थे और खेती हो नहीं पा रही थी–लोग बहुत ही व्याकुल हो उठे थे। यह घटना काल्पनिक नहीं, सचमुच में घटी थी।

गाँव भर के लोगों ने तय किया कि वर्षा के लिये चर्च में जाकर विशेष प्रार्थना करेंगे। लोग जब चर्च की ओर जा रहे थे तब एक बच्चा भी साथ में था–उसके हाथ में छतरी थी जिसे देखकर कुछ लोगों ने हँसी करते हुए पूछा कि बच्चा यह छतरी क्यों साथ ले लिये हो–देखते नहीं कितनी तेज धूप है और आसमान साफ खुला हुआ है। तो बच्चे ने कहा कि अभी तो धूप है लेकिन जब प्रार्थना हो जायेगी तब भगवान जी

पानी बरसायेंगे तब मैं घर कैसे जाऊँगा बिना छतरी के। लोगों ने अपने सयानेपन में सोचा कि यह बच्चा है।

चर्च पहुँचकर लोगों ने प्रार्थना की–बच्चे ने भी की। देखते–देखते ही आसमान में थोड़ी ही देर में बादल घिर आये और चर्च से लोगों के बाहर निकलने के पहले ही जोरों से बरसने लगा–चारों ओर पानी ही पानी दिखता था। तब लोगों ने देखा कि बच्चा मजे से अपनी छतरी लिये चला जा रहा है। लोगों ने समझ लिया कि इसी बच्चे की सरल श्रद्धा का शायद यह फल है। हम लोग आये थे पानी के लिये प्रार्थना करने लेकिन भरोसा तो था ही नहीं। लेकिन इस बच्चे को भरोसा था तभी तो यह छतरी भी साथ लेकर निकला था।

श्रद्धा की ऐसी ही निराली कथा है। सच ही जिस किसी हृदय में चाहें वह बच्चा हो या बड़ी उम्र वाला श्रद्धा हृदय में हो तो श्रद्धावान मनुष्य बच्चे जैसा ही निर्मल, निष्पाप हो जाता है और उसकी पुकार प्रभु सुन लेते हैं और उस श्रद्धावान की श्रद्धा को अपना परिचय दे कर और दृढ़ कर देते हैं। यह बात श्रद्धा की है– श्रद्धा करो फिर देखो कि तुम कैसे भगवान की शरण में सुरक्षित हो जाते हो। यही रीति है उस परम प्रेमी श्री भगवान की। दुनिया भर में जितने भी संत भक्त हो गये हैं, उनके जीवन को देखो–एक नहीं अनेक–अनेक दृष्टांत तुम्हें इस दिव्य प्रेम के मिल जायेंगे।

## सत्य स्वरूप और अभिमान भ्रांति

## प्रज्ञापारमिता

## ग्रंथि विमोचन

मनुष्य क्या है? मनुष्य मनमुखी होता है–मन ही मनुष्य की इंद्रियों के माध्यम से जीता है और अहंबुद्धि बन जाता है, अहंकार बन जाता है। अहंकार घाव है, गांठ है। मन जटिलता है, दुर्बोध होता है– इस तरह मनुष्य एक ग्रंथि ही है। यही दुःख स्रोत है– भव स्रोत है–तृष्णाओं का मूल है। मनुष्य होना एक अभिमान है–यही आवागमन है– जन्म, मृत्यु के चक्र में पड़ जाना है–और यह जगत् यह आवागमन ही सच जैसा जान पड़ने लगता है–सच बनकर ही चित्त में बैठ जाता है। यही ग्रंथि है। यही रोग शोक का मूल है। जब तक परम सत्य का साक्षात् नहीं हो जाता तब

तक यह भावना बनी रहती है। मन क्या है? मन अनन्त अनन्त, संकल्प विकल्पों–राग और द्वेष, आसक्ति और विरक्तियों के तानों–बानों से बना हुआ गांठ है, ग्रंथि है और यही मन मनुष्य के रूप में जीता है– जन्म मृत्यु के चक्र को भोगता है। मन अत्यंत जटिल है। इसी से मनुष्य को भी जटिलता कहा है। इस जटिलता से मुक्ति और सरलता की उपलब्धि को ही बोधि, प्रज्ञापारमिता, समाधि, निर्वाण कहा गया है। यह कैसे हो–यही मनुष्य की छटपटाहट है–खोज है– सतत् जिज्ञासा है।

भगवान बुद्ध एक दिन भिक्षुओं के सम्मुख देशना के लिये आकर बैठे। उनके हाथ में एक वस्त्र खण्ड था। बुद्ध उस दिन कुछ वचन न कहकर उस वस्त्र में गांठे बनाने लगे फिर उसे दिखाकर भिक्षुओं से पूछा कि भिक्षुओं अब बताओ कि क्या यह वही सरल वस्त्र खंड है जिसे हाथ में लेकर मैं आया था। सभी ओर से आवाज आयी कि नहीं–नहीं, यह वही वस्त्र होकर भी वही नहीं है।

बुद्ध ने पूछा–क्या अंतर आ गया है–भिक्षुओं ने कहा–उसमें गांठें पड़ गयी हैं।

बुद्ध ने फिर उस वस्त्र की गांठें खोल दीं और पूछा कि क्या यह वही पहले वाला कपड़ा है? तब भिक्षुओं ने कहा कि, हाँ–हाँ, यह वही सरल वस्त्र खंड है। अब इसकी गांठें खुल गयी हैं।

तब बुद्ध ने कहा भिक्षुओं, हाँ यह वही पूर्ववत् सरल वस्त्र है अब। अब गांठें इसकी खुल गयी हैं। भिक्षुओं–जैसे यह वस्त्र आदि में सरल था, अभी सरल है वैसे ही बीच में सरल नहीं रहा किंतु तत्वतः यह वस्त्र आदि में भी वस्त्र था, अंत में भी वस्त्र है और मध्य में भी वही वस्त्र था– फर्क सिर्फ ग्रंथि पड़ने से प्रतीत होता रहा वैसे ही यह अस्तित्व स्वरूप से आदि में, मध्य में और अंत में शास्वत रूप से वही का वही होता है बीच में वेदनाओं और तृष्णाओं के फलस्वरूप जीव बन जाता है–मन, बुद्धि, देह बन जाता है। यह देह बन जाना प्रतीति मात्र है, प्रतीत्यसमुत्पाद है। यह जगत् सत्य तो निर्वाण स्वरूप है– प्रशांति है–समाधि है–वही सरलता तुम्हारा हमारा सबका स्वभाव है। इसे पहचानो।

रमण महर्षि कहते थे कि तुम पूर्व में (आदि में) आत्मा थे, अंत में आत्मा ही रहोगे फिर बीच में भी तुम अन्यथा कैसे हो सकते हो भला,

यह देहात्म बोध, यह मैं का अभिमान मिथ्या है–इसे पहचानो–खोज करो कि तत्वतः तुम क्या हो–कौन हो।

हँस–हँस कर माँ आनंदमयी मजाक करती सी कहती थीं–जब बच्चे थे तुम तब वेदाँती (बिना दाँत के) थे, अब बुड्ढे हो गये हो तो बेदाँती (बिना दाँत के, वेदांत ज्ञानी) हो गये हो। बीच में सिर्फ दाँतों के रहने तक ही सब आवागमन, संसार भासता रहा–और क्या! बस इतनी सी बात है–इसे समझो।

सरलता को उपलब्ध हो जाना स्वरूप में प्रतिष्ठित हो जाना है। सरल हो जाना, निर्ग्रंथ हो जाना सत्य में प्रतिष्ठित हो जाना है।

सरलता अस्तित्व का स्वभाव है– सरलता ही सत्य का स्वभाव है– सरलता आत्मा का स्वभाव है। सरलता प्रत्येक का स्वभाव है। जटिलता सिर्फ आरोपित धारणा मात्र है– प्रतीति मात्र है– तुम्हारी तृष्णा ही जटिलता बन कर खड़ी हो जाती है। जीवैषणा ही देह बनकर खड़ी हो जाती है। भोगेषणा ही मन बन जाता है। ऐषणा से–कामना से स्वयं को मुक्त करो–तो कामना शून्य होते ही तुम देखोगे कि तुम न देह हो, न मन– तुम सनातन सत्य हो– आत्म तृप्त हो– और निर्दोष सरलता ही तुम्हारी आत्मा है– तुम हो।

इच्छा ही जगत् का मूल है। इच्छा ही देह का मूल है। इच्छा से ही मनुष्य, देव, दानव बनते हैं। इच्छा से ही ब्रह्मा, विष्णु, महेश बनते हैं। इच्छा ही भव बीज है। इसी इच्छा को ग्रंथि कहते हैं। इसका फिर अंत नहीं। अपने स्वरूप को जाने बिना इस ग्रंथि से मुक्ति इस देह धारण चक्र से मुक्ति नहीं, अंत नहीं। इसलिये अपने भीतर स्वरूप जिज्ञासा को जगाओ, खोजो स्वरूप को–पहचानो स्वरूप को। खुद को पाओ तो ही देह धारणा के चक्र से मुक्त हो सकोगे–जटिलता से मुक्त हो सकोगे–स्वरूप को जानकर ही तुम सब तरह से शांत, तृप्त, पूर्ण और सरल हो जाओगे।

देह, बुद्धि एवं अहंकार होने की भ्रांति से जागो। अभिमान का तभी नाश होगा, इच्छा का तभी अंत होगा। तब तुम आत्मा हो– जिसकी महिमा कही नहीं जा सकती। इतना ही जान लो कि आत्मा तत्वतः तो गुणातीत, क्रियातीत, शांत निश्चेष्ट ही है लेकिन इच्छा मात्र से कुछ भी रूप आकार धर सृष्टि बन जाता है– और आत्मा सर्वतंत्र स्वतंत्र है, उसे

दिशा–निर्देश देने वाला, रोकने–टोकने वाला कहीं कोई नहीं है– क्योंकि आत्मा के सिवा कहीं कोई है ही नहीं।

जब मैं आत्मा कह रहा हूँ तो ऐसा मत समझो कि स्वयं से पृथक किसी अन्य सत्ता के विषय में कुछ कह रहा हूँ। यह समझो कि जब मैं आत्मा कह रहा हूँ तो स्वयं के संबंध में ही कह रहा हूँ। यह मैं तुम्हारे स्वयं के बारे में कह रहा हूँ। यह मैं प्रत्येक में स्थित आत्मा के विषय में कह रहा हूँ। एक ही अद्वितीय, अखंड, अविभाज्य, पूर्ण आत्मा है– वही प्रत्येक सृष्टि खंड–देह में व्याप्त है, विराजमान है। वही सरलता है– वही सत् या सत्य है, नित्य है, अविकारी–अविकृत है–वही स्वरूप है प्रत्येक का। स्वरूप का ध्यान करो– अभिमान से मुक्ति ही उपाय है, इस अभिमान से कि तुम कुछ हो, कि तुम कोई हो– या कि तुम्हें कुछ होना है, कुछ बनना है। अभिमान और तृष्णा के जाते ही तुम फिर स्वयं को आत्मा शब्द से भी उपाधि ग्रस्त नहीं कर सकोगे, उसे किस नाम से पुकारूँ!

## 30 अगस्त, 2000

## अमावस्या, भादों

## गुरु ग्रंथ साहिब–प्रकाश उत्सवः–

गुरु वाणी ब्रह्म वाणी है। गुरुवाणी समाधि वाणी है– बुद्ध वाणी है– उद्‌बोधन वाणी है। गुरुवाणी प्रेम है परमात्मा का पृथ्वी वासियों के लिये, गुरु वाणी एक पुकार है प्रभु का अपनी संतानों को अपना सब कुछ दे देने के लिये। गुरुवाणी भटके हुए जीवों को उनके घर की सुधि जगाना है, उन्हें अपने विस्मृत घर को स्मरण कर वहाँ तक पहुँचाने का मार्ग है– पथ में भरण–पोषण देने वाला पाथेय है। गुरुवाणी जीव का सबसे करीबी संबंधी–भाई, माता–पिता है, गुरु ईश्वर है, अनश्वर धन है। गुरु वाणी जीव को दिया गया अनन्त काल तक की सुरक्षा, सुख और स्वास्थ्य का वादा है– परमात्मा की ओर से। गुरुवाणी अमृत का अजस्र स्रोत है, अमृत का झरना है जो ऊपर से झरता है और समस्त जीवों को आनंद रस में स्थित रखता है। सभी जीवों में परमात्मा के विराजमान होने के सत्य को उजागर करता है– ऐसा प्रकाश है, ज्योति है गुरुवाणी। गुरु

वाणी प्रभु की कीर्ति गाथा है, कीर्तन है। गुरुवाणी परम संगीत है। गुरु वाणी ही वेद हैं। गुरुवाणी गुरु की देह है– आत्मा तो है ही। गुरुवाणी भगवान की देह है– भगवान ही ने बोला है। गुरुवाणी साक्षात् भगवान हैं– प्रकट हैं–दर्शनीय, श्रवणीय होकर हैं– जीवों के मनोनुरूप होकर हैं जीवों के कल्याण के लिये, जीवों के उद्धार के लिये। गुरुवाणी परमात्मा की करुणा का–महान् करुणा का प्रत्यक्ष रूप है– हमारे लिये। गुरु की जै, गुरुवाणी की जै, भगवान की जै, साध संगत की जै।

गुरु वाणी तीर्थंकर है, तीर्थ है। गुरुवाणी जीवों का आधार है, उसी का आश्रय लेकर जीव भवसागर पार कर लेते हैं। गुरुवाणी भगवान का नाम–रूप है। उसी के पीछे–पीछे चलकर जीव उस सच्चे पातशाह के सत्स्वरूप तक पहुँच जाते हैं। नाम को पकड़कर, रूप का ध्यान धर भक्त जीव नामी तक पहुँच जाते हैं। गुरुवाणी गंगा, जमुना, सरस्वती के समान पतित पावन है– किसी जीव की चेतना, मति कितनी भी नीचे क्यों न गिर गयी हो– गुरुवाणी के सम्पर्क में आने से उस पतित में भी पवित्रता का संचार हो उठता है और वह सन्मार्ग का पथिक बन जाता है– संतों के जीवन चरितों में अनेक प्रमाण हैं। गुरुवाणी समस्त चर–अचर के ह्रदय में गुंजरित ओंकार ही का प्रकाश है। गुरुवाणी अनहद नाद है– परम पवित्र शब्द है। गुरुवाणी परम तारक मंत्र है। गुरुवाणी प्यार है प्रभु का अपने चाहने वालों के लिये और न चाहने वालों के लिये भी। गुरुवाणी परम पिता का वात्सल्य है अपनी संतानो के लिये। गुरु भक्त वत्सल जो हैं– अपने इस स्वभाव के वश में होकर प्रभु अपना मान भी भूल जाते हैं, अपनी महिमा को त्यागकर शरणागत की रक्षा के लिये दौड़ पड़ते हैं और भक्त का मान रख लेते हैं– उसी वात्सल्य रस का प्रकट रूप है गुरुवाणी।

आज यही कहकर चुप होता हूँ। ध्वनि से ही हम किसी कि उपस्थिति महसूस करते हैं– उधर ध्यान खिंच जाता है। गुरुवाणी वैसे तो निःशब्द होता है, मौन व्याख्यान होता है फिर भी जीवों का ध्यान खींचने के लिये गुरु का प्रकाश है। अपनी ओर आकर्षित किये रहने के निमित्त ही दिव्य ध्वनि ही गुरु वाणी बनकर प्रकाश में आती है। यह नित्य है, गूढ़ है, सरल

है, मधुर है, मनोहर है, गंभीर है, स्पष्ट है, प्रकट है। गुरुवाणी बनकर वही ध्वनि स्रोत सब जीवों को अपनी ओर खींच लेता है।

## एक ओंकार सत्नामः–

नाम वही शब्द है जो हमें नामी से मिला दे और गुरु वाणी वही वाणी है जो जीव को सच्चे गुरु से जोड़ दे–एक कर दे। फिर सिर्फ वही एक रह जाता है, वही ओंकार है– वही नाम सत् है।

उस अलख अगोचर सद्गुरु को प्रणाम और इस प्रकट रूप गुरुवाणी रूप गुरु को प्रणाम– अनंत–अनंत प्रणाम। उस प्यारे के श्री चरणों में सर्वस्व न्योछावर हो। आओ, यही भावना करें–अमृत छकें। यही अपने उद्धार का उपाय है– दूसरा कोई उपाय नहीं है। इस सच्चाई को जान आज उत्सव करें। धन्य–धन्य आज का दिन।

## जनमेजय प्रसंग–प्रारब्ध और श्रद्धा की कथाः–

## (होनी की अटलता)

मनुष्य योनि इस जीव सृष्टि की श्रृंखला में प्रभु की ऐसी कृति है जिसमें प्रभु की शक्ति अन्य योनियों की तुलना में ज्यादा प्रखर व मुखर होती है। प्रभु की उपस्थिति तो सभी सृष्टि देहों में सभी योनियों में समान होती है– कोई भेद नहीं, कहीं कम ज्यादा नहीं होती, लेकिन शक्ति जरूर कम ज्यादा होती है और सर्वाधिक मनुष्य योनि में ही होती है। मनुष्य योनि में सम्यक् विकसित मनुष्य में यह स्पष्ट दिखलाई पड़ती है–इतिहास पुरुषों में महान कहलाने वाले मनुष्यों में यह तथ्य साफ प्रमाणित होता है, किंतु फिर भी ऐसे मानवों के जीवन में भी पूर्व कृत कर्मों के आधार पर कुछ एक ऐसे प्रारब्ध फल प्रकट होते देखे गये हैं जो शायद अटल थे, उन्हें भोगना ही पड़ा। उत्कृष्टतम मानव के लिये भी जब प्रारब्ध फल इतने अटल थे तो सामान्य मनुष्य के जीवन में प्रारब्ध के ऐसे खेल दिखे तो आश्चर्य ही क्या!

महाभारत युद्ध समाप्त हो जाने के बाद पांडवों के एक मात्र उत्तराधिकारी राजा परीक्षित के तक्षक सर्प के दंश से अवसन्न हो जाने

और महात्मा शुकदेव के मुख से श्रीमद्भागवत् की सप्ताह व्यापी कथा सुनकर परम धाम को गमन कर लेने के बाद परीक्षित के पुत्र जनमेजय को राजा बना दिया गया।

एक दिन जनमेजय महात्मा व्यास जी के दर्शन हेतु उनके आश्रम गये और उनके सत्संग में बैठे। व्यासजी उस दिन इसी प्रारब्ध की अटलता पर कुछ बोल रहे थे तब बीच में ही टोक कर जनमेजय ने कहा– गुरु जी, यह कैसी अनहोनी बात है कि आप इतने समर्थ योगी हैं, आपने यह श्रीमद्भागवत् जैसा महान ग्रंथ लिखा– भगवान की कथा लिखी, फिर जैसा मैंने सुना है कि हमारे कुल में एक से बढ़कर एक ज्ञानी, ध्यानी, वीर हुए हैं, साक्षात् श्रीकृष्ण भगवान उस समय उपस्थित थे तो आप लोग इस महाभारत को रोक नहीं सकते थे? मेरा मन इस बात को मान नहीं पा रहा है कि युद्ध अटल था, आप लोग अपनी शक्ति लगाते तो जरूर रोक सकते थे। मेरा मन कहता है कि महाभारत अटल नहीं था। मुझे युद्ध की अटलता और आप लोगों की सामर्थ्य हीनता पर शंका है। आप लोग अपने सामर्थ्य से युद्ध रोक सकते थे।

व्यास देव ने जनमेजय से कहा कि राजन्, मैं तो अभी एक अटल प्रारब्ध तुम्हारा देख रहा हूँ जिसे मैं तुझे बता दूँ तो तुम उसे पहले ही से जान भी लोगे फिर भी तुम रोक सको तो रोक लेना– यह तो एक व्यक्ति के ही प्रारब्ध की बात है महाभारत तो बहुत बड़ी घटना थी। अब तुम अपने ऊपर आये इस प्रारब्ध भोग के जरिये जान लेना कि प्रारब्ध अटल होता है या नहीं।

जनमेजय ने पूछा– भगवन् वह प्रारब्ध क्या है मेरा?

व्यास देव ने कहा– कि तू कुष्ठ रोगी होकर मरेगा। और तुझे यह कुष्ठ रोग होगा, कैसे वह भी सुनाता हूँ। और यह भी सुनाऊँगा कि तुम रोग मुक्त कैसे हो सकोगे– लेकिन तुम हो नहीं सकोगे यह भी अटल है।

तो सुनो– अब यहाँ से जब महल जाओगे तो भविष्य में कभी किसी काले घोड़े पर नहीं चढ़ोगे, शिकार पर नहीं जाओगे, यदि चढ़ भी गये काले घोड़े पर तो शिकार पर नहीं जाओ, और शिकार के लिये निकल भी गये तो उस घोड़े पर तो पश्चिम दिशा में नहीं जाना, यदि पश्चिम दिशा में चले भी गये और कोई स्त्री तुम्हें दिखे तो उससे बातें मत करना

उसके पास न जाना, यदि उस स्त्री से बातें भी कर लिये तो उससे विवाह प्रस्ताव तो कदापि मत करना क्योंकि वही स्त्री तुम्हारे लिये घातक होगी– यह जान लो।

ऋषि ने कहा कि लेकिन इतना सब जानते हुए भी, मेरे मना करने के बावजूद तुम ऐसा ही करते जाओगे, एक पर एक गलती तुम करोगे और अंत में उस स्त्री को अपनी पत्नी बनाकर महल में लाओगे–यह अटल है मेरे सामने। अब तुम स्वयं को सावधान होकर बचा सको तो बचा लो।

और यदि ऐसा होने से तुम न बचा सके और रोग ग्रस्त हो गये तो उससे मुक्ति का एक ही उपाय है अपने गुरुजनों की वाणी पर, शास्त्रों पर अटूट श्रद्धा–यदि तुम संदेह रहित चित्त से गुरुवाणी सुन सके–गुरु पर श्रद्धा दृढ़ बनाकर रह सको तो तुम्हारा रोग दूर हो जायेगा। बस, एकमात्र यही उपाय होगा, याद रखो।

जनमेजय ने कहा कि जब मैं जान गया हूँ– आपने कृपा कर बता ही दिया है तब अब क्यों कर काले घोड़े पर बैठूँगा, मेरे अस्तबल में तो सैकड़ों घोड़े हैं। फिर मैं पश्चिम दिशा में ही क्यों शिकार खेलने जाऊँगा, मेरे राज्य के तो चारों ओर अनेक जंगल हैं जहाँ तरह–तरह के शिकार हैं। इस तरह कहते हुए वह राजा ऋषि को प्रणाम कर विदा हुआ और अपने महल में आया।

कुछ समय बीतने पर एक दिन जनमेजय ने शिकार के लिये निकलने का निश्चय किया। राजा घुड़साल में जाकर घोड़ा चुनने लगा तभी घोड़ों के प्रशिक्षक ने आकर कहा कि राजन् यह काला घोड़ा बड़ा ही बाँका है, अभी नया, नया ही है– इस पर सवारी का तो आनंद ही और है। आप इसी घोड़े पर जायें। राजा को उस आदमी की बात पसंद आयी– वह उस घोड़े पर सवार होकर जंगल की ओर निकल पड़ा। नगर के बाहर निकल कर राजा ने विचार किया कि पश्चिम की ओर ही जाया जाये– क्या होता है देखें जरा। इस प्रकार विचार कर राजा जंगल में बहुत दूर निकल गया। आगे जाकर उसने एक स्त्री का विलाप सुना, राजा ने पास जाकर देखा एक सुंदरी युवती रो रही है। राजा को ऋषि वाक्य याद आया फिर भी उसने उस युवती से बातें की और पूछा कि वह क्यों रो रही है। युवती ने कहा कि उसके माँ–बाप नहीं रहे, वह

अकेली दु:खी हो गयी है। वह भीलनी है। तब राजा ने उस युवती के सौंदर्य से मोहित हो उसे अपनी शरण दे दी और उसे महल में ले आया और उससे विवाह कर लिया।

एक दिन इस भीलनी रानी ने राजा से कहा कि वह अपने विवाह की खुशी में एक ब्राह्मण भोज देना चाहती है। राजा ने वृद्ध ब्राह्मणों को भोज के लिये आमंत्रित किया क्योंकि व्यास देव ने युवा ब्राह्मण पुत्रों को आमंत्रित करने से मना किया था। संयोग से उस दिन पास ही के गाँव में कोई संत प्रवचनकार आये हुए थे सो वे सब वृद्ध ब्राह्मण वहीं गये हुए थे, तो उनकी जगह युवा ब्राह्मण पुत्र ही आये। वे सब के सब लंपट थे, व्यसनी थे।

जब भोज प्रारंभ हुआ, ब्राह्मण आकर बैठ गये तब रानी ने राजा से कहा कि वह खुद परोसेंगी। राजा ने सहर्ष स्वीकार कर स्वयं वहाँ उपस्थित रहा। रानी परोसने लगीं। बार–बार उसकी चुन्नी फिसल–फिसल कर गिर जाती तब उसके अंग दिखने लगते और लहंगा इतना ऊँचा पहनी थी भीलनी जो थी वह, तो पैर दिखते थे– तो इस सब दृश्य को देख–देख वे लंपट ब्राह्मण लोग हँसने लगे और कहने लगे कि आखिर भीलनी जो है यह रानी– और वे अश्लील इशारे कर–करके चटखारे लेने लगे। यह देख राजा को क्रोध आ गया और उसी समय रानी के लिये ऐसा कहने वाले उन ब्राह्मणों का सिर अपनी तलवार से काट डाला। उन ब्राह्मणों के परिवार वालों ने राजा को बहुत श्राप दे दिया। राजा इस भाँति अपराधी हो गया। इसी अपराध से उसके शरीर पर कोढ़ उभर आया और फैलता गया– लगभग सारी देह आक्रांत हो गयी। अब राजा बहुत डरा और एक बार पुनः व्यास देव के पास आया और सारा वृत्तांत सुनाकर रो–रोकर क्षमा याचना के साथ रोग निवारण हेतु प्रार्थना करने लगा।

उस समय व्यास जी संयोग से महाभारत की कथा ही सुना रहे थे–एक–एक घटना, एक–एक पात्र के विषय में विस्तार से समझा रहे थे। जनमेजय क्रमशः सुनता गया, दिन पर दिन बीतते गये। श्रद्धा से सुनने से उसका रोग ऊपर से नीचे की ओर क्रमशः ठीक होने लगा। श्रद्धा की ऐसी महिमा ही है। जनमेजय ने अनुभव से इन तथ्य को देखा समझा फिर भी एक दिन यों हुआ।

व्यास देव बता रहे थे कि ऐसे–ऐसे बली थे उस युद्ध में कि सहज ही विश्वास न हो किंतु सच ही वे ऐसे बल वाले थे। भीम तो हाथियों की सूंड़ पकड़–पकड़कर उन्हें उछाल कर आकाश में फेंक देते थे– इतनी दूर कि आँखों से ओझल ही हो जायें–और व्यासजी ने कहा कि अभी भी अनेकों हाथी उस समय के फेंके हुए अंतरिक्ष में घूम रहे हैं–चक्कर खा रहे हैं।

जनमेजय ने सोचा कि ठीक है, हमारे वंशज अत्यंत बली थे, अतुलनीय थे किंतु गुरुजी ने तो प्रशंसा करने में हद ही कर दी–ऐसा कैसे संभव हो सकता है भला। जनमेजय के मन में आया संदेह आखिर मुँह से निकल ही गया। व्यासजी ने तब राजा से कहा कि तुम्हें संदेह हो गया अब तुम्हारा रोग नहीं जायेगा– जितना रह गया है वही अब तुम्हारी मृत्यु का कारण बन जायेगा।

आगे व्यास देव ने कहा कि तुम्हें प्रमाण चाहिये तो लो अभी दिखाये देता हूँ। ऐसा कहके व्यासजी ने कुछ प्राणायाम किये–तत्काल एक हाथी आकाश से गिरकर वहीं सबके समक्ष आ गिरा। सबने देखा, जनमेजय ने भी देखा। उसका संदेह तो दूर हो गया लेकिन गुरु वचन पर अश्रद्धा के कारण वह रोग मुक्त नहीं हो सका।

यही वह प्रसंग है जिससे प्रारब्ध की अटलता सिद्ध हो जाती है। व्यासजी ने जनमेजय से कहा–अब तो समझ गये न कि महाभारत कैसे अटल था, क्यों वह रोका नहीं जा सका था–अनिवार्य हो गया था। एक अपना प्रारब्ध तो जान लेने के बाद भी तुम रोक न सके, स्वयं को बचा नहीं सके तो तुम ही कहो इतना बड़ा युद्ध–जिसमें हजारों–हजारों लोगों का प्रारब्ध जुड़ा था–वह कैसे कोई रोक सकता था।

जनमेजय अत्यंत लज्जित हुआ और फिर शेष जीवन प्रारब्ध भोग में ही बीत गया।

जीवन में अटल प्रारब्ध होकर ही रहता है–यही हरि इच्छा या विधि का विधान कहा जाता है–ब्रह्मा की रेखा कहलाता है।

यह मैं अपने ही अनुभव पर तुम लोगों से कह रहा हूँ। अतः इस तथ्य पर श्रद्धा करना, संदेह कभी नहीं करना। इसी में तुम लोगों की रक्षा है, इसी में तुम लोगों का शुभ है। याद रखना।

## दशहरा–दिवाली:–

अपनी दसों इंद्रियों को अनुशासित कर लेना ही असली विजयादशमी है और अपने भीतर स्वयं को ढूँढ लेना, आत्मा जो ज्योति स्वरूप है– उसे जान लेना–उसके प्रकाश से समस्त दिशाओं को आलोकित देख लेना ही वास्तविक दिवाली है। कण–कण में नित्य जलते हुए उस परम ज्योति को पहचान लेना ही दीपावली है। यही परम घटना उत्सव है–आनंदित होने का रहस्य है। यही स्वरूप लाभ अथवा भगवद्दर्शन का अनंत सुख है–यही ज्ञान, भक्ति और मुक्ति का जीवन है। यही अयोध्या वास है, श्री राम को संग साथ जानना है। यही सद्गुरु प्रसाद है।

जो लोग इस सत्ता से परिचित नहीं होते उनके लिये–संसारी लोग–बाल बुद्धि वालों के लिये ये ही उत्सव सामाजिक तीज त्योहारों के रूप में मनाये जाते हैं–यह अनित्य सुख है–क्षणिक उत्सव है–मन का सुख उपभोग है। इनसे जीवन में आनंद का अभाव समाप्त नहीं होता। कितनी ही दशहरा–दिवाली मनाते हैं–न मन का भटकाव गया, न देह का रोग शोक गया–जीवन में दुःख संताप वैसे का वैसा ही बना रहा, उल्टे जैसे–जैसे आयु क्षीण होती जाती है, आदमी उम्र से बढ़ता जाता है, बचपन बीतता, जवानी बीतती है–ज्यों–ज्यों उम्र बढ़ती जाती है त्यों त्यों तनाव, चिंताएँ और तमाम तरह के कष्ट बढ़ते ही जाते हैं।

बुद्ध ने कहा है और सभी संतों ने, अनुभवियों ने भी यही कहा है कि यह पृथ्वी पर मानव जीवन दुःख का घर है–जीवन दुःखमय है।

जीवन में भार के कष्टप्रद अनुभव और दुःखमयता के कारण आदमी ने क्षण दो क्षण के लिये उससे मुक्ति हेतु ये छोटे–छोटे त्योहार ईजाद कर लिये हैं–जिनमें आदमी थोड़ी देर के लिये राहत सा अनुभव कर लेता है किंतु उसके जीवन से भार की यह सतत् अनुभूति और दुःख का अहसास कभी नहीं जाता।

यदि सच ही तुम अपने जीवन को दशहरा–दिवाली के सुख से भरना चाहते हो, आनंद के आलोक से जगमगाना चाहते हो तो इस खिलौनों के भ्रम जाल से मुक्त होओ–जरूर त्योहार मनाओ जैसे और लोग मनाते हैं लेकिन इतना ही न करके क्षण–प्रतिक्षण के सुख को भी जानो, नित्य जगमगाती उस परमात्म ज्योति को भी देखो जिससे सृष्टि का कण–कण जगमगा रहा है। आत्मबोध में जागो, आत्मा को पहचानो, नित्य जगमगाते

चैतन्य सूर्य को निहारो। उसी का प्रकाश है यह सृष्टि—यह ध्वनियाँ, ये उष्णता—शीतलता और समस्त गुण।

सर्वत्र उमंग है, सर्वत्र आनंद है, सर्वत्र नृत्य—गान है, सर्वत्र आभा है, सर्वत्र—सर्वदा उत्सव हो रहा है। यही आत्मा है। यही तुम हो। यही परमात्मा है। यही दीवाली की जगमगाहट है। इसे देखो—और प्रशांत आनंद में लीन हो जाओ। यही दुःख मुक्ति है— चिरंतन सुख लाभ है। अपने स्वरूपा को अपने आप को पहचानो। यही दुःख मुक्ति है। यही चिरंतन सुख का लाभ है।

## भज गोविंदम्:—

आदि शंकराचार्य ने ब्रह्म की स्तुति में भज गोविंदम् गाया है। भज अद्वैतम्, भज ब्रह्मन् ऐसा नहीं कहा, गाया है भज गोविंदम्, गोविंद को भजो।

वह ब्रह्म तो निर्गुण, निराकार, निष्क्रिय, अरूप, अनाम है लेकिन लीला विलास में वह अनन्त—अनन्त रूप, अनंत आकार, सदा गतिशील, परिवर्तनशील और सगुण देहों में स्वयं को ढालकर विस्तीर्ण हो जाता है, दृश्य—श्रव्य होकर इंद्रिय प्रत्यक्ष हो जाता है। एक विराट् व्यवस्था दिखने लगती है, उसे चलाने वाला एक सुव्यवस्थित सरकार भी वह बन जाता है। उस गोविंद को भजो, किस गोविंद को भजो। उस गोविंद को जो नियमों में आबद्ध भी है और किसी भी नियम से सदैव मुक्त भी है। उस गोविंद को भजो जो नित्य परिणामी और अचल है और सदा पल—पल रूप अभिनय बदलता हुआ सदा चलायमान है।

वह गोविंद अचिंत्य लीला रचता और खेलता है। उसकी क्षमता को कोई नहीं जान सकता—वह अनंत है।

उस परमात्मा श्रीकृष्ण को भजो, उस नटवर नागर श्री गोविंद को भजो। वही भजन सर्व क्लेषों से मुक्ति है—वही भजन अमृतपान है। गोविदम् को भजना ही मानव जीवन का सार कर्म है। इसलिये गुरु कहते हैं—गोविंद को भजो, व्यर्थ समय सारहीन कामों में मत गँवाओ। जीवन के ये पल अमूल्य हैं—इन्हें गोविंद को याद रखने में बिताओ—गोविंद को भजो।

## आदिशक्ति माँ दुर्गाः–

नौ (9) रूप– शैल पुत्री, ब्रह्मचारिणी, चंद्रघंटा, कूष्मांडा, स्कंदमाता, कात्यायिनी, कालरात्रि, महागौरी, सिद्धिदात्री।

## श्री दुर्गासप्तशतीः–

नौ (9) गौरी– मुखनिर्मालिका, ज्येष्ठा, सौभाग्य, श्रृंगार, विशालाक्षी, ललिता, भवानी, मंगला, महालक्ष्मी।

## दशमहाविद्याः–

काली, तारा, महाविद्या षोडशी भुवनेश्वरी।
भैरवी, छिन्नमस्ता, च विद्या धूमावती तथा
वगला, सिद्धविद्या च मातंग्डी कमलात्मिका।।

## जीवन–लीलाः–

द्वा सुपर्णा सयुजा सखाया
समानं वृक्षं परिषस्व जाते
तयोरन्यः पिप्पलं स्वांद्वत्त्यनश्नन्नन्योऽमिचाकशीति।।

ऋग्वेद (१.१६४.२०)
मुं. उ. (३.१.१), श्वेताश्वतरः (४.६)
अथर्ववेद

## यम–नियम और बोध–करुणा का प्रसारः–

जीव सृष्टि जिसका विकसित रूप यह मनुष्य जीवन है–ही अधोगामी है–विनाश की दिशा में प्रवृत्त है। देह जनम होता है–अनेक–अनेक बार देह बनती है। फिर–फिर नष्ट होती है– जन्म–मरण का चक्र अनवरत् चलता रहता है। जीव जीवन को जीता तो है लेकिन आश्चर्यों का आश्चर्य है कि जीवन जीने के दौरान मिले अपने अनुभवों से कोई सीख लेता हुआ मनुष्य नहीं दिखता। मूर्खों सा ही आचरण करता रहता–आत्मश्लाघा में जीवन भर स्वयं को ही छलने में लगा रहता है आदमी। ऐसी ही स्थिति

को देखकर इस स्थिति से निवृत्त हो गये ऋषियों ने प्रेम और वात्सल्य वश, अपने ज्ञान के करुणा रस से दयाद्र होकर मनुष्य जाति के उद्धार हेतु अनेक उपाय सुझाये, बार–बार चेताया। उन्हीं उपायों के विवरण से भरे ग्रंथों को हमने सत् शास्त्र कहा–धर्मग्रंथ, गुरुवाणी कहा–उन ग्रंथों को अपनी थाती कहा, विरासत माना, उन्हें मूल्यवान समझा तथा उनकी पूजा–उपासना की, उन्हें मत्था टेका–उन्हें साक्षात् गुरु ही माना। ऐसे ग्रंथ ईश्वर प्रेरित होने से ईश्वर की ही वेद वाणी कहलाये–उनमें हमने ईश्वर को हमें अपनी ओर पुकारते सुना– हम पर प्यार बरसाते देखा–इन वाणियों में हमने परमात्मा को अपना कृपा–प्रसाद बरसाते महसूस किया। भगवान ने हमें अपनी ओर अपनी ऊँचाई तक पहुँचने के लिये सीढ़ियाँ प्रस्तुत किया।

ऋषिगण उन्हीं सीढ़ियों को यम–नियम, अनुशासन, साधन, भजन, तंत्र–मंत्र आदि कहते हैं।

मनुष्य को उसकी वर्तमान त्रासद स्थिति जिसे बुद्ध ने दुःख कहा है, वेदांतियों ने अज्ञान कहा है, महावीर ने मूर्च्छा कहा है और योगियों ने अहंकार और मन कहा है– उस विकट स्थिति से ऊपर उठाने के लिये ऋषियों ने कुछ तौर–तरीके, जीवन को जीने के ढंग प्रस्तुत किये हैं– भगवान वेद व्यासजी से लेकर पतंजलि तक– सबने कुछ जप–तप व्रत बताये हैं, शरीर से लेकर आत्मा तक को स्वास्थ्य प्रदान करने वाला विज्ञान दिखाया है– उन्हें यम, नियम, संयम के रूप में व्याख्यायित किया है। सम्पूर्ण आयुर्विज्ञान और योग, ध्यान का विज्ञान इसी करुणा का प्रमाण है। यह करो, यह न करो, ऐसा करना चाहिये, ऐसा नहीं करना चाहिये– भोजन से लेकर भावना तक में एक वैज्ञानिक तौर तरीका हो–इसी बात की ओर ध्यान दिलाया गया। विधि–निषेध का उपदेश दिया गया। लेकिन हुआ क्या? हुआ यह कि आदमी को इस करुणा के पीछे का शुभ भाव नहीं दिखता, इन नियमों के पालन में रुखा सूखापन, कठोरता, प्रकृति विरुद्ध गति, दमन आदि दिख़ने लगा। वह इन नियमों उपदेशों को अपनाने के बजाय इनकी आलोचना करने में लग गया, इन नियमों को बुरी तरह ठुकरा कर चलने लगा। यह भोगवादियों का अपने

पक्ष में तर्क बिठाना था कि वे कुछ दबाते नहीं, छोड़ते नहीं, उन्हें सब स्वीकार है, वे सहज हैं, प्राकृतिक हैं– उन्हें भीतर जैसा अच्छा लगता है वैसा ही बाहर जीते हैं– कोई पाखंड नहीं पालते। इस प्रकार ये भोगवादी कोई नियम नहीं मानते। एक ही नियम वे मानते हैं कि भीतर मन ने जैसा कहा वैसा ही कर बैठे। यह हठ आत्मघात की सीमा तक उन्हें ले जाता है, विक्षिप्त जीवन में ले जाता है। बोध तो आया नहीं, बीमारी और बर्बादी आ गयी।

कुछ ज्ञानीजन ऐसे हुए, जिन्होंने इस जटिल स्थिति को देखा समझा तो उनकी करुणा ने एक कदम और आगे बढ़ाया। उन्होंने तर्क दिया कि आदमी को जितना कहो कि वह न करो, वह न करो तो आदमी और और वैसा ही करने में उत्सुक हो जाता है– निषेध ही निमंत्रण है यह सूत्र उन्हें दिखलाई पड़ा। ऐसे में इन कल्याण मित्रों ने मनोविज्ञान का तर्क देकर यह सुझाया कि छोटी–छोटी चीजों से लड़ना व्यर्थ है– मन की इच्छाओं को दबाना हानिकारक है उन्हें भोग ही लेना चाहिये– भोग कर आदमी को अच्छे–बुरे का बोध होता तो गलत बातें स्वयं छूट जायेंगी। हीरा दिखेगा तो कंकड़ पत्थर आदमी क्यों पकड़े रहेगा। बोध होने पर, ध्यान सध जाने पर गलत दिशाओं में गति वैसे ही रुक जायेगी जो लाखों उपदेशों को सुन–सुनकर भी नहीं हो पाता– जो दमन से संभव ही नहीं है। दमन की जगह भोग का मार्ग सूझा दिया गया। आदमी को और राह मिल गयी– यह सुमार्ग कम, अपने मन के मुताबिक जीने की छूट ज्यादा हो गयी। परिणामस्वरूप बोध तो आया नहीं– बीमारी और बर्बादी तक आदमी पहुँच गया। बोध आने के पहले ही मृत्यु आ जाती है।

आदमी जहाँ का तहाँ, जैसा था वैसा ही रह गया है।

मैंने एक किताब में एक पंक्ति पढ़ी थी **Man's capacity of self-deception is infinite-** आत्म प्रवंचना की आदमी की क्षमता अनंत है–उसे सच होते देखता हूँ।

निश्चय ही बुद्धों के बताये नियम विधियों के पालन करते हुए जीवन यापन से कभी बोध का भी जन्म हो जाता है– आदमी प्रबुद्ध हो जाता है– मूर्च्छा से, अज्ञान से, अहंता ममता से जाग जाता है– पुण्यवान हो उठता है सचमुच सुख स्रोत से जुड़ जाता है, योगी बन जाता है। और यह भी सच है कि जीवन को सहज् स्वीकार कर अच्छे–बुरे सब अनुभवों

को जीते–जीते किसी दिन जीवन को सुखी बनाने वाले नियम, विधान सब स्पष्ट हो जाते हैं– बोध पूर्वक जीवन को जीना नियमों का उद्घाटन बन जाता है। ऋषियों के गणित बिठाने में कहीं कोई गड़बड़ी नहीं होती। ऋषि विधि निषेध की या नियम पालन की बातें कहें तो और भोग पूर्वक जीवन जीकर बोध को उपलब्ध होने की बातें कहें तो– दोनों ही उनकी करुणा का ही फल हैं– दोनों ही बातें आदमी के शुभ को ध्यान में रखकर सुझायी गयी हैं– लेकिन आदमी– मन को गुरु मानकर जीने वाले आदमी की भी बड़ी कुशलता है कि वह इस ढंग को भी और उस ढंग को भी बड़ी चालाकी से इन्कार कर लेता है–मन को गुरु बनाने का यही तो परिणाम होना था–सो हुआ।

मेरा कहना है–आदमी एक छलावा है–स्वयं ही स्वयं को छल ले ऐसी चालाकी का नाम आदमी है। आत्मघाती प्रवृत्ति का नाम है आदमी। गुरु जन, ऋषि लोग आत्म रूपांतरण की बात कहते हैं– ऊपर उठने की बात करते हैं, गुक्त होने की राह बताते हैं– सच्चे सुख को पाने की बातें कहते हैं लेकिन आदमी और और नीचे गिरता जाता है, आत्मघात की ओर चलता है, और–और मूर्च्छित होकर जीवन जीता है, और अपनी छाती पर दुःखों का पहाड़ खड़ा कर लेता है।

मैं देख रहा हूँ– देखते रहना ही मेरा काम है। यही मैं युगों–युगों से कर रहा हूँ। करुणा तो बहुत होती है लेकिन क्या करूँ– यदि मैं कुछ करूँगा और वह आदमी के हाथों अस्वीकार हो जायेगा तो वह करना व्यर्थ ही हो जायेगा। आज तक आदमी ने सभी उपायों को व्यर्थ ही कर दिया है। शायद यही संसार है– अनादि–अनंत है साथ ही इसमें फेरबदल की ऋषियों की चेष्टा भी अनादि अनंत है। इस खेल में मैं संलग्न नहीं होना चाहता– सिर्फ देखते रहना मेरी नियति है–शायद यही मेरा करना है। न करना ही मेरा करना है। चुप्पी ही मेरी वाणी है। मौन प्यार ही मेरी करुणा है। यही मौन प्यार मेरी चेष्टा है– यही चुप्पी मेरा उपदेश है; यही मौन व्याख्यान ही मेरा धर्म है। मौन ही मेरा नियम है, बोध है। इसीलिये तुम लोग मुझे निष्क्रिय, निरूपाय, चुप बैठे देखते हो– कुछ भी नहीं करते, कहीं भी कोई संलग्नता नहीं– कोई **involvement** नहीं। तथाता ही मेरा जीवन है। बोलकर भी चुप हूँ, चुप

रहकर भी बोलता हूँ। क्या तुम मुझे कभी सुनते हो? क्या तुम कभी मुझे महसूस करते हो?

मुझे यदि महसूस करते हो तो जान लोगे कि प्रेम मौन ही होता है। करुणा से विगलित होकर कुछ कहने–करने का मन जो होता है ज्ञानियों को–वही संलग्नता involvement है–कष्ट में पड़े इंसान से जुड़ना है। इसी से वे उपदेश करने लग जाते हैं– कुछ अपने अनुभव में आये उपाय प्रस्तुत करने लग जाते हैं– आदमी सुने, न सुने ज्ञानीजन कहे चले जाते हैं–किये चले जाते हैं। परिणाम क्या निकलता है? परिणाम वही का वही रहता है। आदमी जैसा था वैसा ही रहता है, बदलता ही नहीं– देखने में तो आता है कि और नीचे गिर जाता है, घोर कष्ट में स्वयं को झोंक देता है। इसीलिये मुझे कुछ भी करने, कहने की इच्छा नहीं होती। लेकिन प्रेम तो है ही। प्रेम है लेकिन चुप रहकर–प्रार्थना बनकर। यह प्रार्थना ही मेरा करना है। वही कर रहा हूँ–वही निरंतर करता रहता हूँ। क्या तुम महसूस करते हो? नहीं किया तो करो– देखो मेरी ओर–मुझे जो मैं स्वभाव से हूँ–उसे देखो–प्यार से देखो, मेरी प्रार्थना को देखो–यही मेरा–तुम्हारा जोड़ बनेगा। समय को मत बर्बाद करो। जाग जाओ। आत्मविनाश या आत्मरूपांतरण तुम्हारे अपने ही हाथ में है, कोई गुरु, कोई महात्मा तुम्हें बदल नहीं सकता–तुम्हारा निर्णय, तुम्हारा जागना ही अपनी जिम्मेदारी को स्वीकारना ही तुम्हें बदलेगा। समय रहते ही यह हो जाये तो शुभ है, नहीं तो समय चूक जाने के बाद आसूँ बहाते रहना ही आदमी की नियति बन जाता है–इसी बीच शरीर छूट जाने का वक्त आ खड़ा होता है। क्या ऐसी मृत्यु तुम्हारा चुनाव होगा–क्या संसार से इसी तरह विदा होना चाहोगे? क्या इस तरह तनाव ग्रस्त रहते हुए जीना और तनाव ग्रस्त ही मरना तुम्हारा चुनाव होगा? क्या परमात्मा ने तुम्हें कुछ नहीं दिया है? क्या अतीत ने, तुम्हारे पूर्वजों ने तुम्हें कुछ नहीं दिया है? क्या तुम्हारे गुरुजनों ने, मित्रों ने, तुम्हें कुछ नहीं दिया है, क्या तुम इन्कार कर सकते हो उन पवित्र, महान्, महामूल्यवान क्षणों को जो तुमने जीवन में जो शुभ है उसके साथ गुरुओं के साथ, मंदिरों में, मित्रों

है, अभी भी अवसर हाथ में है–तुम्हारा सौभाग्य तुम्हारे संकल्प की बाट देख रहा है। जागो। अपने मूल को अपने सौभाग्य को पहचानो। अपने मूल और सौभाग्य को पहचान लेना ही बोध है, परम स्वास्थ्य को, चरम सुख स्रोत को दिव्य और अंतिम अंतहीन नशे में धुत्त हो जाना है। मैं ऐसा ही नशा दे रहा हूँ तुम्हें। यही मेरा नशा है, यही सभी संतों का नशा है–यही नानक की, कबीर की, रजनीश की मस्ती है। मैं तुम्हें उसी मस्ती में सराबोर देखना चाहता हूँ। यही तुम्हारा सौभाग्य होगा।

**नवदुर्गा–** नीलकण्ठी, क्षेमंकरी, हरसिद्धि, रुद्रांश दुर्गा, वन दुर्गा, अग्नि दुर्गा, जप दुर्गा, विन्ध्यवासिनी दुर्गा, रूपमारी दुर्गा।

**महाकाली–** भगवान के कर्णकीट से मधु और कैटभ नामक दो राक्षस ब्रह्मा को मारने उद्यत हो गये तो चिति शक्ति माँ भगवान के श्री अंगों से बहिर्भूत होकर महारौद्र रूप धारण कर प्रकट हो गयी और उसने उन राक्षसों का वध भगवान के हाथों करवाया।

**महालक्ष्मी–** महिषासुर मर्दिनी माँ

**महासरस्वती–** शुम्भ, निशुम्भ के वध के लिये देवी पार्वती की देह से शिवा प्रकट हुईं।

एकं सद् विप्रा बहुधा वदन्ति
अग्निं यमं मातरिश्वान माहु।

सत् तो एक (अखण्ड) ही है लेकिन जानने वाले भिन्न–भिन्न नामों से पुकारते हैं। कोई अग्नि कहता है, कोई यम तो कोई मातरिश्वा (पवन) कहता है।

अग्ने नय सुपथा राये अस्मान्
विश्वामि देव वायुनानि विद्वान्।
युयोध्यस्मज्जुहुराणमेनो
भूयिष्ठां ते नम उक्तिं विधेम।।
यो वै भूमा तत्सुखं नाल्पे सुममस्ति।

## अज्ञान और ज्ञान की सप्त भूमिकाएँ:–

अज्ञान– बीच जाग्रत
जाग्रत
महाजाग्रत
जाग्रत स्वप्न
स्वप्न
स्वप्न जाग्रत और
सुषुप्ति।
ज्ञान– शुभेच्छा
विचारणा
तनुमानसा
सत्त्वापत्ति
असंसक्ति
पदार्थ भावना
और तुर्यगा।

## जीव सृष्टि:–

चार्ल्स डॉर्विन ने दुनिया के समक्ष पहली बार सप्रमाण भौतिक विकासवाद (जैविक देह दृष्टि से) प्रस्तुत किया था। दुनिया के तमाम धर्म–संप्रदायों ने भी आध्यात्मिक विकासवाद (चेतना या बुद्धि की दृष्टि से) का वर्णन किया है।

मैं देखता हूँ विकास की धारणा मात्र चाहे देह से संबंधित हो या चेतना से, एक महान् भ्रांति है। कोई कुछ नहीं जानता। वस्तुतः सच तो आत्मरति है–जो है जैसा है वैसा ही रहता–वही का वही। सत्य या सच्चाई तो यही है। हाँ, मन को अपनी माया (माप जोख) के स्वभाव के कारण ही यह भ्रांति हो जाती है कि कहीं कुछ हो रहा है कुछ घट–बढ़ रहा है– बदल रहा है। यही मन है यही माया है यही संसार है देश काल की यह प्रतीति भ्रांति मात्र ही है–यह आदिम संस्कार है–अनादि है यह–लेकिन अनंत नहीं है। अनंत तो सिर्फ सत्य ही है जो सदा सर्वदा अद्वितीय, सनातन, एक ही पहचान लिये, वह एक ही

रस है। वही सनातन रहते हुए भी नित नूतन वैचित्र्य के रूप भी प्रकट होता रहता है–नित नया–नया सा दिखता है, नित सुंदर लगता है, नित आकर्षित किये रहता है–अपनी ओर खींचे रहता है। यह नवीकरण की प्रक्रिया अवर्णनीय है। यही नवीकरण सच्चाई है, न कि विकास की धारणा। वह बदलाहट घटने–बढ़ने, गिरने–उठने, नीचे–ऊपर, गलत–सही, पाप–पुण्य, विध्वंस निर्माण, जड़ चेतन, दानव देव इत्यादि रूपों में नहीं है– ये सब दृष्टियाँ और इनके पीछे भावनाएँ–सब मन से, हर्ष–शोक रूपी फलभोगों से संयुक्त हैं। यह बदलाहट की धारणा सच्चाई को, सत्य को नहीं देखने के कारण बनती है। सत्य को जो देखता है वह देखता है कि कहीं कुछ अशुभ नहीं हो रहा है, कहीं कोई अमंगल नहीं हो रहा है, कहीं कुछ अनाकर्षक नहीं– सर्वत्र सौंदर्य है, शुभ है, प्रसन्नता का प्रसार है, वह देखता है कि सर्वत्र–वैचित्र्य है, चित्त को चुरा लेने वाला विलक्षण आकर्षण है। वह जीवन के प्यार में खो जाता है, जीवन ही उसका प्रियतम है। बस–आत्मरमण ही आत्मरमण है। यही रमण नवीकरण है। ऐसा रमण कोई विनाश या विकास नहीं है यह रमण स्वयं को खोना या पाना नहीं–रमण कोई बँध या मोक्ष नहीं है। यही रमण नर्तक का नृत्य है और यही रमण बुद्ध का बोध है और यह रमण कृष्ण का रास है, यह रमण चैतन्य महाप्रभु का कीर्तन है, यही आत्मरमण महर्षि रमण का मौन है यही रमण भगवान श्री रजनीश के प्रवचन हैं। आत्मरमण आत्मविभोर होना है, आत्म तृप्त होना, आप्तकाम होना है। अपनी महिमा में उठना–बैठना ही रमण है–यही सच्चाई है–वही हो रहा है।

## ऋषियों ने गाया है– आत्मैंवेदं सर्वम् इति।

यह नवीकरण, यह रमण अपनी महिमा का उल्लास ही है, यह माया नहीं, मन नहीं, संसार नहीं है। यह शब्दातीत, गुणातीत, अप्राप्य मनसा सह हैं। ऐसा देखना–सुनना उठना–बैठना – अपने आह्लाद में आप मगन रहना–गूँगे केरी सरकरा खाये और मुसकाय बस यही सत्य को देखना है जहाँ कोई वाद–विवाद नहीं, भ्रांति नहीं– सब साफ है। आत्म रमण उल्लास है, विकास नहीं।

असल में विकास का अर्थ कहीं शुरुआत होना फिर स्थिति और अंत

में और बड़ा और–और ऊँचा उठना होता है। यह सब माप–जोख है, यही मन है, यही माया है। उल्लास जीवन का प्राण है। सत्य अनादि अनंत सदा एक रस है–पूर्ण होना है।

सत्य को देखना प्रभु नाम में डूबना है। नवीकरण का अर्थ माप जोख नहीं नवीकरण का अर्थ आनंद से सराबोर होकर थिरकना है–आह्लाद में डूबना है। नवीकरण माप–जोख से परे अपने आप में ही मस्त रहना है–सरल, पवित्र, सद्यःस्नात होकर जीना है।

सत्य को देखना सत्य को पी लेना है, आत्मसात कर लेना है–समुद्र बूँद में गिर जाये जैसे। तब कबीर कहते हैं– वेद कतेव पार नहीं पाते–ऐसा देस हमारा और जीवन है और जीना है। बस यही सत्य का सनातन और नित नूतन सुंदर होते रहना है। यही स्वभाव की, उल्लास की स्फुरणाएँ हैं। यही नवीकरण है–आत्म रमण है। आत्मरति विकास नहीं, उत्पत्ति स्थिति–लय होता हुआ उल्लास स्फुरण है– आह्लाद है। आत्मैवेदं सर्वं इति।

ऐसा लगता है कि नर और नारी देह पृथक–पृथक होते हैं लेकिन यह भी सच है कि भावनाओं के रूप में पुरुष और स्त्री दोनों भावनाएँ एक ही व्यक्ति में चाहें वह नर देह हो या नारी देह–सभी में एक जैसे ही मौजूद होती हैं। इस तरह अर्धनारीश्वर होना एक सनातन सच्चाई है न कि कभी नहीं था और अब हो गया ऐसा नहीं है। देह जरूर पृथक–पृथक दिखती है। नर देह भिन्न प्रकार की, स्त्री शरीर भिन्न प्रकार की होती है। यही भिन्नता, यही वियोग बेचैनी बन जाती है पुनः एक हो जाने का, अखंड हो जाने की बेचैनी बन जाती है। देह से देह मिलकर एक होने की चेष्टा क्षणिक सुख देती है और बेचैनी बढ़ जाती है जैसे रामकृष्ण परमहंस देव को माँ काली के दर्शन हेतु होती थी। रोते थे, व्याकुल हो उठते थे। फिर–फिर मिलते थे, फिर–फिर बिछुड़ जाते थे।

गोस्वामी तुलसीदास ने गाया है–सिया राममय सब जग जानी–इसे समझना चाहिये। ऐसा ही नर और नारी देह में भी होता है। फिर–फिर जुड़ते हैं, फिर–फिर वियोग। यह मिलन और वियोग उस शांति को उत्पन्न नहीं कर सकता जिसके बाद सब समाधान हो जाये। यह होता है अंर्तमिलन से–अंदर चेतना के तल पर नर और नारी का जुड़ जाना

एक–अखंड हो जाना–उस सनातन अर्धनारीश्वर को जान लेना–वही होना। अर्धनारीश्वर होना ही भगवान का, आत्मा का स्वभाव है। उस नित्य स्वभाव में प्रतिष्ठित ही है हर आत्मा। परमात्मा कभी खंडित हुआ ही नहीं। पंख कभी बंद हुए ही नहीं थे, पंख खुले हुए ही हैं, बस सद्गुरु का इशारा चाहिये, आशीर्वाद चाहिये और उड़ान शुरू। जीव सृष्टि–श्री भगवान का विलास मात्र है द्वैत संकल्प मात्र है। जीवन के खेल स्वप्न मात्र है–मन ही है और मन कुछ नहीं है–एक विचित्र भ्रांति है–आत्म सम्मोहन है। नर–नारी का पृथक–पृथक होना और मिलने बिछुड़ने का यह चक्र विलास मात्र है। वस्तुतः जीव सृष्टि कभी हुई ही नहीं है–न नर का जन्म हुआ न नारी निर्मित हुई है। दोनों ही रूप स्वप्निल हैं–सत्य नहीं। सत्य है अद्वैत परम ब्रह्म। अकेला ईश्वर ही सत्य है जो अर्धनारीश्वर है। यही सत्य है। इसी सत्य के बोध में शांति है, समाधान है। यही सिया राममय होना है–यही अस्तित्व का सत्य है।

विकास की धारणा मनःप्रसूत–मन ही है–और मन खुद ही असत् है। द्वैत असत् है। उल्लास कोई धारणा नहीं–स्वभाव है। उल्लास अद्वैत् है–यही स्वभाव है प्रत्येक का–प्रत्येक में विराजमान परमेश्वर का।

अतः विकास नहीं उल्लास को देखो, द्वैत को नहीं–अद्वितीय सत्ता को देखो–क्योंकि एक वही सत् है आत्मतृप्ति ही–सत्य है–जो कभी न घटता है न बढ़ता है। वही तुम हो–वही यह सब है।

एक नूर से सब जग ऊपजा कौन भले और मंदे। एक ही ब्रह्म सब ओर विराजमान है, कौन ऊपर, कौन नीचे।

अस्तित्व आत्म तृप्त है। यह आत्म तृप्ति, यह पूर्णता यह स्थिरता ही तुम्हारा, मेरा सबका स्वभाव है–स्वरूप है। और स्वरूप में कभी कोई कमी या वृद्धि नहीं होती।

अस्तित्व अर्थात् यह जीवन लीला है। जीवन परमात्मा का लीला विकास है। लीला ब्रह्म स्वरूप होती है–चिन्मय, नित्य, एकरस होता है। मन, बुद्धि, विचार आदि से यह जाना नहीं जा सकता। यह मनुष्य की माप जोख वाली समझ से बाहर व मानवीय क्षमता से अछूता है। डार्विन या कोई भी गणितीय प्रतिभावान् व्यक्ति की गणित व्यवस्था से यह अनुभव नहीं पाया जा सकता है। अस्तित्व के सृष्टि नियम गणित जैसे लगते हैं

लेकिन यह गणित से मुक्त ही रहता है। अस्तित्व लीला है–अपने में सदैव आत्मतृप्त, पूर्ण, आप्तकाम–इसे कृष्ण ने जाना, व्यास देव ने जाना, शिव ने जाना, नानक ने, कबीर ने, रमण ने, रामकृष्ण ने, ऋषियों ने जाना। जाना ही नहीं लीला को जिया भी।

मैं डार्विन से सहमत कैसे हो सकता हूँ भला। यह असंभव है।

ऋषियों ने गाया है–

ओम् पूर्वमदः पूर्णमिदं पूर्णात् पूर्णम् उद्च्यते।
पूर्णस्य पूर्णामादाय पूर्णमेवावशिष्यते।।

सर्वत्र पूर्ण ही पूर्ण का वास है। पूर्ण में कैसा ह्रास और कैसा विकास? पूर्ण नित्य पूर्ण ही होता है। वही है मेरा, तुम्हारा, प्रत्येक का स्वभाव।

सम्यक् स्वास्थ्य

स्वाध्याय

संत समागम

सेवा

स्वरूप ध्यान

## माया क्या है?

श्री दुर्गासप्तशती की कथा का प्रारंभ ही मनुष्य की दुश्चिंताओं को लेकर हुआ। ऋषि ने समझाया है कि संसार में मोह ममता कैसे चित्त को घेर लेती, ग्रस लेती है और आदमी कैसे दिङ्मूढ़ सा होकर यहाँ वहाँ भटकता फिरता है।

एक राजा जिसकी कभी समृद्ध राजधानी थी, महल थे, भरा–पूरा परिवार था–खूब सुख सुविधा थी। फिर एक युद्ध में सब गँवा बैठा–भागने की नौबत आ गयी। सब परिवार वाले यहाँ–वहाँ भाग खड़े हुए और वह राजा भी दुःखी होकर भाग गया जंगल की ओर।

ऐसी ही दशा लगभग एक अन्य व्यक्ति, एक समृद्ध व्यापारी की हुई जो किसी अन्य राज्य से निकला था– भटकते–भटकते वह भी उसी जंगल में पहुँचा।

एक साधु के आश्रम दिखने पर वहाँ शांति लाभ की आशा में अलग वे दोनों वहाँ गये। दोनों ने एक दूसरे को देखा, परिचय पाया और एक दूसरे के दुःख दारिद्रय, एक दूसरे के मनो मालिन्य का कारण जाना और

दोनों उस मुनि के समक्ष जाकर अपनी समस्या उन्हें सुनाते हैं।

दोनों ने कहा कि जब हम सुख–सुविधा संपन्न थे तब हमारे परिवारजन हमारे साथ थे लेकिन दुःरवस्था आते ही उन्होंने हमें छोड़ दिया और हमारा त्याग कर दिया अपने–अपने स्वार्थ में पड़कर उन्होंने हमें भुला दिया लेकिन हम यह अच्छी तरह जानते हुए भी कि उन्होंने हमें कष्ट पहुँचाया है फिर भी उन्हीं–उन्हीं का चिंतन हम कर रहे हैं, ये पल–पल याद आते हैं कि उनका क्या हाल होगा, वे कहाँ होंगे उन्हें कोई दुःख तो नहीं होगा, वे किसी कष्ट में तो नहीं पड़ गये होंगे–ऐसी दुश्चिंता हमें होती है।

उन्होंने पूछा कि–बाबा, यह कैसे हो रहा है कि जिनसे हमें उपेक्षा मिली, कष्ट मिला उन्हीं की हम चिंता कर रहे हैं–यह क्या है–यह क्यों हो रहा है।

हमें समझाएँ और शांति लाभ का मार्ग सुझायें।

तब मुनि ने कहा–बेटा यह माया का प्रभाव है।

उन चिंता ग्रस्त लोगों ने पूछा कि बाबा, यह माया क्या है?

मुनि ने कहा–बेटा, वही तो–जो अच्छी तरह समझ में आ–आकर भी समझ में न आये–वही तो माया है। वह महाशक्तिशाली है–वही मोह–ममता बनकर सबके हृदय को मथ रही है, चित्त में उद्विग्नता भर रही है। जैसे अभी तुम लोगों का हाल हो रहा है। यह माया मनुष्यों में अभिमान बनकर–'अहं' 'मम्' बनकर बैठी हुई है–जगत् को सत्य मानने का अज्ञान बनकर, अविद्या बनकर बैठी हुई है।

तुम लोग उसी माया के वशीभूत हो। महामाया माँ की शरण जाने पर ही इस महाविपत्ति से रक्षा हो सकेगी और कोई दूसरा मार्ग नहीं। वह महामाया माँ ही नित्य सत्य है।

माँ महामाया ही नित्य शांति है, वही समाधान हैं। वही अपना है जो हमें कभी भी नहीं त्यागती–कभी हमें दुत्कारती नहीं–वात्सल्य पूर्ण होती है पुकारती, पुचकारती, दुलार करती और हमारे हृदयों को शांति से भर देती है। उसी माँ दुर्गा की उपासना करो उसी से तुम माया के इस दुस्तर जाल से मुक्त हो सकोगे, समस्त दुश्चिंताओं और दुःखों की आत्यंतिक निवृत्ति हो जायेगी। अनंत वात्सल्यमयी माँ दुर्गा ही अशरणों

की एकमात्र शरण है–इसलिये बेटे, उस समाधि रुपिणी माँ की उपासना करो, उसकी यशोगाथा सुनो, उनकी कीर्ति का गान–कीर्तन करो, उसे सदा सर्वदा अपने साथ अनुभव करो–अपने भीतर–बाहर सर्वत्र सर्व रूप, सर्व गुण, सर्व क्रियाओं, सभी अवस्थाओं के रूप में उसे ही जानो–मानो फिर देखो कि कैसे यह समझ–समझ कर समझ न आ सकने वाली यह विस्तार वाली माया सूरज के उगने पर जैसे ओसकण भाप बनकर विलीन हो जाते हैं–वैसे ही यह असंभव सी लगने वाली माया निर्बल होकर भाग खड़ी होती है। अपनी उपलब्धि पर अपार हर्ष भी होता है और अपनी अतीत में की गयी मूर्खताओं पर खूब जोर से हँसी भी आती है। माया यानी आदमी को बेवकूफ बना देने वाली और आदमी से अजीबों गरीब काम धंधे करा देने वाली दैवीय ताकत का नाम है– भूत प्रेत की तरह अस्तित्वहीन है लेकिन आदमी को खूब नचाती है। और जब उसकी सच्चाई सामने आ जाती है तब दुबक कर भाग खड़ी होती है। ऐसी है माया। इसीलिये उसके वश में रहकर आदमी जो–जो काम किये हुए होता है, उन मूर्खताओं को याद कर, करके वह खूब हँसता है। माँ महामाया की शरण जाने से मन–माया से मुक्ति मिल जाती है।

## सफल आदमीः–

आज की तारीख में अमेरिका (U.S.A.) विश्व का सबसे बड़ा धनाढ्य राष्ट्र है। दुनिया भर के उद्योगपति और व्यवसायी लोगों का आकर्षण का केंद्र है अमेरिका।

संयोग की बात है कि अध्यात्म के क्षेत्र में भी सबसे बड़ा प्रचार केंद्र और महत्त्वपूर्ण देश है अमेरिका। शिकागो धर्म सभा में स्वामी विवेकानंद के सम्मानित होने के बाद वहाँ रामकृष्ण मिशन को जो भूमि मिली वह भारतीय अध्यात्म की एक महान सफलता पूर्ण अभियान था। स्वामी रामतीर्थ को भी ऐसा ही सम्मान मिला।

स्वामी विवेकानंद के पश्चात् क्रिया योगी स्वामी योगानंद परमहंस को वहाँ अभूतपूर्व प्रचार मिला। स्वामी विवेकानंद के गुरुभाई स्वामी अभेदानंद की विद्वता को भी वहाँ लोगों ने खूब सराहा।

उस दौर के बाद (द्वितीय विश्व युद्ध के बाद का इतिहास) महर्षि महेश योगी के वेदांत और भावातीत ध्यान योग को भी अत्यंत सफलता मिली। हरे राम हरे कृष्ण संप्रदाय के संस्थापक स्वामी भक्ति वेदांत सरस्वती को चैतन्य महाप्रभु द्वारा चलायी हुई कृष्ण प्रेम के कीर्तनों और भागवत धर्म के प्रचार में अमेरिका की भूमि ने बहुत सहयोग दिया।

सन् 1981 में भगवान श्री रजनीश के पदार्पण से अमेरिका में एक हलचल सी मच गयी और अमेरिकी सरकार तथा वैटिकन में पोप को भय व्याप्त हो गया। लेकिन रजनीश का यश देखते–देखते ही अभूतपूर्व रूप से फैल गया और वहाँ अमेरिका के **Atlas** में रजनीश पुरम् नाम से एक शहर का नाम चढ़ गया।

अमेरिकी सरकार ने रजनीश को गिरफ्तार कर लिया और बारह दिन जेलों में रखकर उन्हें अमेरिका से पाँच वर्षों के लिये निष्कासित कर दिया। लेकिन इससे रजनीश का नाम यश और फैल गया और वे इसके बाद अनेक राष्ट्रों में गये लेकिन कोई राष्ट्र उन्हें बसने देने की अनुमति नहीं दे सका–ऐसा दबाव था अमेरिका का। अंत में उन्हें प्रार्थना करके भारत में ही ले आया गया और वे अपने पूना आश्रम में वापस आ गये। वहीं सन् 1990 की 19 जनवरी की शाम में उन्होंने देहत्याग कर दिया। उसके बाद योगी श्री राम ने अमेरिका में खूब नाम दाम कमाया। बाद में वे भारत में ही आ गये और अपना एक मिशन कायम किया।

भगवान श्री रजनीश के बाद डॉ. दीपक चोपड़ा ने अमेरिका में बहुत ख्याति पायी। उनकी किताबें वहाँ और दुनिया भर में बहुत महंगी दामों पर बिकीं और अनेक राष्ट्रों में उनके ध्यान शिविर हुए। डॉ. दीपक चोपड़ा एक सफल चिकित्सक भी हैं। लेकिन इससे ज्यादा सफल हैं एक उद्योगपति की भाँति भी अपने मिशन की सफलता के रूप में उपलब्धि करके।

एक बात आश्चर्य की है कि जो आध्यात्मिक ज्ञान संपदा है जो करुणा और बेशर्त प्रेम से उपजा है विरासत में मिला वह ज्ञान ध्यान विश्व बाजार में **The most saleable item** के रूप में बिकता रहा और उससे अकूत संपत्ति कमाई गयी। उस कमाई को हम सफलता कहते हैं–उसे हम विश्वकल्याण कहते हैं, उसे धर्म प्रचार धर्म संस्थापना आदि

कहते हैं। और परिणाम हम देख ही रहे हैं। चारों ओर बाजार ही बाजार है, कोई बेच रहा है, कोई खरीद रहे हैं। और बाजार में होड़ लगी है। बाजार में सब अपनी–अपनी उत्कृष्टता और उपादेयता की ढोल पीट रहे हैं। बाजार की चीज हो गया है धर्म प्रचार। क्या यही सफलता की सीढ़ी है? क्या यही इंसान की सफलता है? क्या इसी सफल जिंदगी की शिक्षा बुद्ध, महावीर, नानक, कबीर दे गये हैं? क्या यही सफलता चैतन्य महाप्रभु, रामकृष्ण परमहंस देव और रजनीश भगवान सिखा गये हैं?

## अहम् यात्राः–

अ से ह तक
बिन्दु से विसर्ग तक
अव्यक्त से व्यक्त तक

आप्तकामता से इच्छा उदय तक, प्रसार और विसर्ग से पुनः बिन्दु से लीनता ही आत्मरमण है। यही रास लीला है।

यही परमात्मा की अचिंत्य आह्लादिनी शक्ति का खेल है। यह चिन्मय खेल है। यह नित्य लीला है। यही महाभाव है– यह सचमुच विचित्र और दिव्य है।

## कर्मा बाई की खिचड़ीः–

यह कथा श्री जगन्नाथ प्रभु की भक्त कर्मा बाई की है। कर्मा बाई की भक्ति को कोई नहीं जान पाता यदि वह महात्मा उसे उपदेश नहीं देते।

कथा है कि जगन्नाथ प्रभु की एक भक्त कर्मा बाई थी। वैसे तो जगन्नाथ जी की पूजा उड़ीसा के गाँव–गाँव में घर–घर में ठीक वैसे ही होती आई है जैसे गणपति की महाराष्ट्र में, माँ काली की बंगाल में और शिव जी की यू.पी., बिहार में। ये इन प्रांतों के इष्ट देव हैं।

कर्मा बाई सुबह उठने के बाद सबसे पहले एक ही काम करती थीं–अपने जगन्नाथ जी के लिये प्रसाद के तौर पर खिचड़ी तैयार करना। और जब भगवान को प्रसाद खिला लेती तब अन्य कार्य स्नानादि संपन्न करती। एक बार कर्मा बाई के पड़ोस में एक महात्मा पधारे। उन्हें कर्मा बाई के विषय में पता चला कि बिना शुचिता–अशुचिता का ख्याल किये

ही भगवान के लिये प्रसाद बनाती और प्रसाद चढ़ाती थी तो उन्हें क्रोध आया और वे जाकर कर्मा बाई को सिखा आये कि प्रसाद कैसे तैयार करना चाहिये और यह सख्त आदेश दे आये कि कल से उनके कहे अनुसार पहले स्वयं के स्नानादि कार्य सम्पन्न करके घर को स्वच्छ करके फिर भगवान को प्रसाद चढ़ाए।

दूसरे दिन कर्मा बाई ने ऐसा ही किया इसमें उसे रोज कुछ देरी हो जाती।

उधर जगन्नाथ के मंदिर में जो मुख्य पुजारी था, उसे रात्रि में भगवान ने स्वप्न में बताया कि वे रोज भूखे ही रह जाते हैं। मंदिर में चढ़ाये प्रसाद को वे छूते भी नहीं क्योंकि उन्हें कर्मा बाई की खिचड़ी का स्वाद लग गया है और वह अब एक महात्मा के कहने में आकर ठीक समय पर प्रसाद तैयार नहीं कर पाती और अपनी शुचिता–अशुचिता के ध्यान के कारण प्रसाद बनाने में जो सहजता होती थी उसे वह पूरा नहीं कर पा रही थी–वह बेचारी असहज हो गयी है। भगवान ने कहा कि उसे जाकर कहो कि पहले जैसा ही वह करे तभी उन्हें तृप्ति मिलेगी। और साथ ही यह भी यह भी आदेश दिया कि उस महात्मा को कहो कि किसी की सरल भक्ति में अपने ज्ञान को वह थोपना बंद कर दे। पुजारी जी ने सारा वृत्तांत कर्मा बाई को कह सुनाया। दूसरे दिन से कर्मा बाई ने पुनः पूर्ववत् प्रसाद तैयार करके प्रसाद लगाया। इधर प्रसाद के वक्त पुजारी ने जब मंदिर का पट खोला तो देखा कि प्रभु के मुँह और हाथों में खिचड़ी लगी हुई है। ऐसा करके प्रभु ने अपने पुजारी के समक्ष कर्मा बाई की भक्ति को सप्रमाण सिद्ध कर दिया। यही भक्त और भक्ति की महिमा है कि प्रेम ही सर्वोपरि बात है, सरलता ही बड़ी बात है। एक भक्त के लिये शास्त्र निर्देश, यम नियम आदि एकदम गौण चीज हो जाती है। भक्त के लिये अपने भगवान की सेवा ही, प्रेम ही बस बच जाता है। और वह भी बिना किसी को पता चले–चुपचाप ही। यही भगवान को प्रिय है। यह प्रेमा भक्ति की महिमा है। प्रेम और भक्ति एक ही आस्वादन को कहने के दो नाम हैं। प्रेम ही भक्ति है और भक्ति ही प्रेम। ज्ञान और कर्म भक्ति बन जाता है। ज्ञान परमात्मा की, अपने इष्ट की अनादि अनंतता और प्रेम पूर्णता का अनुभव या प्रभु का अहर्निश बोध है तो कर्म उस प्रभु की सेवा है– अपने इष्ट की प्रीति के लिये पल–पल जीवन को जीना है।

यही कर्मा बाई का जीवन था। पल–पल जीने का ढंग था। ईसा मसीह कहते हैं मैं और मेरा पिता एक हैं। ऐसे ही कर्मा बाई और उसके प्रियतम प्रभु जगन्नाथ जी एक ही हो गये हैं।

मेरे सद्गुरु भगवान श्री रजनीश वैसे तो दुनियाभर में एक ध्यान आंदोलन के प्रवर्तक के रूप में ज्यादा प्रसिद्ध हुए लेकिन एक प्रवचन में उन्होंने कहा था– "यदि तुम मुझसे पूछोगे कि ध्यानी होना या भक्त होना तो मैं तो तुमसे यही कहूँगा कि हो सके तो भक्त ही होना, ध्यान तो मात्र उसके लिये तैयारी ही है और वह मार्ग रुखा–सूखा है।"

भगवान ने नारद भक्ति सूत्र, शांडिल्य भक्ति सूत्र और अनेक–अनेक भक्त संतों की वाणियों पर विशद व्याख्या करके और उन भक्तों की भूरि–भूरि प्रशंसा करके स्वयं के भीतर छुपे हुए एक महान् भक्त को प्रकट किया था। उनके उस पक्ष की ओर विरले ही लोगों का ध्यान गया जो उनके जानने–मानने वालों को जानना चाहिये, महसूस करना चाहिये ऐसा एक महत्त्वपूर्ण पहलू है।

## सृष्टि व्यापारः–

उस आप्तकामता की निस्सीम शांति में सहज स्वाभाविक आनंदोल्लास के फलस्वरूप नित नवोन्मेष प्रादुर्भूत होते रहते हैं। आनंद की स्फुरणा होती रहती है, चित्शक्ति में स्पंदन होते रहते हैं। चैतन्य में क्षोभ पैदा होते रहते हैं। यही स्फुरणा, स्पंदन या क्षोभ नये–नये आकार प्रकार में प्रकट होते रहते हैं और सृष्टि कहलाते हैं। इसी को विसर्ग होना–बिंदु का विसर्ग में परिवर्तन या प्रसार होना कहलाता है। यही उस परम रहस्य– सच्चिदानंद प्रभु की लीला है– वह अनंत–अनंत सृष्टि व्यापार के रूप में दिखकर या हमारी इंद्रियों के अनुभव रूपों में ढलकर भी जस का तस– पूर्ववत् आप्तकाम और परम शांत, आनंदमय ही बने रहता है। परमात्मा में विकार या परिणाम नहीं आता, परमात्मा में परिवर्तन नहीं आता, परमात्मा आवृत्त नहीं होगा। परमात्मा नित्य स्वयं ही होता है– कभी भी अन्य नहीं होता।

सत् यानी परमात्मा<br>
चित् यानी स्वरूपबोध<br>
आनंद यानी प्रेम व्यापार

अर्थात्– वह है यानी सत्, वह जानता है कि वह है यानी चित् और वह जानता है कि वह क्या है यानी आनंद। यही सच्चिदानंद का अर्थ है। यही बोध है, यही बुद्ध है। निराकर, देह रहित बुद्ध ही बोध है। साकार, देहयुक्त बोध ही बुद्ध है। यह ज्ञान ही सम्यक् सम्बोधि है, सम्यक् समाधान है। स्वरूप बोध की प्रतिष्ठा आनंद से जो नित प्रमुदित है वही बुद्ध है– उसकी यह प्रसन्नता ही प्रेम है।

## धारणा और सत्य–अज्ञेय के प्रति जिज्ञासाः–

हम किसी विषय के ऊपर चिंतन करते हैं– उसे देखते हैं, परखते हैं फिर एक धारणा निश्चित कर लेते हैं और कहते हैं कि यही सत्य है। लेकिन यह बार–बार देखने में आता है कि कुछ समय बाद कोई अन्य व्यक्ति उसी विषय में कुछ और ही धारणा तय कर लेता है जो ज्यादा तर्कपूर्ण और ज्यादा परीक्षण के आधार पर तय होता है तो उसे ही सत्य मान लिया जाता है। ऐसे ज्ञान की यात्रा चलती है। प्रत्येक बार पुरानी धारणा बचकानी और अधूरी लगती है लगभग झूठी ही सिद्ध हो जाती है, भ्रांत प्रमाणित हो जाती है। हर बार अपनी धारणा को पहले सत्य और बाद में भ्रांति मानने के लिये मजबूर हो जाते हैं। हम देखते हैं कि सत्य सर्वदा अज्ञात् या अज्ञेय ही रह जाता है।

सत्य के प्रति निरंतर इस जिज्ञासा से यह समझ में आता है कि जो धारणा हम बना लेते हैं वह उस वस्तु के विषय में तो कम ही बयान करती है– वह हमारी दृष्टि की क्षमता के बारे में ज्यादा बयान करती है। हमारी प्रत्येक धारणा यह बताती है कि हमारी क्षमता सीमित है–हमारी दृष्टि भोथरी– हम सत्य को जान नहीं पाते सिर्फ अपनी मनःकल्पित धारणा को उस पर थोप देते हैं और ऐसे ही हमारी ज्ञान की यात्रा चलती रहती है। हम समझते हैं कि सत्य को हम जानने लगे हैं और सच यही होता है कि सत्य सदैव एक अंतहीन रहस्य ही रह जाता है–एकदम अछूता। आदमी का दंभ हार–हार कर भी आदमी को भुलावे में रखता है– हर बार छलता है उसे और आदमी जैसे पहले था वैसे ही अब भी अज्ञानी ही रह जाता है। हर अधूरा ज्ञान एक छलावा है–उसे सत्य मान लेने से मनुष्य जाति ने बहुत भारी हानि उठाई है। बहुत वाद–विवाद, बहुत हिंसाएँ–बहुत मारकाट हुई हैं।

आदमी कब समझेगा?

कब होगा आदमी मुक्त अपने मूढ़ आग्रहों से?

कब होगा आदमी सरल, मासूम और बच्चों जैसा निर्दोष आँखों वाला।

कब समझेगा आदमी कि सत्य इतना विराट्, इतना अनंत है कि आदमी तो क्या अशरीरी देवी–देवताओं और महायोगियों को भी उसका सम्यक् दर्शन श्रवण दुर्लभ है।

सरल हो जाओ, विनीत हो जाओ, प्रेमार्द्र हो जाओ– प्रार्थना मय हो जाओ, सत्य की आँच आने लगेगी– शांति का सोता फूट पड़ेगा। तुम सत्य के आलोक से नहाओगे, सत्य की शीतलता में डूब जाओगे लेकिन सत्य को जानने का दावा करने की भूल नहीं करोगे– सत्य को परिभाषित करने, सत्य को शब्दों में कहने की भ्रांति नहीं करोगे– यह निश्चित है। यह निश्चित है कि सत्य के प्रति दावा करने की भ्रांति के नहीं रहने से धर्म और विचारधाराओं के नाम पर लड़ाई–झगड़े नहीं होंगे– धर्म के नाम से वैमनस्य के बीज नहीं बोये जायेंगे।

सरल होना, आग्रह मुक्त होना, दावा नहीं करना, सत्य को परिभाषित करने की भूल नहीं करना यही शांति को, प्रेम को, धर्म को स्थापित करेगा।

सत्य इतना महान् है, इतना विराट् है कि सृष्टि में ऐसी कोई भी या यंत्र या कोई अन्य साधन न कभी बना है और न बन सकेगा जिसके माध्यम से सत्य को पूरा–पूरा जाना जा सके– देखा या मापा जा सके। सत्य माप तौल से कभी भी जाना नहीं जा सकता। सत्य की ऐसी ही महिमा–गरिमा है। अहंकार–निरंकार को कभी भी जान नहीं सकता। इस बात को आदमी कब समझेगा। सत्य सदा ही अज्ञेय है। ऋषियों ने कहा है "यतो वाचो निवर्तन्ते अप्राप्य मनसा सह"।

## प्रेम:–

सत्+चित्+आनंद = प्रेम।

इसीलिये ईसा मसीह जैसे संतों सद्गुरुओं ने कहा है कि प्रेम ही परमात्मा है या कहें परमात्मा प्रेम ही है। क्योंकि वह अंतहीन है, बेशर्त

है, अकारण–अहैतुकी है। क्योंकि प्रेम महान् जिम्मेदारी है, महासंवेदना है, प्रेम अनंत वात्सल्य है और क्योंकि प्रेम प्रसन्नता पूर्वक प्रकट होता है क्योंकि प्रेम हृदय से आविर्भूत होता है, रोम–रोम से प्रकट होता है। प्रेम सदैव पूर्ण होता है। ज्ञान, भक्ति और कर्म अपनी पूर्णता में प्रेम बनकर प्रकट होता है। प्रेम पूर्णता है।

प्रेम को उसकी परम अवस्था में महसूस करना सामान्यतः अति दुर्लभ अनुभव है। सद्गुरु भगवान श्री रजनीश कहते हैं कि प्रेम तो सिर्फ कोई बुद्ध ही कर सकता है। ऐसा उन्होंने क्यों कहा? क्या लोग जो प्रेम करते हैं लोक में आपस में वह प्रेम नहीं है?

प्रेम वस्तुतः अलौकिक का लोक की ओर दृष्टिपात है– "नजरे इनायत"। प्रेम अलौकिक का लोक को किया गया स्पर्श है। प्रेम भगवान का अपनी सृष्टि–संतानों के साथ संपर्क है– संबंध है। प्रेम बुद्ध का पल–पल का जीवन है, क्षण प्रति क्षण जीवनचर्या है। बुद्ध लोक में अलौकिक का अवतरण होता है। इसीलिये भगवान ने कहा कि सिर्फ बुद्ध ही प्रेम करना जानते हैं। बुद्ध का प्रेम ही प्रेम है। इसलिये प्रेम करना चाहते हो तो बोध को जगाओ–स्वयं में बुद्ध को उतारो– पल–पल हृदय में उस नित्य, शुद्ध बुद्ध स्वरूप की अलौकिक उपस्थिति को महसूस करो जिसमें समग्र सृष्टि व्यापार, यह समूचा संसार समाया है और समूचे संसार में, व्यक्ति–व्यक्ति में जो भरा हुआ है– उस परम सत्ता को, उस सच्चिदानंद प्रभु को अपना स्वरूप जान कर आनंदित होना सीखो तब वही अलौकिक स्वरूप प्रकाश बनकर– तुम्हारा आचरण बन कर प्रस्फुटित हो उठेगा–बाहर लोक में छलक जायेगा–वही प्रेम है–जो कभी रुकना नहीं जानता जो कभी थकना नहीं जानता, जिसका कोई अंत नहीं। कहते हैं कि जितना बाँटों उतना ही बढ़ता जाये जो वही प्रेम है, वही चित्सुख है, वही करुणा है–वही तुम्हारे स्वरूप का लोक में प्रकट होना है। अपने भीतर उस अलौकिक परम प्रेमास्पद प्रभु को उतारे बिना, सर्वत्र–व्यक्ति– व्यक्ति को आत्मवत् देखने की दृष्टि के बिना प्रेम संभव नहीं। सबको आत्मवत् या अपने इष्ट के रूप में देखने वाला ही प्रेम

कर सकता है। उस प्रेम को समझो, उस प्रेम को जानो। वही प्रेम मेरा, तुम्हारा व्यक्ति–व्यक्ति का स्वरूप है, स्वभाव है। वही प्रेम परमात्मा का, तुम्हारे इष्ट का स्वभाव है। प्रेम ही परमात्मा है–जीसस ने यही तो कहा था। सब संतों ने यही तो गाया है।

सभी साधनाओं–चाहे वह योग हो या सांख्य, चाहे वह निरंकार वादी इस्लाम हो या सगुणोपासक हिंदू परंपरा हो, चाहें वह गुरुमुखी सिख संप्रदाय हो या जिन उपासक जैन मत हो, चाहे वह कन्फ्यूशियस का सामाजिक उत्थानवादी नैतिकता प्रधान विचारधारा हो या ताओवादी दृष्टि हो–सभी साधनाओं की अंतिम उपलब्धि प्रेम ही होती है। सभी साधनाओं की पूर्ण विकसित अवस्था प्रेम ही होती है। मैं प्रेम का उपासक हूँ। मेरे लिये प्रेम ही मेरी साधना विधि है। यही प्रारंभ है, यही मध्य है और यही अंतिम अवस्था भी होगी। प्रेम स्वयं ही एक महान् साधना है। प्रेम संपूर्ण अस्तित्व में, कण–कण में, ह्रदय–ह्रदय में भरा हुआ है। व्यष्टि से समष्टि बनाना है उसे। वह समष्टि है ही–उसके सच्चे और शुद्ध स्वरूप को पहचानना है। जो क्षणिक्, नाशवान्, प्रतिपल रूप बदल लेने वाला आधार है प्रेम का संसार में–उसे शास्वत्, अमृत और अचल अविकारी आधार पर केंद्रित कर देना है। यही प्रेम की साधना है। सर्वत्र स्वयं को देखना, अपने इष्ट को देखना प्रेम की पराकाष्ठा है–प्रेम की सिद्धि है।

## देखना ही बच रहा है अबः–

जब से सद्गुरु वाणी ने जगा दिया, जीवन जीने का सूत्र मिल गया, तब से हर पल बस एक ही काम रह गया–देखना और देखते चले जाना।

सद्गुरु से किसी ने पूछा था कि संन्यासी तो पहले से ही हैं दुनिया में–अनेक पंथ है और सब पंथों में संन्यासी हैं तो आपके संन्यासी की क्या विशेषता होगी?

तब गुरु ने कहा था कि मेरा संन्यासी संसार में रहेगा लेकिन मेरे संन्यासी में संसार नहीं होगा।

यही वह सद्‌गुरु वाणी थी जो मेरे समक्ष एक बिजली की तरह जगमगाती हुई प्रकाश में आयी। उस घड़ी से आज तक एक ही काम है–देखना। देखना भीतर, देखना बाहर और जो देखता आया हूँ वही तुमसे कहता आया हूँ। तुम सुनते हो इसीलिये मैं कहता हूँ। तुम जिज्ञासा करते हो इसीलिये कहता हूँ।

गुरु नानक कहते हैं "आपुई गुरु आपुई चेला"– ऐसा खेल है यह। मैं ही कहता हूँ। मैं ही सुनता हूँ। कहने वाला और सुनने वाला दो खंड नहीं। खंड जैसा दिखलाई पड़ना और उनके बीच का यह कहना सुनना–सब अखंड है। एक अखंड परमात्मा ही का दिव्य खेल है यह। यह सनातन काल से सनातन काल तक चलने वाला अनवरत खेल है। यही प्रेम है। मैं प्रेमवश बोलता हूँ और तुम प्रेमवश सुनते हो। प्रेम का ही लेना है और प्रेम का ही देना। शब्द सिर्फ माध्यम है–सार वस्तु है प्रेम। इस कहने–सुनने में प्रेम का ही विकास है– प्रेम का ही विलास है।

CPSIA information can be obtained
at www.ICGtesting.com
Printed in the USA
LVHW041650261122
734044LV00004B/58

9 789355 997111